儿童发展与教育心理学

肖少北 申自力 袁晓琳/主编

科学出版社
北京

内 容 简 介

本书遵循“教育以发展为前提，教育促进全面发展”的内在逻辑，以发展心理学和教育心理学的核心内容为本书的结构体系，内容上兼顾理论性和实践性，介绍了儿童发展与教育心理学的研究对象、任务、方法，以及心理发展的多个基本理论，重点阐述了儿童从婴儿期到青少年期各阶段的心理发展特点及相应的教育模式，并简要阐述了学习与教育心理、儿童的心理健康教育等相关内容。

本书适合高等师范院校心理学专业的学生使用，也可供拟参加教师资格考试的非师范专业学生和其他关注儿童心理发展与教育的读者参考。

图书在版编目（CIP）数据

儿童发展与教育心理学/肖少北，申自力，袁晓琳主编. —北京：科学出版社，2016.3

ISBN 978-7-03-047403-2

Ⅰ. ①儿… Ⅱ. ①肖… ②申… ③袁… Ⅲ. ①儿童心理学–教育心理学–高等学校–教材 Ⅳ. ①G44

中国版本图书馆 CIP 数据核字（2016）第 033487 号

责任编辑：郭勇斌 周 爽 / 责任校对：李 影
责任印制：赵 博 / 封面设计：黄华斌

科学出版社出版
北京东黄城根北街 16 号
邮政编码：100717
http：//www.sciencep.com
北京华宇信诺印刷有限公司印刷
科学出版社发行 各地新华书店经销
*
2016 年 3 月第 一 版 开本：720 × 1000 1/16
2025 年 1 月第十二次印刷 印张：22 3/4
字数：430 000

定价：58.00 元

前　　言

为完善并严格实施教师职业准入制度，2011年，教育部出台了《关于开展中小学和幼儿园教师资格考试改革试点的指导意见》（教师函〔2011〕6号），并决定率先在湖北、浙江两省进行试点，为此，教育部师范教育司（现为教育部教师工作司）、考试中心于当年联合发布《中小学和幼儿园教师资格考试标准（试行）》，翌年，教育部发布《幼儿园教师专业标准（试行）》、《小学教师专业标准（试行）》、《中学教师专业标准（试行）》（教师〔2012〕1号）。《资格考试标准》对申请教师资格人员从事教师职业所必需的职业道德、专业知识与基本能力提出了具体的要求，《专业标准》则对教师的培养、准入、培训、考核等方面的基本专业要求做出了规定。两个《标准》明确指出从事幼儿园、小学、中学教学的教师必须充分了解个体身心发展的基本规律，掌握各个阶段个体身心发展的基本特点，在尊重和理解个体身心发展的差异性基础上，充分掌握学校教育过程中学与教的基本心理规律，通过教育的职能促使个体身心全面健康的成长。

为适应两个《标准》对从事教师职业的人员所提出的基本专业要求与基本能力要求，我们组织编写了本书，以作为师范专业公共教育类课程教学之用。本书共由九章内容组成，第一章为绪论，介绍本课程的研究对象与内容、研究任务与作用、研究方法；第二章讲述心理发展的理论，介绍心理学不同历史发展时期有关解释个体心理发展的重要观点与学说；第三至第六章分别介绍自婴儿到青少年不同年龄阶段个体生理、认知、情感、个性、自我、社会性的发展特征与教育对策；第七章讲述学习心理，主要介绍学习动机的激发与维持、认知学习与技能学习的策略等；第八章讲述教学心理，主要介绍教学设计、课堂管理与教师心理；第九章讲述儿童期心理健康教育，主要介绍促进个体心理健康的途径与策略。

相较于国内同类教材，本书具有以下几个特点：首先，我们在编写时本着“教育以发展为前提，教育促进全面发展”的内在逻辑，融合发展心理学与教育心理学两门学科的核心内容作为本书的结构体系；其次，为适应两个《标准》对从事幼儿园教学的教师所提出的基本专业要求与基本能力要求，本书增加了“婴儿心理的发展与教育”“幼儿心理的发展与教育”两章内容；再次，新试行的《中小学和幼儿园教师资格考试标准》在考核内容上强调专业导向、能力导向和实践导向，为体现上述特点，我们在编写时力求兼顾理论知识与实践能力，重在培养所学者掌握运用所学知识分析和解决教育教学实际问题的能力；最后，考虑教材的可读性和潜在对象，本书的写作力求科学性与通俗性两者兼顾。

本书的编写者来自海南、湖南和重庆三省（市）的四所高校，其中，第一、二章由海南师范大学教育科学学院心理学系的申自力老师编写，第三、四、五章由西南大学应用心理学系的汤永隆老师编写，第六章由衡阳师范学院教育科学学院的陈贵老师编写，第七章由海南师范大学教育科学学院心理学系的袁晓琳老师编写，第八章由海南师范大学教育科学学院心理学系的肖少北老师编写，第九章由湖南中医药大学心理学系的张斌老师编写。

另外，本书除作为师范类专业心理学公共课教学之用，也可作为拟参加教师资格考试的非师范专业学生和社会学习者培训或自学之用。

《儿童发展与教育心理学》编写组

2015 年 8 月

目　录

第一章　绪　　论

第一节　儿童发展与教育心理学的研究对象与研究内容

一、研究对象

心理是有机体——人与动物——对外部世界和自身特有的一种反映形式，是脑与神经系统的功能。就人类而言，个体的心理现象包括认知、动机与情绪、能力和人格三个方面。发展是指个体从胚胎期到出生直至死亡的过程中所发生的有规律的变化过程，这一变化过程通常呈现为阶梯式的不同阶段，每一阶段都涉及身心两个方面结构与功能的整合。研究个体心理现象发生、发展过程及其规律的科学称为发展心理学（广义的发展心理学还包括研究心理的种系发展）。教育是指在一定的社会背景下发生的促使个体身心发展的实践活动，在现代社会，这类实践活动通常体现在有目的和有组织的学校教育过程中。研究学校教育过程中学与教的基本心理规律的科学称为教育心理学。

儿童发展与教育心理学是儿童发展心理学与教育心理学两门学科的合称。就人类个体的发展而言，从出生到青年初期是个体全程发育生长最旺盛、心智发展最快，也是可塑性最大、接受教育最为有效的时期。从多数个体达到生理成熟（身高不再随年龄增长，身体各器官及由之组成的各系统机能相对稳定）和心理成熟（流体智力不再随年龄增长，人格相对稳定）的标准来看，这一时期为从出生到18～22岁。因此，儿童发展与教育心理学一方面研究从出生到青年初期个体心理现象的发生、发展过程和规律，另一方面研究学校教育过程中促使个体身心发展的学与教等社会实践活动中的基本心理规律。

二、研究内容

（一）儿童发展心理学的研究内容

1. 个体心理发展的一般规律

研究个体心理发生发展的一般规律，涉及检验心理发展理论的几个基本假设，这些假设包括：

（1）心理发展的阶段性与连续性问题

阶段性是指心理发展逐渐从数量上不断积累并在此基础上出现质变的过程。随着质变的完成，心理发展达到一个新阶段。连续性则是指后一阶段的发展总是在前一阶段的基础上发生的，而且后一阶段既包含有前一阶段的因素，又萌发下一阶段的新特性。心理发展是一个渐进的连续过程抑或是一个突变过程，这一问题需要通过科学的研究来加以揭示。

（2）心理发展的方向性和顺序性问题

个体生理的发展具有不可逆的方向性与顺序性。例如，身体运动机能的发展遵循着从头部延伸到身体的下半部的“头尾法则”和从身体的中心部位延伸到边缘部位的“远近法则”。心理发展是否与生理发展一样具有同样的机制？这需要我们以科学的证据来加以回答。

（3）发展中各种心理机能的相互整合与协调问题

心理现象十分复杂，既可表现为内部的心理过程，又可表现为外部的行为；既有意识的成分，也有无意识的成分。内部心理过程包括认知、情绪和意志三个方面。在心理发展过程中，个体心理的各个方面是否相互关联，某种心理机能的发展是否会影响其他心理机能的发展，心理是否具有统一的结构，这种统一结构的机制是什么，这些问题同样需要科学的证据来予以答复。

（4）心理发展的共性与个别差异问题

不同个体是否具有相同的心理发展过程，个体在心理发展速度、各种心理机能的优势表现、情绪的稳定性、个性特征及其倾向性是否存在差异，这些差异是如何表现以及是什么造成这些差异。要回答这些问题，唯有通过科学的研究。

总的来说，个体心理的发展其趋势是从低级走向高级、从简单到复杂，但从具体的发展过程来看，也涉及某些特性的消失。不过，这些特性的消失往往意味着心理结构的进化。如新生儿与生俱来的抓握反射在婴儿期会慢慢消失，但抓握反射的消失对婴儿手部动作发展是有利的。儿童思维的发展通常会经历一个从复杂到简练的过程，有些原来不可缺少的环节会被简化和省略。总之，心理的发展是生长和衰退这两个对立面的统一，由此产生心理结构的量变和质变。一般而言，童年期以生长为主要特征，成年期则处于较为稳定的态势，到老年期则以衰退为主要特征。

2. 心理发展的年龄特征

心理发展的年龄特征是指与生理发展阶段相适应的心理发展特点。人类个体的身心发展与年龄有着密切的联系，既表现出连续性又表现出一定的阶段性，形成相应的年龄特征。所以发展心理学研究各种心理活动的年龄特征。

根据不同个体在生理、认知、个性和社会性发展等方面表现出的较为一致的特点，可以把人出生以后的发展分为以下几个阶段：学龄前期（0～6 岁），本阶段又分为婴儿期（0～1 岁）和幼儿期（1～6 岁）；学龄初期（6～11 岁）又称童年期；学龄中期（11～15 岁）又称少年期；学龄晚期（15～25 岁），又称为青年初期；成年期（25～65 岁），包括青年期和壮年期；老年期（65 岁到死亡）。

研究心理发展的年龄特征主要包括两方面的内容：一是认知过程发展的年龄特征，包括感觉、知觉、记忆、思维、想象等；二是个性和社会性发展的年龄特征，包括兴趣、动机、情绪情感、价值观、能力、自我意识、性格和人际关系等。

3. 影响心理发展的因素或机制

制约心理发展的因素也是发展心理学研究的重要内容。

影响心理发展的因素主要包括先天遗传和后天教养两个方面。婴儿出生时禀受的父母的遗传素质是个体心理发展的基础；但是遗传素质只是心理发展的必要条件，而不是充分条件。遗传素质为心理发展提供了可能性，但要实现心理发展，还必须有后天因素的作用。

心理发展的后天因素主要指外部客观环境的影响。客观环境特别是教育对儿童心理发展的作用并不是机械的、单向的，而是在主体和客体之间的相互作用中实现的。儿童出生后，首先以本能活动的形式接触外界事物，各种事物不断地反映在儿童的头脑里，形成一定的心理结构。随着儿童活动范围的扩大，接触的事物日益增多，儿童心理的内容也越来越丰富，心理结构不断发展，以适应外部环境的要求。如果个体的心理结构不足以应对外界环境，儿童就会产生新的适应需要，通过学习进而形成新的心理结构，儿童的心理就会随着环境和教育的影响不断得到发展。

在心理发展的决定性因素中，有关遗传与环境之争由来已久。目前的研究结果证明：遗传与环境可能在心理发展的不同阶段、心理发展的不同内容方面，作用各不相同，并且两者之间存在协同的关系。

（二）教育心理学的研究内容

1. 学习与教学的要素

（1）学生

学生是学习的主体因素。学生这一要素主要从两个方面来影响学与教的过程。第一是群体差异，包括年龄、性别和社会文化差异等。以年龄差异为例，年龄差异主要体现在思维水平的差异，如小学高年级学生和初中高年级学生的抽象思维都处在发展阶段，但水平不同，小学高年级学生的抽象思维还需要形象的支持，而初中高年级学生在进行抽象思维时已基本可以摆脱形象而完全用符号进行。第二是个体差异，包括先前知识基础、学习方式、智力水平、性格、家庭及文化背景等差异。如同样是初一年级学生，有的抽象思维已开始在个体思维中占主导地位，有的抽象思维则刚刚开始萌芽，有的善于分析，有的善于综合，表现出各自不同的思维特点。在学生这一要素中，无论群体差异还是个体差异，都是教育心理学研究的主要范畴。

（2）教师

教师是学生学习的促进者、设计者、帮助者和合作者。教学不是知识经验由教师到学生的简单转移和传递，而是在师生的共同活动中，教师通过提供帮助和支持，引导学生从原有的知识经验中建构出新的知识经验，学会学习、学会做事、学会做人。教师需具备什么样的素质才能胜任这一社会角色，教师的个人特征如心理素质、敬业精神、专业知识、专业技能以及教学风格如何影响教育过程尤其是学生的学习心理，等等，这些是教师心理研究的主要问题。

（3）教学内容

教学内容一般表现为课程计划、课程标准和教材。教材的编制和课程的设置必须以学习和教学的科学理论研究为基础。例如，教材的内容、结构以及难度既要适合学生的现有发展水平，又要能有效地促进学生向更高水平发展；既要适合学生学习的过程和特点，又要考虑教学的有效性。

（4）教学媒体

教学媒体是教学内容的载体，是教学内容的表现形式，是师生之间传递信息的工具。学校中的教学媒体通常包括：①非投影视觉辅助，如黑板、实物、模型、图形、表格、图片以及提纲等。②投影视觉辅助，如投影仪、幻灯片与幻灯机等。③听觉辅助，如录音机等。④视听辅助，如电影、电视、录像以及多媒体计算机和远距离传播系统等。各种媒体都有其独特的作用。随着科学技术的发展，教学媒体已成为教学中一个具有独特意义的因素，不仅影响着教学内容的呈现方式和容量，而且对教师和学生在教学过程中的作用、教学组织形式以及学生的学习方法等都将产生深远的影响。因此，教学媒体日益成为教育心理学所关注的一项独特的课题。

（5）教学环境

教学环境包括物质环境和社会环境两个方面。前者涉及课堂自然条件（如温度和照明）、教学设施（如桌椅、黑板和投影机等）以及空间布置（如座位的排列等）等，它们是教学活动赖以进行的物质条件，会对活动主体（教师、学生）产生一定的心理影响，并进而影响教学和学习活动能否顺利进行和取得预期的效果。后者涉及课堂纪律、课堂气氛、师生关系、同学关系、校风以及社会文化背景等。如良好的师生关系可以为师生提供一种心情舒畅、气氛融洽的心理环境。教学环境不仅影响学生的学习过程和方法、教师的教学方法以及教学组织，而且关系学生情感和社会性的发展，对学生的认知发展也有直接的作用。因此，在教育心理学看来，教学环境不仅是课堂管理研究的主要范畴，也是学习过程研究和教学设计研究所不能忽视的重要内容。

2. 学习与教学的过程

（1）学习过程

学习过程指学生在教学情境中通过与教师、同学以及教学信息的相互作用从而获得知识、技能和态度的过程。学习过程是教育心理学研究的核心内容，它几乎蕴含有学习的全部心理特点和规律。如学习的实质、条件、动机、迁移以及不同种类学习的特点。

（2）教学过程

教学过程指教师把知识、技能等以有效的方式传授给学生并引导学生主动建构自己知识体系的过程。在教学过程中，教师设计教学情境（如教学目标的选择、题材的安排以及环境的设置等）、组织教学活动（如讲演、讨论、练习以及实验等）、与学生进行信息交流（如信息的呈现、课堂提问与答疑等），从而引导学生理解、思考、探索和发现，使其获得知识、技能和态度。此外，教师还要进行教学管理，调节教学的进程，以确保教学的有效性。

（3）评价和反思过程

评价和反思过程是对学习和教学效果进行测量、评定和反思，以求进一步改进学习与教学效果的过程，包括在教学之前对教学设计效果的预测和评判、在教学过程中对教学的监视和分析以及在教学之后的检验、反思。评价和反思过程与心理学的行为强化理论关系密切。如评价学生的进步，既可对学生起信息反馈和引起动机的作用，又可检查课程计划、教学程序以至教学目标的执行情况。

第二节 儿童发展与教育心理学的任务与作用

一、任务

心理学的研究以描述、解释、预测和控制个体心理过程和行为为目标，其目的在于增进人类的自我了解，帮助人类的自我改善，提高人类的生活质量。发展心理学与教育心理学作为心理学的两门分支学科，其主要任务就是在各自领域实现心理学研究的目标。

（一）儿童发展心理学研究的具体任务

1. 描述儿童心理过程与行为发展的普遍模式

心理过程与行为发展的普遍模式是指生活在不同社会文化背景下的儿童共同

具有的发展过程。通过对儿童代表性行为进行客观、系统地观察与记录，我们就能获得儿童心理过程与行为发展的普遍特征。比如，儿童动作的发展就呈现“头尾原则”与“远近原则”，儿童情绪情感的发展表现出从未分化到分化、从不稳定到稳定的共同特征，而儿童认知能力的发展则都需经历感知运动、前运算、具体运算和形式运算四个不可逾越的发展阶段。

2. 解释和测量个别差异

个体心理过程与行为的发展模式既具有普遍性，同时也表现出个别差异性。比如认知过程，个体的认知结构、认知方式、认知水平各不相同；又比如情绪情感过程，个体在情绪表达、情绪控制等方面表现各异；此外，在人格方面，不同个体具有不同类型的气质特征和性格特征。个体不仅在心理过程和人格特征方面具有个别差异性，而且在心理发展的速度、最终达到的发展水平上也各不相同。儿童发展心理学的重要任务之一就是回答这些差异是如何造成的以及如何测量这些差异。

3. 揭示儿童心理发展的机制

机制是指一种现象产生和发展变化的规律。儿童心理发展的基本规律涉及三个方面：其一是儿童心理发展的动力及其机制；其二是影响儿童心理发展的因素；其三是儿童心理发展的非线性模式。其中儿童心理发展的动力及其机制是发展心理学的核心，它攸关个体甚至种系心理发展的实质，既可以揭示儿童行为模式发展的终极原因，又可以说明个体心理反映的客观性过程；它还可以进一步解释制约儿童心理发展的诸因素的协同作用，以及儿童心理发展进程呈阶段性的非线性模式。从科学研究角度来看，了解一种现象产生和发展变化的规律，最合适的途径就是寻找与该现象之间具有因果联系的各种因素，并最终获得是哪些因素以何种方式在多大程度上导致这一现象的发生与发展变化。对心理发展机制的揭示，不仅有助于我们构建有关心理发展的理论体系，更好地遵循儿童心理发展的规律，也使我们获得了对儿童心理发展的培养与干预的科学依据。

4. 探究外部环境因素对心理发展的影响

在影响儿童心理发展的两大因素中，遗传因素相对来说是不可控的、稳定的，且其作用范围在个体出生时就已基本确定，因此，对个体发展最为重要的因素是相对可控的外部环境因素，揭示不同外部环境因素对个体心理过程和行为的影响机制是儿童发展心理学的重要任务之一。个体生活的环境各种各样，这些环境被视为儿童行为的生态圈。按对个体施加影响的直接性，个体生活的外部环境可分为近端环境、中端环境和远端环境，其中近端环境如家庭、学校对个体影响最为直接因而作用最为重大，中端环境主要指个体生活的城市和社区，远端环境则指一个国家或地区的社会生产力和社会意识形态。就家庭环境而言，影响个体心理发展相关变量众多，诸如父母的养育方式、父母的文化水平与职业状况、父母的个性、亲子关系的质量、家庭类型、家庭的物质生活条件等。学校环境包括师生关系、同伴关系、班级凝聚力、教师的教学与管理方式等。城市与社区环境涉及城市经济社会发展水平、城市形象、市政管理水平、城市文化以及社区邻里关系、社区文化娱乐设施、社区社会支持体系等。

5. 提出帮助与指导儿童发展的具体方法

描述儿童心理发生和发展过程的模式，测量和解释心理发展的个别差异，揭示儿童心理发展的机制，以及探究环境因素对心理发展的影响，其最终目的是为了帮助个体积极的发展以及将遗传决定的发展潜力最大化。

（二）教育心理学研究的具体任务

1. 揭示学校教育过程中学生学习的实质和基本心理规律

学习的实质及基本心理规律是教育心理学研究的核心领域，研究学习心理既要揭示学习的一般规律，也要揭示学习的特殊规律。具体来说，该领域研究要阐明学习的本质、特点及类型，检验解释学习实质的各种理论，揭示学习的各种条件和影响学习的各种因素。此外，该领域研究还要揭示不同类型学习的过程及其规律，比如认知学习、行为技能学习和品德的习得。

2. 揭示学校教育过程中教师教学的实质和基本心理规律

教学心理同样也是教育心理学研究的重要领域。一方面，教学心理的研究要揭示教学设计的心理学基础，比如在设计教学目标与教学任务、选择教学策略与教学方法以及实施教育测量与评价时都要以学生的学习心理特点及其规律为依据；另一方面，教学心理的研究要揭示教学管理的心理学基础，比如运用心理学的规律有效地实施课堂管理、班级管理等。此外，教学心理的研究还要揭示教师心理，比如教师的社会角色、教师的心理素质等对学生学习心理的影响。

3. 揭示教学双方互动过程的心理特点与规律

教育教学活动是师生之间的双向互动活动，既有学生的学，又有教师的教。学生的学和教师的教都有其自身的心理特点与规律，教学双方的互动过程同样也有其自身的心理特点与规律。教学双方互动的心理特点与规律主要取决于师生各自的心理特征，但也受到教学环境与社会文化的影响。

二、作用

教育与人的发展是人类社会一个永恒的主题。人作为一个存在实体，一方面具有自然属性，是一个实实在在的生物机体，其自然属性的发展带有遗传的、“神秘”的基因密码特性——一种有规则的身体（生理）发育及伴随与身体发育相一致的、内在的“心理图式”；另一方面，人的本质特征是其社会属性，人从一出生就开始接受社会的影响，特别是接受教育（包括家庭教育、学校教育、社会教育）的影响，从而实现社会化。因此，人的发展是自然属性发展和社会属性发展的统一。对教育工作者而言，掌握个体心理发展的一般规律和心理发展的不同年龄特点，了解学习与教学过程中的基本心理现象与一般规律，对他们科学地理解人的发展与教育之间的关系是十分有益的。

概而言之，儿童发展与教育心理学的作用主要有以下三个方面。

首先，有助于促进教师的专业成长。学习发展与教育心理学可帮助教师准确地了解学生心理发展的特点以及学习与教学的实质，有助于其教学设计和教学管理，进而提升教书育人的能力。

其次，有助于教师进行教学研究和教学改革。发展与教育心理学中关于心理发展的理论、学习的理论可为教师教学提供科学的理论指导，帮助教师结合实际进行教学研究和教学改革，进而促进教学质量的提高和教育目标的实现。

最后，有助于学生身心积极、全面的发展。教师专业能力的提升与教学质量的提高将促进学生身心积极、全面的发展。

第三节　儿童发展与教育心理学的研究方法

一、研究的基本原则

科学研究的根本目标是寻找客观事物的规律及其联系。从事科学研究须遵循相应的原则、程序并运用相应的具体研究方法。

（一）客观性原则

科学研究活动的基本准则之一是客观性原则，即坚持认为合理的、可接受的科学研究结果应当与研究者自身的信念、情绪状态无关。这一原则建立在以下假定基础上：自然世界的状况是绝对客观的，自然本身的状况与研究者自身的信念、情绪无关，或者说研究者的心理活动对于自然世界没有影响。客观性原则包括真实性、可靠性和可验证性三方面。鉴于心理学研究对象——意识的特殊性，坚持客观性原则对研究工作者而言尤为重要。

（二）系统性原则

系统性原则是指从研究对象的整体、相互联系、有序化和动态性来探明心理的变化与发展特点。坚持系统性原则，研究者需做到：对事物或心理现象进行综合的、多角度的、多层次的研究；把系统内因素与系统的关系、系统与环境之间的关系看作是相互联系、相互制约的；从对象所处的时间与空间进行动态的分析；从系统的结构与功能的关系来了解系统内各种因素的联结方式和信息转换方式。

（三）发展性原则

科学研究的发展性原则是指进行科学研究时应坚持发展的观点。发展的观点认为：任何事物或现象的发展有其基本规律，一般表现为由小到大、由简单到复杂、由低级到高级、由旧物质到新物质的运动变化过程；事物发展的外部原因是事物联系的普遍性，事物发展的根源是事物的内部矛盾；发展是在对立、转化、统一的相互作用过程中完成的。

二、研究的基本程序

揭示心理的本质、规律、机制和事实，必须以科学研究的基本原则为指导。根据客观性、发展性、系统性原则，针对所要研究的问题做好研究设计，采用合适的研究方法，按照一定的研究程序进行研究。

心理学科学研究的基本程序主要由建立假设、搜集资料、分析资料、做出结论四个步骤组成。

（一）建立假设

科学研究的基础是观察。如果在观察中对未知现象及其相互间的关系产生疑问，研究者便需根据已知的科学事实和原理对它做出尝试性的推测，这种尝试性的推测称为假设。在心理学研究中，假设可能来自研究者对日常生活经验的推想，也可能来自某项研究或某一理论的推论。科学研究带有自觉的性质，研究者往往根据自己的假设，确定自己的研究方向做出研究设计，进行有目的、有计划的观测和实验。

（二）搜集资料

假设的真伪需要验证。建立假设后，下一步便是搜集资料，以便根据事实资料来验证假设。为了有效地验证假设，研究者必须根据假设选择合适的研究方法，做出研究设计，创设验证性的情境，以使被研究的问题受到有效的观测。关于心理现象的研究资料可以从外部观察和自我观察两个方面收集。前者适用于人和动物心理的研究，后者则仅适用于人的心理研究。研究设计是根据假设做出的，研究者搜集的资料应当尽量和假设有关。但是，研究者的思想不应受固有思想束缚，更不能有先入之见，只搜集预期的资料而忽略其他意外的资料。

（三）分析资料

科学研究的第三个步骤是采用适当的方法将搜集到的原始资料加以整理、归类，使之系统化和简约化。在心理学研究中，通常采用各种统计方法分析资料。统计分析的主要作用：一是简化原始资料，以便把握资料分布的情况；二是检验各类资料之间的关系以及关系的程度。因此，在分析资料时必须借助于统计方法和理论思维。

（四）做出结论

心理学研究的结论必经事实资料佐证，而不能凭空臆测。通过研究设计、统计分析、做出结论，就可以对研究初期提出的假设进行检验。心理学假设的验证不是一次性的，而是要反复加以验证。能重复验证的假设更具有科学价值，有的能发展成为某种心理学的理论。如果假设得不到验证，则这个假设就被否定。

心理学研究的四个基本步骤是密切联系的，它们相互影响、相互制约，无论在哪一个步骤上出现错误都将导致研究的失败。因此，研究工作者在从事心理学研究时一定要注意。

三、研究设计

（一）纵向研究设计

纵向研究也叫做追踪研究，就是在比较长的一段时间内，对某一现象进行系统的、定期的研究。纵向研究要求在所研究的某一时期内反复观察和测量同一组个体，其优点是能系统详尽地了解心理发展的连续过程和从量变到质变的规律，故纵向研究设计在发展与教育心理学各研究领域较常采用。但是，纵向研究也有其局限性：第一，随着研究时间的延续，部分被试可能会因各种原因而流失；第二，反复测量可能对研究施加额外的影响，因而影响研究结果的可靠性；第三，长期追踪不仅要经历时代、社会、环境的变化，造成额外变量的增多，而且费时费事。

（二）横断研究设计

横断研究就是在同一时间内对某一年龄（年级）或某几个年龄（年级）的被试的心理发展水平进行测查并加以比较。这种方法的优点是可同时研究较大样本，可在较短时间内收集大量数据资料，成本低，费用少，省时省力。因此，目前大多数发展心理学的研究常采用横断研究设计。它的缺点是缺乏系统连续性，难以确定因果关系，取样程序也较复杂。

（三）聚合交叉设计

聚合交叉研究也叫连续设计或纵向序列设计。即从横断方向抽取数组不同年龄的被试进行横向研究，然后按一定的时间间隔对同一批被试进行多次测查，使之又成为纵向研究，从而结合横断研究和纵向研究对个体心理发展进行研究。聚合交叉研究综合了横断研究与纵向研究的特点，可以克服横断研究和纵向研究各自的不足，同时兼具二者优点，但是操作起来较为复杂。

四、研究的具体方法

心理学研究的对象是动物与人类的心理现象，这使心理学研究既具有科学研究的一般特性，又具有自身学科的特殊性。为了揭示心理现象的规律和特点，研究者必须掌握正确的研究方法。心理学研究的方法多种多样，这里主要介绍观察法、访谈法、问卷法、测验法、实验法和个案研究法六种方法。

（一）观察法

观察法是研究者通过感官或仪器设备，有目的、有计划地观察被试的心理和行为表现，并由此分析被试心理发展的特征和规律的一种方法。

人类的心理活动具有外显性，通过观察其外部行为，可以了解他们的心理活动。因此，观察法是心理学研究的最基本、最普遍的一种方法。

进行观察研究必须先进行观察设计。观察设计通常包括如下三个步骤。首先是确定观察内容。例如，要研究教师的期望对师生交往的影响，就需要考虑在什么样的学校、哪个年级和班级进行，要观察哪些现象等。其次是选择观察策略。常用的观察策略有参与观察策略、取样观察策略以及行为核查表策略等。最后是制定观察记录表。随着观察方法的不断发展，观察技术也日益完善。目前，在制定观察记录表时，通常采用观察代码系统，它们是为方便观察、记录和随后分析处理而制定的一套符号代码系统。

运用观察法进行研究，应当注意下列几个问题：①对所要观察的问题要有基本的了解，观察目的要明确。例如，研究师生相互作用时，观察者要深入课堂，观察课堂上教师的提问、学生举手与发言、教师的板书与面部表情等。②尽量使被试自然放松，处于正常活动状态之中，不要使他们意识到自己已成为观察者的研究对象。观察者可通过单向玻璃、电视、纱幕、潜视镜等进行观察，使被试的真实行为不受影响。③要善于记录与观察目的有关的事实，以便事后进行整理分析，并提出进一步研究的意见。例如，研究学前儿童言语发展时，由于学前儿童言语表达方式与成人不同，所以，应避免使用成人语言作记录。为提高记录的准确性，可使用小录音机、录像机等器材。④观察者除了观察被试一般言行之外，还应分析被试其他一切有关资料，如作文、日记、各种作业、绘画、手工制作等。

观察法的突出优点是可以在被试行为发生的当时，现场进行观察、记录，能够收集到比口头报告或调查问卷更客观、全面、准确的资料。当然，观察法也有一定局限性。比如，观察资料的质量在很大程度上受到观察者本人的能力水平、心理因素的影响。此外，观察法的运用往往需要花费较大的人力、物力和较多的时间。

（二）访谈法

访谈法是研究者通过与被试进行口头交谈，了解并收集被试有关心理特征和行为的数据资料的一种研究方法。

访谈法在心理学的研究中具有特殊的意义和作用。它的最大特点在于，整个访谈过程是访谈者与被试相互影响、相互作用的过程。所以，在访谈中，访谈者应争取掌握访谈过程的主动权，积极影响被试，尽可能使研究按照预定的计划开展。访谈法在一定程度上能比观察法获得被试更多、更有价值、更深层的心理活动情况和心理特征方面的信息，但比观察法更复杂、更难以掌握。

访谈法可以根据不同的标准划分成不同的种类。根据访谈内容和过程有无统一的设计要求和结构，访谈法可分为结构式访谈和非结构式访谈；根据访谈时是否借助一定的中介物，可分为直接访谈和间接访谈。

为了得到被试的积极配合，取得客观、全面的材料，访谈者在进行访谈时应注意以下几个问题。第一，访谈前要充分熟悉访谈的内容，尽可能了解被试的背景情况，选择好访谈的时间和地点，备齐访谈所需要的材料。第二，访谈开始时应提一些非研究性问题，如“近来学习怎样”等，以便与访谈对象建立起合作、友好的交谈气氛。第三，访谈者要掌握交谈的艺术，尽量做到轻松自如，不要紧张生硬。第四，访谈成功的关键是把握谈话的方向。访谈者可以用多种提问方式如设问、追问等，把握好方向，使谈话自始至终围绕调查目的进行，以避免离开主题的漫谈。第五，访谈的记录可以是现场少记、事后多记，也可以边记录、边交谈、边观察，及时捕捉能代表被试心理特点的信息。例如，对幼儿的访谈要考虑幼儿的表达能力，如幼儿常用各种动作、表情作为补充表达。所以，访谈时不但要记录幼儿的原话，还要记录那些非语言表达方式。

访谈法有许多优点，它能有针对性地收集研究数据，适用于一切具有口头表达能力的不同文化程度的访谈对象，具有较问卷法更高的回收率和有效率。访谈法的局限性首先在于，访谈结果的准确性、可靠性受访谈者自身素质的影响较大；其次，与其他研究方法相比，访谈法较为费时费力，而且访谈所得资料不易量化；另外，访谈效果也受环境、时间和访谈对象特点的限制。

（三）问卷法

问卷法是研究者把要研究的主题分为详细的纲要，拟成简明易答的一系列问题，编制成标准化的问卷发放给调查对象填写，然后根据回收的问卷，对回答结果进行统计处理，进而得出结论的方法。

问卷法和访谈法都是收集被试心理和行为的数据资料的基本方法，在心理学的研究中，它们经常结合在一起使用。只是问卷法的问卷比结构式访谈更具目的性，内容更加详细完整，设计更为缜密科学。问卷法的特点是标准化程度较高，严格按照统一设计和结构固定的问卷进行研究，避免了研究的盲目性和主观性。问卷法的另一特点是能在较短的时间内收集到大量的资料，由于问题和答案都预先进行了操作化和标准化设计，因此，所取得的资料也便于进行定量分析。目前，定量分析工作可以借助计算机进行，不仅方便而且准确，所以，问卷法在发展与教育心理学的研究中有着广阔的应用前景。

问卷的设计是问卷法研究的关键环节，直接涉及研究结果的科学性，并在很大程度上决定问卷的回收率和有效率。

（四）测验法

测验法是以测验量表为工具，通过标准化的测验程序来研究被试心理特点和发展规律的一种方法。

测验所使用的测验量表需要经过编制测验题目、预测、项目分析、合成测验、进行信度与效度检验、建立常模等标准化过程。采用经过标准化的测验量表对被试进行测量，将其得分与常模分数相比较，就可以清楚地了解被试的心理发展水平。

在使用测验法时，研究者应注意以下几个方面：第一，做好测查前的准备工作，包括熟悉测验手册、准备测验所需材料等。第二，选择适宜的测验环境，一般应为被试日常学习的环境，如让学生在教室中进行测验，同时应尽力排除影响测验操作的干扰因素。第三，严格按照标准化的指导语和标准时限进行测验，若无特殊情况，不能随意改变。第四，努力与被试建立良好的关系，取得被试的合作，保证测验的效果。第五，根据被试的特点选择合适的测验方法。如学前儿童独立工作能力差、模仿性强，所以对学前儿童应采用个别测验，而不适合采用团体测验。

测验法的优点主要表现为测验量表的编制十分严谨，结果处理方便，量表有现成的常模，可以直接进行对比研究。测验法存在的不足是使用灵活性差，对主试的要求较高，结果难以进行定性分析，被试的成绩也可能受练习、测验经验的影响等。所以，测验法和发展与教育心理学研究的其他方法一样，只是了解被试心理特点的方法之一，应与其他方法配合使用。

（五）实验法

实验法是指对研究的某些变量进行操纵和控制，创设一定的实验情境，以探讨被试心理规律的研究方法。实验研究是心理学研究的重要方法，其基本目的在于揭示变量间的因果关系。

实验法可分为实验室实验和现场实验两种类型。

实验室实验是在专门的实验室内，利用一定的仪器设备研究心理现象的一种方法。实验室实验的特点是被试的随机取样和随机分组，以保证样本的代表性及样本之间的“等组”性。研究者可以对实验情境和实验条件进行严密的控制，在实验中处于主动地位。另外，结果记录也客观、准确，便于进行定量分析。在实验室实验中，还可以大量使用有关专门仪器来呈现刺激和记录实验结果，这就大大提高了研究的科学性。

实验室实验能够严格控制和操纵变量，揭示变量间的因果关系，这是实验室实验区别于其他研究方法的根本特点和优势。可是，也正是由于实验室实验能精密地控制实验条件，这使它与被试实际生活相脱离，从而导致实验结果具有一定的局限性。此外，实验室实验很难用于研究一些复杂的心理现象，如在青少年的道德发展研究中，被试容易意识到自己是在做实验，因而很难表达真情实感。

与实验室实验相对应的是现场实验，即在现实的生活环境中进行的实验研究。现场实验的特点在于实验的整体情境是自然的，但是对某些或某种条件则是有目的、有计划地加以控制。由于在现场实验中既尽量控制了各种变量，又保持了现场的自然性，因而能较好地保证研究同时具有较高的内部和外部效度。当然，也正是由于现场实验更接近自然，自然环境的复杂性也给现场实验的实施带来了困难。例如，现场实验的背景较难以控制和把握，由于其环境是开放的、动态的，一些难以控制的因素会明显地影响现场实验的结果。另外，由于现场实验难以采用随机方式，所以样本的代表性也不易控制。还有，现场实验费时费力，费用高，所需技能也较复杂。这些都是采用现场实验存在的一些局限性。

在具体研究中，究竟是采用实验室实验还是现场实验，要根据研究目的来确定。一般认为，对于可以或必须在实验室情境中获得或产生的心理、行为现象（如被试的视觉、听觉、记忆等），可在实验室情境中进行，而要获得被试的某些社会性行为或复杂的认知过程则在现场情境中进行研究为好。从目前心理学研究的发展趋势来看，二者有融合的趋势。实验室实验在情境设置上趋向于接近真实环境，实验设备与主试甚至可置于被试不易觉察的地方或加以隐蔽，以使被试反应自然。现场实验则趋向使用巧妙的程序设计和现代化的仪器设备，以操纵、控制变量并记录行为反应。

（六）个案研究法

个案研究法是搜集单个被试各方面的资料来分析其心理特征的方法。通常搜集的资料包括个人的生活史、家庭关系、生活环境和人际关系等方面，也包括被试的书信、日记、自传或他人为被试写的资料。

个案研究法的优点是能加深对特定个人的了解，有助于教育工作者因材施教。其缺点是所收集到的资料往往缺乏可靠性，研究结论难以推广至群体。

进行个案研究时应当注意的是：个案研究对象的选择要有典型性，资料搜集要全面；要及时记录情况；资料的分析要科学；研究者与研究对象应建立良好的心理关系，要经常接触以深入了解。

心理学是一门实证性、实践性很强的科学。有关被试心理的特点和规律，只能从收集到的实际材料中分析、综合，而不能凭研究者想当然地发挥。因此，每一个学习心理学的人都要学会正确使用研究方法。心理现象是复杂的，运用哪一种方法，要根据研究对象、研究条件、研究目的来确定，有时要综合好几种方法才能收集到多方面的资料。

参 考 文 献

陈琦，刘儒德. 2011. 教育心理学. 第 2 版. 北京：高等教育出版社：2-11.
林崇德. 2009. 发展心理学. 第 2 版. 北京：人民教育出版社：2-7.
刘金花. 2006. 儿童发展心理学. 第 3 版.上海：华东师范大学出版社：1-5.
刘万伦，田学红. 2011. 发展与教育心理学. 北京：高等教育出版社：2-4.
桑标. 2009. 儿童发展心理学. 北京：高等教育出版社：1-3，7-10.
伍新春. 2013. 儿童发展与教育心理学. 第 2 版. 北京：高等教育出版社：4-9.
张大均. 2011. 教育心理学. 第 2 版. 北京：人民教育出版社：2-6.

思 考 题

1. 什么是发展心理学，什么是教育心理学，如何理解儿童发展与教育心理学的研究对象？
2. 发展心理学、教育心理学的研究内容有哪些？
3. 发展心理学、教育心理学的具体任务包括哪些？
4. 如何理解儿童发展与教育心理学的实践作用？
5. 发展与教育心理学研究的基本原则是什么？
6. 实验室研究方法的优点和缺点分别是什么？

第二章　心理发展的基本理论

第一节　精神分析的心理发展观

一、精神分析学派及其基本观点

精神分析作为一个学派包括古典精神分析和新精神分析两个不同的发展阶段。古典精神分析以弗洛伊德（S. Freud）、荣格（C. G. Jung）和阿德勒（A. Adler）为代表，新精神分析则分为多个不同的分支，其中影响较为广泛的有自我心理学派、客体关系学派、社会文化学派等，代表人物包括哈特曼（H. Hartmann）、埃里克森（E. H. Eriksson）、克莱因（M. Klein）、霍妮（K. D. Horney）等人。

作为20世纪影响深远的心理学三大学派之一，精神分析对人类心理现象的理解是独特的，其主要观点包括以下几个方面。

（一）心理层次说与人格结构说

心理层次说指心理内容包括三个方面：意识、前意识与潜意识。意识为可觉察的心理活动，只占心理内容很小的部分。前意识这类心理活动在一般条件下意识不到，但是通过集中注意或回忆、联想能进入意识领域。意识和前意识的内容是可以互通的。潜意识是个人意识不到的心理活动，位于心理内容的深层，它包含着人的各种本能冲动和原始欲望。这些冲动和欲望因为同法律道德和风俗习惯相抵触，是社会所不能接受的，因而被排斥或压抑到意识的阈限以下，成为一种无意识的心理活动。人的行为受潜意识驱动，但人们通常觉察不到。不过，通过一定的方式可以使潜意识进入意识领域。

人格结构说是心理层次说的发展。精神分析理论认为人格结构由三个成分组成，即本我、自我和超我，它们处于不断的对立与冲突之中，并以“驱力”的方式处理人与现实世界之间的关系。本我是原始的、无意识的先天本能或欲望，是基本的驱力源，包括性与攻击等。本我以非理性的方式工作，它是非社会化的和混乱无秩序的，遵循“快乐原则”——为满足其原始欲望而不受现实和道德约束。自我是从本我中逐渐分化出来的，在人格中代表现实性一面，其主要作用是调节本我与超我两者的矛盾，它遵循“现实原则”——以合理的方式来满足本我的要求。超我是人格结构的最高层次，是由于个体在生活中接受社会文化和道德规范的教养而逐步形成的，是社会化的结果。超我有两个重要成分：良心和自我理想。超我遵循“道德原则”，它具有三个作用：抑制本我的冲动、对自我进行监控、追求完善的境界。弗洛伊德的人格结构是基于心理病理学的假设，在他看来，当本我、自我、超我三者处于协调状态时，人格表现出一种健康状态；而三者失调时，就引发心理疾病。

（二）心理发展动力及其机制

精神分析关于心理动力机制的论述涉及心理发展的动力和行为的动机两个方面。不论是古典精神分析学者还是新精神分析学者，他们都认为心理发展动力机制的表现形式是潜意识冲突，只不过古典精神分析学者如弗洛伊德、荣格将这种冲突的力量归结为生物因素——力比多（libido）（前者将力比多视为性本能，而后者将其视为一种普通的生命力），而新精神分析学者则将这种力量归结为现实和社会文化因素。比如，哈特曼将发展的力量归结为自我的自主性，埃里克森将发展的力量归结为自我与环境的相互作用，克莱因将发展的力量归结为客体关系，霍妮与弗洛姆（E. Fromm）将发展的力量归结为文化适应。

（三）焦虑与自我防御

焦虑与自我防御机制是精神分析关于发展心理病理学的基本观点。所有精神分析学者原则上认为焦虑的本质是心理或人格冲突的结果，是自我对冲突结果的一种反应。当然，诚如前文所言，不同精神分析学者对心理冲突内在动因的认识是有差异的。焦虑可以是正常的，也可以是神经症性的，但不管是哪种性质的焦虑，都会引起自我不安，促使自我做出保护性反应。自我防御机制即指自我缓解和抑制焦虑或愧疚等精神压力的一种潜意识心理策略。在发展的不同年龄阶段，个体自我防御的方式是不同的。婴儿早期常使用自恋性质的防御机制，如否定、歪曲、外射等；儿童期则常使用神经症性的防御机制，如合理化、隔离、抵消等；不成熟的防御机制如内向投射、退化、幻想等则出现在青春期；自我成熟后，其防御机制如压抑、升华、补偿、幽默等不仅可以解除或处理现实的困难，满足自我的欲望与本能，也能为一般社会文化所接受。

（四）早期经验的作用

精神分析学者重视个体早期生活经验对心理发展和人格成长的作用。早期精神分析学者如弗洛伊德、阿德勒赋予早期经验决定性的作用。弗洛伊德认为人格的发展于 6 岁左右就基本定型了，儿童人格发展是否正常，取决于 6 岁前的经历。阿德勒认为人生来具有追求优越的驱力，其行为表现是为摆脱自卑感而寻求补偿，这一动力机制决定着个体人格的发展。阿德勒把个人追求优越的方式称为“生活风格”，认为儿童在 4～5 岁时就已形成了他的生活风格。后期精神分析学者虽然不如弗洛伊德和阿德勒那样赋予早期经验以决定性作用，但依然强调早期经验的重要作用。如埃里克森尽管强调心理发展的人生全程性，但他指出，儿童 3 岁前基本信任感的建立与自主性的发展是以后人格成长的基础。克莱因强调儿童与外部客体互动的方式对人格发展的影响，她认为婴儿与母亲的互动关系对后来人格的成长十分重要，这一观点得到鲍尔比（J. Bowlby）依恋理论研究结果的支持。

二、弗洛伊德的心理发展理论

人格结构理论是弗洛伊德最先提出的，他为我们描绘了这一结构的活动方式：一个遵循“快乐原则”的本我、一个遵循“现实原则”的自我和一个遵循“道德原则”的超我，他们相生相属，彼此相互冲突、相互制约，驱动人与现实世界的对接。那么，弗洛伊德是如何解释个体人格的发展的呢？

弗洛伊德认为，成人的人格很大程度上取决于童年期的经验，在童年的不同发育阶段，本我、自我和超我的满足形式及冲突机制各不相同，但其共同的发展动力是一致的，即源于心理性欲或力比多的满足。根据弗洛伊德的理论，人格发展的顺序依次经历五个心理性欲发展时期：口唇期、肛门期、性器期、潜伏期和生殖期。弗洛伊德强调早期人格发展的重要性，他认为个体人格的发展以 6 岁以前的三个时期为基础，这三个时期儿童基本的心理性欲的满足是以后发展顺利与否的关键。

（一）口唇期（0～18 个月）

在此发展阶段，力比多满足的区位在口唇部位，比如，婴儿会时时将手指头或其他东西放到嘴里吮吸，即使他并不饥饿。口唇期又分为初期和晚期。在口唇初期（出生至 8 个月），婴儿的大部分满足与口腔部位的吸饮、咀嚼和吞咽等活动有关；而在口唇晚期（8 个月至 1 岁），婴儿因长了牙齿，快感主要来自撕咬和吞咽等活动。如果这一时期个体本能满足与现实（如喂养）的冲突得不到解决，个体的人格发展就会受到挫折，可能形成某一种“口唇人格”。比如，断奶过早，可能发展出接受性口唇期人格，个体表现为过分依赖他人，非常容易轻信；如果儿童的满足受到父母严格的限制，可能会发展出野心勃勃、攻击性很强的口唇期人格。

（二）肛门期（18～36个月）

在这一时期，肛门区成为力比多主要的满足源。这一时期卫生习惯的训练对儿童人格的发展十分关键。如果管制过严或顺遂儿童的意志，人格发展会出现偏差。固着在这一时期的儿童有可能形成“肛门人格”，表现为吝啬、教条、顽固，或者表现得特别慷慨与乐善好施。

（三）性器期（3～6岁）

这一时期力比多的满足源变为性器官。对于男孩来说，其发展的关键是如何解决“恋母情结”（对母亲的性渴望）与“阉割焦虑”（对父亲的恐惧）；对女孩来说，其发展的关键是如何解决“阴茎嫉妒”（对母亲的憎恨，对父亲的崇拜）。正常发展的儿童通过分别认同自己的父亲、母亲来解决这些问题，但如果产生认同问题则会形成“性器人格”，男性表现为极强的虚荣心、冲动和自我膨胀，女性则表现为不断追求凌驾于男人之上。

（四）潜伏期（6岁～青春期前）

在这一时期，心理性欲的力量处于低潮，主要表现为儿童的兴趣扩大，对周围事物的关心大大增加。潜伏期的显著特征是男女之间的情感相对疏远，团体活动中呈男女分离趋势。

（五）生殖期（青春期及以后）

个体在经历相对短暂、平静的潜伏期后，青春期开始发育，两性生理与心理特征差异显现。这一时期个体性器官逐步发育成熟。随着性的成熟，性的能量像成人一样涌动出来，生殖系统成为主要的性感区。性的需求转向相似年龄的异性，开始有了两性生活的理想和婚姻家庭的意识。生殖期是性本能发展的最后阶段，持续时间最长，从青春期直至走向衰老为止。在本阶段，青少年努力摆脱成人的束缚，想要建立自己的生活，就不免与成人产生摩擦。

弗洛伊德认为，个体在人格发展方面的许多差异都是由于上述各个发展阶段进展情况的不同造成的。在心理性欲的发展过程中，儿童在某一阶段如果得到过多满足或受到过多挫折，就会在其人格中留有该阶段的特定印记，造成儿童在某一阶段的固着和退化。只有那些在早期发展过程中避免了严重问题和固着的成人才能形成适应较好的人格，他们成熟、适应良好、有能力爱与被爱。

三、埃里克森的心理发展理论

与弗洛伊德的“心理性欲”发展观点不同，埃里克森构建了一个贯穿个体一生发展的“心理社会性”人格发展模型，这一模型被称为“人格发展渐成说”。尽管埃里克森和弗洛伊德一样认为人格的结构由本我、自我和超我三部分组成，也认同本我是人格的原动力，但埃里克森更强调自我的重要性，认为自我是同一性的源泉，是个人适应环境的保证。埃里克森尤其注重个人与社会环境的交互作用对人格的影响。

在埃里克森的心理社会性发展理论中，他将人生全程分为 8 个阶段。该理论指出：任何一个时期的身心发展是否顺利，均与此前各期的发展有关；人生发展的每一个时期都是一个“危机与转折”的关键期；如果发展危机不能及时化解，相继累积，就会阻碍个体人格的建立，以至丧失个人的适应能力。

（一）婴儿期（0～1 岁）

婴儿期的发展任务：满足生理上的需要，发展出基本的信任感，克服不信任感，体验希望的实现。埃里克森认为，儿童基本信任感的建立主要与母亲的照料有关，如果婴儿在生理需要的满足中体验到安宁和舒适，就会产生安全感和信任感；反之，如果母亲的照料有缺陷，婴儿将产生不信任感。成功解决本阶段发展危机的儿童敢于冒险，不怕挫折和失败，容易成为易于信赖和满足的人；而不能克服危机的儿童则胆小懦弱，易成为不信任他人、苛刻无度的人。

（二）儿童早期（1～3 岁）

儿童早期的发展任务：获得自主感，克服羞怯和疑虑，体验意志的实现。自主性意味着儿童能按自己的意愿行事。埃里克森认为，自主性的发展与父母对孩子生活习惯的训练有关。比如，父母在训练时，如能掌握好分寸，给儿童足够的自主空间，并在不伤害儿童自尊心的前提下给予其必要的节制，儿童的自主性将充分发展。如果儿童受到过于严格的训练和不公正的对待，就会产生羞怯和疑虑。成功解决本阶段危机的儿童具有良好的意志品质，比如能进行自由选择和自我抑制，并具不屈不挠的决心，有利于个人为未来的秩序和法制生活做好准备。如不能解决危机，儿童则形成自我怀疑的人格特征。

（三）学前期或游戏期（3～5 岁）

学前期的发展任务：获得主动感，克服内疚感，体验目的的实现。埃里克森认为在这一阶段，儿童面临的问题是他们将成为什么样的人。经过前两个阶段的顺利发展，此时的儿童充满想象力，行为也更具目的性和主动性，对性别差异十分好奇且求知欲旺盛。儿童主动感的发展关键在于父母对儿童自我成长的指导与鼓励。如果父母鼓励儿童的主动性和想象力，他们便会发展较多的主动性和进取精神，获得“正视和追求有价值的目的的勇气”；如果儿童的想象力和创造性表现受到成人的嘲笑和挖苦，他们就会产生内疚感，丧失自信心。

（四）学龄期（5～12 岁）

学龄期的发展任务：获得勤奋感，克服自卑感，体验能力的实现。这一阶段的儿童开始接受系统的学校教育。如果他们能顺利地完成学习课程，得到家长和教师的认可和同伴的接纳，他们就会获得勤奋感，这使他们在今后的独立生活和工作任务中充满信心。反之，就会产生自卑。当儿童的勤奋感大于自卑感时，他们就会获得能力感的品质。

（五）青春期（12～20 岁）

青春期的发展任务：建立新的自我同一性，防止同一性混乱，体验忠诚的实现。埃里克森指出，青春期因生理急剧变化及新的心理社会冲突，个体深感困扰和混乱，因此，发展的关键是自我整合。自我同一性是自我整合成功的标志，此时个体知道自己是怎样的一个人，了解自己的需要、理想和责任，清楚自己的社会角色，能以自己的方式掌控世界，具有内在的自信。如果青少年在本阶段未能建立自我同一性，就会产生同一性混乱或消极的同一性。在自我同一性的形成过程中，青少年会体验到忠诚的实现，即尽管会遇到不可避免的矛盾，但也会忠于自己内心的誓言。这样，青少年最终能忠诚地献身于社会和职业。

（六）成年早期（20～25 岁）

成年早期的发展任务：获得亲密感，避免孤独感，体验爱情的实现。埃里克森认为，经历第五阶段的发展后，青年男女需要在自我同一性巩固的基础上学会与他人共享。当两个人愿意共享和调节他们生活中的一切重要方面时，便获得了真正的亲密感。如果一个人未能确保自己的同一性，就会在与他人的交往中过分关注自己，不能忘我地关心对方，因而难以产生真正的感情共鸣，导致孤独感。青年如果能成功解决本阶段的发展危机，那么就会形成爱的品质，否则会导致两性交往混乱。

（七）成年中期（25～65岁）

成年中期的发展任务：获得繁殖感，避免停滞感，体验关怀的实现。埃里克森认为，当个体获得自我同一性并拥有爱，以后的岁月中将过上幸福充实的生活，他将生儿育女，关心后代的繁殖和养育，同时承担社会工作。这一时期是一个人对下一代的关心和创造力最旺盛的时期，发展顺利的人们将获得关怀和创造力的品质。反之，没有繁殖感的人，其人格贫乏并发展停滞，只是一个关注自我的人——仅考虑自己的需要和利益而不关心他人。

（八）成年晚期（65岁以后）

成年晚期的发展任务：获得完善感，避免失望和厌倦感，体验智慧的实现。这是人生的最后阶段，发展危机表现为对自我整合的失望。埃里克森认为，拥有幸福生活，对自己持满意态度的人，当他们回首往事的时候，体验到生活的美满和人生的完善，能以一种“超脱的态度对待生活和死亡”。此时的个体，自我是整合的，充满生活的智慧。而那些在人生的旅途上留下太多遗憾和空白的人，则因无法重新选择而体验到深深的失望和厌倦。

第二节　行为主义的心理发展观

一、行为主义学派及其基本观点

行为主义是20世纪上半叶美国的主流心理学，也是现代西方心理学的重要流派之一，它与精神分析、格式塔（Gestalt）并称20世纪心理学三大学派。行为主义的创立者为华生（J. B. Watson），他以心理科学的革命者自居，目标是推翻冯特（W. Wundt）、铁钦纳（E. B. Titchener）时代的传统意识心理学，试图建立一门与物理学、化学等自然科学具有同样地位的新心理学。20世纪30年代，行为主义的追随者对华生行为主义的观点进行了修订和发展，进而产生了新行为主义，其主要学派包括托尔曼（E. C. Tolman）的目的行为主义、斯金纳（B. F. Skinner）的操作行为主义和赫尔（C. L. Hull）的逻辑行为主义。当代行为主义则以班杜拉（A. Bandura）的社会学习理论为代表。

尽管存在各种各样的行为主义，但作为一个统一的学派，行为主义有其共同的观点。

（一）以行为取代意识作为心理学的研究对象

行为主义之前的传统心理学以意识为研究对象，而意识为内部心理过程，难以客观地加以研究，不符合自然科学的特性。因此，华生认为心理学要成为一门纯粹的自然科学，就必须放弃意识这一带有主观性的概念，而以可客观观察的行为作为研究对象。所谓行为，用行为主义的观点来看即有机体用以适应环境变化的各种身体反应的组合。不过，对行为的描述，不同行为主义者之间存在差异。比如，华生是生物还原主义者，认为行为最终需还原成肌肉收缩和腺体分泌；托尔曼则是整体行为主义者，主张研究有机体的整体反应活动。

（二）心理学的研究任务在于预测和控制行为

行为主义者试图建立人类行为的法则。他们认为，心理学研究行为的任务就在于查明引起有机体行为产生或改变的相关因素，确定这些因素与行为反应之间的规律性关系，进而达到预测和控制行为的目的。在行为主义体系中，华生和斯金纳的观点最为激进，认为行为的机制主要在于阐明刺激（S）与反应（R）之间的关系，他们拒绝用任何主观和模糊的内部变量如意识、本能等来解释行为的机制。华生依据巴甫洛夫（I. P. Pavlov）的条件反射原理构建了最为简洁的“S-R”公式。斯金纳则对华生的行为公式进行补充与发展，指出操作性条件反应才是动物和人类行为反应的普遍机制，进而构建了“R-S-R”法则。托尔曼则侧重内部心理过程对行为的影响，其行为法则（“S-O-R”）不仅关注刺激变量（S），也关注刺激与反应之间的中间变量（O），认为中间变量诸如需求变量与认知变量也对有机体的行为反应产生作用。此外，其他行为主义者如赫尔强调行为习得过程中驱力的作用，班杜拉强调行为习得过程中认知因素的作用。

（三）坚持心理科学研究方法的客观性

所有行为主义者反对传统心理学的“内省”实验法而主张用更客观的方法去研究行为。早期行为主义者受到实证主义的影响，强调经验的直接证实，这种对绝对客观性（为客观而客观）的坚持既是行为主义强调心理学的科学性的结果，也是否定意识为心理学对象的结果。比如，华生就反对研究一切不能被直接证实的命题。新行为主义则接受逻辑实证主义间接证实的主张。逻辑实证主义认为，一个命题是否科学或有意义，取决于它能否被经验证实，但意识、意向等内部心理经验的直接证实受很多因素的限制，因此可采用间接证实的方法，如通过对已被证实的命题的推演以及对所观察到的事实的推理。所以，托尔曼认为中间变量可通过行为反应而加以推证，斯金纳也认为可以在不放弃行为主义立场的前提下“说明”意识问题。在具体方法上，行为主义建立者华生认为客观的方法有四种：第一，不借助仪器的自然观察法和借助仪器的实验观察法；第二，口头报告法；第三，条件反射法；第四，测验法。后期行为主义者则更多采用实验的方法。

（四）个体的行为是在适应环境的过程中通过学习获得的

行为主义是环境决定论者，他们认为遗传在行为的习得过程中不起作用或只起很小一部分的作用，人的行为反应机制是在后天习得的。所以，行为主义的研究大多体现在学习领域。在众多行为主义者中，华生和斯金纳被称为极端的环境决定论者。华生认为后天环境对行为具有压倒一切的影响力，不管个体出生时禀赋如何，只要控制环境，就能将他们训练成为我们所期望的任何人。斯金纳也认为，通过系列的强化，我们就可塑造个体的行为序列。不过，并不是所有的行为主义者都如华生、斯金纳那样极端。比如，托尔曼就认为整体行为具有目的性和选择性，这些特征并不能由刺激因素加以解释，行为的获得还受个体的期待与已有的认知图式（经验）的影响。班杜拉认为行为的习得既受遗传因素和生理因素的制约，也受后天经验环境的影响，生理因素的影响和后天经验的影响在决定行为上微妙地交织在一起，很难将两者分开。此外行为的习得还受自我调节的影响。

（五）发展是一连续的量变过程

受生物进化论和环境决定论的影响，行为主义者认为发展即表现为行为模式或习惯的逐渐建立和复杂化，因此，人的发展是一个连续的量的积累过程，不表现为阶段性。行为主义者的这一观点也可从其行为习得的研究中窥见一斑，他们既忽视动物与人的本质差异，认为人与动物在进化上具有连续性，也忽视儿童与成人的本质差异。这也是行为主义者在研究学习机制时多采用动物与儿童被试的原因。在他们看来，经由对动物和儿童的实验研究所得到的行为原理或法则，即可推论解释一般人的同类行为。

二、华生的心理发展观

华生是最早把学习原理应用到心理发展的代表性人物。在他 1928 年出版的

《婴儿与儿童的心理学关怀》一书中，华生提出了一种行为矫正式的儿童养育体系，从中可窥其心理发展的主要观点。

（一）机械主义的发展观

华生既是生物还原论者，也是机械唯物论者，比如他认为行为最终可还原为肌肉的动作和腺体的分泌。华生的心理发展观最典型的特点是环境决定论，主要体现在以下几个方面。

1. 否认遗传的作用

华生早期并不否认遗传的作用，比如，他在解释本能这一概念时就认为本能具有反射的性质，且本能反应系列中的个别要素是由遗传方式决定的。华生后来则否认本能的存在，认为遗传的只是身体结构而非其机能。尽管结构具有明显的遗传作用，但结构的变化及其功能的发展则受环境的影响。华生之所以否认行为的遗传作用，一方面是因为他认为行为是由刺激决定的，而刺激来自于客观而不是来自遗传，因此行为不可能取决于遗传；另一方面，华生的心理学以控制行为作为研究目的，而遗传是不能控制的，遗传的作用越小，控制行为的可能性越大。

2. 片面夸大环境和教育的作用

华生提出了行为的“S-R”法则。与否认本能相适应，华生认为学习或条件反射是理解人的发展的关键因素，遗传的能力、才能、气质等心理特质都是早期学习的结果。这样一来，华生就走向了极端的环境决定论。最能反映华生极端环境决定论观点的莫过于其教育万能论，他从行为主义控制行为的目的出发，提出了一个闻名于世的论断：

> 请给我十几个强健而没有缺陷的婴儿，让我放在自己特殊的世界中教养，那么，我可以担保，在这十几个婴儿中，我随便拿来一个，都可以训练其成为任何专家——无论他的能力、嗜好、趋向、才能、职业及种族怎样，我都能任意训练他成为一个医生，或一个律师，或一个艺术家，或一个商界首领，或可以训练他成一个乞丐或窃贼。

3. 重视行为的学习机制研究

华生用巴甫洛夫的经典条件作用原理来解释行为的习得，指出学习的实质就是条件反射的建立，不管是简单的行为还是复杂的行为都是通过学习获得的。在经典条件反射的形成过程中，其重要前提是条件刺激与无条件刺激（作为强化物）的结合，而这一结合是可以“人为”控制的，这十分契合华生行为主义的目标——预测与控制行为，故华生十分重视学习机制的研究。

（二）对儿童情绪发展的研究

华生在儿童心理发展方面最重要的研究在于他用条件反射原理证明了儿童情绪情感反应机制的习得性。华生认为情绪是个体对特定刺激做出的身体反应，初生儿只有三种非习得的情绪反应即恐惧、愤怒与爱，而后在适应环境的过程中，经由条件反射的机制，儿童的情绪反应与非条件刺激相关的环境刺激物建立关联，情绪情感得以不断发展。华生特别强调家庭环境尤其是父母的角色在儿童情绪发展中所起的作用。

1. 恐惧

初生儿的恐惧反应表现为呼吸加快、双手紧握或乱动等。引起这种先天惧怕的原因包括突然的噪声或身体失去支持。基于条件反射的原理，一些条件刺激（陌生人）替代了无条件刺激（噪声）与无条件反应（呼吸加快）产生了关联，进而导致条件反应的建立，儿童对环境特定刺激的恐惧由此而习得，即所谓的习得性恐惧，如怕生人、怕打针、怕挨打等。

2. 愤怒

婴儿先天的愤怒涉及一系列的动作反应，如身体僵硬，双手、双臂、双腿乱舞，屏息，哭叫，脸色发青等。引发愤怒的特定刺激主要是身体运动受阻或受限制，比如成人在看管孩子的过程中，经常会不经意地限制儿童的身体运动，导致孩子发怒。同样，经由学习，儿童愤怒体验与反应的机制逐渐建立。

3. 爱

爱的反应包含着广泛的内容，如“亲密”“善良”“和蔼”等。产生爱的反应的刺激包括皮肤抚摸、挠痒、轻轻地摇晃或拍打，尤其是刺激“性感带区域”如嘴唇、乳头、性器官等。所有能引起最初爱的反应的人，都能激发儿童情绪的发展。如母亲的抚摸、轻拍和喂奶动作引起儿童的爱的情绪，母亲的形象便与爱的情绪紧密相连。以后，与母亲相联系的人也能引发儿童同样的情绪。爱从非习得性情绪转化成习得的情绪。

4. 嫉妒与羞耻

华生还研究了儿童的嫉妒和羞耻的情绪，认为嫉妒是由于爱的刺激受到限制所引发的反应，属于愤怒一类；羞耻则与儿童早期手淫动作受到制止有关。

三、斯金纳的心理发展观

斯金纳被称为“20 世纪行为科学的领头人物”。他之所以享有此声誉，是因为他创立的社会行为控制计划颇受社会大众追捧，他倡导的行为矫正技术在心理治疗领域也影响深远。此外，他的操作性条件作用原理不仅用于婴儿养育，也广泛应用于程序教学。斯金纳是比华生更激进和更彻底的行为主义者。他认为，心理学的研究目标是：通过对行为的实验分析，指明决定特定行为的特定因素，并确立行为的先行影响因素与随后的行为结果两者之间关系的真正性质。斯金纳区分了两类行为，其中一种为应答性行为，即经典行为主义中由刺激引起的被动反应行为。应答性行为是由一种确定的刺激所激发的行为，可以是无条件反射，也可以是条件反射。另一种为操作性行为，不是由刺激激发，而是有机体自主产生的自发行为。

斯金纳的心理发展观主要体现在其操作行为的学习机制方面。

（一）儿童行为的强化控制原理

1. 操作性条件反射的建立

斯金纳把行为的习得规律概括为：若一个操作发生后，接着给予一个强化刺激，则这个操作的强度就会增加。比如，儿童偶然做了什么动作而得到教育者的强化，这个动作后来出现的概率就会大于其他动作。强化的次数增加，该行为出现的概率随之加大，操作性行为由此建立。

2. 行为塑造与强化的作用

斯金纳认为，操作性行为习得的基础在于强化，而行为得不到强化便会发生消退。因此，只要了解强化效应并操纵好强化技术，就能控制行为反应，以至可以塑造出教育者所期望的儿童的行为。根据斯金纳的操作强化原理，适应良好和适应不良的行为都是强化作用的结果。比如，儿童的一些“不合意”的行为如哭闹、攻击，之所以成为习惯，是因为这些行为的结果强化了最初的反应。要使儿童的不良行为消退，如停止哭闹与攻击，一种有效的方法就是使其该行为的结果得不到强化。斯金纳认为，尽管练习在行为的学习中也起作用，但练习只是提供了重复强化的机会，不会影响到行为反应的速率，强化才是行为巩固和发展的必要条件。斯金纳还主张以消退取代惩罚的方法，提倡强化的积极作用。

3. 强化的性质与方式

斯金纳认为，强化可分为积极强化作用（正强化）和消极强化作用（负强化）两类。积极强化作用，是由于一种刺激的加入促进了一个操作性反应的发生概率，这种强化是最常使用的；消极强化作用，则是由于一种刺激的撤除而增加了某一操作性反应的概率。不管是积极强化还是消极强化，其共同点都是增加反应的概率。

斯金纳通过实验分析了不同强化方式对行为习得的影响。这些方式包括：连续强化，即连续多次对每一个合乎要求的正确反应都给予强化；间歇强化，又称部分强化，即仅对一部分反应予以强化；固定强化，又叫定比强化，即按固定的时距对反应予以强化；偶然强化，即指反应与强化物之间的结合是随机的。斯金纳的一系列研究表明，在行为训练之初，采用连续强化最好；而在保持行为方面，间歇强化最好。斯金纳还发现，行为的消退效果也与强化的方式有关。当消退开始时，如果是连续强化突然转变成无强化，则消退速度特别快；如果是间歇强化，消退速度要慢一些。

（二）儿童行为控制的实践

1. 育婴箱

行为塑造原理在儿童发展领域的典型应用是斯金纳发明的一种机械化照料婴儿的装置——基于动物学习实验的斯金纳箱而加以改进的“空中摇篮”，即斯金纳育婴箱。育婴箱实际上是一个遵循操作强化原则设置的、适宜于儿童发展的行为环境，婴儿在其中可自由运动，诸如游戏、睡觉等。由于一切不良刺激都在育婴箱中被加以控制，因而婴儿的那些不合意的行为可以避免出现。斯金纳后来还把其经验详细介绍给了美国《妇女家庭杂志》，这一新颖的育儿经验一度受到大众的追捧。

2. 社会控制计划

斯金纳随后在其虚构的小说《沃尔登第二》里面进一步阐发了其行为原理的应用，他描绘了一个 1 000 名儿童生活的理想国：经由操作性条件作用原理建立起来的一个行为环境。在这一国度里，行为分析家将行为塑造技术应用于儿童的培养与教育，比如塑造他们正确的人生观与价值观。在那儿，美好生活所必需的物质利益、艺术和科学将得到繁荣发展，而现代社会猖獗的利己主义以及现代技术所附带的一切社会弊端将被消除。心理学家等组成的指导委员会将决定哪些行为会受到强化，侵犯行为、过分的功利主义和贪婪的生活方式将由健康的行为所取代。

斯金纳所描绘的理想国显然有点脱离现实，但他对儿童健康发展的关注以及重视环境与教育的观念引起了美国许多民众的共鸣。更为有趣的是，1967 年，在美国弗吉尼亚州，真的开办了一个遵循斯金纳小说所倡导的行为控制理论的生活社区。

3. 行为矫正

尽管斯金纳的理想国太过虚幻，但操作性条件作用原理对人类行为的控制与矫正——无论是针对个体的，还是针对小群体的——已经在现实生活中得到了广泛的应用。通过积极强化而进行的行为矫正在医院、工厂、监狱和学校中已经被广泛地应用于改变那些适应不良的行为，使其变成可接受的行为。行为矫正对人起作用的方式同操作条件反射改变鸽子和白鼠行为的方式是同样的，也就是说，它们之所以导致了行为的改变，都是因为强化适应性的行为而不去强化非适应性的行为。在行为矫正情境中，踢打、尖叫这样一些行为从来都不会受到强化，只有那些社会接受的行为才能得到强化。此外，行为矫正也已经成功地应用在脑科医院的病人身上。通过奖赏病人适当的行为和不奖励那些消极的或破坏性的行为，促进积极行为的发生。不过，与传统的临床技术不一样，行为心理学家并不关心病人的心灵中究竟发生了什么，他们关心的只是外显行为和积极的强化。

4. 教学机器

教学机器是20世纪20年代发明的，不过在当时并未被普遍使用。20世纪50年代的美国，因为学生过多而教师太少，要求改革教育的公众压力较大。为此，斯金纳利用其操作强化原理对教学机器进行了改进。在此后20年，教学机器得到了广泛使用，直到被计算机辅助教学方法所取代。教学机器的教学方式是程序教学。这种教学方式以小步骤和积极强化为原理，把教学分成若干程序，强化教师所期待的学生学习反应。程序教学的五个要素是：

（1）积极的反应，即指学习者应处在积极的学习状态中。

（2）小步骤循序渐进，即学习目标的分解。

（3）及时强化，使行为尽快巩固。

（4）自定步调，适应了个别差异。

（5）低错误率，让学生尽量少犯错误，不要让学生犯了错误后再去改正错误，无错误的学习更能激发学生学习的积极性。

四、班杜拉的心理发展观

班杜拉是当代行为主义的重要代表人物，他致力于社会行为的研究，并将学习理论运用于社会行为的多个研究领域，进而建立了社会学习理论。与之前的行为主义理论相比，他的社会学习理论强调了认知因素在人类社会学习中的作用。

其心理发展观主要表现在以下几个方面。

（一）观察学习其及过程

1. 观察学习的概念

观察学习是班杜拉社会学习理论中的一个基本概念。观察学习，亦称替代学习，是指一个人通过观察他人的行为及其强化结果而习得某些新的反应，或使他已经具有的某种行为反应得到矫正。而同时，在这一过程中，观察者并没有对示范行为做出实际的外显操作。

在观察学习过程中，被观察的对象称为榜样或示范者，观察主体称为观察者，榜样通过观察者的观察活动而影响观察者的过程，称为示范作用。

在传统的“刺激-反应”学习中，行为习得的前提是学习者要么接受刺激的直接作用，要么通过自己的行为直接作用于环境，并且必须对学习者的反应进行直接强化。而观察学习的学习者则不必直接地做出反应，也不需亲自体验强化，只是通过观察他人在一定环境中的行为，并观察他人接受一定的强化就能完成学习。也就是说，学习者是以榜样所接受的强化为强化。班杜拉把这种间接的强化称作为“替代强化”。例如，幼儿看到同伴因讲礼貌而受到表扬时，就会增强产生同样行为的倾向；当他看到同伴因骂人而受到惩罚时，就会抑制骂人的冲动。

2. 观察学习的基本类型

班杜拉指出，观察学习的基本类型有三种。一是直接的观察学习，也称行为的观察学习，指的是对示范行为的简单模仿，日常生活中大部分观察学习属于这种类型。二是抽象性观察学习，指观察者在模仿榜样所示范的某一具体行为表现的过程中，获得有关这一行为的抽象规则或原理，并在相应的情境条件下以某些变化了的形式产生性地表现出这一行为。三是创造性观察学习，指的是观察者通过观察可将各个不同榜样行为特点组合成不同于个别榜样特点的新的混合体，即从不同的示范行为中抽取不同的行为特点，从而形成一种新的行为方式。

3. 观察学习的过程

班杜拉认为，观察学习受认知因素的调节与制约，因此新行为的习得过程是一个复杂的认知过程，包括注意、保持、运动复现和动机作用四个具体过程。

注意过程是指学习者在环境中的定向过程，涉及观察者对榜样反应特征的注意、认知和区别。注意过程是观察学习的开始，是人们形成意象的基础，也就是说，要模仿一个榜样，首先要注意这个榜样的行为。所以，注意过程在观察学习中是很重要的，它决定着观察学习的发生以及学习的内容，也影响观察学习的效果。

保持过程是指观察者将注意过程中获得的榜样示范行为的意象以符号的形式贮存在大脑中的过程，这种符号的形式包括：视觉形象与言语编码。视觉形象是指保持在头脑中的榜样刺激是以表象的形式出现。言语编码是指保持在头脑中的榜样刺激是以语词的形式出现。言语编码较之视觉表象具有更大的确定性，所以班杜拉认为言语编码在保持过程中的作用更大。但对于 5 岁以下的幼儿来说，由于抽象逻辑思维能力不强，主要依靠视觉形象来保持所观察到的行为。

运动复现过程是指观察者在观察、保持了榜样行为之后，把头脑中保持的信息转化为具体的行为，在现实生活或游戏中表现出来的过程。要想将保持在头脑中的榜样的行为复现出来，不仅需要一定的运动技巧和体力保证，而且需经过反复练习和不断调整。比如篮球运动中的扣篮或武术中的套路动作这类行为的复现往往不是一次到位的。

动机作用过程就是诱发观察者将从榜样那儿获得的新行为表现出来的过程。当观察者获得了榜样的新行为后，他有可能表现出来，也有可能不表现出来，这就要取决于由强化引起的动机作用。如果活动的结果令人满意，受到奖励，观察者就会表现出此行为；反之则不会表现，即使观察者保持了这一行为。

4. 观察学习中强化的类型及其作用

班杜拉虽然强调观察学习中认知因素的作用，但作为一个行为主义者，他自然也很重视奖赏或强化在行为获得和行为矫正方面的作用。不过，班杜拉对强化理论进行了发展，他区分了三种类型的强化，即直接强化、替代强化和自我强化。

直接强化是指观察者的行为直接受到强化物的强化。这种类型的强化与斯金纳等其他行为主义者提出的强化机制是一致的。比如，儿童在幼儿园做了一件好事，老师就以小红花给予强化。

替代强化是一种间接的强化。在观察学习过程中，观察者自己本身没有受到强化，但他观察的对象——榜样——的行为受到强化，进而使其行为反应概率增加。例如，班杜拉在攻击行为的习得实验中发现，当儿童看到榜样的攻击行为受到奖励时，就倾向于模仿这类行为；而当看到榜样的攻击行为受到惩罚时，就倾向于抑制这类行为的发生。

自我强化是指观察者根据自我评价的个人标准来评价自己的行为，从而对榜样行为发挥自我调节的作用。即行为达到自己设定的标准时，以自己能支配的报酬来增强、维持自己的行为的过程。儿童在发展过程中通过观察学习获得了自我评价的标准和自我评价的能力，当他认为自己或榜样的行为合乎标准时就给予肯定的评价，不符合标准时则给予否定的评价，这样儿童就能够对行为进行自我调节。

（二）社会学习在社会化过程中的作用

社会化就是由自然人到社会人的转变过程。在社会化过程中，个体通过与社会的交互作用，适应并吸收社会的文化，从中发展自己的能力、构建自己的独特人格，并成为一名合格的社会成员。所以个体社会化过程就是个体发展的过程。班杜拉十分重视社会学习在社会化过程中的作用，专门研究了攻击性、性别角色、亲社会行为的社会化。

1. 攻击性

班杜拉通过实验发现，个体可经由学习获得攻击行为，攻击性的社会化可用操作强化原理来加以解释。如果儿童采用社会允许的方式表现攻击性，如打球、射击等体育运动，就会得到成人的鼓励。如果儿童用社会所不允许的方式表现攻击性，如打人、骂人、破坏财物等，就会受到成人的制止与批评，甚至惩罚。所以儿童在观察攻击的行为模式时，会注意什么样的攻击行为会被强化，并更倾向于模仿被强化的攻击行为。班杜拉认为有三个因素影响攻击行为的观察学习：家庭、社区文化氛围和信息传播工具。

2. 性别角色

社会化过程中，两性的心理与行为特征的差异显而易见。班杜拉用社会学习理论来解释这一现象，他认为男、女儿童各自性别角色特征的发展是通过观察学习，特别是模仿获得的。班杜拉指出，儿童通常观察到两种性别的行为，但因为社会强化的作用，他们呈现的仅仅是适合他们自我认同的性别行为。社会强化有时还会影响观察过程本身，比如，因为内疚、羞愧或讥讽，儿童甚至会停止对异性行为模式的细致观察。

3. 亲社会行为

亲社会行为指一切有益于他人和社会的行为，如助人、分享、谦让、合作、自我牺牲等。班杜拉通过实验发现，亲社会行为可通过呈现合适的榜样并经由仿效而获得。例如，在实验时，让一组 7～11 岁的儿童先观看成人玩耍滚木球游戏，成人会将所得部分奖品捐赠给“贫苦儿童基金会”，再让儿童玩这种游戏；然后让同样年龄的另一组儿童单独玩这种游戏。结果发现，后一组儿童远远没有前一组儿童所捐献的多。班杜拉还认为，采用训练、斥责等方法对儿童亲社会行为的建立几乎没有效果。

（三）心理发展的相互作用观

相互作用论者认为，一种结构的特征是由组成该结构各因素的动态关系来决定的。因此，相互作用论者是多因素决定论者。班杜拉虽然是行为主义者，强调环境对人的行为有重要作用，但是他认为人的发展并非受环境因素的单一作用，而是人的行为、认知与环境三个因素相互影响、相互作用的结果。

班杜拉认为，在人与环境的相互作用过程中，人既受环境的影响，同时又能作用于环境，主动影响环境。人由于具有认知能力，能在观察学习过程中通过自我调节系统有选择地接受环境信息，有选择地对这些信息做出反应，并不断地形成和改变内部的认知结构。所以，一个人可以对某种活动做出反应，也可以抑制操作该反应；在同样场合，一个人可以这样做，另一个人可以那样做。人的个性就是在行为、人的内部认知因素和环境相互作用下形成的。

第三节　认知心理学的心理发展观

一、认知心理学及其基本观点

认知心理学中的认知一词有多种含义：其一指认知过程，即获得知识、应用知识的过程，又叫信息加工过程，包括信息的输入、加工、存储和使用的全部过程，涉及感知觉、记忆、想象、思维等认知活动；其二指认知结构，即个体通过认知活动在头脑中建构的一系列认知项目的有机组合；其三指认知能力，也就是接收、加工、储存和应用信息的能力。广义的认知心理学其研究领域涉及认知的所有三个含义，而狭义的认知心理学主要研究信息加工过程。

认知心理学派作为一个广义的学派，其共同观点主要体现在以下三个方面。

（一）重视认知和认知过程的研究

认知心理学实现了心理学研究对象的回归。在心理学的研究对象上，华生的行为主义为了坚守心理学的科学性，以行为取代意识，致使内部心理过程的研究长期以来受到忽视。而认知心理学主张研究认知过程、认知结构和认知能力及其发展，因而使心理学的研究对象得以回归到冯特时代的传统领域。可以说，认知心理学是对行为主义矫枉过正的反正。

（二）强调认知过程的整体性

受格式塔整体心理学的影响，认知心理学反对行为主义还原论式的分子心理学，认为人的认知活动是认知诸要素相互联系、相互作用的统一整体，任何一种认知活动都是在与其相联系的其他认知活动协同下完成的。此外，认知心理学强调前后认知过程的关系，比如知觉领域的概念驱动加工与材料驱动加工，记忆领域的前摄抑制与倒摄抑制等。

（三）强调已有知识和知识结构对当前行为和认知活动的影响

与华生、斯金纳的行为主义否认经验的作用不同，认知心理学认为已有知识与知识结构对当前行为和认知活动具有不可或缺的作用。比如知觉加工过程依赖于来自环境和知觉者自身的信息。来自知觉者自身的信息也就是知识经验。认知心理学指出，知识经验是通过“图式（schema）”起作用的。图式，即指一种心理结构，是外部客观世界的信息经由信息加工而保存在人脑中的一种表征（表征是指信息在心理活动的呈现与记载方式）系统。当图式接受到适合它的外部信息时就被激活，被激活的图式使人产生内部知觉期望，用来指导感觉器官有目的地搜索当前特殊形式的信息。

二、皮亚杰的认知发展理论

皮亚杰（J. Piaget）是瑞士心理学家，在儿童心理发展研究方面极具影响力。他建立了发生认识论这一门学科，开创了探讨认知起源的实验研究。皮亚杰运用临床法（对众多个案的长期观察）发现了儿童对游戏规则和物理法则等方面进行思考时的年龄差异，进而建构了有关智力发展的认知发展理论。

（一）皮亚杰认知发展理论的基本观点

1. 智力的本质

皮亚杰把智力定义为有机体主动适应环境的一种基本生命功能。适应的表现涉及如婴幼儿学习怎样开启电视、童年期儿童决定如何与同伴共同游戏、青少年学习如何解决人际间的冲突或解决作业练习中的难题等社会生活各方面。

皮亚杰认为，有机体的智慧活动有一个共同的目标，即在认知过程与环境之间产生一种平衡的关系。儿童已有的认知模式与环境之间的不平衡会促使儿童进行心理调适，借以解决内部心理与外部环境之间的失衡状态，以重新恢复认知平衡。皮亚杰的智慧观是一种互动模型，即个体的认知结构和外界环境的不匹配才能促进认知活动和智慧的发展。

皮亚杰认为儿童对某一外部世界的了解与儿童建构的关于此外部世界的知识有关。比如，一个 4 岁的儿童对日落的理解不会与天体的相对运动产生联系。在他的世界里，他看到的是太阳在下落或认为太阳生气了要离开。一个初中生对这一现象的理解自然有别于 4 岁的儿童。

通过以上的表述，我们对皮亚杰关于智力的本质有了一定的认识，即智力是有机体适应周围环境的基本生命功能，智力的发展是认知失衡引起有机体主动建立新的认知结构以适应环境的结果。

2. 认知结构及其获得

皮亚杰的认知结构指的是思维或行为动作的一种组织化的模式，个体通过建构这样的模式去解释与自己相关的经验。皮亚杰一般用“图式”来表述认知结构，他提出了三种认知结构的图式：动作图式或感知运动图式、符号图式以及运算图式。

动作图式是较早出现的一种组织化的行为模式，儿童通过它对外部客体或内部经验进行表征或做出反应。比如对 1 岁左右的婴儿来说，皮球就是用作滚来滚去或能蹦蹦跳跳的东西，而不是一个有具体名称的实体。符号图式是在头脑里以心理符号（表象或语言符号）的方式被表征的经验，儿童借用符号图式可以在没有直接操作的前提下去解决问题或思考。比如儿童的延迟模仿行为，先前的观察范式转换成心理表象而储存，然后又“外化”为行为。运算图式是指儿童为得出符合逻辑的结论所进行的内部心理活动，表现为对思维对象的内部操作，是 7 岁以后的儿童才具备的认知方式。比如将相同容积的一杯水倒在大小不同的玻璃杯里，一个 5 岁的儿童难以判断它们是否相等，而一个 8 岁的儿童却不会犯这样的错误。

那么，有机体如何建构和完善他们的认知图式？皮亚杰认为儿童先天就具有“组织”和“适应”这两种心理过程来协调失衡状态。组织是一种加工过程，儿童通过它把已有图式组织成新的更为复杂的智慧结构。适应包括同化和顺应两种形式，前者是利用已有图式解释新经验的过程，比如第一次看见老虎的儿童可能把它认作一只大猫；后者是通过改变已有图式来理解新刺激的过程，比如儿童会发现老虎与猫的差异，进而认识了猫以外还有老虎这样一个动物。

皮亚杰认为，同化和顺应的共同作用促进了认知的发展，进而形成更为完整的认知结构，以达到个体的图式与经验之间的平衡。

（二）皮亚杰的认知发展阶段

皮亚杰认为，儿童从出生到成人的认知发展不是一个简单的量的累积过程，而是伴随同化和顺应不断对认知图式进行组织或建构的阶段性发展过程。他依据个体图式的发展变化将从婴儿期到青春期的认知发展分为四个阶段，各阶段以特定的顺序出现，并且每一发展阶段都以前一阶段的发展为前提。

1. 感知运动阶段（0～2 岁）

这一阶段儿童发展的主要任务是感觉与动作的分化，即将感官经验与身体的活动相协调，以“建构”对世界的理解。皮亚杰认为初生婴儿只具备一系列反射的行为图式，但到此阶段后期，婴儿发展并形成了复杂的感知运动类型。在此阶段大约经历六个发展亚阶段，它们分别是：

（1）简单反射阶段。大约为出生后 1 个月，此阶段儿童在很大程度上仅练习先天的反射活动，并对新刺激进行同化（比如像吸奶头一样吸玩具）和顺应（学会通过奶嘴管吸水）。

（2）初级循环反应阶段。大约出现在 1～4 个月，婴儿出现简单的重复行为，自己能做出和控制某些反应，比如反复地吸自己的手指或发出哇哇声。

（3）二级循环反应。大约出现在 4～8 个月，婴儿不仅仅关注自身，行为开始转向外部客体，并能通过操作外部客体而给自己带来乐趣。比如反复挤压一只橡皮小动物，使它发出吱吱声。

（4）二级循环反应之间的协调。大约出现在 8～12 个月，婴儿为达到目的，能协调两种或两种以上动作，是一种真正有计划的反应。比如大人将玩具遮放在某物下，他们会用一只手提起遮盖物，另一只手同时将玩具抓起。

（5）第三级循环反应。大约出现在 12～18 个月，婴儿开始积极地作用于客体，并有目的地探索解决问题的新办法，如施加一些新的作用于客体。

（6）图式内化。大约出现在 18～24 个月，婴儿能运用简单的符号进行心理操作，而且对如何解决问题表现出一定的“洞察力”。“客体恒常性”（the object constancy，指儿童理解了物体可以独立于他们的行为和知觉而存在或运动）的获得以及前面所讲的延迟模仿行为是这个阶段儿童利用符号（表象）进行操作的象征。

皮亚杰认为，“延迟模仿”与“客体恒常性”是婴儿认知发展过程完成的标志。

2. 前运算阶段（2～7 岁）

这个阶段的儿童由于运动能力和运用语言符号的能力增强，其感性经验大为丰富，儿童各种感知运动图式开始内化为表象或形象图式，开始用词、想象力和图画来建构世界。这个阶段儿童的主要特点是表象性思维，思维具有相对具体性、不可逆性、自我中心性和刻板性。

皮亚杰将前运算阶段分为两个亚阶段：

（1）前概念期。为2～4岁这一时期，主要表现为符号思维形式的出现，即儿童能够用某一事物代表或表征其他事物。比如使用词汇和表象表征经验，出现简单的想法、概念和推理方法，象征性游戏也大量涌现。“过家家”游戏就是一个最好的例子。

（2）直觉期。为4～7岁这一时期，儿童对事物和事件的理解仍然以其最显著的知觉特征为基础，而不是经过逻辑推理的思维过程。他们虽然不清楚自己是如何理解事物的，但对自己的知识和理解抱着十分肯定的态度。关于“守恒”实验的例子常用来证明儿童直觉思维的特点。

3. 具体运算阶段（7～11岁）

这个阶段的儿童已获得认知操作能力以及对客观事物和经验进行逻辑思考的能力，其标志是守恒概念的形成，即儿童认识到客体外形发生了变化，但其特有的属性不变。

儿童在这一阶段的思维主要有以下特征：多维思维，即能够从多个维度对事物进行归类；思维的可逆性和转化，即掌握物体和数的守恒；去自我中心，即站在别人的观点去看问题；具体逻辑推理，即运算的顺序性和传递性，但有时需要具体形象支撑。

4. 形式运算阶段（11岁后）

此阶段的儿童其思维不再局限于真实的或可观察的事物，开始能够对观念和命题进行心理操作，形成了解决各类问题的推理逻辑。

儿童在这一阶段的思维特点包括：假设演绎推理，即一种基于假设进行思维的运算形式；抽象思维，即命题思维，运用符号进行思维运算；系统思维，即能在问题解决中，分离出所有相关的变量和这些变量的组合。

三、信息加工心理学的心理发展观

信息加工与联结主义并称现代认知心理学。作为一种研究思潮，信息加工认知心理学兴起于20世纪50年代；作为一个学派，它成立于1967年，以奈瑟尔（U. Neisser）出版《认知心理学》一书为标志。信息加工心理学最具特色的观点是认知的信息加工理论——计算机类比的理论，以及建立和验证这种理论的方法论——计算机模拟法。其代表人物有西蒙（H. A. Simon）、纽厄尔（A. Newell）、奈瑟尔、安德森（J. R. Anderson）、卡斯（R. Case）、西格勒（R. S. Siegler）和斯滕伯格（R. J. Sternberg）等。

（一）信息加工关于儿童认知发展研究的基本观点

信息加工心理学的研究重点是认知过程及其机制，其研究范围主要包括感知觉、注意、表象、记忆、思维和言语等心理过程及人工智能。大约从 20 世纪 70 年代开始，信息加工理论渗透到儿童心理学研究中，使儿童心理学的研究出现了突破性的进展。关于儿童认知发展的信息加工理论有多种，尽管各种理论存在分歧，但它们都有一些共同主张。

1. 将人类大脑的认知操作方式与计算机的操作方式进行类比

信息加工心理学认为人脑与计算机两者有相似的“硬件”与“软件”以及相似的信息加工方式。在这里，“硬件”分别指计算机的物理元件组与人脑的神经系统；“软件”分别指计算机的应用程序与人脑的认知方式；相似的加工方式是指大脑与计算机在信息加工过程中都涉及信息的输入、加工、存储和提取分析的一致过程。

2. 尝试用计算机软、硬件的升级换代来类比人类的认知发展

信息加工心理学认为，随着儿童大脑和神经系统的发展，他们逐渐学会搜集和理解信息、记住经历过的事情，以及用新策略调控心理活动，进而形成更快、更复杂、更精确的认知技能，如同计算机的配置升级换代一样。

3. 强调研究儿童信息加工机制及其加工水平

信息加工心理学认为认知过程就是信息加工过程，因此，要研究儿童的认知特征，主要任务是专注于研究儿童是如何表征、加工及转换信息的。信息加工心理学还认为，不同年龄阶段儿童的思维能力是由其在特定情景下所表征的信息、加工信息的水平及每次所能储存信息的数量决定的。

4. 强调对儿童认知发展内在机制的精细分析

信息加工心理学指出，认知发展研究的另一任务是对儿童认知发展内在机制进行精细分析，以确立那些对认知发展具有突出作用的变化机制，了解这些特殊的变化机制如何一起工作，以及如何导致个体认知能力的增长。此外，还要研究儿童在某个年龄段达到某种认知水平而没有达到更高水平的原因。

5. 强调自我调节在儿童认知发展的作用

信息加工心理学认为变化是连续不断的自我调整的过程，儿童的认知发展在

很大程度上是通过主体不断的自我调节过程实现的，因此，要探究儿童是如何调整自己并如何改变行为方式去适应未来生活的。信息加工心理学指出，儿童通过使用不同的认知策略来增长关于每一种认知策略有效性的知识，而这种知识反过来又会改变和修正现有认知策略，进而导致认知能力的提高。

6. 指出任务分析是了解儿童认知过程及其发展的关键途径

信息加工心理学从信息的获得、储存、加工和提取等几个环节来分析和解释人的认知活动。在研究方法上，主张采用对刺激可严格控制、对反应可细致观测、对结果可精细处理的程序控制法。这一研究方法在研究设计上最大的一个特色就是对加工目标进行精细地分析。因为，在信息加工心理学看来，人类思维的复杂性是对环境复杂性的反映，只有精细地分析儿童在特定情境中的特定加工目标，才能正确地了解儿童的认知活动。

（二）卡斯的认知发展观

卡斯将皮亚杰的发展阶段学说与信息加工理论结合起来，并根据儿童在不同类型的运算中所表现出来的智力特点，提出了儿童发展的四个阶段。卡斯认为儿童发展变化的机制是自动化和髓鞘化，并指出儿童表征系统的形成影响了儿童短时记忆的保存量和中心概念结构的形成。

1. 关于儿童认知发展阶段

（1）感知运动运算阶段。在这个阶段中，儿童的表征是感觉输入，与儿童所采取的表征相对应的是身体的运动。

（2）表征运算阶段。儿童的表征包括持久、具体、内部的想象，其行动能够促进更多的内部表征。

（3）逻辑运算阶段。儿童在此阶段能够再现抽象的刺激，其行动依赖于对这些表征的转换。

（4）形式运算阶段。儿童也会再现抽象的刺激，但他们能操作更为复杂的信息的转换。

2. 关于儿童发展变化的机制

卡斯认为，儿童的变化是通过自动化和髓鞘化产生的。自动化是指用越来越少的注意来执行认知加工的能力。当儿童处于认知发展的第一阶段时，他们只能对感觉输入类表征进行很少的加工，因此他们的加工效率很差。随着儿童表征经验的增加，逐渐能对这种表征进行更多的操作。髓鞘化是一种影响脑神经电冲动的生理传导过程的机制。髓鞘是在神经传导中起绝缘作用的一种蛋白质，它可提高传导的效率。卡斯认为在2岁、7岁和12、13岁，是一些过渡阶段，在这些阶段髓鞘化速度特别快。

（三）斯滕伯格的心理发展观

斯滕伯格用信息加工的方法研究智力，其关于心理发展的观点主要体现在对智力的研究中。斯滕伯格认为智力行为总是在一定的社会文化背景下发生的，不同文化条件下判断智力行为的标准不同，但相同的智力行为的内在心理机制是相同的。智力不但与一个人所处的外部社会文化条件有关，也与其内在的心理机制有关，个体的经验是实现内部世界与外部世界联系的纽带。

1. 智力三元论

斯滕伯格认为，一个完备的智力理论必须能够解释智力的三个方面：智力的内在成分是什么、智力内在成分与经验的关系以及智力内在成分与环境的关系。对这三个方面的假设就构成了斯滕伯格的智力三元理论。

（1）成分智力（componential intelligence）

斯滕伯格认为智力包括三种成分，即元成分、操作成分和知识获得成分。元成分（metacomponents）体现在认知过程的计划、控制和决策方面，比如确定问题的性质、选择解决问题的策略以及分配心理资源等。操作成分（performance components）表现为任务的执行过程，负责执行元成分的决策，比如接收刺激、对刺激信息进行编码并保持在短时记忆中以及与已有信息进行比较等。知识获得成分（knowledge acquisition components）是指个人筛选相关信息并与已有知识加以整合从而获得新知识的过程。

（2）经验智力（experiential intelligence）

斯滕伯格认为经验智力的功能体现在两个方面：一是处理新任务和适应新环境的能力，二是信息加工过程的自动化程度。前者是指个人运用已有经验解决新问题时整合不同观念所形成的创造能力。后者是指经过多次解决某个问题之后，有经验智力的人能不假思索、自动地启动程序来解决该问题，从而把节省下来的心理资源用在别的工作上。

（3）情境智力（contextual intelligence）

斯滕伯格认为，情境智力是个体与环境互动时所表现出来的改变环境以适应自己，或改变自己以适应环境的智力，包括对环境的适应、选择、塑造三个方面。他还指出情境智力受社会文化背景的制约，生活在不同文化中的人们应对日常生活实际问题的能力是不同的。例如，区分有毒和无毒植物是从事狩猎、采集的部落人们的重要能力，而就业面试则是工业化社会的一种重要情境智力，两种情境智力是不同的。

2. 智力的个别差异

斯滕伯格认为，个体智力上的差异是由于其对刺激情境的信息处理方式不同导致的。斯滕伯格研究发现，儿童用于编码的时间长短与其智力之间有很高的相关。斯滕伯格也对智力超常儿童和落后儿童进行了研究。他指出，超常儿童之所以超常是因为他们具有过人的成分智力，其中元成分是体现智力差异最为关键的因素。比如弱智者和智力落后的儿童就非常不善于选择做什么和如何安排事情的顺序。

（四）西格勒的心理发展观

西格勒是新皮亚杰学派的重要成员，他将信息加工心理学与进化论结合起来探讨儿童认知发展，通过策略选择和策略建构的研究，揭示了儿童为适应而发生认知变异和认知选择的机制。

1. 认知发展的进化观

变异与自然选择是达尔文生物进化论的两个核心观点。西格勒借鉴达尔文物种竞争的理论，将变异与选择的观点引入儿童认知发展领域。他认为，生物进化论中的物种竞争机制也体现在儿童的认知过程中，儿童认知的竞争发生在概念、规则和策略之间。西格勒试图通过信息加工的研究范式来描述认知系统内相互竞争的各个结构及其关系，探索这些结构是如何因竞争而达到适应，进而研究产生认知变异和认知选择的机制。

西格勒与其追随者在算术、时间知觉、阅读、拼读、问题解决和记忆等认知领域进行了一系列的研究，他们的研究结果显示，在上述认知领域，存在因竞争导致的认知过程变异和认知策略选择的机制。比如5岁的儿童使用一系列策略去解决“5+3”这类加法题。首先他们一个一个地数手指头；后来他们伸出手就知道手指的数，不用一个一个去数；再后来，他们记住了这道题的答案。这一变化过程中，儿童所使用的策略是不同的：有的使用这一种策略，有的使用另一策略；或同一个体此时使用这种策略，彼时又使用那种策略。关于选择适应策略的机制，西格勒认为可用信息加工过程中信息如何被表征来加以解释。

2. 认知策略发展的叠波模型理论

叠波模型（Model of Overlapping Wave）是西格勒提出的用于解释儿童认知策略发展的一个理论。该理论将儿童解决问题时所使用策略的发展变化描绘为一系列相互重叠的波浪，认为儿童问题解决策略的发展不是由较高级策略不断替代较低级策略的直线上升式过程，而是相互重叠的波浪式发展过程，不同的思维策略和方式长期并存。即使儿童已经掌握了某个更新、更有效的策略，他们仍会继续使用某个先前的策略。不过，在发展过程中，由于经验的作用，较有效的策略频繁得到使用，经过一段时间后，将最终替换陈旧的低效策略。

第四节　维果斯基的心理发展观

维果斯基（L. Vygotsky）、鲁利亚（A. R. Luriya）、列昂节夫（A. N. Leontiev）是前苏联“社会文化历史”学派的创立者。维果斯基在心理的种系发展和个体发展上都做了深入研究，他关于人类心理的社会起源的学说，关于儿童心理发展对教育、教学的依赖关系的学说，在国际心理学界享有声誉且影响深远。

一、社会文化历史的发展观

（一）人类心理的社会起源

由于受进化论和行为主义关于心理进化连续性的观点的影响，人类心理与动物心理的本质区别一度被忽视了。对此，维果斯基等人创立社会文化历史发展理论用以解释人类心理的起源以及高级心理机能的发生发展，借以区分人的心理与动物心理在本质上的不同。

人与动物的本质区别是人能制造和使用工具。维果斯基指出，对工具的使用引发人的新的适应方式，即人不像动物那样直接以身体适应自然，而是通过制造和操作工具进行物质生产和生活。对工具的操作反映人类主动改造环境的能力。维果斯基认为，在人类使用工具的生产活动中凝结着人类的间接经验，即社会文化知识经验，这就使人类的心理发展规律不再受生物进化规律所制约，而是受社会历史发展的规律所制约。

维果斯基利用社会文化历史发展观来解释人类思维活动的产生。他指出，工具本身并不属于心理领域，也不是心理结构的内容，但它作为间接的“物质生产的工具”，促使人类语言和符号即“精神生产的工具”的产生。语言和符号的使用使得人类间接的心理活动（思维）得以产生和发展。

（二）心理发展的实质

维果斯基认为心理的发展是在环境与教育影响下，在低级心理机能的基础上，逐渐向高级心理机能转化的过程。

维果斯基将心理机能由低级向高级发展的标志概括为四个方面：一是心理活动的随意机能；二是心理活动的抽象—概括机能；三是各种心理机能之间的关系不断地变化、组合，形成间接的、以符号或词为中介的心理结构；四是心理活动的个性化。

维果斯基在分析心理机能由低级向高级发展的原因时，将其总结为三点：一是心理机能发展起源于社会文化历史的发展，受社会规律制约；二是从个体发展来看，儿童在与成人交往过程中通过掌握高级的心理机能工具，即语言、符号这一中介环节，使其在低级的心理机能基础上形成了各种新的更高形式的心理机能；三是高级心理机能是不断内化的结果。

（三）心理发展的活动论

维果斯基以马克思的活动观为依据，对人的实践活动进行了深入分析，提出"人的心理过程的变化与他的实践活动过程的变化是同步的"这一观点。马克思关于人类活动的看法可概括为三点：一是活动的社会性，二是活动的目的性，三是活动主体精神力量的"对象化"。据此，维果斯基指出，人的心理是在人的活动中发展起来的，是在人与人之间相互交往的过程中发展起来的。

在重视活动对心理的重要作用的同时，维果斯基强调活动与意识的统一。他指出，意识不是与世隔绝、脱离活动的内部封闭系统，而是以活动作为它的客观表现的。所以可以通过活动对意识进行客观研究，把意识的事实加以物化，如转换成客观的语言或客观存在的东西。在维果斯基研究生涯的早期，他致力于研究儿童的活动如何决定其思维的形成；后期则试图证明外部活动（游戏）怎样决定心理发展（最近发展区）。

（四）高级心理过程发展的"内化"说

在心理学领域，内化一般指个体以观念的方式将新旧经验（知识、技能）组织成为一个复杂的认知结构的过程。维果斯基是较早使用"内化"这一术语的人之一，他认为，高级心理过程的发展是经由内化机制实现的。维果斯基的"内化"说与他关于人类心理的社会起源观和心理发展的活动观是一致的。比如，他提出了心理发展的两条规律，规律之一是"人类所特有的中介性的心理机能不是从内部自发产生的，它们只能产生于人们的协同活动与相互交往之中"；规律之二是"人类所特有的新的心理结构最初必须在人的外部活动中形成，随后才可能转移至内部，成为内部心理结构"。

维果斯基认为，内化过程的实现依赖人类所特有的精神生产工具——语言与符号。例如，个体刚出生的一段时期，还不能使用语言工具来组织自己的心理活动，因此，其心理机能是“直接的和不随意的、低级的、自然的”。只有个体掌握语言这一工具后，心理机能才转化为“间接的和随意的、高级的、社会历史的”。

二、认知能力发展观

维果斯基的认知发展理论主要表现为以下两个观点：首先，认知发展发生于社会文化环境之中，社会文化影响认知发展的形式；其次，儿童的许多重要认知技能是在与父母、老师以及更有能力的同伴的社会交往中发展起来的。

（一）社会文化在认知能力发展中的作用

维果斯基认为必须从四个方面来评价人类的发展，这四个方面分别是：微观发生学、个体发生学、种系发生学和社会历史发展。社会历史发展指的是个体在文化、价值观、社会规范及科学技术这样的背景中所发生的变化。

维果斯基认为，人类的认知即使是单独完成的，在本质上也具有社会文化的特征，因为它会受到文化传递给个体的信念、价值观和智力适应工具的影响。智力适应工具指的是思维的方法和问题解决的策略，维果斯基认为它是儿童在与更有能力的社会成员的交互作用中形成的。每一种文化都给儿童提供了相应的智力适应工具——由社会传递的记忆策略以及其他文化，它教会儿童如何运用他们的智能，即教会他们怎样思考。比如在文明尚未开发时代的儿童用“结绳”来记事，而文明发达社会的儿童却使用多种外部记忆装置来提高记忆力。

维果斯基认为，由于文化的多样性，智力发展无论是从过程还是从内容上来说，都存在个体的差异。这一观点在跨文化研究中得到验证，比如英语与汉语在数字表达上有差异，汉语的数字表达在 10 以内不同，10 以后遵照以 10 为基础的逻辑；英语的数字表达则在 20 以内不同，20 以后数字表达系统就有规律可循。美国有学者研究发现中国儿童在 4～5 岁的年龄段显现出数数的优势，而在 4 岁之前却没有表现出文化差异。因此有人推断，中美两国儿童后期的数学学习差异可能与语言的数字命名系统的差异有关。

（二）认知能力的社会起源

同皮亚杰一样，维果斯基强调儿童在认知发展过程中的主动性；但与皮亚杰不同的是，他认为儿童的主动性探索一般都以父母或老师甚至同伴的积极协同为背景。维果斯基把这种背景看作“社会性合作”，认为有能力的参与者能给予儿童恰当的指导，并能够使儿童受益于这种“社会性合作”，进而促进儿童的认知能力发展。维果斯基认为，如果儿童受到了来自成人的指导和鼓励，就能比较容易地获得新的认知能力。他认为这种指导性参与的学习，使儿童在与成人的互动中，通过参加或观察成人从事的相关文化活动发展自身的认知与思维方式。

三、心理发展与教学的关系

（一）教学创造“最近发展区”

在维果斯基的理论体系中，“最近发展区”是指“儿童实际的发展水平与潜在的发展水平之间的差距”。前者指儿童能独立达到的认知水平，后者则指在成人指导和鼓励的社会支持下儿童所能达到的认知水平。维果斯基认为，教学创造“最近发展区”，因为前一个发展水平与后一个发展水平之间的动力状态是由教学决定的。

（二）教学应走在发展的前面

根据“最近发展区”的思想，维果斯基认为教学应走在发展的前面，这是他对教学与发展的关系问题的最主要观点。在维果斯基看来，教学决定着智力的发展，这种决定作用既表现在智力发展的内容、水平和智力活动的特点上，也表现在智力发展的速度上。

（三）学习的最佳期限

怎样发挥教学的最大作用，维果斯基强调要抓住“学习的最佳期限”，即发展的敏感期。如果错过了学习某一技能的最佳年龄，从发展的观点看来都是不利的，它会造成儿童智力发展的障碍。因此，开始某一种教学，虽然必须以儿童的成熟与发育为前提，但首先教学必须建立在儿童正在形成的心理机能的基础上，走在心理机能形成的前面。

第五节　朱智贤的心理发展观

朱智贤是现代中国系统研究儿童发展心理学的代表性人物。朱智贤主张儿童心理学研究的中国化，坚持用辩证唯物主义观点研究儿童心理发展问题，对儿童心理发展中先天与后天的关系、内因与外因的关系、教育与发展的关系、年龄特征与个别差异的关系等问题提出了许多独特的见解。朱智贤的发展心理学理论主要表现在以下三个方面。

一、心理发展的基本理论问题

（一）先天与后天的关系

先天与后天或者遗传与环境之争，在人类思想文化史中源远流长。心理学自从脱离哲学成为一门独立的学科以来，在其发展历史里，也不乏两种观点的极端人物。比如麦独孤（W. McDougall）与弗洛伊德的本能决定论，华生与斯金纳的环境决定论。朱智贤则主张“先天来自后天，后天决定先天”的观点。在论到先天因素的作用时，他指出，先天因素——不论是遗传因素还是生理成熟——是个体心理发展的生物前提，它们决定发展的可能性。在论及环境因素时，他又指出，环境与教育将先天因素决定的这种可能性变成为现实性，决定着儿童心理发展的方向和内容。朱智贤不仅提出这些论点，而且还坚持开展这方面的实验研究。他与合作者对双生子的智力、性格的影响因素研究，证实了其理论观点。

（二）内因与外因的关系

按辩证唯物主义的观点，表现为对立统一关系的矛盾是事物发展的动力，事物的发展是内部矛盾（内因）与外部矛盾（外因）共同作用的结果，内因是事物发展的根本原因，外因是事物发展的必要条件，外因通过内因起作用。朱智贤将辩证唯物主义的发展观用于解释儿童心理的发展。他指出，环境和教育作为心理发展的外部矛盾，不是机械地决定心理的发展，而是通过心理发展的内部矛盾来起作用。朱智贤认为，心理发展的内部矛盾是主体在实践中，通过主客体的交互作用而形成的新需要与原有水平之间的矛盾，是心理发展的动力。

（三）教育与发展的关系

按辩证唯物主义的观点，事物的发展过程表现为矛盾双方之间既对立又统一的过程，这一过程也是一个由量变到质变的过程。朱智贤将矛盾的对立统一关系运用于教育与发展的关系中。他指出，心理发展主要是由适合于主体内因的那些教育条件决定的，从学习到心理发展，人类心理要经过一系列的量变到质变的过程。这一过程可用图 2.1 表示。

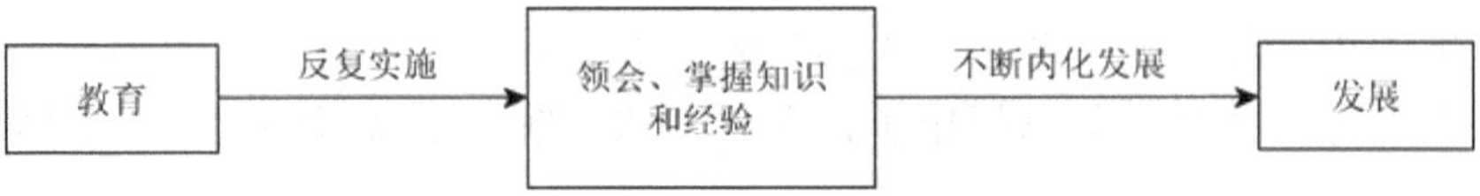

图 2.1　教育促使发展的量变质变过程

在谈及如何发挥教育的主导作用时，朱智贤提出，只有那种高于主体的原有水平，经过他们主观努力后又能达到的要求，才是最适合的要求。维果斯基提出的最近发展区阐述了心理发展的潜力，朱智贤的这一观点则指明了挖掘这种潜力的途径。

（四）年龄特征与个别特征的关系

发展的共性与差异性问题是发展心理学必须要解释的一个领域。朱智贤指出，儿童与青少年心理发展的质的变化会表现出一定的年龄特征。心理发展的年龄特征不仅有稳定性，也有可变性。在同一年龄阶段中，既有本质的、一般的、典型的特征，又有人与人之间的差异性特征。在人类心理发展中这一共性与差异性的表现，在朱智贤看来完全可用内因与外因的对立统一关系来加以解释。

二、强调用系统的观点研究心理学

系统观认为，系统是自然界物质的普遍存在形式，是由要素组成的整体结构，具有整体性、关联性、层次性、开放性、动态性和自组织性，共功能由整体结构的性质来决定。在心理发展的研究中，不同学派偏爱的研究对象不同，往往只关注儿童发展的某一方面。比如，认知心理学强调儿童认知发展的研究，精神分析学派强调儿童情绪发展的研究，行为主义强调儿童行为发展的研究。基于系统的观点，朱智贤指出，研究儿童心理的发展应坚持心理发展的整体性。综合朱智贤发表的一系列文章和书籍，我们可以窥视其系统发展观一斑。

（一）要将心理作为一个开放的自组织系统来研究

朱智贤指出，人以及人的心理都是一个开放的系统，是在主体和客体相互作用下形成的自动控制系统。为此，在研究心理学，特别在研究心理发展时，既要研究心理与环境（自然的、社会的，特别是后者）的关系，也要研究心理的内在结构，即各子系统的特点，还要研究心理与行为的关系以及心理活动的组织形式。

（二）要系统地分析各种心理发展的研究类型

朱智贤认为，在对儿童与青少年心理进行具体研究之前，常常由于研究的时间、被试、研究人员以及研究装备等条件的不同，而有不同的研究类型。因此，在研究中应该系统地分析纵向研究与横断研究、个案研究与组研究、常规研究与运用现代科学技术的现代化研究等。

（三）要系统地处理研究结果

在朱智贤看来，心理既有质的规定性，又有量的规定性，心理的质与量是统一的。因此，对心理发展的研究结果，既要进行定性分析，又要进行定量分析，要把二者有机结合起来。

三、主张心理学研究的中国化

20世纪60年代，跨文化心理研究在西方开始兴起，其研究宗旨是检验来自西方文化的既有心理学理论的文化普适性，同时也探讨特定文化下所形成的特定的心理特征和行为表现。跨文化研究思潮传到中国台湾与香港地区后，引发两地心理学研究的本土化主张，而心理学研究的中国化是心理学研究本土化主张的延伸。

朱智贤认为，发展心理学的研究要注意心理学的中国化问题。早在1978年，朱智贤就指出，中国的儿童与青少年及其在教育中的种种心理现象有自己的特点，这些特点表现在教育实践中，需要我们深入下去研究。他认为，中国儿童与青少年和国外的儿童与青少年有共同的心理特点，存在着普遍性；又有其不同的特点，即具有特殊性，这是更重要的。只有我们拿出中国儿童与青少年心理发展的特点来，才能在国际心理学界有发言权。在其研究生涯里，朱智贤坚持在实践中，特别是在教育实践中研究中国人从出生到成熟的心理发展特点及规律，致力于中国儿童心理发展特点与教育问题的实证研究，对揭示中国儿童与青少年心理发展的特点与规律做出了突出贡献。

第六节　现代生物学理论的心理发展观

一、习性学的心理发展观

习性学的建立者是奥地利的洛伦兹（K. Z. Lorentz）和荷兰裔英国人廷伯根（N.

Tinbergen）等人。20 世纪 30 年代，习性学作为行为主义的对立面诞生于欧洲，其研究者主张，必须在自然生态中不加干预地观察动物的行为表现来研究其行为，并从动物进化的来龙去脉中理解其行为。

（一）习性学理论的基本观点

1. 任何物种与生具有其特有的遗传行为

习性学认为所有种属的动物都有许多由生物因素决定的特性和行为，这些特性和行为是进化的产物，而且是适应性的，有助于有机体的生存。由生物因素决定的行为即遗传行为，它具有三种特性：其一是模式性，即在同一物种的所有个体中都能以特定的、固有的模式，按不变的次序表现出来；其二是先天性，不需要学习，是在经验之前就已经掌握了的；其三是稳定性，环境因素对其影响较小，因此不会轻易改变。习性学指出了三种类型的遗传行为：先天的反射，如抓握反射等；空间定向，如昆虫趋光等；固定的行为模式，这是一种复杂的遗传行为，有助于增加物种生存的机会，如蜜蜂筑巢、蜘蛛结网、松鼠埋藏松果等。习性学认为，尽管人类在很大程度上受经验的制约，但遗传行为影响着个体学习经验的获得。比如，婴儿正是通过这些遗传行为与成人建立联系而得以生存和发展。

2. 遗传行为是进化的结果

习性学研究者持进化论的观点，他们从行为的生存价值上来研究行为的功能或意义，从比较各种物种功能上或形式上类似的行为来探索行为的演化。习性学指出，遗传行为是从那些原初不怎么规范的动作模式中逐渐进化而定型的。当然，在生存竞争中，只有那些具备了适应性最强的特征的个体，才能将这些特征传递给下一代。所以，每一个具有“物种独特性”的行为都是预先选择的，即它能够逐代传下来是因为它增加了个体和物种的生存机会。例如，一只斗败的公鸡遇见取胜的公鸡，在一定距离之内即表现曲颈、低头和两翅高举的姿态。这样的行为表现可能更明确地给胜利者以投降或屈服的信号，使胜利者不再向它进攻。人类的某些生理、行为遗传特征，也是进化的产物。比如直立行走、拇指与其他手指的相对姿势便于其使用工具；个体间的交往与合作增加了人类生存的机会和能力。可见，经过自然的遗传变异或突变而产生的新行为，如果有利于有机体的生存和繁衍，便能遗传给下一代，并逐渐成为一个物种的普遍行为。

3. 遗传行为也具有学习的倾向

习性学家在研究中观察到所谓的“印刻”学习。例如，幼禽往往会跟着一个运动的物体走，而且往往是跟着孵出后最初几小时所看见的任何运动的东西走。这是一种习得的行为，似乎能保持很久，甚至终生不忘——仿佛烙印在脑中一样。不过，这种“印刻”只在发育过程中的某一段时间内才发生，这段时间就被称为关键期。显然，这种“印刻”学习的机制是遗传的，但其学习的结果却受环境的影响。可见，生物因素对行为的控制不仅表现在进化所获得的先天遗传行为中，而且也表现在某种特定类型的学习倾向中。

（二）习性学的发展观

1. 发展以生物因素为基础

习性学认为，人类是具有一定物种特征的社会动物，是一种在特定的环境中进化的生物有机体。儿童的发展水平，主要是以他所拥有的行为来划分的，而他的每一个行为都具有生物学基础。

2. 发展既有自发性的一面又有自我调节的一面

以洛伦兹为代表的经典习性学家强调行为的自发性，重视内驱力对人类行为（如觅食、寻找配偶、寻求保护和安全等）的作用，强调信号刺激引发固定的行为模式的作用。而以鲍尔比为代表的现代习性学家强调行为的自我调节，认为人是自发地行动以满足他对环境的需要，如儿童在探索、游戏、解决问题或寻找游戏伙伴的活动中是积极地寻找父母、食物或伙伴的。在行为的自我调节中，个体与环境相互作用，并利用反馈保持两者的平衡。

3. 发展不是连续的

习性学不像其他许多发展理论那样重视对发展阶段的研究。尽管鲍尔比在阐述依恋发展时提出了四个阶段，但从总体上讲，习性学认为个体的新行为是以一种不连续的方式出现的。在习性学研究者看来，一旦有机体成熟到一定的程度，遗传密码被激发，其释放的信息就能导致一系列从前没有发生过的固定行为出现，也就意味着个体的行为发生了质变。

4. 发展是遗传与环境的相互作用

习性学研究者虽然强调生物因素对行为的作用，但他们并不否认学习对社会性发展的重要性。比如，婴儿的啼哭是一种能促进人与人联系的内在信号，由此产生情感依恋。但这些情感依恋不会自动发生，婴儿必须先学会区分熟人和陌生人的面孔，然后才可能对某一特定对象产生依恋。这种辨别学习的适应功能来自于日常生活的交往经验。总之，习性学认为，人类行为的发展在很大程度上是遗传与环境共同作用的结果，只不过环境因素既包含进化环境，也包括经验环境和现实环境。

（三）习性学关于发展的研究

1. 关键期与儿童心理发展

洛伦兹通过对动物“印刻”行为的观察，进而提出有机体发育过程中有关这类行为学习能力的“关键期”的问题。关键期这一概念后被应用于儿童心理的发展上，指儿童最容易学习某种知识技能或形成某种心理特性的一个敏感时期，过了这个时期，发展的障碍就难以弥补。儿童心理发展的关键期现象主要表现在智力发展和语言发展方面。比如，在语音学习方面，2～4 岁是关键期；在掌握数的概念方面，5～5.5 岁是关键期；在儿童形状知觉方面，0～4 岁是关键期；4 岁前智力发展最为迅速；4～5 岁坚持性行为发展最为迅速等。从整个人生的心理发展来说，学前期是心理发展的关键期。

近年来，发展心理学对关键期有了更多的了解，人们更多的将关键期看作个体在某一特定发展阶段中对某一刺激特别敏感或能发展出最高水平的时期。比如，研究者发现许多特定的关键期只存在于某些物种之中，同一物种中也有不发生印刻行为的特例；一些在种系上非常接近的物种，它们的关键期也有很大的差异。还有人研究发现，在关键期之后，如果将适宜的刺激呈现足够长的时间，也能产生印刻现象。人们开始接受一种比较有弹性的说法，即对于某些物种来说，可能有一个特殊的关键期，但特定的文化可以改变关键期的后果。比如，就人类而言，其行为具有高度的可塑性和适应性。这不仅因为人类具有灵巧的动作功能和复杂而发达的大脑，更因为人类特有的社会生产方式以及因此方式而产生的高级功能，如掌握抽象的符号系统，进行社会性互动。因此，人类具有适应不断变化的环境的高度灵活性和变通性，很少把自己限定在固定的行为模式中苟且生存。

2. 依恋与儿童社会情感的发展

依恋是指儿童与照料者（即依恋对象，通常是母亲或者父亲，尤其指前者）之间形成的一种特殊的情感关系。鲍尔比曾研究过第二次世界大战期间欧洲孤儿的发展情况，发现婴幼儿在生命的最初几年，如果没有与相对固定的看护人形成良好的依恋，即使他们有良好的生活、医疗条件，仍有较高的死亡率。其余的儿童虽长大成人，也会产生严重的心理问题，难以适应社会生活。因此，鲍尔比提出了一套被心理学界普遍接受的基于生态学的依恋理论。

（1）依恋行为具有适应功能

依恋行为是儿童对依恋对象产生的一系列表达情感的行为方式。鲍尔比认为，依恋行为基于遗传行为（包括探寻、吸吮、姿势调整、注视、跟随、倾听、微笑、有声信号、哭泣、抓握和依偎等）而产生。比如婴儿哭叫的适应性意义是满足婴儿的基本需要，并且使其他人和婴儿产生接触，进而在接触中发展出依恋关系。因此，从人类进化的观点看，儿童的依恋是一种适应性行为，是为了随时得到成人的保护，不致发生意外危险。从社会化的功能来看，儿童在养育者的保护下也容易适应社会环境，不致发生异常。

鲍尔比认为，人类具有若干个行为系统，都是物种进化的产物。包括：依恋行为系统、警觉-恐惧行为系统、探究行为系统、交往行为系统。依恋行为系统保证或协调婴幼儿获得并保持同依恋对象的亲近行为。鲍尔比将这一系统划分为两个子系统，它们是“固定-反应”行为系统和“目标-矫正”行为系统。这两个子系统都具有适应价值，其生物功能是保护。

（2）依恋发展的原则

鲍尔比提出四项原则来说明婴儿依恋的发展：首先，婴儿有一种喜欢注视某种类型的、活动着的对象的自然倾向性；其次，婴儿具有把熟悉的对象从陌生的对象中区分出来的能力；再次，婴儿有接近熟悉对象的自然倾向性；最后，某些结果的反馈导致婴儿行为的增加，而另一些结果的反馈则导致婴儿行为的减少。正是基于以上四项原则，儿童对养育者形成了特定的依恋。

3. 同伴关系与儿童心理发展

现实生活中，人们观察到儿童的同伴关系对其身心发展具有重要的价值。同伴之间平等的、互惠的相互作用为儿童的社会化提供了一个全新的舞台。比如，发展社会认知和社会技能，吸收同伴的经验，培养社会责任感和增强情感支持等。从习性学的观点看，儿童的同伴关系与儿童获得资源的目的有关。为了增强获得资源的能力，儿童需要与同伴合作，而合作中又有竞争。查尔斯沃思（W. R. Charlesworth）认为，儿童与动物获得资源的方式有某种相似性，都需要通过攻击、威胁、欺骗乃至合作等方式来最终获得资源。换句话说，同伴关系也受进化的遗传行为的影响。

4. 习性学与儿童认知发展

习性学主张，儿童的认知系统是为了适应某种普遍的、一般的、物种进化于其中的环境而建构的特殊系统。其基本假设是“智力行为在进化过程中有助于生存”。习性学认为，这种智力行为是由构成大脑的基因组织引起的，它能够成功地复制，因此，在进化的过程中，某种环境因素积极地选择了它。

习性学强调，在实际的生活实践中，儿童能运用自己的认知系统去适应环境中包括物理的、社会的、信息的各类障碍，并努力地解决问题，进而扩充、改进这一认知系统。这一观点与皮亚杰的建构论很接近。它对教育也具有特殊的启示，即尊重儿童的活动权利和创造精神。

二、社会生物学的心理发展观

社会生物学的建立者是以研究昆虫而著名的美国动物学家威尔逊（E. O. Wilson)。社会生物学是对习性学的进一步发展，主张通过研究生物的起源、发展，生物和环境的关系等多个相关领域来研究动物与人类的社会行为及其规律。

（一）社会生物学理论的基本观点

与习性学一样，社会生物学坚持达尔文的自然选择理论和坚持对社会行为作遗传学的解释和说明。两者的不同之处在于：习性学强调个体的生存和自然选择，而社会生物学更强调对种群行为的研究，认为某一种群需要共同争取最适宜的生存条件，以有利于其基因的繁衍。

1. 一个物种不可能有脱离其生物本性的“超自然的”目的

基于进化论的观点和习性学的研究，社会生物学提出其研究的两个假设。该观点是社会生物学的两个假设之一，其基本主张是强调社会行为具有生物基础。在社会生物学看来，不能把人看成一个生物机器，人身上也有一种生物机制，这种机制不会允许人违背其生物本性的社会行为达到目的。

2. 人的天然特征只不过是其他物种自然本性的一部分

这是社会生物学的第二个假设，主张人与动物具有共同的生物学机制。社会生物学指出，人的大部分行为规范其他生物也具有，在某些方面如互助合作、分配劳动、利他行为等，人类甚至不如昆虫群体。

3. 适应性行为是那些保证个体基因生存的行为

社会生物学不赞成习性学所主张的适应性行为是那些保证个体生存的行为这一观点，认为斯宾塞（H. Spencer）的“最适者生存”的最适者既不是指个体，也不是指群体，而是指基因。按道金斯（R. Dawkins）的观点，基因才是自然选择过程中生存竞争游戏的主角，包括我们在内的所有生物体不过是为了实现基因复制的目的而被基因创造出来的“生存机器”。

4. 基因是自私的

道金斯指出，基因具有进化寿命长、繁殖强、复制准确和自私四个特性。基因的前三个特性使基因最终成为自然选择的目标，基因的自私性则是操纵生物演化过程的根源，即凡是能够确保基因生存的行为都是适应性的。正如道金斯在《自私的基因》（1976 年）一书中指出："成功的基因的一个突出特性是其无情的自私性。这种基因的自私性通常会导致个体行为的自私性。"

5. 进化也可发生在文化和社会水平上

社会生物学认为，人类行为的进化不完全是自然选择的过程，进化也发生在文化和社会水平上。例如，社会规定禁止乱伦、抢劫和谋杀，就是文化进化过程的产物。当然，赞扬那些表现出对群体中其他成员有利的社会行为的个体，也是文化进化的结果，因为这样的行为有利于人的生存。道金斯使用"迷因（meme）"这一术语来解释上述现象。"迷因"是指文化基因，类似生物基因，也经过复制、变异与选择的进化过程，是可遗传的。比如，某个人类大脑中的观念（迷因），经由模仿或是学习复制到不同人的大脑中。而经过复制的观念并不会与原来观念完全相同，因此产生变异。这些相似但是有所不同的观念，在传播散布时互相竞争，因此出现类似天择的现象。

（二）社会生物学对特定社会行为的解释

1. 利他行为

利他行为见于许多种群。比如，蜂群中的工蜂在抵御外来入侵时，其攻击对方的行为几乎是自杀性的；鸟群中首个危险境遇的发现者，会不顾自身危险向同类发出警告。这种降低个体生存机会的利他主义如何用进化的机制来加以解释呢？社会生物学家汉密尔顿（W. Hamilton）认为，动物所表现的这些利他行为是基于亲缘选择，也就是说，通过自我牺牲来换取种群基因的保存。因为种群成员具有共同的基因，保存了种群也就保存了自己的基因。研究者认为，种群之间越是近亲，其共同的基因越多，因此就存在越多为之牺牲的倾向。所以，最常见的利他行为发生在动物（也包括人类）父母尤其是母亲对其子女之中。她们在孕育和喂养后代时甘愿冒着巨大的风险甚至牺牲来保护其后代，其实是基于基因的自私性。

实际上，利他行为不仅存在于亲缘关系的基础上，有的物种个体也为无亲缘关系的其他个体做出牺牲。特里弗斯（R. L. Trivers）对此以互惠利他规则解释这一行为的适应意义。互惠利他行为实现的基础是：在某种情况下，一个动物帮助了另一个动物，期望在自己处于同样情况下时那个动物也会来帮助它。当然，这一行为存在风险，那就是这种期望能否得到"保证"。所以，社会生物学认为，相较于亲缘选择，互惠利他的行为更难以出现，只有在具有复杂的社会结构和个体彼此认识的种群中才有可能发生。

利他行为的第三个进化规则是互利共生，指的是两个及两个以上动物通过合作完成一个能使它们同时获益的目标，比如合作捕猎。按社会生物学的解释，这种合作行为也是基于物种基因的生存目的。

2. 侵犯行为

同一种群中的侵犯行为与利他行为看以矛盾，但具有同样的生物机制。社会生物学将侵犯行为看作为一种竞争策略，而竞争的目的是为了争夺资源，确切地说是争夺异性与食物等生理需求对象。社会生物学家观察到，很多物种的竞争采用侵犯的形式，但侵犯行为也受限制；而且在不同物种中，都有其各自的侵犯行为最佳水平，比如鹰与鸽。对此他们首先采用亲缘选择原则加以解释：如果亲族成员的生存率和生殖率因侵犯行为降低，就等于侵犯者在损害自己的基因利益。根据亲缘选择原则，这种行为定会被淘汰，因而无法在基因库里保存。其次，社会生物学家指出，如果侵犯者以毁灭性的企图去攻击对手，那就会遭到全力以赴的反抗，其结果不是同归于尽，就是两败俱伤。从基因的生存角度看，这显然不是最佳策略。

3. 性别差异

社会生物学家观察到许多两性行为与社会角色差异的事实。

第一个事实是，在两性交往中，男性往往高估女性的性趣，而女性往往低估男性的性趣。社会生物学认为这一差异是自然选择与性选择的结果。当一名男子推断他碰到一位女子时可能产生两种错误：他可能推断她有性趣，其实不然（错误肯定）；或者他可能推断她没有性趣，其实不然（错误否定）。在错误肯定的情形下，他将会被拒绝，甚至遭到嘲笑或被扇耳光。在错误否定的情形下，他就失去性交并增加繁殖成功率的机会。错误否定的代价要大于错误肯定，因此男性经常高估女性的性趣。而对女性而言，错误肯定的代价（认为男性信守浪漫承诺，其实不然，接下来是怀孕后被抛弃）远远大于错误否定的代价（认为男性不会信守承诺，其实不然，然后失去了维持浪漫感情的机会）。

第二个事实是男女两性脑功能的差异。这一差异通常表现在两性的职业角色中，比如神经外科医生多为男性，而幼儿教师多为女性。巴伦-科恩（S. Baron-Cohen）最早提出男性大脑与女性大脑两个概念，前者的主要功能是系统化，表现为分析、探索与构建；而后者主要功能是共情，表现为辨认、理解、反馈情绪与想法。总体上，男性的系统化能力普遍高于女性，而女性的共情能力普遍高于男性。巴伦-科恩用社会生物学的观点来解释这种差异。他认为，这种差异是从远古时代男女两性的社会分工中进化而来的。对男性而言，系统化对发明与制作狩猎工具是必需的，而较低功能的共情则有助于男性在漫长的狩猎旅途中忍受孤独，以及解决男性竞争中发生的人际冲突与侵犯行为。对女性而言，人际交往和情感理解的能力有助于她们适应新环境，因为远古时代的女性在进入青春期后，就会离开自己的部落，嫁给邻近部落的男性，以避免近亲繁殖。

三、进化心理学的心理发展观

进化心理学作为当代心理学的一股思潮产生于 20 世纪 80 年代，主要代表人物有巴斯（D. M. Buss）、巴科（J. Barkow）、考斯米兹（L. Cosmides）、图比（J. Tooby）等。进化心理学的产生受到了社会生物学、认知心理学和进化认识论的影响，它将人类的心理视作一整套的信息处理装置。这些装置与生理装置一样都是通过自然选择而形成的，其目的是解决人类祖先在狩猎、采集等生存过程中所遇到的适应问题。

（一）进化心理学的基本观点

1. 理解人类心理机制的关键是其进化史

进化心理学强调人类心理机制是进化的产物，并认为现代人类的心理机制进化发生在更新世的“狩猎-采集”时代（距今 160 万～1 万年前）。基于这一主张，进化心理学在研究中提出了三个假设：①现代人的行为举止都和基因有关；②心理机制和人类其他所有生理机制一样是用来解决生存与繁殖问题的，是由进化产生的，其作用相当于计算机处理信息的软件；③因为进化过程缓慢，所以现代的人类是拥有石器时代的大脑而生活在信息时代。故人类进化史是了解心理机制的关键。

2. 功能分解是探究心理机制的重要途径

功能分解是一个计算机术语，指把待实现的系统分解成一系列逐步细化的概念化的过程，其目的在于提供一个有序的机制，通过抽象来理解待开发系统，产生一个结构良好的软件系统。进化心理学认为，要了解心理现象，关键在于弄清由进化而来的心理机制是用来解决哪些适应问题的。为此，进化心理学主张对心理的功能进行分析并在方法论上提出了分析心理功能的程序：①通过分析某一心理所做的工作或所完成的任务，揭示这一心理的功能；②推测出这一功能背后的心理机制；③追溯这些机制形成的进化史、选择史，直至其终极根源；④再根据机制和终极原因对心理现象做出解释。

3. 心理是一系列的适应器

进化心理学具有强烈的生物学倾向，认为心理是“狩猎-采集”时代祖先在进化过程中所产生的“适应器”，即心理的结构与功能是自然选择的过程。自然选择的作用表现为通过多次遇到进化中反复出现的情境（长期存在的适应问题），对可供选择的心理设计进行检验，最终决定哪些设计被选择并遗传给后代。在人类的进化历史中，相对于其他可供选择的设计而言，那些增强了人类自身生存和繁殖能力的设计变化被选择出来了。

4. 心理机制具有“模块”性

模块也是一个计算机术语，意指能够单独命名并独立地完成一定功能的程序语句的集合。受信息加工心理学影响，进化心理学认为人的心理机制具有“模块”性，是由许多不同模块有机组成的一个模块结构，每一个模块可单独处理与其特定功能相适应的特定信息，但也受整个结构的关系的影响。考斯米兹把心理机制的这一特性形象地比喻为一把“瑞士军刀”：它包括不同的工具，每一个都能完成某个特定任务。人的心理也是由一些认知工具组装而成，每种心理都有特定的功能。

5. 人的行为表现是心理机制和环境相互作用的结果

在解释人类及其个体的社会行为时，进化心理学虽然强调心理进化机制的重要作用，但也认为不能忽视环境因素的影响。进化心理学家反对环境决定论，在他们的眼中，环境的作用只是作为背景因素来激活心理机制，从而使有机体表现出行为。即人类个体的外显行为是背景输入和心理机制相互作用的结果。

（二）进化心理学对特定社会行为的解释

1. 性别差异

巴斯等发现，男女两性在描述自己和想要找什么样的配偶方面有很大差别。女性喜欢把自己描述成相貌姣好的，希望寻找年龄比自己大并且能提供经济保证的男性；而男性比女性更喜欢说自己能提供经济保证，希望寻求一个年轻、漂亮的女性。进化心理学家认为男女之间的这一差别可用自然选择来解释。按进化论，某一种群的成员总是会选择能成功地繁衍后代并有效地抚育孩子的配偶。因此，对女性而言，能更好地供养自己和孩子的男性会使得基因的延续更可靠；对男性而言，那些拥有明显第二性征——胸部发达、曲线优美——的女性则被认为具有生殖力，能保证自己基因的承继。

巴斯等还对男女不同的性策略给以生物学解释。例如，女性在挑选配偶时会再三考察和选择，而男性为获得配偶常展现出竞争性。此外，为确保自己的基因永存下去，男女双方采用的性策略不同：对男性而言，找到更多的配偶，尽可能地与更多女性交配可以使其生育的后代数量达到最大；而女性的问题不仅仅是配偶应该聪明、地位高，还要忠实、有责任心来帮助她抚养孩子。于是，基本的生物学差异导致了在性策略上男性使用勾引然后遗弃的短期策略；而女性则更多地使用一种长期策略：吸引一个帮助她抚养孩子的忠诚男人。

2. 爱情

进化心理学对人类的情感机制也给以生物学解释。在进化心理学家看来，嫉妒、恐惧、愤怒、悲伤、移情、爱等情感是特定而又普遍的，它们是自然选择的结果，可以用来解决特定的适应问题。

进化心理学认为，爱情并不是文明社会所独享的一个术语，它在原始部落中就已存在。进化心理学指出，对男女两性而言，承诺和责任都被认为是爱情的核心成分，而这种情感行为是自然选择的结果。因为，承诺与责任服务于确保繁殖的成功与后代健康生存。事实也证明，彼此相爱的父母其子女成活并继续繁殖的可能性最大。

3. 其他社会行为

进化心理学的研究还涉及亲子关系、利他行为、攻击与战争，以及地位、声望和社会支配等领域。其解释的基本观点同上。

四、行为遗传学的心理发展观

行为遗传学是研究动物和人类行为的遗传规律的科学，是在遗传学、心理学、行为学和医学等学科发展的基础上形成的一门交叉学科。它以解释人类复杂行为现象的遗传机制为研究目标，探讨行为的起源、基因对人类行为发展的影响以及在行为形成过程中遗传和环境之间的交互作用。行为遗传学在20世纪60年代成为一门独立的学科，其开端可追溯至高尔顿（F. Galton）的研究，并以美国的德尔布吕克（M. L. H. Delbrück）和本泽（S. Benzer）、英国的布伦纳（S. Brenner）等人的研究为代表。

（一）行为遗传学的基本观点

1. 基因是携带遗传信息的基本单位

现代生物学研究发现，人类体细胞（精子和卵子例外）有23对染色体，其中一半来自父亲，另一半来自母亲。染色体的主要成分是由复杂的遗传物质脱氧核糖核酸（DNA）组成。DNA是遗传信息的保存者和传递者，构成DNA的单位称为基因，因此基因乃是携带遗传信息的最基本单位。

2. 基因的特性决定遗传的方式

在遗传学上，把具有一对相对性状的纯种杂交一代所显现出来的亲本性状称为显性性状，控制显性性状的基因为显性基因；把未显现出来的亲本性状称为隐性性状，控制隐性性状的基因为隐性基因。所以遗传有显性遗传与隐性遗传两种方式。人类的一些特性（如头发的直曲）和一些异常现象（如超短的手指和脚趾、白化病、镰状细胞性贫血症、苯丙酮尿症等）是单基因遗传的，但人类的大多数特性是多基因共同作用的结果，而不是由单一的一对基因所决定的。

3. 同一物种具有区别于其他物种的共同的遗传特性

同一物种的共同遗传特性决定了该物种之间的相似性。比如，人类生理与心理的发展模式具有普遍性。

4.基因存在变异与重组的可能

遗传是指生物亲代繁殖过程中，上一代与后代相似的现象。遗传特性使生物能繁衍后代并保持物种的相对稳定性。变异是指后代个体发生了变化，与其亲代不相同的方面。变异特性使物种不断发展和进化。基因的变异可以自发产生，也可通过某些物理或化学因素进行人工诱变。基因发生变异后，由其决定的性状也会发生变化，并且这种变异可以传递给子代。

5. 基因控制个体发育和性状表现是通过细胞内外的环境条件起作用的

由基因决定的生化合成过程只有从周围环境中获取原料，才能表现出性状的遗传和变异。因此，环境条件在许多方面又可影响基因的活性，从而影响生物体的生长和发育过程。所以，基因通过与环境互动，共同决定生物体的性状表现。

6. 心理和行为的发展受多基因遗传与环境共同的影响

个体心理与行为的发展是遗传和环境交互作用的产物。遗传对个体发展的终生影响，可以用基因型（genotype）和表现型（phenotype）来表述。基因型是指个体的整个遗传禀赋，表现型则是指在特定的环境中具有一定基因型的个体遗传得以实现的程度。遗传对行为的影响总是离不开环境。个体有了自我意识之后，智力、特殊能力、创造力等特性则是遗传、环境和自我意识交互作用的产物。

（二）行为遗传学主要研究

1. 双生子与收养研究

双生子研究和收养研究是遗传行为学研究量化方向中最常用的，主要考察遗传与环境因素的影响。双生子研究主要比较同卵双生子、异卵双生子之间心理特征的相似性，借以区分环境和遗传的影响。同卵双生子来自同一个受精卵，他们在遗传学上是相同的。异卵双生子是两个受精卵发育而成的，他们是一等血亲，和同胞兄弟姐妹一样，在遗传上共享50%的基因。收养研究的目的也是为了把遗传影响和环境影响分开。一方面，收养能使具有血亲关系的两个人并不分享相同的家庭环境，他们之间的相似性可以估计遗传对他们之间的相似性起多大作用。另一面，收养使没有血亲关系的家庭成员共同分享家庭环境，他们的相似性可以用来估计家庭环境对家庭成员相似性起多大作用。

双生子与收养研究设计中最常用的一个量化概念是遗传力，这是一个用于估计遗传作用大小的统计量，一般用相关系数表示，作为解释个体间遗传差异占表型变异的比率。这一概念被广泛用于心理过程的心理特性、智力、人格、社会性，以及心理障碍的遗传研究中。

近年来，在如何看待遗传与环境的关系问题上，西方心理学家的意见正发生着偏重于遗传的转变，布沙尔（T. J. Bouchard）关于双生子的研究（见表2.1）证实了这一点。

表2.1　分养与合养同卵双生子在某些特征上的相似性比较

特征	r 分养	r 合养	r 分养/r 合养
生理：			
脑电波活动	0.800	0.810	0.987
血压	0.640	0.700	0.914
心率	0.490	0.540	0.907
人格：			
多维人格问卷（MPQ）	0.500	0.490	1.020
加利福尼亚人格问卷	0.480	0.490	0.979
智力：			
韦氏成人智力量表	0.690	0.880	0.784
瑞文智力测验	0.780	0.760	1.030

续表

特征	r 分养	r 合养	r 分养/r 合养
社会态度：			
宗教信仰	0.490	0.510	0.961
无宗教信仰社会态度	0.340	0.280	1.210
心理兴趣：			
斯特朗—坎贝尔兴趣问卷	0.390	0.480	0.813
明尼苏达职业兴趣量表	0.400	0.490	0.816

2. 分子遗传学的研究

分子遗传学是在分子水平上研究生物遗传和变异机制的遗传学分支学科。分子遗传学传统研究设计有两种：一种是等位基因联结法，主要分析一个等位基因频率与表型之间的联系，其假设为一个等位基因与一种特质之间具有相关性；另一种为连锁设计，需要对一个家族的几代人进行 DNA 检查，追踪家庭内部一种 DNA 标记与一种异常病理的共同遗传。新的分子遗传学的研究设计也有两种：一种是候选基因关联研究，即根据既有遗传相关信息、生物相关信息或者实证研究结果来直接选定可能与个体心理或行为表型变异有关的基因，并通过病例对照设计或基于随机人群的关联分析来确定候选基因与该表型是否存在关联的一种研究策略；另一种是全基因组关联研究，即从人类全基因组范围内的序列变异中，筛选出那些与个体心理或行为表型相关联的相关信息。

目前，分子遗传学主要用于人类精神病理的研究。研究发现：阿尔茨海默病患者的载脂蛋白 E（Apolipoprotein E）基因的 4 号等位基因的频率为 40%，而正常人的频率为 14%。造成心理迟滞的最重要原因是第 21 对染色体多了一条（通常来自母体），比如唐氏综合征（Down 综合征）。脆性 X 综合征（Fragile X 综合征）是导致心理迟滞的第二个重要原因，导致这种疾病的基因在 X 染色体上。因为女性比男性多一条 X 染色体，所以脆性 X 综合征在女性中发病的概率差不多是男性的两倍。此外，有关情绪障碍、行为障碍、精神分裂等精神病理的基因靶位也初步明晰。

（三）遗传与环境的作用方式

尽管行为遗传学强调行为的基因基础，但遗传与环境对个体发展都起作用，这是不容置疑的。目前，先天与后天的争论已让位于遗传与环境如何相互作用的讨论。对此，斯卡尔（S. Scarr）和麦卡特尼（K. McCartney）提出了三种遗传与环境相互作用的方式。

1. 被动的“基因型-环境”相关的相互作用

这一相互作用是指环境显著影响着基因的表达，包括其形式与范围。比如，个体幼年的家庭氛围、父母教养方式与遗传特性的相互作用就是这样的类型。因个体幼小，受成熟水平的限制，个体无法对环境影响起太多的反作用，更多的是被动接受这种影响。从人生全程发展来看，这种类型的作用时间短暂但影响深远，出生后几年间环境与遗传的影响已经为后来的发展奠定了基础，有时这种基础牢固得难以用后来的经验去修正。被动的基因型-环境相关的作用随着年龄的增大而减弱。

2. 唤起的“基因型-环境”相关的相互作用

这一相互作用涉及他人对个体的反应。由于受到共同文化与社会潜意识的影响，人们对相似的基因的表达形式会有相似的反应。比如，漂亮的个体容易被人喜欢、亲近、注意，相貌一般的则容易会被忽视。环境通过这种方式对不同基因的表达型予以不同的反应，从而使得不同基因的人因这种区别性对待而发展方向不同。这种相互作用更多的是体现人际环境对于个体的影响，其中人际群体的文化起着非常重要的作用。唤起的基因型-环境相关的相互作用被认为在发展中基本保持不变。

3. 主动的“基因型-环境”相关的相互作用

这种相互作用的方式体现了个体的自主性。个体基因已经表达的特性引导他们做出某种相应的行为，而环境又以对应的形式予以反馈，这种反馈反过来又增强了该特性。因此，这是一种螺旋发展的态势。比如一个外向的孩子倾向于社交广、热情而友好，他人也会认为他是一个外向的孩子并予以相应的评价；而一个内向的孩子则可能喜欢独处，对于社交显得很不自然，他人则会给予相应的内向反馈。这样，个体的特性引导着人际环境来增强个体的特性。主动的基因型-环境相关的作用随着年龄的增长而增强。

第七节　社会生态学的心理发展观

一、社会生态学及其基本观点

20 世纪 60 年代，社会生态学由美国人布克金（M. Bookchin）基于人类生态学的研究而提出，主要研究作为社会生态系统主体的人与周围环境及各种事物之间的关系。20 世纪 70 年代末，美国人布朗芬布伦纳（U. Bronfenbrenner）将社会生态学的观点用于分析儿童心理的发展。社会生态学的代表人物还包括美国的扎斯特罗（C. H. Zastrow）等人。与社会生物学强调研究发展的遗传因素相反，社会生态学更重视发展的环境因素的研究，正如布朗芬布伦纳所说——人类发展的生态学就是对人与人直接生活的环境之间相互适应的科学研究。

（一）社会生态学的生态观

1. 人应当从“生态主人”向“生态系人”转变

所谓生态系人是相对于生态主人而言的。生态主人是指任意奴役和主宰生态系统的人，是人类中心主义观点的反映。生态系人则指与生态系统和谐共存的人，一种具有生态意识、生态伦理与生态责任的人。在社会生态学看来，个体社会化的目标就是个体在发展过程实现从出生时作为纯生物学意义的人向生态系人的转变。

2. 人与环境构成社会生态系统

社会生态学认为，社会生态系统是指人类社会与生态环境的有机结合。社会生态系统由两大要素结构组成，一是社会要素结构，包括社会生产群体、社会管理群体和社会败坏群体三个部分；二是环境要素结构，分为无机环境、有机环境和社会环境三个部分。

3. 社会生态系统具有自然、社会和经济三种属性

社会生态的自然属性是指人类赖以生存和社会得以发展的自然生态环境特性，包括无机环境和有机环境两个方面的属性。社会生态的社会属性主要指生态社会关系和生态社会文化。社会生态的经济属性则指生态社会的生产和再生产过程的特性。社会生态无论是区域生态（城市、乡村、城乡复合体等）还是全球生态（生物圈或生态圈），都具有自然性、经济性和社会性。

4. 社会生态系统具有四大基本功能

一是社会生产功能，比如植物的初级生产与人脑的精神生产等；二是能量流动功能，比如能力转换与智力传递等；三是物质循环功能，比如营养元素与生产元素的循环等；四是信息传递功能，比如刺激信号与语言符号的传递等。

（二）社会生态学的发展观

社会生态学指出，个体发展和社会化的背景是社会生态系统。因此，要了

解环境对个体发展的影响，不仅要理解个体的微观生态系统，也要了解整个社会生态系统的结构、特性和要素。概言之，在个体心理发展方面，社会生态学主张：

第一，发展是个体内在因素与外在环境相互作用的结果。

第二，人类的发展过程是一种在日益复杂的水平上不断认识和建构其社会生态的过程。

第三，个体与环境是一个整体，并相互影响。

第四，人的健康发展依赖于社会生态系统的平衡。心理障碍或疾病反映出个体与其社会生态的不和谐、不一致，是社会生态系统失衡的结果。

二、社会生态学关于社会生态系统的层次

（一）布朗芬布伦纳的四层次说

布朗芬布伦纳指出，根据社会生态系统对个体发展影响的直接性或远近程度可将社会生态系统分为四个层次。

1. 微观系统

微观系统（microsystem）是指儿童直接体验着的社会生态系统。微观系统包括家庭环境、学校环境，家庭环境主要由家庭物理特性和家庭成员组成，学校环境主要由学校物理特性与教师、同伴组成。在微观系统中，个体的活动、角色及人际关系模式都由个体亲身经历。

2. 中间系统

中间系统（mesosystem）是指儿童直接参与的微观系统之间的联系与相互影响。比如，家庭环境对学校环境的影响或者相反。中间系统对个体发展的影响取决于微观系统之间发生相互联系的数量、质量及程度。

3. 外围系统

外围系统（exosystem）是指儿童并未直接参与但却对他们产生影响的环境。这类环境包括由祖辈家庭及其成员构成的环境，父母的工作环境和朋友、邻居，以及社区服务系统。

4. 宏观系统

宏观系统（macrosystem）是指个体所处的社会或亚文化中的社会存在与社会

意识，比如，价值观、法律、风俗习惯、宗教信仰、生活方式等社会观念与社会文化，以及社会资源、社会经济基础等。

（二）扎斯特罗的三层次说

扎斯特罗指出，个人的生存环境是一个完整的生态系统，即由一系列相互联系的因素构成的一种功能性整体，包括家庭系统、朋友系统、工作职业系统、社会服务系统、政府系统、宗教系统等。扎斯特罗把人的社会生态系统区分为三个层次。

1. 微观系统

微观系统是指处在社会生态环境中的看似单个的个人，包括个人生物的、心理的和社会的事件。

2. 中间系统

中间系统是指小规模的群体，包括家庭、职业群体或其他社会群体。

3.宏观系统

宏观系统是指比小规模群体更大一些的社会系统，包括文化、社区、机构和组织。

三、社会生态学关于社会生态系统相互作用的论述

布朗芬布伦纳与扎斯特罗认为，在社会生态系统中，人是不断成长的、积极主动的，环境的特性也是不断变化的。人在生存环境中，既受到各种不同社会系统的影响，也持续并有活力地与其他系统相互作用。同时，人与环境之间相互适应的过程也受环境之间相互关系的影响。

（一）系统内部之间的相互作用

系统内部之间的相互作用，是指构成系统的人的因素之间、环境因素之间以及人与环境因素之间的相互作用。比如，扎斯特罗指出，在微观系统内部，生物的、心理的和社会的事件会在人的一生中相继发生，并持续地相互作用，影响人的行为。

（二）系统间的相互作用

1. 微观系统与中间系统的相互作用

扎斯特罗指出，个人的行为会受到家庭成员、家庭环境、家庭氛围的影响，同样也会受到个人的工作群体、个人参与的其他小规模群体的影响；反之，个人行为也会对这些系统产生重要影响。比如，一个16岁的孩子离家出走，孩子的行为会影响到家庭（全家人可能为孩子的离家出走而忧心如焚）。反之，这个孩子之所以做出离家出走的行为，其实也受到了家庭群体的极大影响（家庭“厌烦”他/她的行为或忽视其存在）。

2. 宏观系统、外围系统、微观系统之间的相互作用

布朗芬布伦纳指出，宏观系统的变化会扩散渗透至其他系统。比如，社会经济状况（宏观系统）变坏，导致父母收入下降或职业受威胁（外围系统），进而导致家庭氛围（微观系统）的变化。

扎斯特罗指也指出，在宏观系统中，价值观系统、机构系统常常会直接对微观系统发生影响。比如，某一公共机构系统与其价值观反对向某类个体提供一项资源，那么，这类个体就不可能享受该资源的利益。

参考文献

巴斯 D M. 2007. 进化心理学：心理的新科学（第2版）. 熊哲宏，张勇，晏倩译. 上海：华东师范大学出版社：21-25，43-46.

布克金 M. 2007. 社会生态学导论. 郇庆治，周娜译. 南京林业大学学报，7（1）：5-17.

道金斯 R. 2012. 自私的基因. 卢允中等译. 北京：中信出版社：3-9，21-26.

林崇德. 2009. 发展心理学. 第2版. 北京：人民教育出版社：23-33.

刘文. 2001. 现代生物学理论和社会生态学理论述评. 大连理工大学学报，22（1）：8-13.

洛伦兹 K Z. 1987. 攻击与人性. 王守珍，吴月娇译. 北京：作家出版社：32-35.

托马斯 R M. 2009. 儿童发展理论：比较的视角（第6版）. 郭本禹，王云强译. 上海：上海教育出版社：298-307.

王振宇. 2011. 儿童心理发展理论. 修订版. 北京：人民教育出版社：274-288.

威尔逊 E O. 2004. 生命的多样性. 王芷等译. 长沙：湖南科学技术出版社：78-85，173-175.

杨丽珠，刘文. 2006. 毕生发展心理学. 北京：高等教育出版社：38-44.

叶浩生. 2005. 心理学史. 北京：高等教育出版社：103-105，137-140，206-207，236-242.

叶峻. 2001. 社会生态学的基本概念和基本范畴. 烟台大学学报，14（3）：250-258.

思　考　题

1. 精神分析学派是如何解释个体心理发展的？

2. 华生、斯金纳、班杜拉心理发展观的基本观点是什么？
3. 皮亚杰认知发展理论的基本观点有哪些？
4. 信息加工心理学是如何解释个体心理发展的？
5. 维果斯基心理发展理论的基本观点是什么？
6. 现代生物学理论是如何解释个体心理发展的？
7. 社会生态学是如何解释环境对心理发展的作用的？
8. 试理解环境、遗传是如何相互作用于个体心理发展的。

第三章　婴儿心理发展及教育

在整个儿童期，婴儿期（0～1 岁）是个体发展最快的时期，婴儿的身心发展主要表现在以下三个方面：第一，对于个体的发展来说，儿童从吃奶过渡到断奶，逐步学会吃普通的食物，这在生理或心理发展上都有重大的意义；第二，从躺卧状态、完全没有随意动作过渡到用手操作物体和直立行走等随意动作；第三，从完全不能说话过渡到能够掌握一些简单的词来跟成人进行初步的言语交际。这些发展使儿童的独立性比初生下来的时候有了极为显著的增长。但必须指出，这些发展主要依赖于成人在各个方面长期的、精心的、正确的养护和教育；如果没有成人正确的养护和教育，儿童不但心理发展受到不良影响，甚至本身也很难生存下去。

第一节　婴儿的生理发展

一、身体发展

（一）身高和体重

婴儿出生后，身体迅速发展。身高和体重是儿童身体发展的重要标志，它们标志着内部器官，如呼吸、消化、排泄系统及骨骼的发育状况。

出生后一两年是一个人身体发展的第一个高峰期。刚出生时，足月男婴体重为 3.3～3.4kg，足月女婴为 3.2～3.3kg，到 4～6 个月，体重就翻了一倍，1 岁时增加了 2 倍；新生婴儿身高约 50cm，在第一年内，身长就增加了 20～25cm，是出生时身长的 50%。从第二年开始，婴儿的生长发育速度减慢，此后身高和体重的增加十分平稳，增长曲线几乎呈直线上升，一直到青春期，开始出现身体生长的第二个高峰期。一般来说，儿童 2 周岁时的身高大约达到其成人时身高的一半。

（二）头围与胸围

头围是指齐眉绕头一周的长度，它是大脑生长和颅骨大小的主要测量指标，也可以用来鉴别婴儿的某些脑部疾病。婴儿期 1～3 个月内头围增长最快，可增加 5～6cm。以后增长速度逐渐变慢，1 岁时，男孩的头围约 46cm，女孩约 45.5cm。

头围的大小和脑的发育密切相关。脑发育不全时，头围增长速度缓慢；脑积水可使头围增长过快。研究表明，如果婴儿头围小于正常值且属于头围过小范围，其智力的发育就很容易出现障碍。进一步的研究认为，头围过小常常是婴儿智力发育低下的先兆。

胸围在第一年增长最快。婴儿 6 个月时胸围与头围大致相等，1 岁时胸围可比头围大。以后，胸围和头围的差距逐渐增加。

（三）牙齿和骨骼

婴儿的乳牙在出生后 6～8 个月之间开始萌出。正常婴儿在 5～10 个月长出 2 颗下中切牙，在 6～14 个月时长出 4 颗上切牙及 2 颗下侧切牙。到 1 岁时应长出 8 颗牙。

出生时婴儿的大多数骨骼都是柔软而有韧性的，因此不易发生骨折。当把新生儿拉起时，他们不能站立或保持身体平衡，原因之一就是他们的骨骼太小，太柔软。新生儿的头骨中有几块是可以弯曲的软骨，使得胎儿能够顺利通过母亲的宫颈和产道。这些头骨被六个囟门分裂开来，出生后囟门逐渐被一些矿物质填充，到 2 岁时形成一整块头盖骨，同时，在头盖骨连接处留有一些柔韧的接缝。这些接缝或者说缝合处，使得头盖骨能够随着大脑的生长而不断扩展。新生儿的脊柱是直的，而且很柔软。婴儿期脊柱的增长速度很快，后来则慢于身长增长的速度。孩子出生后 3 个月能抬头，颈部的脊柱向前凸出，形成第一个弯曲；6 个月婴儿会坐起，胸部的脊柱向后凸出，形成第二个弯曲；到 1 岁婴儿会行走时，腰部脊柱向前凸出，形成第三个弯曲。

二、大脑和神经系统的发育

（一）脑重量的增加

成年人的大脑平均重量大约为 1 400g，新生儿出生时脑重大约为 350g，已达到成人的 25%左右。母亲怀孕的最后 3 个月和婴儿出生后的前 2 年被称作“大脑发育加速期”。第一年的脑重的增加以 1g/d 的速度递增，9 个月时达 660g；第一年末达到成人脑重的 50%；2.5～3 岁时增长到 900g，相当于成人脑重的 75%。此后发育速度变慢，15 岁时才达到成人水平。这些发展变化在一定程度上反映了大脑内部结构发育的情况。

（二）神经系统的发育

1. 神经元的联结

神经元（又称神经细胞）是大脑和神经系统的基本单位，负责接收和传递神经冲动。在胎儿 4～6 个月时，个体所具有的绝大多数神经元就已经形成。神经元之间联结的形成在大脑生长加速期内进展迅速：与成人相比，婴儿有更多的神经元和神经联结。在婴儿期，有一些神经元细胞成功地与其他神经元细胞联结在一起，并且把那些没能与其他神经元细胞建立联系的神经元细胞挤掉，因此在生命早期诞生的所有神经元中，大约一半在开始就被淘汰了。与此同时，存活下来的神经元细胞形成数以百计的神经突触。但是，如果这些神经元细胞未能受到适当的刺激，它们中的许多也将会消亡，体现了“用进废退”的原则。

2. 神经突触的数量和长度的增加

保证大脑皮质细胞形成联系的神经突触，无论在数量上或者长度上，都在不断增加，并且以不同的方向向皮质各层深入，这就给儿童个体跟外界环境发生复杂的暂时联系提供了物质前提。

3. 神经髓鞘的形成

保证神经兴奋迅速传导的神经髓鞘的形成，是脑内结构成熟的重要标志。神经髓鞘形成以后，就像电线加上了包皮一样，能使神经兴奋沿着一定的路径迅速传导，而不致蔓延泛滥。神经纤维髓鞘是逐步形成起来的，全部皮质神经纤维的髓鞘化，还要经过很多年的时间才能完成。

第二节　婴儿的动作发展与教育

婴儿的动作发展随着身体发育及骨骼、肌肉和神经系统的成熟而进行。动作本身并不是心理，但是它和心理的发展密不可分，心理的发展也离不开动作和活动，婴儿动作的发展始于新生儿的无条件反射活动和继而发展起来的条件反射活动。明确而稳定的条件反射的形成是心理发生的标志。

一、反射行为

人类婴儿的动作发展与动物的动作发展截然不同，大多数动物出生后不久就会行走，而人类婴儿在出生后的几个月中只有两种活动。一种是先天遗传的反射活动，即在没有任何随意控制或指导下，特定的刺激会引起特定的动作反应，婴儿通过这些反射动作与陌生的世界直接取得了最初的平衡。这种刺激与反应间的联系有助于婴儿生存并发展出一系列更复杂的随意行为。吮吸反射就是一个很好的例子。出生后只要把东西放入婴儿的嘴里，就会引起他们的吮吸反射。这有助于婴儿在自主控制吸吮之前能相对容易地获得营养物质。不久，婴儿能很好地控制吮吸的强度及敏感度。他们把吮吸和吻当作探索世界的方法。婴儿首先用嘴来识别物体，之后是用视觉来识别物体，即通过触觉获得信息转为通过视觉获得信息。

另一种是婴儿自发的身体反应活动（如蹬腿、挥臂、扭动躯干等），这些无目的、无秩序、自发性的活动是以后动作发展的基础。

婴儿的反射包括吮吸、抓握、觅食、踏步反射等（表 3.1）。随着时间的推移，其中的许多反射行为从不随意的转化为随意的。在这一过程中，婴儿在能够控制简单运动之前会失去一些无条件反射，之后，他们会把几种新的随意运动与更为协调和复杂的行为模式结合起来。

表 3.1　人类婴儿的一些反射行为

反射	引起的刺激	反应
利于生存适应的反射		
吸吮反射	压嘴唇和舌头	嘴唇和舌头产生吸吮运动
瞳孔反射	弱光或亮光	瞳孔变大或变小
觅食反射	轻轻触摸面颊	头会转向被触摸的一侧
惊跳反射	大的声音	眨眼、皱眉，整个身体的屈曲或伸直，心跳增加等
游泳反射	将新生儿发置于水中	胳膊和腿会动
与种系发展相关的反射		
爬行反射	脚使劲蹬地	胳膊和腿向后，抬起头
屈肌反射	只压脚	腿会不随意地弯曲
抓握反射	压手心或手掌	手指握紧
弹跳反射	婴儿直立并稍微前倾	胳膊向前伸，腿向上抬
踏步反射	支撑婴儿胳膊下面	有节奏的踏步运动
腹壁反射	触觉刺激	腹壁肌肉不随意地挛缩
不知道功能的反射		
跟腱反射	向跟腱吹气	腿肚子肌肉挛缩，脚向下弯曲
巴宾斯基反射	中等强度抚摸脚心	脚趾像扇形张开并伸直
紧张性颈反射	婴儿的头向后并转到一侧	所面对的一侧的胳膊和腿伸出，另一侧的胳膊和腿弯曲

二、条件反射

新生儿最初的条件反射是由母亲喂奶的姿势引起的，由皮肤感受器接受刺激而产生了食物性的条件反射。这种条件反射形成之后，每当孩子被母亲抱在怀里，他就反射性地积极地去寻找母乳，于是母亲高兴地说：小宝贝知道要吃奶了。在这种反复强化下，个体的条件反射就得到了巩固。

新生儿所形成的条件反射标志着儿童心理现象的发生，标志着作为个体的人的心理最原始形态的出现。幼儿期有许多教育依赖于条件反射。

新生儿最初所形成的条件反射形成速度很慢，例如，母亲怀抱孩子的姿势可能需要很多次调整才能够使孩子形成吃奶的条件反射。形成以后也不稳定，所形成的条件反射如果不继续练习，就容易消失。条件反射不易分化，例如，孩子对母亲各种抱的姿势都产生吃奶的条件反射。

三、动作发展的基本趋势

婴儿的动作发展进程遵循“头尾原则”与“近远原则”，前者表现为头、颈、上身的动作发展先于下肢的发展，后者则表现为躯干和肩膀动作的发展先于手和手指动作的发展。

按照“头尾原则”很难解释婴儿在最初的几个月表现出的踢腿动作。有学者将这种踢腿动作解释为中枢神经系统支配的无意运动。但是，加洛韦（Galloway）和塞伦（Thelen）认为有一些事实与“头尾原则”相反，当受到强化时婴儿可以改变腿部运动的模式。例如，当受到强化时，婴儿既会由交叉式踢腿转变为两腿同时做出踢的动作，也会由弯曲式腿部动作转变为伸展式腿部动作。加洛韦和塞伦认为：可能由于髋关节结构的稳定性和控制性都好于肩关节，所以婴儿腿部动作出现得更早些。髋关节所控制的动作数量远远少于肩关节控制的动作数量，而肩关节的控制需要更多的联系，才能变得熟练起来。因此，婴儿对髋关节工作的调节早于肩关节动作，从而出现了与“头尾原则”相反的现象。

（一）躯体动作发展

躯体动作也称粗大动作，包括躯体姿态、头部平衡和全身动作等。新生儿身体不能自由移动，到婴儿期末，儿童已能在空间内自由移动位置，有些儿童可以独立行走。

婴儿躯体动作的发展按一定顺序进行：由头部动作开始，依次是抬头、抬胸、俯撑、翻身、坐、爬、站，到第一年末，有的婴儿甚至已能直立行走。

我国集体教养的儿童在婴儿期躯体动作的发展顺序如表 3.2。

表 3.2　婴儿躯体动作发展顺序

动作项目	常模年龄/月	动作项目	常模年龄/月
俯卧抬头稍起	1.2	扶双手站	7.7
抱直头转动自如	3.3	自己会爬	9.3
俯卧抬头与床面成 45°	3.6	从卧位坐起	9.7
俯卧抬头与床面成 90°	3.8	扶双手走步	9.8
俯卧翻身	4.2	扶一手站	10.1
扶腋下站立	4.7	扶物能蹲	11.1
扶坐竖直	4.9	扶一手走步	11.8
独坐前倾	5.2	独站片刻	11.9
独坐	6.5		

资料来源：丁祖荫. 2006. 幼儿心理学. 第 2 版. 北京：人民教育出版社.

表中的常模年龄指某项动作出现的“具有代表性的标准年龄”。依上表内容婴儿躯体动作的发展可以归纳成下列几方面：

抬头与抬胸：出生后第 1 个月，婴儿若俯卧，就能稍稍抬头；第 3 个月可以控制头部，而且抬胸离开床面。

翻身：婴儿 4 个月时若仰卧，可以翻身成侧卧；以后又能从仰卧翻身成俯卧。

坐：婴儿 4 个月时，可由成人扶住直坐；6 个多月可以独坐；9 个月能从卧位自己坐起来。

爬：婴儿 8 个月时，成人如果用手抵住其足底，即能爬。爬是儿童空间移动的第一个方式，以后不靠外力相助，就能自动爬。

站：4～5 个月的婴儿由成人在腋下扶住就能站立。以后，拉住双手，再往后拉住一只手或依靠物体即能站立。1 岁末时婴儿可以独自站立。

走：婴儿 10 个月时，成人牵住双手即可迈步；以后牵住一手或依附围栏等即可向前行走。但一般儿童在婴儿期还不能独自行走。

躯体动作的发展，使婴儿活动范围扩大，和周围世界的接触增多，对心理发展具有重要意义。其中爬行在婴幼儿动作发展中很重要，爬行不仅可促进全身动作的协调发展，锻炼肌力，为直立行走打下基础；而且可较早地正面面对世界，增加对空间的搜寻，主动接近和认识事物，促进婴幼儿认识能力的发展。国外研究还发现，爬行对婴幼儿情感的发展也有益处。

直立行走在人的发展中占有很重要的位置，这时婴幼儿已能够控制自己的部分动作，能够到处走动，也就有了独立性和主动性。他（她）可以主动地接触各种物体，扩大认识范围，更有利于各种感觉器官和言语器官的发展。婴幼儿能独立行走后，想到哪就到哪，在多方面和事物的接触过程中，对事物的分析综合能力就发展了，这就为早期的思维活动提供了可能性。婴幼儿独立行走还为建立运动与视觉的联系，为空间知觉的形成准备了条件。婴幼儿自能独立行走后，大运动的发展更加迅速并趋于成熟。

（二）双手动作的发展

双手动作或称精细动作，其发展对心理发展有巨大影响。儿童在触摸、抓握或摆弄物体的过程中加深了对客观世界的认识。所以双手不仅是运动的器官，也是认识的器官。

双手动作的发展也按一定顺序进行：由无目的乱抓发展到有目的拿取；由整个手掌抓取发展到拇指和食指合作。由于双手动作的发展，儿童逐渐学会用匙、端碗、穿脱衣服、解开纽扣、堆弄玩具、握笔画画等。婴儿期双手动作的发展见表 3.3。

表 3.3　婴儿双手动作发展顺序

动作项目	常模年龄/月	动作项目	常模年龄/月
握住拨浪鼓一会儿即掉	1.0	积木在手中传递	6.4
玩弄手	2.5	拇指和他指抓握	6.9
抓住胸前玩具	4.7	拇指和食指捏米花	8.9
自己抱住奶瓶	5.5	撕纸	9.1
将奶瓶奶头放入口中	5.8	拾取东西	10.1
拿起面前玩具	6.2		

资料来源：丁祖荫. 2006. 幼儿心理学. 第 2 版. 北京：人民教育出版社.

在婴儿双手动作的发展过程中，下列现象值得注意。

首先，拇指和其他手指的相对运用。婴儿最初握取物体时用整个手掌抓握，抓握时拇指和其他手指在同一方向上；到半岁后，拇指和其他手指才在相对方向抓握，而且逐渐开始只用手指抓握；最后便能只用拇指和食指拈取物体（图 3.1）。

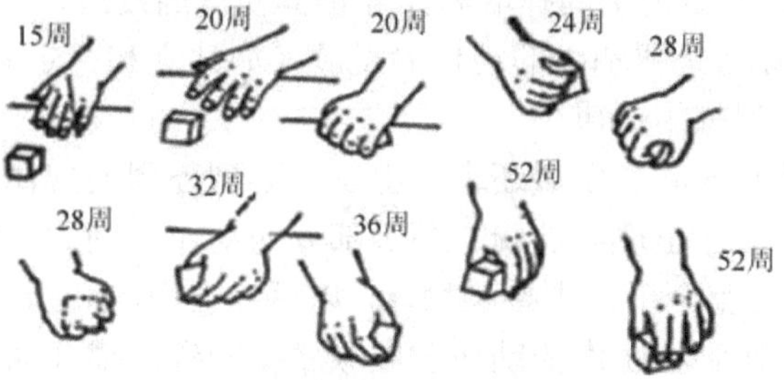

图 3.1　抓握物体动作的发展

其次，双目和双手的协调合作。婴儿最初看到物体而用手取拿时，往往连连扑打却不能触到；这是由于双目和双手动作不协调。其后大脑中感觉和运动之间的联系渐渐建立，8～9 个月时双目和双手可以协调合作。

四、婴儿动作发展的规律

（一）动作的发展相对落后于感觉的发展

婴儿与幼小动物的发展有本质的不同。动物差不多一生下来就会移动，具有基本的运动能力。而婴儿则不同，在出生后相当长的时期内，动作才逐渐地发展起来。动作的发展相对落后于感觉的发展。在这阶段中，感觉的发展，特别是视觉的发展，对动作的发展有很大的促进作用。鲜明的视觉形象引起婴儿活跃的运动反应，在这基础上成人帮助婴儿去接近并去抓所看到的物体，这就促进了婴儿动作的发展。

（二）从带有未分化、不随意的性质向分化随意的发展

婴儿最初对外界的动作反应是未分化的“整套的活跃反应”，如 1～2 个月的婴儿，当成人走近他、逗弄他时，就会引起他全身性的乱动，手脚不停地挥舞。以后，在这基础上，婴儿才逐渐发展起各种分化的随意的动作反应。

（三）动作发展的顺序和身体发展的顺序相一致

动作发展的顺序是从头到脚，从中心到外周，从大肌肉到小肌肉。

婴儿最早的有组织的动作是头部的动作（如吮吸反射，眼睛追随运动的物体，保持头部平衡等），其后是手的抓取和摆弄物体动作的发展，再则是躯干动作（如翻身、坐和爬），最后是腿和脚的动作的发展（如站立和行走）。这一发展顺序表现了动作发展从头到脚的规律。

与此同时，婴儿的动作发展还表现出从中心到外周的规律。婴儿先出现肩、腰部分的动作，以后才出现肘、腕、膝等部分的动作。例如，婴儿看到物体时开始是移动肩、肘，用整个手臂去接触物体，以后才会用腕和指去接触并抓取物体。这和从大肌肉的动作到小肌肉的动作发展顺序相一致。婴儿动作发展的这些顺序是与其骨骼、肌肉等发展的顺序相一致的。

五、婴儿动作技能的训练

（一）大动作训练

大动作训练包括抬头、翻身、爬、坐、走、跑、跳、攀登、平衡、投掷等，它是婴儿身体生长、智力发展、社会行为培养（人格成长）的基础和重要途径。大动作训练是婴儿大脑成熟的“催化剂”，通过运动，人脑各有关部位的神经联系将更加丰富和精确。大动作训练能够增强婴儿体质和体能，可以提高婴儿动作的准确性、灵活性、协调性和平衡性；有利于培养婴儿的毅力、胆量、自信心、自控能力和良好个性；还可以增加婴儿与同伴交往的机会，促进其更快地从自然属性向社会属性发展。

大动作技能的训练要注意循序渐进，不可操之过急，选择适合婴儿年龄特点的训练项目进行，要综合多样并持之以恒，使婴儿感受到成功的乐趣，在不知不觉中收到锻炼的效果。

（二）精细动作训练

精细动作训练包括：摸、抓、拿、握、敲、捏、取、撕、拼、插等。精细动作的发展主要体现在手指、手掌、手腕等部位的活动能力。所谓“心灵手巧”，说明手的灵活性对人的一生带来重要的影响，良好的操作能力能够体现人的基本素质，是学习特殊技能的前提条件。0～3 岁是婴儿精细动作能力发展极为迅速的时期，左脑接受右侧身体传来的感觉并支配右侧身体的运动，而右脑恰好相反。开发左右手，有利于开发左右脑的功能，家长应对婴儿进行适时的训练，为婴儿成为思维敏捷、善于操作、想象丰富、勇于创造的左右脑均衡发展的优秀人才打下坚实的基础。

第三节　婴儿认知的发展与教育

一、感知觉的发生发展

在婴儿的认知能力中，感知觉是最先发展且发展速度最快的一个领域，在婴儿认知活动中占主导地位。

感觉指的是感觉器官的神经元察觉刺激，将其进行编码并传送到大脑的过程。准确地说，新生儿在“感觉”环境时：他们会紧盯着那些有意思的事物，对声音、味道和气味等做出反应。知觉则指主体对感觉器官输入的信息进行解释的过程：认出看到的东西，理解别人说的话，或者分辨出鼻子闻到的气味是否是母乳的香味。

（一）视觉

目前大量研究已证实，视觉最初发生的时间应当在胎儿中晚期，4～5个月的胎儿已有了视觉反应能力以及相应的生理基础。新生儿已具备一定的视觉能力，获得了基本视觉过程。视觉的发展水平在婴儿的各种感觉能力中是最低的。婴儿的视觉适应及视敏度水平有限，能够察觉物体的运动、颜色、亮度变化以及很多简单的视觉图案，但是还不能很好地处理细节差异，与成人相比只能察觉到强烈的视觉对比。2 个月时，婴儿能协调地将两眼固定在物体上，并能注视目光前约 25cm 处物体的运动。婴儿 3 个月时，可以用视觉分辨自己熟悉的人。5 个月时，对自己熟悉的事物有了视觉分辨能力。在婴儿 6 个月以后到 1 岁期间，视觉开始分辨颜色、认识物体。1 岁以后他们的视力已经和成人一样了。

视敏度（visual acuity）又称视觉敏锐度，指个体分辨细小物体或远距离物体的细微部分的能力，也就是人们通常所称的视力。视敏度在婴儿出生后的头 4 个月里发展很快，这时婴儿的形状知觉和运动知觉也开始成熟。2 个月的婴儿已表现出对视觉序列的期望。在观察一个事件时，他们会期待下一个事件的发生。3 个月的婴儿能对光波做出反应，他们能感知蓝、绿、黄、红等不同色调的光。虽然 4 个月的婴儿还不具备对类别的认知能力，但是他们已能像成人一样感知物体，识别像人类行走这样的复杂运动模式及形状的不同。通过观察和倾听，婴儿开始了大量的学习。

婴儿偏爱与人脸相似的刺激。出生仅几周大的婴儿，他们最远能注视 20cm 的物体，这一距离接近于母亲的脸和怀抱婴儿之间的距离。虽然新生儿能转换注意并扫描和跟踪运动的目标，但是不像更大的婴儿转换得那么容易和流畅。幼小婴儿更多的注视物体的轮廓和外部边界，很少注视物体内部的细节。因此，如果你怀抱一个幼小的婴儿，他可能会盯着你的发际或者下巴看，而不是盯着你的嘴看。人脸具有婴儿偏爱的许多特性：发际是一种典型的轮廓；眼睛提供了明与暗的对比；面部表情提供了一种变化、活动的刺激。特定的表情对非常小的婴儿也有一定的意义，刚出生 1～2 天的新生儿能够区分和模仿快乐、悲伤、吃惊等表情。这种非常早的模仿能力会逐渐减弱，并在 1～2 个月时被另一种能力所代替，即婴儿能在榜样不出现时自发地模仿一些表情。4～7 个月时，婴儿能够识别并区分快乐、生气等表情。一些出生 2 天的婴儿可以区分母亲的脸和陌生人的脸，几乎所有3个月的婴儿都具有分辨自己父母的脸和陌生人脸的能力。

视像和声音通常是连在一起的，当人们说话时，嘴的形状会随之变化，脸也会运动。3 个月的婴儿能够辨认熟悉的声音与人脸的联系。当熟悉的人脸伴随着一个不熟悉的声音时，婴儿会感到吃惊。

在视觉系统发展的过程中，一定有段比较关键的时期，直接影响到视觉的未来发展走向。韦塞尔（T. Weisel）等人将刚出生的小猫的一只眼睛遮盖，就会发现皮质细胞只能对呈现给另一只眼的刺激作出反应。班克斯（M. Banks）及同事认为，那些出生就是斜视的婴儿如果双眼注视的方向不同，必定会影响皮质中反映双眼视觉信息的细胞同时接受来自两眼的信息的输入能力。如果儿童在3岁前进行治疗，那么他们可以正常发育。人类双眼视觉发展的关键期在出生后的前3年。

（二）听觉

使新生儿和母亲之间建立最早联系的是听觉而不是视觉。研究表明，5～6个月的胎儿已开始建立听觉系统，可以听到透过母体的1 000Hz 以下的声音。出生前，胎儿可以听到母亲的心跳，出生后的几天或几周里，这种心跳的声音仍能继续安慰婴儿。与其他不熟悉的女声相比，新生儿会对母亲的声音产生偏好。

幼小婴儿能够识别出响度、音调、持续时间及声音发出的位置变化。人声是引起婴儿微笑的最早刺激之一；婴儿对人声表现出特殊的敏感性。非常小的婴儿能够区分出全世界人类言语的基本差别。来自各种语言环境中的婴儿能够感知和区别用不同语言讲话的声音。与外语相比，6 个月的婴儿更喜欢听连续的母语说话声。对于音调、停顿、节奏等不同的两种语言，婴儿喜欢母语这一特点表现得更明显。6 个月后，由于生活在母语环境之中，婴儿区分语言声音的能力开始下降。当婴儿将声音和一定的意义结合时，其言语知觉更依赖于母语，这表明婴儿学习听人们讲某种语言时，其感觉能力会重组，这正是大脑可塑性的一个例证。换言之，经验可使婴儿的大脑神经网络做出微调。

刚出生的婴儿就有最基本的视听协调能力。3～6个月婴儿的视听协调能力已发展到能使他判别视听信息是否一致的水平。据研究报道，6 个月以前的婴儿已能辨别音乐中旋律、音色、音高、调性及其转换模式的不同，并初步具有了协调听觉与身体运动的能力。9 个月的婴儿逐渐可以根据不同的声音调节、控制自己的行动，学会倾听声音，并对不同声音作出不同的反应，而不是立即寻找声音的来源。这说明婴儿的听觉和视觉之间开始逐渐建立起协调关系。

3 个月的婴儿能够区分成人悲伤的声音和快乐的声音。婴儿对不同的乐音能够予以辨别。2 个月的婴儿就能辨别出由小提琴演奏出的不同乐音。他们对乐音的辨别是以类别划分为基础的。人脑的右半球分管对音乐的感知，这种分化开始于新生儿时期。有研究表明，4～7个月的婴儿能够对摇篮曲和一般的成人乐曲进行辨别，哪怕这些曲调来自于不同语言、文化。5个月时他们可以感受音乐旋律的变化，24个月时他们表现出随音乐节拍的身体运动。

音乐知觉的发展受文化环境的影响。针对西方国家和日本的6个月的婴儿和成人，研究者让他们分别听不同地区的主流音乐。被试反复听一首旋律时偶然被7个音阶打断，这7个音阶中的第五个音律轻微变化，要求被试如果发现走调时给予报告。结果发现，那些非音乐专业的成年人更容易在西方音乐旋律中发现走调；婴儿能发现走调，但是没有表现出对西方音乐旋律和日本音乐旋律的判断的明显差异。这表明了人类出生时的音乐知觉能力无文化差异，但它的发展受文化因素的影响。

鉴于婴儿对母亲的声音有很强的感应能力，我们应该鼓励母亲经常跟婴儿讲话，给予婴儿更多的关注和关爱，这能够为他们后期的社会能力、情感和智力的发展打下良好基础。

（三）味觉、嗅觉和触觉

1. 味觉的发生发展

味觉感受器在胚胎3个月时开始发育，15周时已初步成熟且能发挥作用。4个月的胎儿已能感受到足够的味觉刺激。新生儿的味觉已发育得相当完好了，并在防御反射机制中占有相当重要的地位。新生儿已明显“偏爱”甜食，且对甜、酸、苦和白开水的面部表情已明显不同。味觉在婴儿和儿童时期最发达，以后就逐渐衰退，这与味觉在人类种系演化进程中的变化趋势是一致的。

2. 嗅觉的发生发展

胎儿7～8个月时嗅觉感受器已相当成熟且具有了初步的嗅觉反应能力，已能大致区别几种不同的气味。新生儿已能对各种气味作出相应的典型反应，如“喜爱”好闻的气味等，还能够由嗅觉建立食物性条件反射，并有初步的嗅觉空间定位能力。

3. 触觉的发生发展

皮肤是人体面积最大的感觉器官，其表面的感受器对于抚摸、温度和疼痛非常敏感。触觉在子宫里最早得到发展，是婴儿早期发育最完善的感觉，是婴儿获得外部环境知识的主要方式，这对于婴儿早期的认知发展起着关键作用。胎儿在第49天时就已经具有初步的触觉反应，2个月时能对细而尖的刺激产生反应活动。新生儿已能凭口腔触觉辨别软硬不同的乳头，4个月时则能同时辨别不同形状和软硬程度的乳头。手的本能性触觉反应在婴儿刚出生时便可表现出来，但至于幼小婴儿是否能够够物，目前仍存在激烈的争论。4 个月以后的婴儿则具有成熟的够物行为，视触协调能力已发展起来。

触觉还是一种被动的感觉。婴儿用它来探测物体、他人和自己的身体。婴儿最早使自己镇静下来的应对策略是吮吸。吮吸和吻是触觉早期的探索形式，婴儿用嘴识别物体是有棱角的还是光滑的，是容易咀嚼的还是有弹性的，或是坚硬的，而手指和脚趾是第一个容易得到的目标。对于年龄更大些的婴儿，大多数的触觉信息来自于手的触摸和将物体放到自己的面前近距离观察，或者用嘴来探索。

大量有关动物和人的研究表明，在个体发展过程中触觉扮演着重要角色。温和的触摸、摇动、抚摸及拥抱对婴儿都具有安慰作用。用柔软的毯子把婴儿贴身包裹起来的襁褓，在不同的文化里，都可用来安慰婴儿。婴儿对抚摸的敏感，提高了他们对外界环境的反应性。对于出生时体重过轻的婴儿或是保育箱里的早产儿，照顾他们的一个有效办法就是给婴儿有规律的、温和的触摸、摇动或其他形式的安慰性的触摸，能够刺激不敏感的婴儿或抚慰易激动的婴儿，并经常引逗他们发笑，这样他们发展得会更好。

（四）空间知觉

1. 双眼视觉的发生发展

研究发现，新生儿没有产生双眼视觉的时候就可以在一定程度上辨别物体方向。也就是说，单眼线索是婴儿早期产生方位知觉的主要原因。班克认为 1 个月前的婴儿是根据物体在视网膜上的运动来感知物体的方向的。

因为同一刺激相对于两眼的位置不同，在两眼视网膜上的成像就存在差异，协调这些差异就产生双眼视觉。针对同一对象，两眼提供不同的视觉图像给大脑，然后根据经验产生空间性的对象信息。双眼的深度知觉具有突发式的特点，新生儿在开始的一两周内完全不具有这种知觉，而两周后就突然出现，可以认为这是视觉神经通路上的生理变化。虽然 1 个月左右的婴儿能够用两眼同时注视同一对象，但是研究表明，双眼视觉出现在婴儿 3～5 个月的时候。

2. 方位知觉的发生发展

方位知觉是个体对自身或物体所处的位置和方向的反映，包括对物体方向和同主体之间距离的信息认识。

婴儿对外界事物的方位知觉是以自身为中心进行定位的。刚刚出生的新生儿就具有基本的听觉定向能力，并成为婴儿早期空间定向的主导形式。

3. 深度知觉的发生发展

深度知觉是判断不同对象之间距离的一种能力，直接影响我们理解环境和掌握自己的运动的状态。新生儿已能对逼近物体有某种初步反应，并具备原始的深度知觉。2～3 个月时已有了对来物的保护性闭眼反应。

生命开始时，新生儿通过运动深度线索（kinetic depth cues）对深度进行感知；5～6 个月时，他们通过图示深度线索（pictorial depth cues）感知深度；随着双眼线索的有效应用，深度知觉的精细程度增加。

（五）客体知觉

1. 整体性

斯佩尔克（E. S. Spelke）对 3 个月的婴儿进行实验，通过他们对客体的惊奇程度来确定他们是否察觉出对象违背了客体整体的一般规则。被试先对蓝色平面前的橙色圆柱体形成习惯化，然后分别让整个圆柱体朝向他们运动和让一半的圆柱体与它的相邻背景一起朝向他们运动。结果后一种情况下被试表现出明显的惊奇和迷惑（即产生去习惯化）。进一步的研究表明，如果实验中的对象和背景一开始就是同一平面的某个部分时，即它们没有深度上的差异时，被试不论对前后哪种运动情况都没有显著的惊奇差异。这些研究结果表明婴儿能从深度上分清楚物体的边界，并确定对象整体。

2. 恒常性

当知觉对象的物理特性在一定范围内发生变化的时候，知觉形象并不因此发生相应的变化，知觉的这种特性称为知觉的恒常性。知觉恒常性对于只有半岁大小的婴儿极为重要，因为在这一时期的婴儿通过它来稳定地认识世界。如果恒常性不存在，看到任何物体都要去重新认识，婴儿将会生活在惊慌之中。

（1）大小恒常性

从远到近的客体或从近到远的客体，它们在视网膜上投影的大小在发生变化，但在知觉中仍然保持原有大小，这就是大小恒常性的现象。有研究者指出 3 个月前的婴儿不具有大小恒常性，但到 5～7 个月时，他们有一些知觉大小恒常性的能力。而 4 个月的婴儿是否具备这种能力要看他们双眼线索是否成熟。但是必须要认识到，婴儿表现出的只是近似的大小恒常性，真正成熟的这种能力需要 10 岁以后才具备。

（2）亮度恒常性

客体常处在光线亮度不断变化的环境中，色泽暗淡的衣服不论在太阳下还是昏暗的灯光下总是让人感觉到它的暗淡，这就是我们称为亮度恒常性的现象。只要物体不是特别小，这种现象可以出现在 7 周大小的婴儿身上。3～11 岁是这种能力的增长期，然后出现轻微的衰退。

（3）颜色恒常性

颜色恒常性是指对颜色的知觉不随光照颜色改变而改变。比如国旗不论用什么光去照，我们总把它知觉为红色。有人认为这种能力部分出现在婴儿大约 4 个月的时候。

（4）形状恒常性

形状恒常性是指对象在一定范围内的形状变化后，知觉结果还是没有改变，依然是原来的对象，最常见于面部知觉。不论对象用何种表情、脸部怎么扭曲，我们对它仍然知觉为原先的个人面部。虽然早期婴儿的形状恒常性的能力无法用于不规则对象，但是部分能力出现在他们 3 个月的时候。“大小恒常性和形状恒常性看来都是天生的感知能力，它们有助于婴儿出生以后立即对他们的感知经历进行组织和整理。”

二、注意的发生发展

（一）注意的发生

注意是指心理活动对一定对象的指向与集中。婴儿一生下来就有注意，这种注意实质上就是先天的定向反射，是无意注意的最初形态。新生儿已有了注意的选择性，并具备了对外界进行扫视（visual scanning）的能力。

（二）注意的发展

婴儿期注意的发展，主要表现为注意选择性的发展。1～3 个月的婴儿的注意已经明显地偏向曲线、不规则图形，对称的、集中的或复杂的刺激物以及所有轮廓密度大的图形。这些事实支持了轮廓密度理论和图形视觉理论。

3～6 个月的婴儿的视觉注意能力在原有基础上进一步发展，平均注意时间缩短，探索活动更加主动积极，而且偏爱更加复杂和有意义的视觉对象。可看见和可操作的物体更能引起他们特别持久的注意和兴趣。

6 个月以后婴儿的睡眠时间减少，白天经常处于警觉和兴奋状态。这时的注意不再像以前那样只表现在视觉等方面，而是以更广泛和更复杂的形式表现在吮吸、抓握、够物、操作和运动等日常感知活动中。这时的选择性注意越来越受知识和经验的支配，受当前事物（或人）在其社会认知体系中的地位以及婴儿所认识的自己与它们之间的关系的支配或影响。

同时，研究表明，婴儿的共同注意（joint attention）随着年龄的增长而逐步提高，在 9 个月左右有了显著的变化。共同注意是一种较复杂的社会认知能力，它的发生包含了一系列分化与协调的过程。婴儿既要关注他人，又要关注目标物，还要将在空间上完全分离的他人与目标联系起来，利用从他人那里获得的信息来调整自己的行为，将注意指向第三方物体。这就需要婴儿对注意进行分配和协调。因此，在 1 岁以前，婴儿的共同注意能力的发展水平较低。

1 岁以后，言语的产生与发展使婴儿的注意又增加了一个非常重要而广阔的领域，使其注意活动进入了更高的层次：第二信号系统。这时期婴儿注意活动的一个非常明显的特点就是，当他听到成人说出某个物体的名称时，便会相应地注意那个物体，而不管其物理性质如何、是否是新异刺激、是否能满足其机体的需要。也就是说，物体的第二信号系统特征开始制约、影响婴儿的注意活动。

三、记忆和学习的发生发展

（一）记忆的发生发展

1. 记忆的发生

长期以来人们认为，记忆的发生应当在新生儿期。采用习惯化、条件反射和重学节省等判别指标的研究证实：婴儿最早在出生后几小时内便产生了记忆。

但是，近年来有关胎儿的研究发现，人类个体在胎儿末期（妊娠 8 个月左右）就已有了听觉记忆，出生后有再认表现。对其他动物的比较心理学研究也为这一结论提供了有力的佐证。

因此，我们认为，人类个体记忆发生的时间在胎儿末期，而不是在出生后不久。

2. 记忆的发展

帕波塞克（Papousek）最早采用经典条件反射研究了婴儿期记忆的发展。诺韦-科利尔（Rovee-Collier）及其同事首创用操作条件反射对婴儿记忆进行了一系列极富成效的研究，结果证实：①新生儿已具备特定的长时记忆能力；②3 个月的婴儿对操作条件反射的记忆能保持 4 周之久。这一研究结果目前已开始为人们所普遍接受。

12 个月以后，婴儿语言的产生和发展为他们带来了很多重要的变化，如符号表征能力的产生、再现和模仿能力的迅速发展、延迟模仿能力的产生等。其中，符号表征的出现使婴儿语词逻辑记忆能力的产生成为可能，而延迟模仿的产生则标志着婴儿表象记忆及再现能力的初步成熟。

3. 婴儿期的遗忘症

婴儿期遗忘症是指婴儿有记忆的表现，但在以后的幼儿期和成人期，他们却不能回忆起婴儿期经历的现象。长久以来，人们认为他们完全不能回忆起这种早期经历，弗洛伊德将这种令人困惑的记忆局限称为婴儿期遗忘症。尽管目前关于这一现象的原因尚不清楚，但一些新近的研究认为，它并非如以往所认为的那样完全遗忘。有科学家认为婴儿期遗忘症是由于儿童在 2 岁以前不具备将短时记忆中的信息转入到长时记忆系统中的能力。然而，这似乎不太可能。有一些研究表明：9～16 个月的婴儿就能够将一些简单的经历进行编码并且可以保存长达 1 年的时间。还有一些研究表明：婴儿在 1 岁时对自己所经历的事件的记忆与 3 岁时的一样多。这就清楚地表明婴儿和幼儿具备了长时记忆。

另一种观点认为，人类个体之所以不能记住发生在两三岁以前的事情，是因为个体在婴儿期对信息进行编码的方式与在以后的各个阶段中对信息的提取方式不匹配造成的。持这种观点的人认为，个体对事情的记忆程度主要取决于信息在被存入与被提取时所用的加工方式的一致程度。在记忆的重构过程中，我们使用了那些并不适合在婴儿和幼儿期对事件编码的成人的图式和表征，因而无法回忆。

（二）学习的发生发展

学习指有机体在与客体相互作用的过程中获得经验并借由经验使行为或行为潜能发生持久改变的过程。

1. 婴儿学习的层次

研究发现，婴儿的学习从低级到高级、从简单到复杂可以划分为四个不同层次：习惯化、经典条件反射、操作性条件反射、观察学习。

（1）习惯化：信息加工和记忆的早期证据

习惯化是指当同一刺激反复出现时，我们不再注意它，或不再对其做出反应的过程。它与适应（acclimatization）和熟识（familiarization）截然不同，是婴儿早期一种非常重要的学习形式，也是记忆发生的重要标志。习惯化可以被视为通过学习对那些熟悉的、没有新鲜感的刺激不再感兴趣的过程。习惯化在婴儿出生以前就出现了：当把一个按摩器放在妈妈的腹部，27～36 周胎儿的活动最初会变得很活跃，但很快就会停下来（产生习惯化），仿佛他们已经认出振动是一个熟悉的感觉。

但是我们怎么排除婴儿对熟悉的刺激不再做出反应是因为疲劳呢？当婴儿对某一刺激习惯化之后，还经常会产生去习惯化，也就是说，他们会注意到稍有差异的刺激，甚至做出激烈的反应。去习惯化说明婴儿的感觉接受器并没有疲惫，婴儿确实能够区别熟悉与不熟悉的刺激。

习惯化在出生后的第一年里迅速发展。4 个月以前的婴儿一般需要较长时间才能对刺激产生习惯化；而 5～10 个月的时候，他们可能只需要注视刺激物几秒钟，当刺激物再次出现时就能够认出这是熟悉的事物，并且，他们能够将这个记忆保持好几天，甚至几周时间；10～14 个月的某段时间里，婴儿不仅能对事物产生习惯化，而且能对相互联系的物体产生习惯化。例如，让婴儿观察一个放在颠倒的容器上的玩具，婴儿将会对这种支撑关系产生习惯化，随后会很长时间盯着另一种容纳关系看——在这种关系结构中，同一个玩具被放在正向放置的相同容器上面。这种快速习惯化及对事物的关系产生习惯化的发展趋势无疑与大脑皮层感觉区域的成熟有关。随着婴儿大脑及感觉的继续成熟，婴儿加工信息的速度越来越快，并在各种情况下都能够察觉到刺激物的各种特征及其与周围环境的关系。

婴儿习惯化的速度存在个体差异。一些婴儿的信息加工水平非常高，他们能够迅速识别重复出现的感觉刺激，并且对所经历的事件的遗忘速度非常慢。而其他婴儿的信息加工水平则相对较低，他们需要较长的时间才能熟悉一个刺激，并且很容易遗忘。这种学习和记忆的早期个体差异对未来的发展有一定的预测能力，6～8 个月时便能快速习惯化的婴儿在 2 岁时能更快地理解和使用语言，而且在儿童期的智力测验中，会比习惯化速度慢的同龄儿童得分高很多。这种现象出现的原因很可能是习惯化速度测量的内容包括信息加工速度、注意、记忆及好奇心，而这些也是智力测验所测量的复杂心理活动及问题解决能力的基础。

（2）经典条件反射

儿童的第二种学习方式是经典条件反射——一个中性刺激（即条件刺激，CS）最初对儿童没有任何影响，但由于它与另一刺激（即非条件刺激，UCS）的联系致使其最终能够引发那些原本只有非条件刺激才能引发的特定反应（即条件反应，CR）。

经典条件反射一度被认为是不可能的事情，但新生儿的确能够产生经典条件反射。国外有研究者在实验中将一个中性声音（条件刺激）跟奶嘴（能引发吮吸行为的非条件刺激）匹配起来呈现给刚出生 2～3 天的新生儿。经过数次反复的条件作用之后，即使奶嘴不出现，新生儿只听到这个声音也会表现出吮吸行为。一个原本不会引发吮吸行为的刺激物（声音）引发了婴儿的吮吸行为，因此这是一种经典条件发射。

新生儿的经典条件反射有很大的局限性，条件作用只可能在那些关系到生存的生理反射上发生作用，且由于新生儿的信息加工速度非常慢，他们比年龄大的婴儿需要更长时间才能在条件刺激与非条件刺激之间建立关系。尽管如此，他们能够借经典条件反射来标识在中性环境中哪些事物是同时发生的，并且可以学到很多重要知识，如奶瓶和乳房能够提供乳汁，或者知道抚养者能给自己温暖和抚慰。

（3）操作性条件发射

在经典条件反射中，习得性反应是由条件刺激引发的。而操作性条件反射不同，学习者首先表现出某种反应，然后将这种反应与其导致的愉快或不愉快的后果相联系。在现实生活中，我们确实倾向于重复那些能产生令人高兴的结果的行为，抑制那些导致不良后果的行为。

婴儿容易受到操作性条件反射的影响，但他们的操作性条件反射只局限于极少数有重要意义的生理行为上（如吮吸、转头），这是一些婴儿能够控制的行为。另外，婴儿处于信息加工速度非常慢的时期，他们学习的速度很慢，可能学会某一个动作（如转头）需要几百次的试验，随着年龄的增长，需要的次数越来越少。出生后的几个月内婴儿对操作性条件反射越来越敏感。

由于新生儿能将自己的行为与后果联系起来，因此他们可能很快就会发现自己能够做出让别人喜欢自己的反应。比如，婴儿可能倾向于经常微笑或发出咿呀声，因为他们发现这样能引起抚养者的关注和爱抚。同样，抚养者也在学习如何让婴儿做出惹人喜爱的反应。在此过程中，抚养者和婴儿的社会交往会越来越顺畅，从而形成让双方都满意的关系纽带。在学习过程中，婴儿对他人的反应变得越来越强，反过来，他人对婴儿的反应也越来越强。这些积极的交往、互动为婴儿与抚养者建立深厚的情感依恋打下了良好的基础。

（4）观察学习或模仿

观察学习是一种基本的学习方式，是通过观察他人的行为进行学习的方式。婴儿可以通过观察（或倾听）学习很多知识。比如，通过模仿父母的行为，儿童能够学会讲某种语言，解数学题，做家务等。通过观察获得的新反应不需要一再地强化，甚至不需要一再演练。根据班杜拉的学习理论，观察学习必须有认知加工过程，首先需要仔细注意榜样的行为，积极地消化所观察到的内容，然后在记忆中以表象或言语的形式贮存，以便日后模仿这种行为。成功的观察学习不仅仅需要模仿他人的能力、对被模仿对象的行为进行信息编码的能力，还依赖于建立心理表征的能力，只有这样才能再现通过观察习得的行为。

2. 婴儿学习能力的发展

学习活动最早发生的时间是在胎儿末期。大量研究证实，人类胎儿在妊娠末期已可接受语言、乐音等外界刺激并获得经验，且其经验能保持到出生后并对其行为产生明显的影响。这表明人类个体在胎儿期已能进行颇有成效的学习。

婴儿一生下来就有学习能力。这种能力的最根本特点就是明显地倾向于认识环境中某些事物之间特定的联系，婴儿最初几周内的学习活动明显地受着这种具有种系特点的倾向性的制约。国外学者曾研究了出生后两天至两三周新生儿对人类面部表情的模仿学习能力，发现：成人伸舌头，婴儿也跟着伸舌头；成人张嘴，婴儿也跟着张嘴；成人笑，婴儿也表现出高兴的表情等。

3 个月时婴儿已能顺利进行各种学习活动，学习范围和种类越来越广泛，学习技能越来越多样，并且能对社会性刺激和非社会性刺激进行记忆和学习。例如，3 个月的婴儿可以进行操作性条件作用的学习，而且经过适当复习后这种学习效果可保持 4 周之久。

此后，婴儿的信息编码（encoding）能力迅速发展起来，这使得婴儿能够更快、更有效地从外界获取更多的信息，进行更有成效的学习。6 个月以后婴儿的学习能力又有了新的发展，表现为：再认能力的继续加强（长时记忆能力继续发展）；社会性认知和社会性学习长足进步（出现了“认生”现象）；影响学习的重要因素之一——分类能力也获得了显著的发展，使婴儿的学习更加接近于概念学习。如研究表明，10～12 个月的婴儿已能进行基本的数概念学习，也能进行高级的、对现实世界事物的分类活动。

总之，婴儿发展过程中的一些行为变化都是学习的结果。他们学会不将注意力浪费在已经学习的内容上（即习惯化）。由于受到遭遇某些事物时的情境——令人愉快或令人不愉快的情境的影响，他们会对不同的事物产生不同的感受，如喜欢，或者害怕（经典条件反射）。通过将各种各样的行为与其后果相联系（强化或是受到惩罚），婴儿会养成好习惯或坏习惯（操作性条件反射）。另外，他们还会通过观察、模仿周围的事物而获得新习惯和行为方式（观察学习）。可见，学习是一个心理发展历程，通过学习，婴儿才能跟周围人越来越像，但同时也会具备自己的独特特质。

四、婴儿言语的发生发展

言语发展是婴儿心理发展过程中最重要的内容之一。这是因为语言不仅是人类心理交流的重要工具和手段，而且在婴儿认知和社会性发展过程中起着重要作用，对其以后的心理发展有着深远而重大的影响。在西方，人们普遍认为语言的获得标志着婴儿期的结束。

儿童从几个单个而无意义的发音起步，逐渐发展出数千个有意义的听觉符号（如音节，单词，甚至是“啊呃”这样的无义词），最后这些符号按照一套语法规则组合起来（会有一些错误），就产生了无数的信息。

（一）语音发生的准备

1. 从反射性发声到咿呀语

在最初的6个星期内，婴儿通过哭叫、打喷嚏和咳嗽等展示着自己的发音天分。这一阶段的婴儿处于反射发音阶段。2～4个月时，他们开始“叽叽咕咕”地发音了，并且出现了持久的笑声和咯咯的笑声，这些声音反映了他们的舒适状态。4个月左右，婴儿的发音系统的形状和结构已经成熟，在随后的2个月里，婴儿开始了咿呀学语，他们会把辅音和元音结合起来并连续发出，比如把辅音 b、m 和元音 a 结合起来，形成 ba—ba—ba、ma—ma—ma 的重复的多音节的发音，类似于“爸”“妈”等单音节语音。他们还会变化的咿呀语，如“bagidabu”。起初，重复的咿呀语占优势，到12个月左右，变化的咿呀语出现得更多。到了10个月以后，婴儿的咿呀语逐渐与有意义言语的早期阶段重叠，他们发出的声音和音节串带有丰富的重音变化和音调模式。

2. 语音的敏感性

许多人或许会认为新生的婴儿完全生活在自己的世界里，他们只忙着自己如何吃饱、如何睡好，对外面的世界没有感觉，其实不然。有研究表明，婴儿对言语刺激具有敏感性。不到10天的新生儿就能区别语音和其他声音，并作出不同的反应。如原先已停止吸奶的婴儿，在听到一段语音后又开始用力吸，并且吸吮速率大大增加，而听到非言语的乐音其吸吮行为并无太大变化。他们对母亲的声音特别偏爱，尤其对语速缓慢、语调高度夸张的话语形式感兴趣。事实上，成人在与婴儿交流时，他们也刻意放慢速度，尽量讲得“简单”些，不然“交流”是无法进行的。

婴儿对言语的敏感性还表现在他们具有语音的范畴知觉能力，即对属于不同音位还是同一音位范畴的两个声音具有辨别能力。有研究表明，1个月的婴儿能够在吸吮速率上表现出对 b、p 两个辅音的辨别能力。这是一种对婴儿言语理解有重要作用的能力，只有忽视大量的语言范畴内的变异，才能使语音的理解变为可能。

（二）前言语的交流

婴儿在他们开口说话之前，已经习得了一些交流的技能。他们能够通过哭叫、用手指向或仅仅注视某个感兴趣的对象等引起并引导他人的注意，以此来传递信息。其中手势是一种重要的交流方式。如果说婴儿早期的手势只是为了引起成人的注意或表达某些愿望或请求的话，那么11个月左右的婴儿的手势开始具有了特定的交流含义。他们会举起某个物体，让成人观看；或把物体给成人，以获得成人的赞同或评论；他们还会用手势将成人的注意力引向某一对象，同时产生某种发音，并交替注视成人和对象。

父母在婴儿前言语交流经验的积累中扮演着重要的角色。在最初的 5～6 个月里，父母常常用孩子气的话语与婴儿进行“对话”，对他们的反应（如微笑、发出咕咕声）作出反应。6 个月以后，父母提高了要求，他们把自己的话语变得更为复杂，更接近于成人语言，对婴儿的反应也作出了更高的要求。曾经婴儿只需要打一个嗝或发出咕咕声就足够，现在则可能要说咿呀语或甚至一个词。这时候，成人与婴儿的互动开始关注周边的环境，成人的言语也更多地提到了周边的客体。

（三）言语的发生

关于婴儿言语发生及其标志问题，目前仍存在激烈争论。欧美心理学家认为，婴儿说出第一个与某一事物有特定指代关系的词标志着言语的发生，时间在出生后 9～11 个月。我国心理学家认为，婴儿最早说出的具有概括性意义的词是言语发生的标志，时间在 11～13 个月。综合多种研究材料，我们认为，由于个体间有着较大的差异，因此婴儿言语发生的时间在 10～14 个月。

1. 第一批词的产生及其生态学分析

婴儿最早可以在 9 个月时说出第一个有特定意义的词语，最晚则在出生后 16 个月时。对这第一批词进行生态学研究发现，它们具有很强的场合约定性（context-bound），即它们只能用来指代有限的某个特定情景（场合）下发生（或出现）的某一特定事物，还不具备概括性意义，只具备原始的指代性、对应式的象征性和一定的交流意义，就好像是某一特定场合下特定事物的伴随物一样。

但是，进一步的研究发现，在婴儿说出的第一批词中，有一些已具备了概括性意义。这一发现表明，婴儿的言语发生过程也存在着较大的个体差异，它推翻了“第一批词不具有概括意义”的结论，并将严格意义上的词语发生的时间推进到出生后 10 个月。

2. 词语的获得与运用

在言语发生阶段，婴儿词语的获得与运用主要体现在以下三个方面：①继续掌握一些场合限制性较强的词；②已掌握的词开始摆脱场合限制性，获得初步的概括意义；③开始直接掌握一些具有概括性和指代性功能的词语。其中，词语的去场合限制性（de-contextualisation）是婴儿真正掌握词语、获得概念的重要途径，其外在表现为原本只用于特定场合、特定事物的词语，现在迁移、运用到与此事物有关的不同场合。

（四）言语的发展

10～15 个月的婴儿平均每个月掌握 1～3 个新词。这样到 15 个月时婴儿就能说出一批词了。随后掌握新词的速度显著加快，19 个月时婴儿已能说出约 50 个词。此后，婴儿掌握新词的速度进一步加快，平均每个月掌握 25 个新词，这就是 19～21 个月时的“词语爆炸”现象。在此后的 2 个月内，婴儿说出第一批一定声调的双词句，从而结束了单词句阶段，进入词的联合和语法生成时期。

1. 双词句的生成及其机制

双词句比单词句表达的意思更明确，已具备语句的主要成分，但是它仍然简略、断续、不完整。有些看起来更像人们打电报时所用的语言，被称为电报句；有些则是由一个常用词作主词，再加上一个指代事物、动作或属性特征的词语，称为主词句，如“那书”“嘿，气球”“更多牛奶”等。相应地，双词句的生成规则也有两种：一是中轴开放式联结，即以常用词为中轴，在其前或后联结一个关于事物、动作和属性特征的词，组成主词句；另一种是范畴对应式联结，即由来自两个不同范畴（种类和性质上不同）却有内在实际意义或特定关系的词联结，从而组成电报句。

2. 语法的获得

大量研究表明，20～30 个月是婴儿掌握语法的关键期。而到 36 个月时，婴儿已基本上掌握了母语的语法规则系统，成为一个颇具表达能力的“谈话者”。在婴儿掌握语法规则的过程中，普遍存在一种过度规则化或规则扩大化（overgeneralization）现象，这与婴儿自我中心思维的绝对性有关（庞丽娟，李辉，1999）。

五、婴儿的认知发展与教育

（一）创造良好条件，促进婴儿感知觉发展

对于婴儿，特别是周岁以内的婴儿，感知觉是其认识世界最主要的途径，因此用看、听、触、闻、舔等途径来认识事物显得尤为重要。父母一定要认识到发展婴儿感知觉的重要性，注意创造条件，促进婴儿感知觉发展。

（二）为婴儿提供丰富的环境，刺激婴儿感知觉的发展

如同人体发育需要营养一样，感知觉的发展也依赖于外界环境的丰富刺激。

只有生活在丰富多彩而又合理的生活环境中，婴儿的感知觉才会加速发展。在单调、缺乏刺激的环境中成长的婴儿，与同龄伙伴相比，各方面发展均滞后。

1. 足够的玩具

9 个月的婴儿，视觉、听觉发展已相当不错，可以手眼协调，双手配合地摆弄物体。此外，由于会熟练爬行，并开始学习站立，婴儿活动的空间与活动能力与前相比，均有所发展。父母要意识到婴儿已经可以使用多种玩具，要为婴儿提供足够的玩具同时准备一些发声的娱乐玩具，如八音盒、铃铛、小鼓等，可促进婴儿听觉的发展。

2. 充足适宜的光线

婴儿所在的房间光线应充足，不要过暗，也不要过强。为了促进婴儿视觉的发展，父母一方面要为婴儿准备良好的视觉环境，在婴儿床上、房间墙壁挂上或贴上一些彩带、有趣的卡片或玩具，吸引婴儿的视线；另一方面要有意识地多带婴儿外出，让婴儿有机会看到各种各样的人和事物，欣赏外界更多美的景象。

3. 经常给婴儿播放音乐与儿歌

父母可以选择一些旋律优美的乐曲和儿歌，每天在固定时间让婴儿听。曲目不必多，主要在于让婴儿反复听。

4. 多和婴儿说话

当父母与婴儿说话时，尽管婴儿不能应答，但实际上婴儿是在认真“听”，在努力地将父母的语言动作与看到的事物联系起来。这为认识事物和早日开口说话奠定了基础。因此父母要结合婴儿生活中的每一件事，尝试着用语言与婴儿交流，多和婴儿说话。

第四节　婴儿情绪情感的发展与教育

一、婴儿情绪情感的发展

情绪与情感是指个体对客观事物是否满足自己的需要而产生的一种态度体验。在一项调查中，有半数以上的母亲认为 1 个月的婴儿至少有 5 种明确的表情：好奇、惊讶、快乐、愤怒和恐惧。或许有人会说这只是骄傲的母亲从自己孩子的行为中读取了过多的信息，但现在有可靠的证据表明，即便很小的婴儿也是有感情的。

（一）情绪的出现顺序

在生命的头2年中，各种情绪陆续出现（见表3.4）。刚出生时的婴儿会表现出好奇、痛苦、厌恶和满足。到2个月时，婴儿开始展露出社会性微笑，这通常发生在与照料者的互动之间，此时照料者很可能对婴儿的积极反应感到欣喜，他们报以微笑并继续做着令婴儿愉悦的事情。在2～7个月之间出现的其他基本情绪是愤怒、悲伤、快乐、惊讶和恐惧。所谓的基本情绪可能是由生物程序所决定的，因为对于所有正常的婴儿而言，它们都在大致相同的年龄出现，在不同文化中的表现以及人们对它们的理解也大致相同。但是，婴儿要表达并非一出生就出现的情绪时，则需要一些学习过程（或认知的发展）。事实上，对2～6个月的婴儿来说，最有可能激发他们惊讶和快乐的因素之一是他们发现自己能够控制某些物体和事件，如学习踢腿、通过按钮让玩具发出音乐声等。而这种习得性期望的落空（比如有什么人或什么事妨碍了他们施加的控制）有可能会激怒许多2～4个月的婴儿，也有可能会让4～6个月的婴儿感到伤心。

表3.4　不同情绪出现的时间表

时间	情绪	情绪的类别	影响因素
出生	满足　厌恶 痛苦　好奇	基本	可以由生理控制
2～7个月	愤怒　恐惧 快乐　悲伤 惊讶		所有健康婴儿都在大致相同的时间段出现，在所有文化中的解释也是相似的
12～24个月	尴尬　嫉妒 内疚　骄傲 害羞	复杂 自我意识 自我评价	需要自我的感知和认知能力来评判自己的行为是否违背了标准或规则

婴儿快到2岁时，开始表现出复杂情绪，如尴尬、害羞、内疚、嫉妒和骄傲。这些情绪有时候被称为自我意识的情绪，因为它们都在一定程度上源于对自我感觉的降低或提升。如那些会因为恭维过度或被要求在陌生人面前表演节目而感到尴尬的婴儿必定是能够自我再认的婴儿。

（二）婴儿依恋的发展

1. 依恋的发展阶段

依恋理论家认为，依恋关系的形成要经历一系列阶段，大部分阶段都发生在出生后的前12个月内（见表3.5）。

表 3.5　婴儿依恋发展阶段

阶段	年龄	特征
1	0～3 个月	婴儿用吮吸、拱头、抓握、微笑、凝视、拥抱和视觉跟踪维持与照料者的亲密关系
2	3～6 个月	婴儿对熟悉人物的反应要多于对陌生人物的反应
3	6～9 个月	婴儿寻求身体上的接近和与依恋对象的接触
4	9～12 个月	婴儿形成了对依恋对象的内部心理特征，包括期望照料者对自己痛苦的信号给予特有的反应
5	12 个月及以上	儿童用各种行为来影响依恋对象的行为，以满足安全和亲密的需要

第一个阶段（出生后的前 3 个月）：婴儿进行吮吸、拱头、抓握、微笑、凝视、拥抱和视觉跟踪等行为，这些行为有助于维持与照料者之间的亲密关系或者可以使照料者留在婴儿身边。然而，这些行为并不针对特定的人表现。通过这些行为，婴儿认识到照料者所有的特征。照料者和婴儿之间重复性的相互作用，使婴儿形成了可预期的行为模式。婴儿开始将有节奏的交流模式内化，这也就成为他们期望进行人际沟通的基础。

第二个阶段（3～6 个月）：婴儿的依恋是通过对一些熟悉人物的偏爱反应表现出来的。婴儿对熟悉人物的微笑要多于陌生人，当熟悉人物到来时会更加兴奋，而当他或她离开时则会表现得心烦意乱。在这一阶段中，婴儿对熟悉的照料者会引发更多的交流，并能够把一连串的行为连结为更复杂的顺序以控制交流。例如，在第一阶段中的婴儿可能目不转睛地注视着最初的照料者。在第二阶段，婴儿不仅会目不转睛地注视照料者，而且还会将手伸向照料者的脸并且拽他或她的头发。

第三个阶段（6～9 个月）：婴儿寻求与依恋对象在身体上的亲近。爬的能力与协调伸手和抓的能力对控制行为的结果有了更大的作用。在这一阶段，婴儿尝试与照料者之间保持最佳的距离。他们可能向前爬，回头看，然后又爬回到照料者身边，或者微笑并继续去探索。

第四个阶段（9～12 个月）：婴儿首次形成了有关照料者的内在表征。这个内在表征提供了第一个依恋关系的工作模型。照料者的特征和对婴儿行为将如何做出反应的期望构成了一个复杂的依恋图式，即照料者预期反应的内在心理表征。

第五个阶段（学步期及以后）：幼儿用各种行为影响依恋对象的行为，以此来满足自己的亲近需要。儿童可能会要求给他们读东西，在睡觉时抱着他们，外出时要带着他们。婴儿的这些策略和其他策略常使照料者产生继续满足儿童对身体接触、亲近和爱的需要的行为。

2. 婴儿与依恋相关的焦虑

在婴儿与照料者建立起亲密情感纽带的同时，他们开始经常表现出令照料者感到迷茫甚至烦恼的消极情感反应。而婴儿期常出现的两种焦虑是陌生人焦虑和分离焦虑。

（1）陌生人焦虑

陌生人焦虑（stranger anxiety）是指不熟悉的成人出现时婴儿所表现出的不安或紧张。婴儿在表达对陌生人的反抗强度上存在着个体差异。他们可能紧紧地依附于父母，拒绝被陌生人搂抱，对陌生人的抚摸表现出很冷漠的态度，或者只是把目光从陌生人的脸上移走等。

婴儿对陌生人的反应取决于情境中特定的维度，包括母亲离自己有多远、陌生人离自己有多远以及母亲对陌生人的反应。婴儿的反应还会受到以前与不熟悉成人接触次数的影响。通常，对生人的谨慎被认为是一种积极发展的现象，即婴儿能够察觉出他们的父母与自己不认识的成人之间的区别。当然，在人的一生中对陌生人的戒心都会存在。事实上，在成人遇见陌生人时所表现出来的怀疑和恐惧比婴儿要更强烈些。

（2）分离焦虑

约在 9 个月时，婴儿对自己父母依恋程度的另一指标是父母离开时所表现出的情绪激动和失望，这种反应称为分离焦虑（separation anxiety）。分离能够引起两种不同的行为。在一些条件下，与照料者的分离会刺激依恋行为，婴儿特别努力地寻找照料者并且重新获得身体接触。分离也能够引发婴儿反抗、失望的情绪或者脱离照料者，这取决于分离时间的长短以及分离的情境。

分离紧张会影响婴儿基本的生理模式，特别是睡眠被破坏，在游戏中向更不成熟的行为模式倒退、无目标地徘徊，以及在儿童养育情境中对同龄儿童和老师的反应发生变化。

婴儿对分离的反应可能与他们的气质有关。对不确定的事物有强烈消极反应的婴儿，当他们受到限制或被阻止实现某一个目标时，他们会特别烦恼；面对新奇事物会心烦意乱或者倾向退缩并远离它。在对分离的体验上，这些婴儿会比其他婴儿有更大的应激。独特的照顾策略可缓解因分离给这些婴儿带来的应激。

随着时间的推移，婴儿对父母短暂离开的反应变得更加灵活了。幼儿学会了忍耐短暂的分离。2 岁时，儿童能用母亲的照片来帮助维持母亲不在时对新环境的适应。3 岁时，儿童甚至可能忍受夜晚和临时的照料者在一起。一旦依恋完全形成，儿童能够通过建构他们父母的心理表征以及用父母对自己的爱来安慰自己。

3. 依恋的类型

（1）安全型依恋（secure attachment）。此种类型的婴儿积极探索他们周围的环境，当母亲在场时他们会和陌生人相互交流。当与母亲分开后，婴儿会积极地与他们的母亲打招呼或者寻求交流。婴儿在分离期间出现的烦恼，会因母亲的返回而减轻。他们与母亲重新团聚时会更加积极地和母亲打招呼，并且对母亲的要求给予更加合作的反应，之后重新探索环境。在家庭环境中，安全型依恋的婴儿与其他婴儿相比，很少哭泣。安全型依恋的婴儿拥有一个有效的依恋模型，在这一模型中，他们期望自己的照料者是易接近的和善于做出反应的。

（2）焦虑回避型依恋（anxious-avoidant attachment）。此种类型的婴儿在与母亲分离后，回避与母亲的接触或者否认交流的努力。他们在被单独留下时的烦恼少于其他的儿童。在家里，焦虑回避型依恋的婴儿哭泣的时间很多，在与照料者接触后很难平静，分离也会使他们相当烦恼。焦虑回避型依恋婴儿的母亲可能会拒绝他们的孩子，在孩子面前她们总是生气。与其他母亲相比，她们很少拥抱孩子，不愉快的甚至是伤感的相互交流更多。

（3）焦虑抵抗型依恋（anxious-resistant attachment）。此种类型的婴儿在陌生人出现时会非常谨慎。照料者的离开会破坏他们的探索行为。当照料者返回时，婴儿有想与照料者亲近的表现，但又会生气，因此他们的情绪很难平息或缓和下来。焦虑抵抗型依恋婴儿的母亲，她们对婴儿的反应没有一贯性：有时会忽视婴儿发出的明确的烦恼信号，有时会为了和孩子接触去打扰孩子。她们的反应并不一定适应孩子的需要。结果婴儿形成了很难预测的内在依恋表征。婴儿试图维持亲近并且避免不熟悉的情境，这些不熟悉的情境会使他们增加对照料者易接近的不确定性。

（4）紊乱型依恋（disorganized attachment）。此种类型的婴儿在与依恋对象重新团聚时的反应特别强烈。在其他三种依恋模式中，婴儿控制紧张情境时有一贯的策略，紊乱型依恋的婴儿没有一贯的策略。他们以矛盾性和不可预见的方式来行动。这似乎表明他们存在极度的恐惧和不安。

4. 依恋与以后发展的关系

依恋影响着儿童对自我、他人的期望，也影响着人际关系的本质。更重要的是，安全依恋关系的形成被认为会影响儿童探索环境的能力和应对环境的信心，他们知道“他人”的保护近在身边。经历安全依恋的儿童一般能对紧张进行控制。有节奏的、有意义的和预期的经历有助于他们社会能力的形成。因此，他们希望自己有能力与他人形成积极的人际关系。

二、婴儿情绪情感的培养

婴儿阶段情绪情感培养的基本原则是：满足婴儿的需求，培养和发展其积极情绪。婴儿一开始只会用哭声来表达自己的需要，慢慢地，他们通过模仿和练习，逐渐学会用其他声音和手势来表达自己的意图。通常，成人把婴儿的哭声看成是婴儿和外界进行沟通的方式，如果能够认识到哭声在不同阶段的发展特点，那么，我们就知道在不同的年龄阶段，如何区别对待孩子的哭声。

（一）迅速稳定的回应阶段（0～6个月）

刚出生的婴儿用哭声来表达自己的需要，而父母对他们的哭声要反应迅速，如抱、喂奶、查看尿布等。这些行为能消除宝宝的不舒服，并且让他们感到关爱，逐渐建立起对父母的信任，这就是最初的母婴依恋。安全依恋关系的建立对孩子的心理健康、将来的人际关系有着重要的意义。

（二）引导探索的阶段（6～18个月）

这个阶段，婴儿的哭声发生了一个有趣的变化，那就是生理需要方面的哭声逐步减少，而社交需要的哭声逐步增加。通过前半年的练习和声带的发育，他们对哭声的控制更加娴熟，不仅会大哭，还会尖叫、变换音调啼哭，以此来表达自己的情感。而且他们逐渐知道可以利用哭声来召唤父母、获得关注和陪伴。

从6个月起，婴儿对周围事物有着浓厚的好奇心，手眼协调能力也增强了，对语言的理解也越来越深。当发现婴儿有了利用哭声来召唤照料者的能力时，就要注意不要被他们控制，而是要引导他们对周围事物进行探索。这个阶段，照料者可以主动和婴儿一起玩他喜欢的游戏。跟他讲话，用他喜欢的玩具吸引他的注意力。如果照料者能够安排婴儿各种有趣的游戏，满足他们的好奇心，让他们醒着的时候经常有事情可做，这样他们就不会觉得很无聊，能经常保持良好的情绪。而且，从婴儿很小时开始，多花时间和他们一起玩，他们就会从学着玩，慢慢过渡到自己玩。当他们1岁多可以自己玩一段时间的时候，成人不要时刻去陪伴，有意识地慢慢增加婴儿自己玩的时间，让他们慢慢习惯自己玩。到他们十几个月的时候，就不会时刻哭着让人安慰。

照料者和孩子的情绪是互相影响的，而且从第8个月开始，婴儿逐渐学习到消极情绪，对情绪的认识逐渐分化，并且自己也常体验到挫折和生气等消极情绪。因此这个阶段，照料者对婴儿要多点耐心，多表达积极的情绪、支持和爱，让孩子常常保持愉悦的心情，减少哭闹。

这个阶段考虑到婴儿活动能力增强，以及好奇心很强，照料者要尽量减少不安全的因素，布置好环境。如果总是禁止婴儿去探索，就会让孩子经常感受到成人的消极情绪，体验到自己的消极情绪，而且也容易压抑孩子的好奇心和探索欲望。

第五节　婴儿的个性、社会性发展与教育

一、婴儿的个性发展

个性是指一个人的整体心理面貌，即具有一定倾向性的各种心理特征的总和。个性的结构包括个性倾向性（兴趣、爱好、需要等）、个性心理特征（能力、气质、性格）与自我调节系统。一般而言，个体个性的成熟是以获得自我同一性为标志。

（一）婴儿的气质类型

婴儿期是个性的萌芽时期，这一时期，最能反映个体精神面貌的心理特征是气质。气质主要表现在心理活动的速度、强度、灵活性和指向性等方面，是一种不以活动目的和内容为转移的典型的、稳定的心理特征。与其他个性心理特征相比，气质和人的解剖生理特点有着最直接的联系，它具有较突出的生物性。个体一出生就具有个人的最初气质特点，比如，新生儿的觉醒、活动水平以及哭叫等行为特征，都是其最初的气质表现，同时也是婴儿未来个性发展的基石。值得指出的是气质无好坏之分，但婴儿的气质特点对早期亲子间的互动有不同影响。

个性的遗传成分是不容否认的，这最容易在新生儿的表现上得到证明。比如，有的婴儿一醒来眼没睁开就大声啼哭，而有些婴儿则安静地躺着，玩一会枕巾又悄然睡去。婴儿的好动不安有可能是因为他的某一部分神经系统早熟，而另一部分神经系统发育较晚，在接收到某些外界刺激时，婴儿内部产生不平衡造成的。如果是这种情况，那些激动不安的婴儿在出生后一两个月就会安静下来。然而，在大部分情况下婴儿所表现出的是天生的气质的差异。

根据婴儿的个体差异，其气质类型可分成三种类型。

1. 容易抚育型

容易型婴儿生理节律规则化，愉快情绪多，情绪反应适中，对新异刺激一般反应积极，较容易适应环境。总体上来说这类婴儿比较欢快。

2. 困难抚育型

困难型婴儿生理节律的规律性查，较难掌握他们的睡眠、喂食、排泄等方面的不规则变化，负性情绪多，情绪反应强烈，对新异刺激反应消极，较难适应新环境。总体来说这类婴儿吃睡无规律、怕生、爱闹。

3. 迟缓型

迟缓型婴儿在活动性、适应性、情绪性反应上均较慢，情绪经常不愉快，在没有压力的情况下，对新异刺激会慢慢感兴趣，并慢慢活跃起来。

(二)婴儿的气质特征与发展

1. 婴儿气质的相对稳定性

研究发现，在大多数儿童身上，早期的气质特征会一直保持稳定不变。一个活动水平高的儿童，在出生后 2 个月就表现出爱动的特点，换尿布后常扭动；到了 5 岁，在进食时常离开桌子，总爱跑。而一个活动水平低的儿童，2 个月时穿好衣服后不爱动；到了他 5 岁时穿衣服也需要很长时间，在电动玩具上能安静地坐很久。

2. 婴儿气质的可塑性

很多现象表明，虽然儿童的气质类型具有相对稳定的特点，但并不是一成不变的，后天的生活环境与教育可以改变原来的气质类型。

但我们需要注意到婴儿气质发展中还存在“掩蔽现象”。“掩蔽现象”是指一个人气质类型本质没有改变，但是形成了一种新的行为模式，表现出一种不同于原来类型的气质外貌。

(三)气质与早期教育

气质虽无所谓好坏，但由于它影响到儿童的全部心理活动和行为，如果不加以正确对待，将会成为形成不良个性的因素。成人应正确对待儿童的气质特点，对儿童的抚养和教育必须充分考虑每个儿童的气质特点。

1. 婴儿气质影响父母对儿童的教育

婴儿出生时的气质差异往往会影响到父母或照料者对婴儿的态度和行为。比如，那些爱哭闹的婴儿的父母可能为了纠正孩子的这种倾向或因孩子不易照顾而对孩子冷淡，不常去安抚他或和他玩耍，甚至对他脾气不好；他们可能只有在孩子哭闹越来越厉害时才去安慰他。这样的做法反而会强化婴儿爱哭闹的倾向。而那种容易型、不好哭闹的孩子自然得到家长或照料者的喜欢，这些人对孩子就更温存，和孩子的交流就更多，对孩子的要求的回应也就更频繁，这样就强化了孩子安静的倾向。有研究表明，那些动辄哭闹的幼儿恰恰是那些在婴儿期被照顾不当和爱抚不够的儿童。爱抚和照顾并不会惯坏孩子，反而会使他们产生安全感和自信心的萌芽。这样的孩子话说得早，表情丰富，行动时目的性强。相比之下，对婴儿照顾不周，不给他足够的智力刺激，会给其发展带来不良的后果。有研究表明，那些在养育院里喂养的孩子和在家里喂养的孩子相比，普遍面目表情呆板，语言发展缓慢，好奇心不强，兴趣少，爱哭。所以，婴儿期缺乏照料，对孩子的发展很有害处，即使后来的条件有所好转，弥补也并不容易。如果婴儿的适应性强、乐观开朗、注意持久，则父母的民主性表现突出。影响父母教养方式的婴儿消极气质因素包括：较高的反应强度（如平时爱哭爱闹）、高活动水平（如爱动、淘气）、适应性差及注意力不集中等。

2. 不同气质类型婴儿的抚养关键点

容易型婴儿对各种各样的教养方式都容易适应。但是在某些情况下，他们这种容易接受父母管教的优点却会导致一些行为问题的发生。例如，这些婴儿在早年接受和适应父母期望和管教标准，并将它们内化为自己的期望和规则系统。这样一来，当他们走进幼儿园、走进同龄人的世界时，就会发现这些新环境中的要求与规则同他们习以为常的规则系统有所不同，他们在家庭中所习得的行为在这里就会显得格格不入。如果这两种要求间的冲突和矛盾十分严重，会使婴儿陷入进退两难、无所适从的境地，从而引发行为问题或发展障碍。

困难型婴儿的教养问题则从一开始就有了。为了使儿童抚养和家庭生活的正常秩序能够维持下去，家长必须处理很多棘手问题，如怎样适应婴儿生活不规律、适应慢的特点，怎样对待和调教婴儿烦躁、易哭闹的行为等。如果父母在管教孩子时不一致、不耐心或经常性斥责、惩罚孩子，那么这些孩子比其他类型的孩子就容易表现得更加烦躁、抵触、易怒和消沉。只有特别热情、耐心、有爱心地对待这些孩子，全面考虑他们的气质特点，采取有针对性的措施、方式积极对待他们，才能使这些孩子健康地适应社会。

对迟缓型婴儿教养的关键，在于让这些孩子按照自己的速度和特点去适应环境。如果这类婴儿的家长或老师给他施加压力，催促他尽快地适应环境，只会强化他的自然反应倾向——逃避。而另一方面，他也需要机会和鼓励去尝试新经验、适应新环境。

婴儿的气质会随着年龄的增长而变化。这说明环境并非总是支持某种气质类型。托马斯（Tomas）和切斯（Chess）提出了拟合优度模型（goodness-model）来描述气质和环境因素是怎样共同作用于儿童发展并产生良好结果的。即气质类型的形成，关键在于父母的教养方式是否与儿童的气质特点相符合。拟合优度模型包括创造婴儿抚养的环境，在这种环境中识别每个孩子的气质类型，同时鼓励他们表现出更多的恰当行为。儿童与父母是相互影响的。如母亲属于生活很有规律的人，但婴儿属于困难型气质，母亲就会想方设法建立一种秩序，按时给婴儿喂奶，让孩子按时睡觉等，但孩子没有这种节律，这势必会使母婴之间出现很多冲突。反过来也一样，如果孩子是有节律的，而父母没有，也会引发亲子关系的不和谐。再如生性好动、活动水平高的孩子，父母过多的干预可能抑制他的探索行为，导致他们对新奇事物的不喜欢，慢慢转化为面对学习和社会挑战的强烈的焦虑不安。父母的养育方式和孩子的气质类型不一致，称为拟合劣化，它会助长孩子的抵抗性和充满冲突的人格。相反，尽管孩子有消极行为，但父母能积极正面地教养孩子，为孩子创造一个愉快、稳定的家庭环境，婴儿的适应障碍就会随年龄增长而降低。婴儿气质与父母教养方式的拟合优度模式提示我们：每个婴儿都是带着独一无二的气质来到这个世界上的，气质无好坏之分。父母所要做的就是提供适合儿童发展的成长环境，给他们以成长的力量，帮助他们迎接成长的挑战。

二、婴儿的社会性发展

社会性是指个体在其生物特征基础上，通过与社会生活环境的相互作用，掌握社会规范，形成社会技能，学会社会角色，获得社会需要、态度、价值，发展社会行为，并以独特的个性与人相互交往、相互影响，适应周围社会环境等社会化过程中所形成的心理特征。社会性发展又称社会化，是指儿童从一个自然人，逐渐掌握社会的道德行为规范与社会行为技能，成长为一个社会人，逐渐步入社会的过程。它是在儿童与社会群体、儿童集体以及同伴的相互作用、相互影响的过程中实现的。

婴儿的社会性是在儿童个人参与社会生活的过程中不断发展的。婴儿一出生就直接受到社会生活的影响，成为一定时代和一定社会中的个体，在社会生活和教育影响下，开始了社会性发展的进程。儿童逐渐学会和别人进行社会交往，建立人际关系，如亲子关系、伙伴关系等；而且逐渐能够依照社会准许的方式去行动，形成符合社会要求的需要、愿望、情感态度和行为方式。

（一）婴儿的社会交往

新生儿能注意出现在视野里的人脸；其后，见人走动会跟着看，而且表现出快乐的情绪；4 个月时，当有人逗引时会放声笑；6 个月以后，喜欢和人交往，听见成人喊他名字，会回头。这时儿童也开始喜欢同龄儿童，别的儿童坐在旁边时会发出咕咕声，或去拉他的手脚、衣服，抓他的玩具，也把自己手里的玩具塞给别的儿童。

6～7 个月的婴儿在成人和他玩藏猫猫游戏时，会摆动身体寻找，并且发出咯咯的笑声。9～10 个月时，儿童会听从成人指示拍手欢迎或挥手再见。

（二）婴儿社会交往中的情绪和情感反应

新生儿已有情绪反应：吃饱、穿暖、身体健康等生理需要得到满足，都可以引起高兴的情绪反应；如果生理需要不能得到满足，如饥饿、受冻或身体不舒服，便引起消极情绪和哭闹惊跳等。此外，成人抚摸新生儿的面颊和前额，也可以引起愉快；而巨声、身体突然失去支持可以引起惧怕；束缚身体、限制活动可以引起愤怒。2～3 个月的婴儿经常对人发出微笑；4 个月会出声笑。这时，婴儿的情绪反应已不再完全取决于生理需要是否得到满足，也取决于有无社会交往。一个婴儿如果常有人逗引，和他说话，便经常愉快活跃；如果经常一人独处，无人理会，便少有欢乐愉快情绪。婴儿 5 个月时，已能分辨出生人和熟人，对他们作出不同的情绪反应；8～9 个月时，更能进一步分清成人温和的或严峻的脸部表情、宽和的或凶狠的声调，并分别作出愉快的或惧怕、不高兴的情绪反应。

在婴儿期的后期，儿童表现出“情感共鸣”现象。看到别的儿童笑，他也随着笑；别的儿童哭，他也跟着哭。

婴儿在和别人的交往中，不仅能引起情绪或情感反应，还主动表露出各种情绪或情感，明确表示喜欢某人，不喜欢某人。婴儿的情绪或情感成为与人交往或影响别人的手段。

（三）婴儿的同伴交往

婴儿虽然主要与其父母交往，但事实上也已开始了同伴间的相互交往，并在交往过程中显现出婴儿在社交方式和社会接受性方面的差异。同时，随着婴儿认知能力的增长、活动范围的扩大，其与同伴交往的时间和次数越来越多，同伴交往在其生活中所占的地位越来越大，并对婴儿的个性、社会性发展起着日益重要的影响。

研究表明，婴儿从半岁起即开始出现真正意义上的同伴社交行为。婴儿期同伴交往经历以下三个发展阶段。

1. 以客体为中心阶段

此阶段，婴儿的兴趣更多地集中在玩具或物品上，而不是其他婴儿。6～8 个月的婴儿通常还互不理睬，只有短暂的接触，如看一看、笑一笑或抓抓同伴。然而，单方面的社交是社交的第一步，当一个婴儿的社交行为成功地引发了同伴的反应时，就产生了婴儿之间的简单的相互影响。

2. 简单交往阶段

在简单交往阶段，婴儿已能对同伴的行为做出反应，经常试图去控制另一个婴儿的行为。研究者们针对这个阶段婴儿的交往行为提出了“社交指向行为”的概念。“社交指向行为”指婴儿意在指向同伴的各种具体行为，行为的发生总是伴随着对同伴的注意，也总能得到同伴的反应。具体有微笑和大笑、发声和说话、给或拿玩具、身体接触（如抚摸、轻拍同伴的身体，推，拉，等等）以及较大的运动（如走到同伴旁边，开始跑开）、玩与同伴相同或类似的玩具等。这些行为的目的都在于引起同伴的注意，与同伴取得联系。婴儿在这个阶段就是通过这种“社交指向行为”积极地寻找自己的同伴，同时也对同伴的行为作出反应，相互影响。研究结果表明，婴儿在进行独立活动的同时，通过留意周围环境来取得同伴的信息；并且由于观察或模仿同伴的行为，婴儿之间有了直接的相互影响、接触，简单的社会交往由此产生。

3. 互补性交往阶段

在互补性交往阶段，婴儿之间相互影响的持续时间更长，其内容和形式也更为复杂。婴儿同伴间的行为趋于互补，出现了更多更复杂的社交行为，相互间模仿已较普遍，婴儿不仅能较好地控制自己的行动，而且还可以与同伴开展需要合作的游戏。比如，你需要有伴时，我和你一起玩；你跑我追；你躲我找；两人在一起共搭一个东西。这个时期婴儿交往最主要的特征是同伴之间的社会性游戏的数量有了明显的增长。16～18 个月是婴儿交往能力发展的转折点，之后，婴儿的社交性游戏迅速增长。2 岁左右时，婴儿的社会性游戏在数量上绝对超过单独游戏，其交往对象更经常是同伴，与父母的交往表现出明显下降的趋势。

三、婴儿自我的发展

（一）自我的含义

自我（self）也称为自我意识（self-consciousness），包括自我知觉（self-perception）、自我认知（self-recognition）、自我调节（self-regulation）、自我监控（self-monitoring）、自我评价（self-evaluation）和自尊（self-esteem）等概念。

研究者一般认为，自我由两个有区别而又相互交织在一起的成分构成。詹姆斯（W. James）认为，自我由主体我（I）和客体我（me）组成。主体我是作为认知者的自我，是在主体内、在主观上构成的自我。主体我体验着自己身体和心理的关系，具有调整、控制、组织的功能，对客体我起支配作用。客体我是对主体作为客体存在的个体进行认识的自我，是个体在与环境、他人之间的相互作用中产生的，是主体通过客观反映、客观评价而认识的自我。米德（G. H. Mead）也把自我划分为主体我和客体我。他认为，一个完整的自我应该包括主体我和客体我两个方面。米德认为，客体我是一种社会自我，因为自我是在个体与他人、环境的互动中产生的，所以也是社会的。库利（C. L. Cooly）认为个体的自我产生于和他人的交往之中，通过交往，每个个体可以觉察到他人对自己的外表、行为、目标、性格等各方面的看法，从而产生对自我的认知。他于 1922 年提出了“镜像自我”的概念，以镜子中的自己的形象为喻，指从外界得到的关于自己的外表、形象的认识和他人对自己的行为举止和人格等方面的评价。

（二）婴儿自我发展的阶段

在婴儿期，主要涉及自我知觉、自我认知方面的发展。婴儿的自我认知是在与外界客体相互作用中产生发展的。这种自我认知能力的发展，使婴儿在处理自己与外界事物、自己与他人的关系上更符合社会交往准则。婴儿自我意识和语言的发展，是婴儿从自然人向社会人转化的关键一步和标志。

哈特（S. Hatter）在概括、总结了大量有关研究的基础上，提出了一个婴儿主体我和客体我的发展模式，将婴儿自我认知发展分为五个阶段。前三个阶段为主体我的发展，后两个阶段为客体我的发展。这一总结普遍为人们所接受。

1. 主客体未分化阶段（5～8 个月）

婴儿显示出对镜像的兴趣，他们注视它、接近它、抚摸它，对它微笑。但他们对自己的镜像与其他婴儿形象的反应没有区别，说明他们并未认识到镜像是自己的像、自己与他人的差别，以及自己是独立存在的个体。因此，婴儿还没有萌生自我认知。

2. 主体我的萌芽（9～12 个月）

婴儿表现出了对自己作为活动主体的认识，他们主动以自己的动作引起镜像的动作。这阶段产生了初步的主体我。

3. 主体我的明确（12～15 个月）

婴儿已能区分由自己做出的活动与他人所做出的活动，对自己镜像与自己活动之间的关系有了清楚的觉知，说明婴儿已会把自己与他人分开。此时主体我得到明确的发展。

4. 客体我的产生（15～18 个月）

婴儿开始把自己作为客体来认识，表现在对客体特征（如红鼻头）与主体特征的联系上，认识到客体特征来自主体特征，对主体某些特征有了稳定的认识。这反映了在客体我水平上的自我认知的发展。

5. 客体我的明确（18～24 个月）

婴儿已具有了用语言标示自我的能力，如使用代词（“我”“你”）标示自我与他人。婴儿在此年龄已经能意识到自己的独特特征，能从客体中认识自己，用语言标示自己，表明婴儿已具有明确的客体我。

四、婴儿个性、社会性发展中父母的角色

父母对自己孩子的身体和心理社会性的发展有巨大的责任。我们把婴儿描述为主动的、适应的个体，并渴望掌握环境。与此同时，出生时未成熟的婴儿，在很长一段时间内都需要依靠其父母来维持自己的身体健康，给自己提供刺激，保护自己避免各种危险。在依靠他人期间，婴儿开始融入复杂的社会系统之中，并发展出了与照顾者之间强烈的情感纽带。这些早期人际关系的特性给婴儿提供指导他们后来在友谊、亲密关系和与自己孩子的关系中发展的心理表征。

父母的重要责任之一就是保护婴儿避免环境中的危险，使婴儿能生存下去。环境中出现的危险或风险通常会促使人们努力通过用襁褓包裹、把婴儿放在吊床中或围栏里来限制婴儿的运动。照顾者也会使用某些禁令，比如告诉孩子，“不，不能碰那个东西”，或把孩子从一些危险的情境中带走。当婴儿在半岁之后变得更加好动时，照顾者需要增加禁令和对探索活动的监控，或者改变环境来准许婴儿进行安全的、没有限制的探索。

在婴儿高死亡率的社会中，婴儿更有可能在一天中长时间地被抱着，并且抱的时间在婴儿期可以持续很长时间。这一风俗促使人们对婴儿的需要进行持续监控并避免他们在家里或外界受到伤害。然而，像用襁褓包裹和抱着等行为，可能严重地限制了儿童的探索行为。非常紧的、持久的包裹也会将婴儿置于患上严重呼吸传染病的高危境地。

此外，父亲和母亲所扮演的家长角色有区别吗？正像我们前面提到的，婴儿与其父母都形成了强烈的依恋，父亲也可能像母亲那样专注于婴儿的需要并且对他们的需要很敏感。然而，一天中母亲和婴儿之间的交流与父亲和婴儿之间的交流是不同的。在美国，对 1 500 多名儿童进行的一项研究发现，双亲家庭中的儿童，每天和父亲在一起的时间平均为 1.4 个小时，而在周末则增加到 3.3 个小时。

每一天，母亲都是婴幼儿的主要照顾者，只有周末，父亲才扮演了与母亲一样的角色。母亲和婴儿在一起的大部分时间是用来照顾婴儿，而父亲与孩子在一起的时间很少，因此他们更多地关注婴儿的游戏，特别是身体运动的游戏。当母亲与她们的孩子进行游戏时，更多地使用言语或玩具；而父亲则正好相反，他们更多地让孩子从事一些杂乱的活动。

母亲能够经常对婴儿做出反应、表达情感并模仿孩子的动作，也更可能接受孩子的行为，更重视孩子情绪的表达及其情绪表达的价值。父亲则很可能忽视婴儿的暗示，他们做的更多的是引导婴儿注意新的目标，更重视控制和惩罚。在家里，孩子在场时，父亲也许会继续从事自己的悠闲活动，如读书或看电视，而母亲则常与孩子进行交流。

一些证据也表明父亲和母亲对婴儿有不同的看法。与母亲相比，父亲倾向于认为婴儿的认知能力和社会能力较低。父母对孩子知觉上的差异有助于理解为什么父亲对孩子注意得更少；让孩子从事一些杂乱的游戏，并在游戏交替的过程中，忽视婴儿的暗示。在抚养婴儿的过程中父亲参与得越多，他们同母亲对婴儿能力的看法上的分歧就越小。父亲对婴儿能力的复杂性和熟练性了解得越多，越有可能成为一个好家长。

婴儿心理健康和最佳的发展状态与照顾者的心理健康、各种情境因素有密切关系。与自己的照顾者有过相处困难经历的人，当他们成为父母时会面临特殊的挑战。他们可能缺少有效养育婴儿所应该具备的提供安慰性、反应性或适当性刺激的经验。然而一些因素能够帮助弥补这些缺陷（见表 3.6）。例如，在维持积极的亲子关系时，重要的是与所爱的人有亲密的关系。有相互信任的夫妻关系，父母能更好地为孩子创造出预期的、支持性的和充满爱心的环境。

表 3.6　婴儿发展的最优化

花费时间和孩子在一起；当孩子需要你的时候满足他。
提供温暖和情感；用言语、拥抱和游戏等多种方式对孩子表达积极的情感。
经常和孩子进行直接的交流；让孩子参与言语交流。
提供刺激。
鼓励孩子积极从事探索环境的活动。
帮助孩子理解他所引发的事情。
帮助孩子直接参与问题解决。
鼓励孩子坚持并努力实现目标。
保持对事情的预期性，特别是当孩子非常小的时候。
通过使用词语对物体和事件进行命名、分类来指导孩子语言的发展。
接受孩子努力后所取得的进步。

续表

对孩子的状态敏感；学习正确地理解孩子的信号，及时做出恰当的反应。
找到有效的方式来抚慰孩子的烦恼。
帮助孩子解释烦恼的来源并找到调节烦恼的方法。
避免孩子处于强烈的、消极的、敌对的和惊恐的事件之中。
和孩子进行交流时，要意识到自己所发出的视觉和听觉的信号。
要注意孩子是如何发生改变的。
通过监控孩子情绪的表达来评估特定的行为干预的成功性。

在亲密伴侣之外的社会支持资源也能增进做父母的有效性。这种支持可能来自于孩子的祖父母、家庭的其他成员、朋友与卫生及心理健康的专家。有效使用社会支持网络，可确保成人不会因当了家长而被孤立起来，其他人会帮助这些初为父母的人识别和解决儿童养育中出现的问题。帮助经常是非常直接的，如照顾儿童或分享衣服、玩具和家具，也可能是以友谊的形式和对抚养角色重要性做出的肯定。然而，研究表明，社会支持并不能完全补偿夫妻之间支持的缺失，也不能减轻父母在满足基本的生活需要方面因经济上的困难所导致的养育压力。

参考文献

芭芭拉 M 纽曼，菲利普 R 纽曼. 2005. 发展心理学（第 8 版）. 白学军等译. 西安：陕西师范大学出版社.

丁祖荫. 2006. 幼儿心理学. 第 2 版. 北京：人民教育出版社.

林崇德. 2002. 发展心理学. 杭州：浙江教育出版社：160-212.

刘金花. 2006. 儿童发展心理学. 修订版. 上海：华东师范大学出版社.

孟昭兰. 2003. 婴儿心理学. 北京：北京大学出版社.

庞丽娟，李辉. 1993. 婴儿心理学——儿童青少年心理学丛书. 杭州：浙江教育出版社.

吴虹，金星明. 1998. 学龄前儿童注意训练的远期观察.中国行为医学科学，8（3）：217-218.

谢联花. 2012. 婴儿游泳与抚触对生长发育的影响.现代诊断与治疗，23（5）：543-544.

谢弗 D R，基普 K. 2009. 发展心理学（第 8 版）. 邹泓等译. 北京：中国轻工业出版社：320-450.

许政援，等. 2002. 儿童发展心理学. 长春：吉林教育出版社.

杨轶冰，鲁峰. 2001. 论 0～3 岁儿童智力发展中的动作训练. 淮北煤师范学报（哲学社会科学版），122（6）：110-111.

朱智贤. 1993. 儿童心理学. 北京：人民教育出版社.

思 考 题

1. 婴儿神经系统的发展有什么特点？
2. 婴儿的动作发展遵循哪些基本原则？婴儿的行走和手的动作是如何发展的，对其心理发展有何影响？如何促进婴儿的动作发展？

3. 婴儿的语言发展对其心理发展有何意义？能否设计一些促进婴儿口头语言发展的活动？
4. 婴儿的认知发展有什么特点？
5. 婴儿的情绪、社会性发展有何表现？
6. 婴儿的气质类型如何影响父母的教养方式？
7. 如何最优化婴儿的发展？

第四章　幼儿的心理发展及教育

幼儿通常指在出生后第二年到接受小学教育前这段时期的个体。幼儿在环境和教育的影响下，在以游戏为主导的各种活动中，心理发展异常迅速，与婴儿期相比有了质的飞跃。幼儿的心理发展经历幼儿前期、幼儿中期和幼儿后期三个阶段。

第一节　幼儿的生理发展

一、幼儿的身体发展

幼儿前期儿童的身长、体重仍在增长，但增长的速度较婴儿期减慢。在身长方面，第二年约增 10cm，第三年增 4～7.5cm。在体重方面，第二年增 2.5～3kg，第三年约增 2kg。在幼儿前期，儿童的胸围逐渐接近头围，最后超过头围，因而头围、胸围的生长曲线形成交叉。研究者认为头围、胸围生长曲线交叉出现时间的早晚和营养状态有一定关系，营养好，胸围超过头围的时间可能早些。我国城市儿童胸围超过头围的时间是 15～18 个月，郊区儿童是 18～21 个月。

在幼儿期，儿童生理各方面在继续生长发育。身高和体重都有增加，但增加速度逐渐减慢。身高每年增 4～7cm，4 岁时约为初生时的 2 倍。体重每年约增加 2kg，4 岁时约为初生时的 5 倍。

二、幼儿的大脑神经发育

在幼儿前期，神经系统的结构和机能继续发展。脑的重量在增加，出生后第一年末约为 900g，发展到第三年末大约为 1 000g。整个幼儿前期增长约 100g。到幼儿期结束时增长到 1 250～1 300g，接近成人脑重的最低水平。在这期间，脑内的神经细胞体积增大，联络纤维迅速发展，神经细胞之间出现新的传导通路，使脑的各部分之间形成了复杂联系。同时，神经纤维的髓鞘化继续进行，尤其是运动神经锥体束纤维的髓鞘化过程在此期间更为显著，这使神经传导更加迅速精确，为幼儿前期的动作发展和心理发展提供了生理前提。

幼儿前期神经系统的抑制过程明显发展，但兴奋过程仍占优势，因而儿童仍然容易兴奋。幼儿前期皮层活动特别重要的特征就是人类特有的第二信号系统开始发展，为儿童高级神经活动带来了新的特点。儿童借助于语词刺激可以形成复杂的条件联系，这是儿童心理复杂化的生理基础。

在幼儿期，大脑皮层继续发展，尤其是皮层的额叶迅速增长。我国科学院心理研究所根据儿童脑电活动的研究，指出 4～7 岁是大脑皮层细胞新陈代谢最旺盛的时期，也是大脑可塑性最高的时期。在这个时期，客观现实在大脑皮层上的烙印特别深刻，因而这个时期也是进行教育的黄金时期。

第二节　幼儿的动作发展与教育

幼儿前期儿童的躯体动作或双手动作继续发展，比以前熟练、复杂，而且增加了随意性，幼儿可以比较自如地调节自己的动作。

在幼儿期，由骨骼和肌肉联合构成的运动器官在发展，调节支配运动器官的能力也在增强，这些为幼儿动作发展准备了条件。成人的指导和鼓励，尤其是幼儿园有计划的培育，直接促进了幼儿动作的进一步发展，从而使幼儿动作灵敏协调，姿势正确。

一、幼儿的躯体动作发展

（一）走

儿童在 13～14 个月时，一般就能独立行走。开始时，身体各部分不能配合协调，整个身躯前倾，两臂不会自然摆动，两脚不会交替前进，蹒跚学步，容易跌倒。经过教育和练习，幼儿逐渐能自由摆动双臂、上体正直、自然地行走，而且逐步学会协调上下肢，有节奏地按口令行走。进入幼儿后期，更能步伐均匀，和其他儿童一对一对整齐地行走，或听从口令变换行进方向。

（二）跑

儿童最初的跑只是一种速度稍快的走，以后才能做出跑的动作。幼儿前期儿童逐渐学会两臂屈肘，在身体两侧摆动，运用正确的姿势跑；或控制自己，走和跑交替进行。以后更能上下肢协调，用脚掌前部着地跑，或听从口令改变跑的方向，而且不和其他儿童或物体相撞。

（三）跳

幼儿逐渐学会各种形式的跳，如原地向上跳、向前向下跳、跑跳、跳高等。

最初，他们往往要成人拉着手才能跳，逐渐能够自己做出各种跳的动作。到6～7岁时，有的儿童能够跳30～40cm高，会跳绳或跳橡皮筋，并掌握灵敏协调的技能。除此以外，幼儿在有计划的训练中能够学会钻爬、攀登、走平衡木等技能。

二、幼儿双手动作发展

(一) 感知—运动的协调

幼儿前期儿童的双手动作在成人指导和不断练习中发展，而且表现在生活各方面。在游戏中，2～3岁的儿童喜欢用各种方式摆弄物体：有时用手抓取，有时敲打物体；有时一只手紧握，有时双手推送；有时举在头顶，有时抱在胸前。幼儿前期儿童做出各种动作，往往不是为了完成某种任务，而是对动作本身产生了兴趣。例如，一个一岁四个月的女孩，把门一会儿打开，一会儿关上，连续26次，为了听门开关时发出吱嘎的响声，乐此不疲。幼儿的双手动作发展复杂，不论在速度、稳定性还是双手协调等方面都有明显增进。

(二) 动作的目的性

幼儿前期双手动作的发展，使儿童有可能进行自我服务。儿童在父母或教师的指导和帮助下，逐渐学会自己吃饭、穿衣、洗手、取拿和收拾玩具等。儿童的双手动作也在自我服务中逐步发展。儿童1岁以后，就可以学习自己用匙吃饭；2岁时就可以比较熟练地用匙进食；在幼儿中期，逐渐学会用筷子吃饭。幼儿前期儿童对自己穿脱衣服鞋袜也很感兴趣。但一般来说，2岁时儿童还不能独立穿脱衣服鞋袜，只能在教师帮助下进行。到幼儿中期，儿童可以独立地有次序地穿脱衣物，并整理好放在固定的地方。到幼儿后期他们穿脱速度进一步加快，而且能够自己系鞋带。

(三) 动作技能的形成

幼儿双手动作的发展也在学习活动中表现出来，并在各种学习活动中得到锻炼和发展，形成各种技能。例如，上美术课，幼儿前期儿童开始运用彩色铅笔，但很不熟练，只能画“下雨”（由上向下的直线条）、“大路”（从左到右的横线条）、“篱笆”（斜线条）和“皮球”（圆形）等简单线条；到幼儿中期，他们能控制绘画动作，用彩色铅笔涂出形象，而且不涂到形象轮廓之外；到幼儿后期，他们更能自如运用较重或较轻的笔力涂出深浅不同的颜色。在幼儿前期，儿童还不能运用剪刀，所以不宜进行剪贴活动；到幼儿中期，双手动作发展，儿童已能一手握剪刀，另一手把纸放在剪刀口上剪断；到幼儿后期，他们能灵活地运用剪刀把东西剪断。

幼儿双手动作还在游戏中得到练习，变得协调和敏捷。例如，玩皮球时，幼儿前期儿童只有当皮球恰好抛掷到他张开的手中时，才能用双手接住，而且还要抱在胸前；幼儿中期儿童就会注视着球抛来的方向，用双手自如地接住，还能连续拍球；到幼儿后期，不仅能接球、拍球，还能更进一步运球投篮等。又如，幼儿前期儿童能按音乐节拍做模仿动作，如打鼓、吹喇叭等，以后能按音乐节拍整齐地开始或变换动作。

（四）小肌肉动作的控制较差

幼儿的动作，不论躯体动作还是双手动作在幼儿期都有明显发展，但双手动作要比躯体动作发展得迟且慢。幼儿手腕、手指等小肌肉群的发展较晚较慢，需要较长时间才能加以随意控制。教师不能使幼儿过早地或长时间地进行小肌肉动作，但也要有计划地采取措施促进双手动作的发展。

第三节　幼儿的认知发展及教育

一、幼儿感知觉的发展

幼儿的感觉和知觉处在迅速发展阶段。幼儿期，各种感受器已发展完善，相应的神经中枢部分继续发展，为幼儿感知觉的发展提供了生理前提。幼儿园有计划进行的感知觉培养，更直接地促进了幼儿各种感觉与知觉继续完善。他们在视觉、听觉、触觉等几种主要感觉以及空间知觉、时间知觉、社会知觉和观察等方面都有所发展。

（一）视觉

1. 视敏度

有人认为幼儿年龄越小视力越好，事实上并非如此。从幼儿前期到幼儿后期，儿童的视敏度由低水平向高水平发展。不过，发展速度并不均衡，5～6 岁和 6～7 岁的幼儿视敏度水平比较接近，而 4～5 岁和 5～6 岁幼儿的视敏度水平相差较大。因此，为幼儿准备读物教具时，应当注意他们视敏度的发展。例如，为年龄越小的儿童准备的字、画应该越大，不要让幼小儿童看画面或字体很小的图书；上课时，也不要让他们坐在远离图片或实物的地方，以免影响幼儿的视力和教育效果。

2. 辨色能力

幼儿的辨色能力有如下发展趋势。幼儿前期儿童已经能够初步辨认红、黄、绿、蓝等基本色。但在辨认混合色与近似色，如橙与紫、橙与黄、蓝与天蓝等颜色时，往往出现困难。同时，他们也难以完全正确地说出颜色的名称。幼儿中期的大多数幼儿已能区分基本色与近似的一些颜色，如黄色与淡棕色；能够经常地说出基本色的名称。幼儿后期儿童不仅能认识颜色，画图时还能运用各色颜料调出需要的颜色，而且能经常正确地说出黑、白、红、蓝、绿、黄、棕、灰、粉红、紫、橙等颜色名称。

幼儿辨色能力的发展，对幼儿的生活、学习都有影响。我国研究表明，幼儿前期儿童认识物体，百分之百地按照物体的形状选择。随着辨色能力的发展，逐渐按照物体的颜色选择，幼儿认识物体首先注意的不再是形状，而是开始转为颜色。直到 6 岁后，儿童比较两个物体时才同时注意颜色和形状两种属性，两个物体必须颜色和形状都相同才算相同。以上可以表明颜色的感知在幼儿期的重要作用，教师必须重视幼儿辨色能力的发展。

幼儿园必须为幼儿提供色彩丰富的环境。在教学和游戏中，应指导幼儿认识和辨别各种色彩并调配各种颜色；同时把颜色名称教给幼儿。这样对幼儿辨色能力的发展将有直接促进作用。

（二）听觉

幼儿通过听觉，不仅辨别周围事物发出的各种声音，从而认识周围环境，确定行为方向；而且也辨认周围人们所发出的语音，进而了解意义，促进言语发展。听觉的发展对幼儿智力发展具有重要意义。

1. 纯音听觉

在幼儿期，儿童辨认纯音的听觉感受性持续发展。研究表明，幼儿对纯音的听觉感受性在 6～8 岁时较之前提高了一倍，而且在 12 岁之前一直在增长。音乐教学及音乐游戏都能促进幼儿期儿童听觉感受性的发展。

2. 言语听觉

幼儿对词的言语听觉也在发展。研究发现，4～7 岁幼儿纯音听觉敏锐度和言语听觉敏锐度之间的差别，要比成人的差别大；而且年龄越小，这种差别越大。

这种差别之所以存在，主要是言语比较复杂，幼儿仅仅感知到词的声音，还不一定能辨别语言。

儿童进入幼儿园后，通过言语交际和幼儿园语言教育，言语听觉有了明显发展。幼儿中期儿童可以辨别语言的微小差别，到幼儿后期几乎可以毫无困难地辨明本族语言包含的各种语音。教师要注意幼儿听觉方面的缺陷，如“重听”现象。“重听”现象就是有些幼儿对别人的话听得不清楚、不完全，但他们常常能根据说话者的面部表情、嘴唇动作以及当时说话的情境，猜到说话的内容。对于“重听”现象，人们往往容易疏忽，但“重听”对幼儿言语听觉、言语及智力的发展都有危害，成人应当加以重视。幼儿园应经常进行听力检查，对听力缺陷的幼儿，一方面加强听力训练；一方面注意照顾、防治。

（三）运动觉

运动觉在儿童很小的时候就发展起来，并在幼儿期不断提高。运动觉和皮肤觉的结合，可以使人在触摸中感知物体的大小、形状、轻重、软硬、弹性、光滑和粗糙等属性。

此外，反映唇、舌、声带等言语器官运动的言语运动觉也在幼儿教育过程中不断发展。

（四）空间知觉

空间知觉包括方位知觉、距离知觉和形状知觉等。在幼儿期，各种空间知觉都有明显发展。

1. 方位知觉

方位知觉即对自身或物体所处方向的知觉，如对上、下、左、右、前、后、东、西、南、北的辨别。

一般来说，儿童 5 岁时才能以自我为中心进行上下左右的辨别，7～8 岁才能以客体为中心辨别左右，对左右概念的理解要到 11 岁前后。还有研究指出，6～7 岁是儿童左右方位概念发展的飞跃期，8 岁左右已经能够灵活掌握左右概念。不同年龄的儿童对左右概念的掌握反映出该年龄儿童的思维发展水平。

幼儿方位知觉发展的顺序是：上、下、前、后、左、右。而左右方位的辨别是从以自身为中心逐渐过渡到以其他客体为中心。所以，教师要求幼儿使用左右手或左右脚、腿做动作，或者要求幼儿向左右转时，要考虑幼儿发展特点，正确作出示范。如要对面站立的儿童举起右手，教师示范时自己要举起左手；或者举出具体的事实说明，如说“伸出右手，就是伸出拿匙的那只手”，不要抽象地说“右”，避免引起混乱。

2. 距离知觉

距离知觉是对物体距离远近的知觉。幼儿对他们熟悉的物体或场地可以区分出远近，对于比较遥远的空间距离则不能正确认识。

幼儿对于透视原理还不能很好掌握，不熟悉“近物大，远物小”“近物清晰，远物模糊”等感知距离的视觉规律，所以，他们画出的物体也是远近大小不分。他们还不善于把现实物体的距离、位置、大小等空间特性在图画中正确表现出来，也往往不能正确判断图画中人物的远近位置。例如，把画中表示在远处的树看成小树，表示在近处的树看成大树。

为了促进幼儿距离知觉的发展，教师应该教他们一些判断远近的线索。例如，两个物体是重叠的，则前面的物体在近处，被挡着的物体在远处。又如画图时，同样大小的两个物体，在近处的要画得大些、清楚些；在远处的要画得小些、模糊些。

3. 形状知觉

形状知觉是对物体几何形体的辨别。幼儿的形状知觉逐年发展。小班幼儿已能正确地辨别圆形、三角形、长方形和正方形。中班和大班幼儿除以上四种图形外，可以进一步掌握梯形、半圆形、菱形、椭圆形等其他平面图形和球体、正方体、长方体等立体图形。

总的来说，幼儿的空间知觉有明显发展，但还不精确。他们只能区辨客体空间特性中比较明显的方面，还不能分清一些细微的差异。幼儿空间知觉的发展是在实践活动及教育的影响下实现的。教师要通过计算、绘画、泥工等教学活动以及拼板等玩具，或利用散步时的空间线索为幼儿提供认识空间特性的机会，教会幼儿关于空间特性的词语，使幼儿的空间知觉不断发展。

（五）时间知觉

时间知觉是对客观现象延续性、顺序性和速度的反映。实际上，人们是通过某种衡量时间的媒介来知觉时间的。

幼儿进入幼儿园这一活动，本身能促进幼儿时间知觉的发展。幼儿知道要快些吃饭，好早些去幼儿园；星期天不上幼儿园等。但幼儿时间知觉的发展水平比较低，原因是没有直观的物体供时间知觉分析器去直接感知，不像空间知觉那样，有具体的依据。另外，表示时间的词往往具有相对性，思维能力尚未发展完善的幼儿较难掌握。

幼儿前期儿童已有一些初步的时间概念，但往往和他们具体的生活活动相联系。如他们理解的“早晨”，就是指起床的时候，“下午”就是指妈妈来接的时候。他们对于一些带有相对性的时间概念，如“昨天”“今天”“明天”，就难以正确掌握。一般地说，他们只懂得现在，不理解过去和将来。

幼儿中期儿童可以正确理解“昨天”“今天”“明天”，也能运用“早晨”“晚上”等词，但对较远的时间，如“前天”“后天”等还不能理解。

幼儿后期儿童可以辨别“昨天”“今天”“明天”等一些时间观念，也开始能辨别“大前天”“前天”“后天”“大后天”，分清上午、下午，知道今天是星期几，知道春、夏、秋、冬。但对更短的或更远的时间观念就难以分清。

幼儿对时间单位不能正确理解。6 岁儿童还不能真正了解“一分钟”“一小时”或“一个月”的意义。在幼儿的言语中，常常会出现一些有关时间的语词，如“去年”“星期天”等，但往往用错，不能反映出它们的实际含义。如说“明天我到玄武湖去玩的”，实际上表达的是“昨天”去玩的；又如说“我过年的时候买的”，实际上并没有正确反映时间。

幼儿的时间知觉在教育过程中得到培养发展。有规律的幼儿园生活能帮助幼儿建立一定的时间观念。音乐和体育教学使幼儿掌握节奏和有节律的动作。教师带领幼儿观察动植物的生长以及有意识地教会幼儿有关时间的词汇，都有利于他们时间知觉的发展。

（六）观察

观察是一种有目的、有计划、比较持久的知觉，是人们主动认识客观现实的知觉。幼儿观察的发展，对他们掌握知识、发展心理具有重要作用。

观察的发展显然和眼睛动作的发展有关。研究者曾用电影摄影的方法，记录幼儿观看图形的眼睛运动，然后画出眼动轨迹。结果表明：3 岁幼儿观看图形时，眼动轨迹是杂乱的，而且和图形的轮廓极不相符，所以观看图形效果差；4～5 岁幼儿观看图形时，眼动轨迹较多地符合图形轮廓，因而观看图形效果较好，而且能正确认识图形；6 岁幼儿的眼动轨迹几乎完全符合图形轮廓，视线仿佛沿着图形的整个轮廓反复移动。

幼儿期，儿童的观察在教育影响下不断发展，有如下表现。

1. 观察的有意性

幼儿还不善于自觉地、有目的地进行观察。在没有其他刺激干扰的情况下，能根据成人要求进行观察；在不相干因素的影响下，便容易离开既定的目的。这在小班幼儿中表现尤为突出。中班和大班幼儿观察的有意性逐渐加强，能够排除一些干扰，根据活动的任务和成人的要求进行观察。

2. 观察的顺序性

小班幼儿观察时，往往碰到什么就观看什么，顺序紊乱，前后反复，也多遗漏；中班幼儿开始能按照一定顺序进行观察；大班幼儿更能注意事物之间的关系，有组织地观察。

3. 观察的细致性

小班幼儿往往只能观察到事物的粗略轮廓，做不到全面细致：只看到面积大的和突出的部分，很少注意细小的和不十分惹眼的部分。大班幼儿观察时就较为细致，往往能从事物的形状、颜色、数量和空间位置等各个方面来观察，不再遗漏主要部分。

4. 观察的理解性

小班幼儿只能看到孤立的事物或事物的表面现象，因而他们大多叙述孤立的单个事物，看不出各个事物之间的关系。大班幼儿由于知识经验的丰富，以及概括、归类能力的发展，能够认识事物之间的“空间关系”，甚至理解事物之间的“因果关系”，把握“对象总体”，理解图画或事物的重要意义。

在幼儿期，儿童观察虽有一定发展，但还没有发展完善。教师要重视对幼儿观察的指导和培养，促进幼儿观察能力的发展。指导幼儿观察时，要使幼儿明确观察目的，激发幼儿的观察兴趣；要教给幼儿有关的知识，做好知识准备；要教会幼儿观察的方法，如先看什么，后看什么；要引导幼儿多动脑筋，多提问题。

总之，幼儿的感觉和知觉处在迅速发展的过程中，随着生理的成熟，活动范围、内容的拓展和生活经验的累积以及正确教育的影响，幼儿各种分析器的分析与综合的能力不断得到提高。

二、幼儿注意的发展

（一）注意概述

注意是心理活动或意识对一定对象的指向与集中。它具有两个基本特性：选择性和集中性。作为一种心理状态，注意具有选择功能、维持功能和调节监督的功能。选择功能是指注意能够从各种可能的行为中选出和完成当前活动相关的动作，保持意识的针对性，让周围信息经过过滤以后进入我们的认识范围，强的、新的、需要的刺激被优先选择，而无关刺激受到抑制。注意的维持功能表现在：刺激需要注意的维持才能在头脑中保持，不然就会在意识中很快消失，任何操作都无法完成。调节监督功能是指个体在注意的状态下才能对自己的行为进行监督调节。

通常，根据注意的目的性和维持注意是否需要意志努力，可以将注意分为无意注意、有意注意和有意后注意。无意注意是事先没有预定目的，也不需要付出意志努力的注意，又称不随意注意。无意注意主要是由周围环境的变化引起的。有意注意是事先有预定目的，需要付出意志努力的注意，又称随意注意。有意注意的集中和保持必须采取一些特别的策略。有意后注意是事先有预定目的，但不需要付出意志努力的注意。有意后注意是心理活动对个体认为有意义或有价值的对象的指向与集中，是在一定的条件下由有意注意转化而来的。它的形成有两个条件：一是要对活动有浓厚的兴趣；二是活动的自动化。

（二）幼儿无意注意与有意注意的发展

1. 无意注意占优势

在幼儿期，无意注意占据优势地位。幼儿无意注意主要有以下两个特点：

首先，刺激物的物理特性仍是引起幼儿无意注意的主要因素。刺激物鲜艳的颜色、动听的声音、奇异的造型、显著的变化等都是幼儿注意的焦点；精彩的动画节目、形态各异的动物，有趣的社会现象都可以引起幼儿的无意注意。水里的鱼、树上的鸟、草中的虫，由于它们活动变化较多能吸引幼儿的注意，所以都是幼儿关注的对象。后来，与幼儿的兴趣和需要有密切关系的刺激物，逐渐成为引起幼儿无意注意的原因。随着幼儿知识经验的增加，个性特征的形成，符合幼儿兴趣爱好的事物也开始引起幼儿的无意注意。如有的幼儿对水发生了兴趣，那么在其生活中的有关水的事物和现象都会引起幼儿的无意注意。幼儿会观察水的形态、味道，不同温度下水的变化。

其次，幼儿无意注意的发展呈现出阶段性的特点。幼儿前期，无意注意占据着绝对优势。新颖、奇特、剧烈变化着的事物都会引起他们的无意注意。这时幼儿的无意注意容易随着兴趣而转移。幼儿虽然有时能专心致志地从事某项活动，但是这种注意并不稳定。例如，幼儿开始在扮演医生的角色，玩的很投入，可是当周围的小朋友玩得兴高采烈，大呼小叫时，就很容易被小朋友的活动吸引，马上加入其中。幼儿中期，无意注意有所发展，幼儿能够对自己感兴趣的游戏活动保持较长的注意，与幼儿前期相比更加稳定；注意的集中性也有所增强，对外界的干扰具备一定的抵抗能力。幼儿晚期，幼儿无意注意进一步发展，与幼儿中期相比，注意保持时间继续延长。这时幼儿已经可以把一项游戏完整地进行下去了，对外界干扰因素的排除能力也在提高。

2. 有意注意初步发展

幼儿期，有意注意发展水平很低，但是处于不断发展之中。这一时期有意注意发展尚未稳定，这是由幼儿的身心发展水平决定的。影响幼儿有意注意发展的因素主要有三个方面。

首先，幼儿注意发展受生活制度与规范的影响。进入幼儿园，幼儿来到一个全新的环境，生活角色发生改变，开始受到一些行为规范的约束。幼儿园是集体生活，这就要求幼儿必须遵守一定的行为和活动规则，对集体承担责任，并且完成相应的作业和任务。这些约束就要求幼儿形成和发展有意注意，因为只有这样，幼儿才能符合幼儿园的要求，成功地融入集体生活中。

其次，幼儿有意注意的发展与游戏密不可分。幼儿非常喜欢角色扮演游戏、模仿游戏。作为幼儿活动的主要方式，这些游戏有一定的规则和要求，幼儿只有遵守这些规则和要求，才能保证游戏的顺利进行。这些游戏对幼儿的有意注意发展有明显的促进作用。

最后，语言调节对幼儿有意注意发展有很大的帮助。幼儿的有意注意具有一定的目的性，这就要求有一种监督和引导机制，来保证幼儿所关注的活动能够顺利进行。一般来说，幼儿语言对有意注意的控制和调节分为三种形式：通过外部语言指令来控制或引起有意注意；通过自己扩展了的外部语言调节控制行为；以内化的语言来进行自我控制和调节行为。

（三）幼儿注意品质的发展

注意具有广度、稳定性、转移和分配四种品质。在幼儿期，注意的品质在良好的教育下不断发展。

1. 幼儿的注意广度

注意广度是指在同一瞬间所把握的对象的数量。幼儿的注意广度比较狭窄。不过，随着年龄和知识经验的增长以及生活实践的锻炼，注意的广度逐渐扩大。教师为幼儿准备图片等教材时，如能采取一些措施把图像有规律地排列在一起，或使之成为互有联系的整体，便能使幼儿同时把握更多的对象，也就是使注意的广度扩大。

2. 幼儿注意稳定性的发展

注意稳定性是指注意保持在某一对象或某一活动上的时间久暂特性。注意在一定时间内相对稳定地保持在注意对象上，持续时间越长，注意越稳定。由于人的感受性不能长时间地保持不变，总是有间歇地加强和减弱，因此注意力也表现出周期性的变化，这叫做注意的起伏现象。

婴儿期儿童的注意以无意注意为主，有意注意刚刚萌芽。小于 2.5 岁的儿童在看电视时容易被屋内的玩具或其他事件吸引，稳定性差。学前儿童的注意稳定性还是不高，但总的来说呈增长的趋势。幼儿的注意稳定性差，因此教师不能用成人的标准来要求幼儿长时间地注意一个事物。在设计组织活动时，不应太单调、时间太长。

幼儿注意的稳定性存在年龄差异。研究表明，在良好的教育环境下，3 岁幼儿能够集中注意 3～5 分钟，4 岁幼儿的注意可持续 10 分钟左右，5～6 岁幼儿的注意能保持在 20 分钟左右。

3. 幼儿注意分配和注意转移的发展

注意分配是指人在进行两种或多种活动时能把注意指向不同对象的现象。1 岁以后，言语的产生与发展使婴儿的注意活动受第二信号系统特征的制约和影响。主要表现为当成人说出某个物体的名称时，婴儿便会相应地注意那个物体。但这种能力还有待发展。幼儿园小班儿童的注意转移和分配能力都比较差，表现在观察图片时只能注意主要、鲜明的地方；幼儿园中班儿童注意分配能力有所提高，在弹琴中能看乐谱，两手分弹；幼儿园大班儿童的注意转移和分配能力继续提高。

（四）促进注意发展的策略

在幼儿园里，教师要多方面注重和培养幼儿的注意。

1. 设立良好的环境，防止幼儿分散注意

幼儿注意的分散，常常是因为无关刺激物的干扰。活动环境嘈杂，活动室的墙面布置太花哨，教师上课动作过多、不断大声提醒个别幼儿，等等，都会影响幼儿注意力。应当保持活动地点周围的安静，教室墙面布置要突出主题；教师衣着要大方得体，用眼神或细微的动作提醒个别注意力不集中的幼儿，以免影响多数幼儿的注意。幼儿受到其他干扰的影响后，教师要尽快把幼儿的注意吸引到原来的主题上来。

2. 选用新颖的教具，吸引幼儿注意

幼儿的注意以无意注意为主，新颖的、活泼生动而又富于变化的材料容易引起他们的兴趣和注意，因此，在教育教学过程中应选用新颖的教具吸引幼儿注意。比如拼积木，可让幼儿在玩中认识各种色块，搭拼不同造型，让他们在玩中学、

学中玩。内容比较抽象的教学，教具的选择就显得更为重要。10以内数的加减运算，教师可选用恰当的动物图片，以简单的故事形式编成应用题，以引起幼儿的兴趣，让他们的注意紧紧围绕教学的主题。

3. 明确活动目的，帮助幼儿发展有意注意

幼儿不是对一切事物都感兴趣的，只凭兴趣引起的注意也难以持久。大多数知识经验的获得有赖于有意注意。在各项活动中，教师要提出具体的活动目的和方式，激发幼儿完成任务的愿望和积极性，增强幼儿的自我控制力，促进他们有意注意的发展。

4. 注意个别差异，让每个幼儿都有所发展

幼儿注意的发展有明显的个别差异。如有的幼儿能长时间地看小人书、听故事、做手工；有的则非常好动，注意力难以持久集中。对于好动的幼儿，教师应有意识地多给他们安排一些搭积木、画画、穿珠子等活动，以加强注意稳定性的训练。

教育对幼儿注意的发展起重要作用，教师应该根据幼儿注意发展的特点和规律，进行有计划、有目的的教育，积极培养幼儿的注意力，为他们进入小学学习创造有利条件。

三、幼儿记忆的发展

（一）记忆概述

记忆是个体对其经验的识记、保持和再现（回忆和再认）。从信息加工的观点来看，记忆就是信息的输入、编码、储存和提取。

根据信息的加工阶段，记忆分为感觉记忆、短时记忆和长时记忆。感觉记忆是外界信息进入感觉通道，并以感觉映象的形式保持的记忆。感觉记忆的特点是能瞬间存储大量的信息，但信息本身未经任何加工且保存的时间很短。短时记忆的容量是有限的，其存储的信息量较少，为7±2个组块。组块是指人们熟悉的一个独立刺激整体。例如，数字、英文单词、汉语词组、句子等都可以被用来作为组块。信息在短时记忆中存储的时间通常不超过1分钟，但短时记忆又是唯一对信息进行有意识加工的记忆阶段。长时记忆是指信息储存时间在1分钟以上，有的甚至是可以保持终身的记忆。长时记忆中的信息可分为程序性知识和陈述性知识。

遗忘是记忆的另一面。每一个人都经历过遗忘，如果知道的东西或不久以前

记住的一些信息不能再认或回忆起来，我们就认为它们被遗忘了。

（二）幼儿记忆的发展及其特点

大约 1.5 岁以后，言语的发展使儿童的记忆具备了新的特点。第一，儿童再现的能力开始发展起来。约在 2 岁的时候，儿童能回忆自己去过哪里，自己的小玩具丢在哪儿等等。但这时再现的事物只是几天内感知过的事物。3 岁的时候，事物保持到几个星期以后还能回忆。所有这些，儿童是凭借词、言语来恢复过去的印象的。第二，出生后的 3 年，儿童的记忆基本上是无意记忆，即事先没有目的的记忆。但由于词、言语的发展，成人就向孩子提出“要记住”的任务，于是有意记忆，即事先有目的的记忆开始萌芽。第三，3 岁以后，即幼儿期儿童，由于活动的丰富化、复杂化，以及言语的进一步发展，记忆的范围更加扩大。

幼儿期儿童记忆的特点如下。

1. 无意记忆占优势，有意记忆逐渐发展

幼儿的记忆带有很大的无意性，他们所获得的许多知识都是通过无意记忆得来的。心理学研究表明，凡是儿童感兴趣的、印象鲜明强烈的事物就容易被记住。也就是说，符合儿童兴趣需要的、能激起强烈情绪体验的事物，更容易被记住；直观、具体、生动、形象鲜明的事物，更容易被记住；要记的东西能成为儿童有目的活动的对象或活动的结果，即让儿童摸摸、动动等，更容易被记住；与儿童活动的动机、任务相联系的对象，更容易被记住。当然，即使如此，幼儿的无意记忆的效果，还是随年龄的增大而逐步提高。在教育的影响下，幼儿后期，约 5 岁以后，儿童的有意记忆和追忆能力能逐步地发展起来。这主要是言语发展的结果。同时，幼儿期的教育任务，如有意识地复述故事、回想问题等，也促进了儿童有意记忆能力的发展。有意记忆的效果，主要取决于幼儿是否意识到要记住的任务，幼儿活动的动机及积极性。但幼儿期的有意记忆只是初步形成，远远未占优势地位。

2. 机械记忆占优势，理解记忆逐渐发展

从记忆方法上，记忆可以分为机械记忆和理解记忆。前者是机械重复，死记硬背；后者是理解意义，记住内容。由于幼儿经验少，缺乏记忆的方法，所以只能以机械记忆为主要方法。但幼儿期也是有理解记忆的，例如，儿童复述故事时，他绝不是一字一句地照背，而是在理解的基础上或多或少地经过了组织加工。在一定意义上，幼儿的理解记忆比机械记忆效果好，也就是说，幼儿记忆可理解的材料要比记忆无意义的或不理解的材料的效果好得多。例如，幼

儿对词的记忆要比无意义音节的记忆效果好，记忆熟悉的词要比生疏的词的效果好。

3. 形象记忆占优势，语词记忆逐渐发展

形象记忆或表象记忆是借助具体的形象或表象来记忆某种材料的，例如，到过颐和园公园之后，儿童能回忆万寿山的形象。语词记忆是利用词的标志来记忆材料的，它在儿童言语系统出现之后才产生。

研究表明，幼儿阶段，形象记忆效果高于语词记忆的效果，这主要是由于学龄前儿童心理发展的总趋势即思维的具体形象性的特点所致。随着幼儿抽象逻辑思维与言语的发展，幼儿形象记忆和语词记忆的能力都随之提高，而且语词记忆的发展速度快于形象记忆，语词记忆的效果逐渐接近形象记忆的效果。

（三）促进幼儿记忆发展的策略

1. 组织各种活动（游戏、学习等活动）

只有在活动中，记忆才得以发展。例如，训练小班幼儿记住午睡常规时，可用眼睛能活动的娃娃示范如何脱衣服、脱鞋子，睡觉时如何把眼睛闭起来，这样，他们对午睡常规便记得比较牢。教“数”的组成时，可以用一个特制的玻璃箱，箱上面有一个小口正好放进一个乒乓球，箱中有一玻璃板。在教“3”时，就给幼儿 3 个乒乓球，让幼儿一个一个地放进玻璃箱的小口中。当乒乓球放进箱里落到玻璃板上时，它还会左右跳动，这不仅使幼儿很感兴趣，而且可以清楚直观地使他们看到数的组成。这样，幼儿对“3”这个数的记忆也比较牢固。

形象的东西具有直观、鲜明的特点，容易引起幼儿的形象记忆。因此，教师在幼儿的日常生活中，在教学活动中，应注意活动的特点，充分运用直观性原则，并在活动中适当配合语词的说明，这样会提高幼儿的记忆效果。

2. 培养幼儿的有意记忆

父母与幼教工作者要积极发展幼儿的无意记忆和有意记忆，一方面要按照无意记忆的特点，采取相应的措施，以提高他们的记忆能力和记忆效果；另一方面，必须加强幼儿言语系统的调节机能，经常提出明确的有意记忆的要求，并且注意发展幼儿积极的活动动机，促进他们有意记忆能力的提高。

有意记忆可以在教学活动中培养，也可以在游戏、课外活动中培养。例如，教一首新的儿歌，如在教之前向幼儿说明，学会这首儿歌后要去参加演出，要到弟弟妹妹那里去表演，要在家长会时唱给爸爸妈妈听，或者要录音、灌唱片等，便可以调动他们学习与记歌词的积极性，认真地去学与记。这样，幼儿便会有很

高的积极性，有意记忆也得到了发展。事实表明，如果在幼儿记忆某一事物或单词之前，教师用语言向幼儿提出记忆的目的、任务、重要性，就能调动他们的积极性，记忆的效果就好。

3. 培养幼儿在理解基础上的记忆

幼儿对他们理解的事物，记忆效果比较好。幼儿的机械记忆多于意义记忆，这和他们的知识经验缺乏、理解力低有关。在幼儿期，甚至更早以前应该让幼儿背些东西，如诗词、汉语拼音、外语单词等。利用机械记忆，让幼儿从小打下知识的基础。另外，教师在组织幼儿的教学活动时，应力求使他们懂得所教的东西，用幼儿易懂的语言，在理解的基础上，教他们记住，从而发展他们的记忆。例如，教幼儿复述故事时，应当让幼儿熟悉故事内容，掌握故事任务，理解词义，着重练习有关主题的重要词语。

四、幼儿思维的发展

（一）思维概述

思维是人脑对客观事物的本质和事物之间的内在联系的认识，是人的认识的高级阶段。间接性和概括性是思维最重要的特征。思维的间接性是指人们能借助已有的知识经验或其他媒介来认识客观事物。思维的间接性可以使人摆脱感觉和知觉的限制。思维的概括性是指人们能在大量感性材料的基础上，把同一类事物的共同特征和规律抽取出来，形成本质的、一般的规律和特征。

思维可以从不同角度对其进行区分。根据思维所要解决的问题的内容可分为动作思维、形象思维和抽象思维；根据思维探索答案的方向，可以分为聚合思维和发散思维；根据思维的独创性，又可以分为常规思维和创造性思维。

思维在幼儿的生活和学习中发挥了重要作用。思维是幼儿生活活动的基础，幼儿在生活中同其他人交往，解决生活中遇到的各种问题，都离不开思维活动。只有思维水平不断提高，幼儿才能很好地认识所处的环境和周围的事物，对各种情况做出正确判断与推理，从而把握事物。思维对幼儿的影响还渗透到幼儿的情感、社会交往和个性等方面。思维水平的提高可以使幼儿的情感深刻化，使幼儿通过对情况的判断，作出决定，并认识到自己行为的后果，从而增强责任感和自制力。

（二）幼儿思维发展的特点

幼儿的思维发展表现出三种不同的方式：直觉行动思维、具体形象思维和抽象逻辑思维的萌芽。幼儿前期的思维以直觉行动思维为主，幼儿中期的思维以具体形象思维为主，幼儿后期抽象逻辑思维开始萌芽。

1. 直觉行动思维

0～2 岁儿童的思维主要是直觉行动思维。直觉行动思维是指主要利用直观的行动和动作解决问题的思维。例如，幼儿通过拖动桌上的布来获得他不能直接拿到的玩具。直觉行动思维离不开幼儿对客体的感知和动作，是幼儿前期出现的萌芽状态的思维。皮亚杰认为这个阶段幼儿思维的发展有两个明显的标志：一是幼儿有时不用明显的外部尝试动作就能解决问题；二是产生了延迟性模仿能力。延迟性模仿是指模仿的对象或动作在眼前消失一段时间后个体对行为或动作的模仿。总体上说，幼儿大致获得了以下能力：幼儿通过伸手和抓握等动作，开始注意到物体的空间关系，这使幼儿逐渐超越了直接的感知和运动，开始理解周围的世界；幼儿突破了直接经验的限制，开始发展具有先后的时间维度的概念，出现了对因果关系的初步理解；幼儿开始逐步理解目标和手段的关系；幼儿可以模仿不在眼前的行为并表现出明显的目的性，等等。

在皮亚杰看来，这一阶段的幼儿思维发展的最大成就之一就是获得了“客体恒常性”的概念，即幼儿明白了消失在眼前的物体仍将继续存在。皮亚杰认为，幼儿在没有直接感知到物体时却相信物体仍然存在是一个逐步学习的过程，贯穿整个感知运动阶段，其典型的表现就是婴儿出现藏猫猫的游戏行为。直觉行动思维是贯穿人的一生的思维方式。幼儿的直觉行动思维离不开幼儿对实际物体的感知和动作，因而缺乏行动的计划性和对行为结果的预见性，思维具有明显的狭隘性。

2. 具体形象思维

2 至 6、7 岁幼儿思维的主要形式是具体形象思维，是利用事物的形象以及事物形象之间关系解决问题的思维。这一阶段的幼儿虽然摆脱了对动作同步性的依赖，但仍受到具体事物的形象和动作的影响。皮亚杰将这一阶段称为前运算阶段。皮亚杰又进一步将这一阶段分为两个子阶段：前概念阶段和直观阶段。前概念阶段幼儿思维的特点表现为幼儿普遍存在泛灵论和自我中心主义。幼儿的泛灵论是指幼儿将一切物体都赋予生命的色彩。例如，幼儿认为在采摘植物时植物会受到伤害，植物也会感到疼痛。自我中心主义的幼儿完全以自己的身体和动作为中心，从自己的立场和观点去认识事物，不能认识到自己的思想可能与别人的思想不同，因而不能从客观的、他人的立场去认识事物。

在整个前运算阶段，幼儿思维的一个最重要的特点是不可逆性，幼儿不理解逻辑运算的可逆性。例如，4 岁的幼儿不能理解当 a＞b 时，则 b＜a。例如，当你问一个幼儿："你有哥哥吗？"幼儿回答说："有。""他叫什么名字？""陶陶。""陶陶有没有弟弟？""没有。"此外，这一阶段的幼儿在事物发生转变时只注意知觉变化的最终状态而不注意变化或转化的过程；这一阶段的幼儿也不能理解"如果 A 的某种属性等于 B，B 等于 C，那么 A 等于 C"这种类型的问题。

幼儿在前运算阶段思维的局限性集中体现在守恒问题上。守恒是指当物体的外形或形状发生改变时，物体固有的本质属性不随其外在形态的变化而发生改变。

3. 抽象思维的萌芽

抽象思维是指利用抽象的概念或词，根据事物本身的逻辑关系解决问题的思维。在幼儿后期即幼儿 6～8 岁这一时期，幼儿开始出现抽象思维的萌芽。第一，幼儿开始获得可逆性思维。例如，幼儿开始认识到如果在一堆珠子中减去几个，然后增加相同数目的珠子，这堆珠子的总数将保持不变。第二，幼儿的思维开始能够去自我中心化，幼儿认识到他人的观点可能与自己的有所不同，能站在他人的立场和角度考虑问题。第三，幼儿开始能够同时将注意集中于某一物体的几个属性，并开始认识到这些属性之间的关系。例如，幼儿开始认识到一个物体可以有重量和大小等几个属性，并且认识到这些属性是可分离的。第四，幼儿开始使用逻辑原则。幼儿获得的重要逻辑原则一个是不变性原则，即一个客体的基本属性不变；另一个原则是等价原则，即如果 A 的某种属性等于 B，B 等于 C，则 A 必然等于 C。

综上所述，幼儿的思维发展经历了直觉行动思维阶段、具体形象思维阶段和抽象逻辑思维的萌芽阶段。幼儿的思维以具体形象思维为主要形式。

（三）幼儿思维具体领域的发展

1. 幼儿表征能力、分类能力的发展及概念形成

（1）幼儿的表征能力

表征或心理表征是信息或知识在心理活动中的呈现和记载方式，是运用语词、非语言符号或其他物体作为某一物体的代替物。例如，"气球"这一词语代表真实世界的气球，是气球这一真实物体的表征。表征一方面反映、代表事物，另一方面又是心理活动进一步加工的对象。能够在心理上表征客体和事件是幼儿思维的最大成就之一。一位 2 岁的幼儿能指着全家福照片中的一张脸，正确地说出那是爸爸；或者看到一幅图画上的苹果，就要他的妈妈给他苹果吃。

皮亚杰认为，幼儿在 18～24 个月开始利用自己创造的符号代表真实世界的客体和事件。幼儿进行延迟模仿使其表征能力得到了很大的发展。延迟模仿不仅要求幼儿注意需要模仿的行为，也要求他们能对目标行为进行表征并在适当的时候

重现出来。3 岁和 4 岁的幼儿能够像成人一样，考虑到图画所表征的意图。当图画和真实物体之间在知觉上并不相似时，幼儿倾向于将图画解释为其所表征的意图。例如，当幼儿了解到一幅图画上的椭圆代表小鸡，而实验者将这个椭圆说成是鸡蛋，幼儿会积极地给予更正，尽管这个椭圆更像鸡蛋。幼儿似乎认识到，表征不仅仅是关于真实物与表征物之间的物理相似性，而且具有交流的意图。

幼儿的表征能力仍然是有缺陷的。当表征代表某个物体，但不等同于某个真实物体时，幼儿的理解就会出现混乱，幼儿不能理解这两者的差别。幼儿表征能力的另一重要的缺陷在于幼儿还不能正确理解表征和真实物体之间关系的确切性质。

（2）幼儿的分类能力

分类在一定程度上是根据某一特征将物体组织起来，使人们从整体上对组织起来的物体作出共同的反应而不是对个体作出反应。幼儿分类能力的发展经历了以下阶段：

第一阶段，习性分类或随机分类，这是大多数 2 岁的幼儿和一些 3 岁的幼儿的典型表现。这时幼儿通常成对地组织物体，他们既不能提供分类的理由，也不能说出物体的某一个具体的特征。例如，幼儿可能会把一只狗和一只苹果分在一起。当你问幼儿为什么要将这两者分在一起时，幼儿可能回答道："因为狗叫，并且你可以吃苹果。"幼儿也可能仅仅宣称："我喜欢狗并且我喜欢苹果。"后一种回答表明幼儿在此阶段仅根据自己喜欢与不喜欢进行分类。

第二阶段，知觉分类阶段，幼儿根据知觉特征分类物体。例如，桌子和椅子分在一起是因为它们都有四条腿；大象和卡车分在一起是因为它们都很大；青蛙和树分在一起是因为它们都是绿色的，等等。基于知觉的分类主要在 3 岁和 4 岁的幼儿身上发现，也能在一些年龄更大的幼儿身上发现。

第三阶段，年龄较大的幼儿倾向于根据物体的功能或主题关系进行分类。功能或主题关系是指在时间和空间上共同发生或相互作用的人、物、事件以及实体之间其他的外部或互补的关系。例如，将生日蛋糕和生日蜡烛分为一类即为根据功能或主题关系分类。这时幼儿认识到在一个类别内的物体虽然不同，但它们之间共享某种内部的相互关系。例如，幼儿将狗和骨头分在一起是因为狗能够吃骨头，人和卡车分在一起是因为人能开卡车等。

第四阶段，6～9 岁幼儿主要采用基于概念的分类。这时幼儿的分类比较符合成人的分类标准，具有逻辑性，在一定程度上与科学的分类相似。幼儿能产生诸如动物、家具、衣服等类别；能够将燕子、麻雀和飞机分在一起是因为它们都能飞。虽然更小的幼儿也能出现基于概念的分类，但在 6～9 岁这种分类才会得到快速发展。

不过，幼儿分类的发展并不是严格按阶段进行的。虽然 3 岁的幼儿很少出现基于概念的分类，但 4 岁和 5 岁的幼儿通常采用混合的分类方式。在一项实验中，给定的 16 个物体在成人看来可以分为四类：动物、衣服、食物和工具。幼儿通常成对地分类，尽管这对分类任务来说并不是必须的。幼儿将麦子和香蕉分为一类因为它们都是黄色的（知觉分类）；锤子和螺丝刀分为一类是因为它们都是工具（概念分类）；兔子和牛奶分为一类是因为它们都是白色的（知觉分类）。对 5 岁的幼儿来说，知觉分类占主要地位，但也明显出现混合分类。

（3）幼儿的概念形成

如果说分类是将物体集中起来，概念则是确定物体之间的关系。概念对于思维极为重要。一种观点认为，概念是帮助我们认识世界的理论。概念能帮助幼儿超越事物之间表面的相似性而理解事物之间更深层的相似性。例如，当告诉 3～4 岁的幼儿一些他们以前不知道的事实，幼儿会将这种信息推广到整个类别的成员而不仅仅是推广到仅有相似外表的物体。

幼儿最初掌握的大多是一些具体的实物概念，主要是他们经常接触的、熟悉的事物。幼儿可以先掌握猫、狗等概念，然后掌握动物等更抽象的概念；也可以先掌握花等较抽象的概念，然后掌握桃花、菊花、荷花等较具体的概念。基尔（Keil）认为，幼儿概念的发展经历了从强调特征到强调限定性的转变。例如，幼儿先认为叔叔是给礼物的某个人，后来认识到叔叔是爸爸的弟弟。然而这种转化是不完全的，概念的发展依赖于具体知识内容的发展。

从总体上看，幼儿概念的内容还很贫乏，多是物体非本质的外部的属性；掌握的概念以实物概念为主，抽象的概念很少；概念的内涵也不精确。幼儿概念包含的范围有时过大，如认为桌子、椅子、萝卜都是能被使用的物体；有时又过小，如认为只有小孩才能称为儿子等。幼儿所掌握的概念还不太稳定，容易受周围环境的影响。

幼儿概念发展的一个重要领域是数概念的发展。幼儿掌握数的概念，涉及三个方面：首先是数的实际意义，即“3”是指 3 个物体；其次是数的顺序，例如，“2”在“3”之前，“3”在“2”之后；再次是数的组成，例如，“3”可以由“1+2”组成等。幼儿数概念形成，经历了四个阶段：口头数数阶段、给物数数阶段、按数取物阶段、数概念的掌握阶段。其中，2～3 岁、5～6 岁是幼儿数概念形成和发展的关键年龄。

2. 幼儿的问题解决能力与思维策略的发展

解决问题的能力在幼儿期经历了重要的变化。在实验中，要求 15～35 个月的幼儿搭积木仿造一个成人的积木房子。平均年龄 17 个月的幼儿没有明显的指向目标的行为，他们仅在那儿玩积木；大部分 2 岁的幼儿能够确认目标并在那儿建造房子，这些幼儿也能根据他们建造的结果评价自己房子的好坏，85%的 2

岁幼儿至少需要重试一次才能完成任务。显然，幼儿问题解决能力的发展依赖于幼儿短时记忆的容量。解决问题需要幼儿记住目标，有时是几个子目标；也需要记住达成目标的方法并选择一个或几个达成目标的方法，以监控问题解决的过程。

幼儿问题解决能力的发展很大程度上也依赖于幼儿思维策略的发展，因为策略能使幼儿方便地解决更复杂的问题。例如，有种简单的策略叫爬山法，这种策略只要求问题解决者从目前的状态开始朝向预定目标推理。这种推理类似盘山小道，登山者的目标是每走一步都在山上爬得更高，就算他或她不知道怎样才能完全爬上山。有了爬山策略，所有的潜在目标及其解决方法不用在解题之初就必须确定下来。4～6 岁的幼儿能够用爬山法来解决难题。幼儿更喜欢那些能把他们带向目标的步骤，而拒绝那些看起来使他们远离目标的步骤。

虽然大部分重要的策略是在学龄期获得的，但幼儿也能自发产生一些策略。例如，幼儿最早获得的数学运算策略是加法，幼儿提供了许多方式去执行这种简单的计算。例如，让幼儿计算“5+3”，幼儿通常有三种策略：数数，“1、2、3、4、5、停顿，6、7、8”；一种较有效的数数策略是“5，停顿，6、7、8”；更有效的策略是直接在记忆中提取，结果是“8”。幼儿在解决这一问题时，可以使用以上部分或全部的策略。幼儿思维策略的运用通常受到具体任务情景的限制，而不能普遍地用来解决问题。例如，年幼的幼儿只能将他们的数的知识应用于项目数少（如 2～4 个）的集合，年长的幼儿则能将其应用到较大的集合。幼儿思维策略的发展也表现在幼儿最初在不适当的情景中使用某种策略，以后则能在恰当的情景中使用这种策略。

幼儿思维策略发展的一个重要方面是幼儿制订计划能力的发展。计划是指在行动之前预先拟订具体行动的内容和步骤。幼儿在某些情况下也能在解决问题之前做计划。有实验要求幼儿计划到一个模型杂货店里找几个特定的物品，结果发现，大部分 5 岁的幼儿逐一在模型店中寻找，而年龄更大的幼儿明显表现出计划性：先扫描整个模型店，估计要找的物品在什么地方，然后直接到他们认为物品应在的地方寻找。

3. 幼儿推理能力的发展

推理是一种特殊类型的问题解决。人们在日常生活中经常使用各种类型的推理来解决问题，下面主要讨论三种类型的推理：类比推理、归纳推理和演绎推理。

（1）类比推理

类比推理是从特殊到特殊的推理，其通常的形式是：A 之于 B 相对于 C 之于 D。例如，A（狗）之于 B（小狗）相对于 C（猫）之于 D（？）这一推理题，D 的正确推理是小猫。类比推理通常包含关系的映射，即应用前提之间的关系（小狗是狗的婴儿）完成推理项目（小猫）。

虽然在皮亚杰看来，类比推理的能力直到青春期才能发展起来，但最近的研究表明，1 岁左右的幼儿也能进行类比推理。在该实验中，10～12 个月的幼儿需要越过一系列障碍获得一个不能直接拿到的玩具。为了得到玩具，幼儿需要移开一个障碍（一个盒子），拉动一块布以拿到上面的一条绳子，然后拉动绳子以得到玩具。实验要求幼儿解决几个类似的问题，如改变玩具的种类，改变障碍物的形状，改变绳子的颜色、质地等。幼儿很少能独立解决任何一个这样的问题。当实验者向幼儿示范了解决问题的方法后，许多幼儿也能解决类似的其他问题。

幼儿不仅根据知觉的相似性，有时也根据关系的相似性进行类比推理。在一个研究中，实验者向 4 岁、5 岁和 9 岁的儿童呈现一系列的图片，要求儿童在 4 个图片中选择最佳的类比匹配。在这个问题中，幼儿需要发现鸟和鸟巢的关系（鸟住在巢里）并寻找对于狗的最佳匹配（狗房子）。实验结果表明，4 岁、5 岁和 9 岁儿童的正确率分别为 59%、66%和 94%。在这个问题中，狗和鸟以及狗房子和鸟巢并没有知觉上的相似性。

随着年龄的增长，幼儿在类比推理时能从多方面注意事物的一致性，从而提高类比推理的效率。例如，在李红和冯廷勇的一项关于类比推理的研究中，在要求幼儿从两个方面注意事物的一致性时，5.5 岁幼儿的成绩比 5 岁幼儿的成绩要好。

（2）归纳推理

归纳推理是从特殊到一般，从少数到多数的推理。虽然目前关于幼儿归纳推理发展的研究十分有限，但研究者还是发现了一些关于幼儿归纳推理发展的有趣现象。一般认为，幼儿的归纳推理基于知觉相似性，幼儿根据事物之间在知觉上的相似性得出普遍的结论。也有一些研究表明，幼儿通常是根据事物的名称进行归纳推理。例如，在一项研究中，先向 4 岁的幼儿呈现一幅画有一条热带鱼的图片，告诉幼儿这条鱼在水底下呼吸，但海豚跳出水面呼吸。然后向幼儿呈现的第二幅图是鲨鱼，鲨鱼在知觉特征上像海豚但名称为一条鱼。实验者问幼儿，鲨鱼是在水下呼吸还是跳到水上呼吸。实验结果显示幼儿能根据事物的名称进行推论。后来的实验在 3 岁幼儿身上也发现了类似的结论。

（3）演绎推理

演绎推理是从一般到特殊的推理。三段论推理是一种典型的演绎推理，是从两个前提推论出一个符合逻辑的结论的推理。近来的研究显示，幼儿也能进行三段论推理。

幼儿演绎推理的发展，大致要经过五个阶段：第一阶段，幼儿还不会运用任何一般规则，对于自己的结论不提供任何论据或仅提供一些偶然的论据；第二阶段，幼儿运用了一般规则，并试图论证自己的答案；第三阶段，幼儿运用了一般原理，这种原理已能在某种程度上反映对象的本质特征，但还不能完全作出正确的结论；第四阶段，幼儿不说明一般原则，但能正确解决问题；第五阶段，幼儿能正确解决问题，并对结论进行有效的说明。

4. 幼儿理解事物的特点

幼儿理解事物的水平不高，不深刻，常受外部条件的限制。主要有以下几种特点。

（1）幼儿理解的孤立性

幼儿对事物的理解常常是孤立的，不能发现事物之间的内在联系。年龄越小的幼儿，这一特点表现越明显。如让幼儿前期儿童看一副图，他们看到的常常只是个别的人或物。

（2）幼儿理解的具体性

幼儿对事物的理解主要依靠事物的具体形象。如幼儿听故事时，常需要图形或实物加以辅助，或者依靠生动的语言引起头脑中的事物形象来帮助理解。

（3）幼儿理解的片面性

幼儿对事物的理解往往是表面的，不能理解事物的内部含义。例如，上课时，一个幼儿想上厕所，其他幼儿也要去，教师生气地说："去，都去！"幼儿根本不理解教师的反语，反而高高兴兴地一拥而去。

因此，教师在实际工作中一定要注意幼儿的理解特点，坚持正面教育，多结合具体形象的事物来帮助幼儿去理解和作出判断。

（四）促进幼儿思维发展的教育

幼儿的思维发展对于幼儿的发展十分重要。促进幼儿思维发展的活动设计应遵循以下几个基本的原则。

1. 了解幼儿的心理需要和发展水平

在被动的情况下，幼儿的思维可能是不活跃的。如果能了解幼儿的需要，就能更好地激发幼儿的学习热情，培养幼儿爱学习的习惯，这对于幼儿的发展是相当重要的。此外，不同的幼儿在思维发展水平上存在一定的差异，教师要充分注意幼儿的思维水平的差异，设计适合幼儿不同思维水平的活动。

2. 在活动、操作中培养幼儿的思维

幼儿思维的最初表现是动作思维，如幼儿为了听到一种新的声音就要用一种玩具去撞击另一种玩具。在 3 岁以前，幼儿的思维都带有直观动作的性质，在这

个年龄的幼儿特别渴望用直接动作解决他们面临的问题。在此阶段，可以利用幼儿的这一特点教幼儿学会如何利用工具，如匙子、叉子、剪刀等。幼儿在运用这些工具的同时，也逐渐学会利用工具解决问题。此外，幼儿利用工具，还可以了解周围许多东西的不同性能。例如，利用匙子，幼儿能了解不同液体的特性；利用剪刀，幼儿能了解不同材料的硬度和结实程度。

3. 充分利用语言和非语言方式培养幼儿的思维

幼儿的思维与语言的发展具有密切的关系。为了发展思维，重要的是让幼儿自己找出解决问题的方法。但在解决问题之后，可以要求幼儿说一说解决问题的方法。语言可以帮助幼儿表达解决问题的方法，使这种方法能够被幼儿应用到许多类似的情景中。

采用图形、图画等非语言方式也能促进幼儿思维的发展。物体的形象有两个基本特征。一是同一物体可以有不同的形象。让幼儿认识同一个人的不同站立姿势、同一只鸟的不同飞行状态等都能帮助幼儿认识同一物体的不同形象。二是结构的整体性。这一特征要求幼儿既能将物体的重要特征分离出来，也能将物体的重要特征联系起来。例如，为了顺利建造一个玩具小车的车库，幼儿应在心中区分该项工程的主要特征：小车的长度、高度、宽度，然后选择所需要的部件，设想工程的略图等才能顺利完成任务，否则就会犯许多错误。

4. 尊重幼儿的求知欲

幼儿通常表现出强烈的求知欲。3～4 岁的幼儿的问题通常是关于新鲜事物、现象及特点的名称问题，如“这是什么”“这是谁”“他在哪里”“叫什么名字”等。接着，求知欲从某些事物的名称、特点转移到各种现象的关系和联系上来。4～5 岁的幼儿不仅对某些物体发生兴趣，而且对利用这些物体的动作、人与物的相互作用、原因和后果也开始发生兴趣，幼儿的问题也由“是什么”变成“为什么”。在幼儿后期，幼儿开始对周围物体的综合性能发生兴趣。为了让幼儿熟悉不同的实际领域，可以从幼儿熟悉的领域入手，提醒幼儿在思维中特别注意某些新的、还不熟悉的现象。例如，问幼儿：“田野里有哪些花？”幼儿回答出一些，然后可以告诉幼儿一些他们不熟悉的花。

5. 尊重幼儿的探索和创造性

尊重幼儿的探索和创造性就是在探索过程和创造过程中不过分强调给幼儿一个唯一正确的标准答案。幼儿的经验多是自己的生活体验。每个幼儿的体验不同，经验不同，因而幼儿的探索活动和创造性活动会不同。过分强调单一的标准会抑制和束缚幼儿思维的发展。因此可以设计一些具有多种答案或方案的问题。例如，在玩沙、玩泥、玩水游戏中，可以让幼儿自己进行探索和创造；也可以对同样的玩具玩出多种形式，赋予它们很多内涵，让幼儿得到更多的探索和创造的机会。

6. 重视在游戏中培养幼儿的思维

游戏通常能激发幼儿的兴趣，能够为幼儿的探索、想象和创造提供适当的空间。例如，幼儿的想象力是在游戏中产生的，离开游戏的场合，幼儿的想象力会极端的贫乏。游戏也是幼儿创造性的源泉。丹斯凯（Dansky）发现，那些在测验前进行自由游戏的幼儿比那些没有进行游戏的幼儿表现出更多的发散性思维。

五、幼儿想象的发展

（一）想象概述

想象是人脑对已储存的表象加工改造形成新形象的心理过程。想象的发生与儿童大脑皮质的成熟有关。想象的生理基础是大脑皮质上已经形成的暂时联系进行新的结合。2 岁左右大脑神经系统趋于成熟，这使得儿童在头脑中可能会储存较多的信息材料。所以，想象在儿童 1～2 岁时开始萌芽，主要是通过动作和语言表现。

任何想象都不是凭空产生的，它是在人的实践活动中，在已有形象的基础上形成的。我们的大脑通过综合、夸张、拟人化、典型化等方式实现想象。童话、神话中产生的许多形象，如孙悟空、美人鱼、哪吒、龙王等，就是通过综合、夸张、拟人等方式创造出来的。无论想象如何新奇，都离不开人的思维活动。想象，特别是创造性想象的产生是一个人全身心活动的结果。

（二）想象的种类

1. 无意想象和有意想象

无意想象指没有特定目的、不自觉的想象，是最简单的、初级的想象。如幼儿看见玩具听诊器，就想象自己成了医生，给娃娃看病；看见香蕉，就拿起来当电话等。无意想象实际上是一种自由联想，不要求意志努力，意识水平低，是幼儿想象的典型形式。而梦是无意想象的一种极端的表现，它完全不受意识的支配，所以皮亚杰称之为“无意识的象征”。做梦，是脑功能正常的表现，它不仅无损于身体健康，而且对脑的正常功能的维持是必要的。

有意想象是带有目的性、自觉性的想象。有意想象是需要培养的，在教育的影响下逐渐发展。

2. 再造想象和创造想象

再造想象是根据言语的描述和图样的示意，在人脑中形成相应新形象的过程。再造想象对理解别人的经验是十分必要的。幼儿期儿童的想象主要以再造想象为主，如几个小朋友在一起拿着玩具锅、铲、勺子等“过家家”，用笔给洋娃娃打针等，整个游戏过程就是以再造想象为线索。

创造想象指的是在开创性活动中，人脑创造新形象的过程。创造想象的主要特点是，它的形象不仅新颖而且具有开创性，比如幼儿想象太阳能够播种，全世界就没有寒冷的地方了等。实践证明，科学研究上的重大发现和创见，生产技术和产品的改造和发明，文学家、艺术家的塑造和构思等，都离不开创造想象，所以创造想象是各种创造活动的重要组成部分。

幼儿的再造想象和创造想象是密切相关的，再造想象的发展使幼儿积累了大量的形象，在此基础上，逐渐出现创造想象的成分。幻想属于创造想象的特殊形式，是一种指向未来并与个人的愿望相联系的想象，如拇指姑娘、嫦娥奔月、外星人与地球人大战等都属于幻想。符合事物发展规律的幻想，能激发人们向往未来，并克服前进道路上的困难，力图使之付诸实现，就成为了理想。今天，通过人们的努力，嫦娥奔月、龙宫取宝都已成为现实。而与事物发展规律相违背的幻想，如因果迷信中的形象，则是有害的，属于空想。

（三）幼儿想象的发展

幼儿期是想象最为活跃的时期，想象几乎贯穿幼儿的各种活动，幼儿的思维、游戏、绘画、音乐、行动等，都离不开想象。想象是幼儿行动的推动力，创造想象是幼儿创造性思维的典型表现。幼儿想象发展的一般趋势是从简单的自由联想向创造想象发展。具体表现为：从无意想象发展到有意想象，从简单的再造想象发展到创造想象。

1. 无意想象和有意想象的发展

在幼儿的想象中，无意想象占主要地位，有意想象是在教育的影响下逐渐发展起来的。幼儿的无意想象主要有以下特点。

（1）想象无预定目的，由外界刺激直接引起

幼儿的想象没有目的性和计划性。如 3～4 岁的幼儿看见小汽车或者是小凳

子，就开着“车”当司机，嘴里还“嘀嘀……嘟嘟……”“下车了”说个不停。幼儿画画也是如此，如看见糖果就要画糖果，其他的小朋友也跟着画。

（2）想象的主题不稳定，内容零散

在幼儿期，由于生理和心理发展的不成熟，孩子们在很多方面都表现出不稳定的现象。如在游戏中，幼儿正在当“老师”，忽然看见别的小朋友在给娃娃打针，他也跑去当“医生”，加入打针的行列。在绘画活动中表现得更明显，幼儿一会儿画人，一会儿画树，一会儿又去画小虫、小花等。当说他画的不像树时，他立刻说“这是火箭”，显现出一串无系统的自由联想。

（3）以想象过程为满足

由于幼儿的想象主要是无意想象，所以幼儿的想象一般没有什么目的，更多地是从想象的过程中得到满足。如小朋友讲故事时，看起来有声有色，既抑扬顿挫，又有表情，还有动作，听故事的小朋友也被吸引得相当投入，听得津津有味，但成人一听，却不知道他在讲什么，完全没有来龙去脉和情节。孩子们就这样在讲和听的过程中进行想象，感到满足。

有意想象在幼儿期开始萌芽，幼儿后期有了比较明显的表现。在大班幼儿的活动中出现了更多有目的、有主题的想象，但这种有意想象的水平还很低，并且受条件的左右。如在游戏状态下，4 岁左右的幼儿有意想象的水平都较高；而在实验条件下，这些儿童想象的有意水平就会变低。在教育的作用下，有意想象逐渐发展起来，并且逐渐占主导地位。

2. 再造想象和创造想象的发展

幼儿期儿童的想象以再造想象为主，创造想象在再造想象的基础上逐渐发展起来。

（1）再造想象的发展

幼儿再造想象的特点是：依赖于成人的语言描述；常常根据外界情境的变化而变化；实际行动是幼儿想象的必要条件。

2～3 岁是想象发展的最初阶段，这时期幼儿想象的发展进行缓慢，依赖于成人的语言提示和感知动作的辅助；想象在 3～4 岁时迅速发展，这时以再造想象为线索，在幼儿的绘画、音乐、游戏等活动中都出现了再造想象的成分；4～5 岁幼儿在再造想象发展的过程中，逐渐开始独立地而不是根据成人的语言描述去进行想象，想象的内容已有独立创造的萌芽；5～6 岁幼儿的创造想象已经有相当明显的表现，想象内容开始有了较多的新颖性，如幼儿开始想象“取下太阳光给奶奶暖手”“在月亮上荡秋千”等。

（2）创造想象的发展

幼儿期是创造想象开始发生的时期，这个时期的创造想象主要有以下特点：

最初的创造想象是无意义的自由联想，这种最初级的创造，严格说来，还只是创造想象的萌芽或雏形。幼儿创造想象的形象与原型只是稍有不同，是一种典型的不完全模仿，如原型是 3 个圆圈，幼儿“创造”出 5 个圆圈。随着年龄的增长，儿童想象情节逐渐丰富，从原型发散出来的数量和种类增加。

幼儿创造想象的发展大致经历三个阶段。3 岁左右幼儿想象的创造性还很低，基本上是以重现生活中某些经验的再造想象为主。4 岁左右，随着知识经验的丰富及语言和抽象概括能力的提高，幼儿的想象有了一些创造性成分。如能用图形组合出许多别人意想不到的物品，比如用一个长椭圆及两个小长三角形组成企鹅，两个三角形组成蝴蝶等。5 岁时幼儿想象内容丰富，新颖性增加，独立性发展到较高水平，且力求符合客观现实，能更多地运用创造想象进行一些创造性的游戏和活动。

六、幼儿言语的发展

（一）幼儿言语的种类

1. 外部言语

（1）对话言语

3 岁以前的幼儿与成人的交际主要是对话形式。幼儿的对话言语只限于向成人打招呼、请求或简单地回答成人的问题。往往是成人逐句引导，他们逐句回答。有时他们也向成人提问为什么。

（2）独白言语

随着独立性的发展，幼儿在离开成人进行各种活动（如各种游戏）时获得了自己的经验和体会，在与成人的交际过程中也逐步学会运用报道、陈述等独白言语。幼儿期独白言语初步发展，由于词汇不够丰富，表达会显得不够流畅，叙述时常会用“这个……这个……”或“后来……后来……”。在正确教育下，幼儿一般在 6～7 岁就能较清楚地、有声有色地描述看过或听过的事件或故事了。

（3）书面言语

幼儿的书面言语指读和写，基本单位是字，由字组成词、句以及文章。书面言语包括认字、写字、阅读、写作。其中认字和阅读属于接受性的，写字和写作属于表达性的。幼儿书面言语的产生如同口头言语的产生一样，是从接受性的语言开始，即先会认字，后会写字；先会阅读，后会写作。

2. 过渡言语

在外部言语向内部言语的发展中，有一种介乎外部言语和内部言语之间的言语形式，称为过渡言语，即出声的自言自语。它体现了幼儿言语发展所经历的由外到内的过程。皮亚杰称之为“自我中心语”，认为幼儿的自我中心语是其自我中心思维的表现。维果斯基则认为，儿童的自言自语是朝向自己的言语，应该称之为“私人言语”，而不是“自我中心语”。这种言语形式是形式上的外部言语和功能上的内部言语的结合，是从社会化言语向个人的内部言语过渡的必要阶段和中心环节。

3. 内部言语

内部言语是一种特殊的言语形式，即对自己的言语。外部言语是为了和别人交往而发生的，内部言语则不执行交际功能，它是为自己用的言语，因而一般来说，它比外部言语简略，常常是不完整的。内部言语突出了自觉的分析综合和自我调节功能，与思维具有不可分的联系。人们不出声的思考往往就是利用内部言语来进行的。

（二）幼儿言语的发展的特点

1. 语音的发展

我国心理学研究者刘兆吉和史慧中曾先后对我国 3～6 岁幼儿声母和韵母的发音进行了研究，得出幼儿语音发展的以下特点。

（1）幼儿的发音正确率与年龄成正比

幼儿发音越来越准确，有两种原因可以解释这一特点。一是生理因素。随着幼儿发音器官的进一步成熟、语音听觉系统以及大脑机能的发展，幼儿的发音能力迅速增强。二是词汇的积累。现在不少心理学家认为，在语言发展的早期，幼儿是通过学习词汇而不是个别、孤立的单音来学习语音的，他们必须掌握相当数量的主动词汇才能建立他的语音系统。如果这一观点成立的话，那么幼儿期急速增加的大量词汇对其语音的发展是大有帮助的。

此外，幼儿语音的正确率与所处的社会环境有关。在跟随成人及时发音时幼儿对不少音素的发音是正确的，然而当他们独自背诵学会的材料时，不少原来能正确发音的音却又变得不正确了。在同一方言地区，城乡幼儿发音的正确率有较大差异，这说明环境中的其他因素如教育条件、家庭环境等也会影响幼儿正确发音。

（2）语音发展的飞跃期为 3～4 岁

幼儿的发音水平在 3～4 岁时进步最为明显，在正确教育条件下，他们几乎可以学会世界各民族语言的任何发音。此后发音就趋于稳定，趋向于方言话，在学习其他方言或外国语时，常会受到方言的影响而产生发音困难。

（3）幼儿对声母、韵母的掌握程度不同

4 岁以后，城乡的绝大部分幼儿都能基本发清普通话中的韵母，而对声母的发音正确率稍低。大多数 3 岁的幼儿可以发清声母，一部分幼儿发声母的错误主要集中在 zh、ch、sh、z、c、s 等辅音上。研究者认为 3 岁的幼儿发辅音错误较多，主要是因为其生理上发育不够成熟，不善于掌握发音部位与方法，故发辅音时分化不明显，常介于两个语音之间，如混淆 zh 和 z、ch 和 c、sh 和 s 等。

（4）语音意识逐渐发展

幼儿语音意识明显发展主要表现在他们对别人的发音很感兴趣，喜欢纠正、评价别人的发音。还表现在很注意自己的发音。他们积极努力地练习不会发的音，倘若别人指出其发音的错误，他们会很不高兴，对难发的音常常故意回避或歪曲发音，甚至为自己申辩。

2. 词汇的发展

词汇是言语的基本构成单位。词汇量越丰富就越容易表达思想，掌握的词汇越多，对事物的认识就会越深。因此，词汇的发展是言语发展的重要标志之一。幼儿词汇的发展有如下特点。

（1）词汇数量逐渐增加

国内外有关研究材料表明，3～6 岁幼儿的词汇量以逐年大幅度增长的趋势发展着；词汇的增长率呈逐年递减趋势；幼儿期是词汇量飞跃发展的时期。在对幼儿词汇的研究中发现，3 岁的幼儿能掌握约 1 000 个词汇，到 6 岁时，他们的词汇量增长到了 3 500 多个。

（2）词类范围不断扩大

随着词汇数量的增加，幼儿词类范围也在不断扩大，这主要体现在词的类型和词的内容两方面。幼儿一般先掌握实词，即意义比较具体的词，包括名词、动词、形容词、数量词、代词、副词等。实词中最先掌握名词，其次是动词，再次是形容词和其他实词。后掌握虚词，即意义比较抽象的词，一般不能单独作为句子成分，包括介词、连词、助词、叹词等。幼儿掌握虚词不仅时间较晚，而且比例也很小，只占词汇总量的 10%～20%。

伴随年龄的增长，幼儿掌握同一类词的内容也在不断地扩大。他们先掌握与日常生活直接相关的词，再过渡到与日常生活距离稍远的词，词的抽象性和概括性也进一步提高。以名词的发展为例：幼儿使用频率最高和掌握最多的名词，都是与他们日常生活内容密切相关的词汇，如“日常生活环境类”“日常生活用品类”“人称类”“动物类”等；而像“政治、军事类”“社交、个性类”等离日常生活距离较远的抽象词汇随着年龄的增长才逐渐发展起来。

（3）对词义的理解逐渐加深

幼儿不断增加的词汇量促使其对所掌握的每一个单词本身的含义理解也逐渐加深。在这一过程中，幼儿对词义的理解出现了一种有趣的现象，即词义理解的扩张和缩小。

词义理解的扩张指幼儿最初使用一个词时，容易倾向于过分扩张词义，无意中使其包含了比原来更多的含义。他们可能用“狗狗”一词称一只猫或一只兔子，一切全身长毛、四脚、有尾巴的动物。这种过度扩张的倾向在1～2岁时最为明显，大约有三分之一的词汇被扩大运用，到了3～4岁时逐渐减轻。有两种可能解释这一现象。一种可能在于幼儿理解力低弱，他们还不能理解、界定一个概念的核心特征；另一种可能在于幼儿缺乏相应的词汇。如果幼儿不知道单词“苹果”，则他可能仅仅是为了达到谈论“苹果”的目的，而使用某种相似客体的名称（如“球球”）。幼儿除了用某一熟悉的客体的名称来指代不熟悉的客体，还会为不熟悉的客体杜撰一个新词以达到指代的目的。这一颇具创造性色彩的现象即“造词”现象，它会随着幼儿词汇量的进一步增加而减少。

在词义理解扩张的同时，幼儿还有词义理解缩小的倾向，即把他初步掌握的词仅仅理解为最初与词结合的那个具体事物。比如，“桌子”一词仅仅指他家里的某张桌子。这种缩小倾向与扩张一样，都表明幼儿最初对词义的理解是混沌的、未分化的。只有经过进一步发展，幼儿才能从具体到抽象地逐步理解词义。

3. 句子的发展

人类所有的言语都具有复杂的语法结构，幼儿要学会某种语言就必须掌握该语言的语法结构。语法是组词成句的规则，句子的发展状况可以反映对基本语法结构的掌握。根据我国心理学研究者已有的研究，幼儿句子的发展可以从以下几方面进行分析。

（1）句子结构的发展

首先，句子从简单到复杂，从不完整到完整。幼儿在句子的习得过程中，最初出现的是主谓不分的单词句（用一个词代表的句子），如“狗狗”，可能指的是所有的四脚动物。后发展为双词句（有两个词组成的不完整句，有时也有三个词组成，又称为电报句），如“妈妈，饭饭”，它可能表示“饭是妈妈的”，也可能是指“妈妈在吃饭”。而后又发展到简单句（语法结构完整的单句），如“我叫小明，我爱画画”。最后出现结构完整、层次分明的复合句（由两个或两个以上意思关联比较密切的单句合起来而构成的句子），如希望别人对自己作评价时，会说“我是个好孩子，是吧，妈妈”。幼儿最初的句子不仅简单，而且常常不完整，漏缺句子成分或者句子排列不当。比如，幼儿表达情感时的句子往往有省略主语和宾语提前的倾向。幼儿可能向家长这样转述他所看到某一情景：“摔了一跤，在滑梯上，她哭了”，目的是告诉父母有个小朋友在滑梯上摔倒了，哭了。造成主语省略的原因可能与幼儿思维中的自我中心有关，他们误以为自己明白的事别人也明白。幼儿说话时带有很强烈的感情色彩，他们往往把容易激起兴趣和情绪的事物当做重点，急于抢先表达出来，因而在说话时往往把宾语提前了。一般到 6 岁左右，幼儿的句子才会比较完整，比如说因果复合句时，能说出关联词“因为”等。

其次，句子从无修饰语到有修饰语，长度由短到长。随着幼儿词汇量的增加，使用修饰语能力的增强，幼儿句子的长度也在增长。句子长度的增长表明了幼儿言语表达能力的进一步提高。

（2）句子功能的发展

幼儿句子功能的发展表现为从混沌一体到逐步分化。幼儿早期语言的功能中表达情感（如表示“高兴”与“不高兴”）、意动（语言和动作结合表示愿望）和指物（叫出某一物体的名称）三方面是紧密结合、没有分化的，表现为同一句话在不同场合可以表达不同的内容。例如，儿童说出单词句“饼饼”，既可能是指物的功能，表达出“这是饼饼”“我看到了饼”的意思；也可能是意动的功能，表达出“我要吃饼”“给我饼”的含义；还可能是情感的功能，表达出“我看见饼很高兴”的意思，等等。幼儿还喜欢边说边做，尤其是当他们难以用语言表达清楚自己的意思时，就急着借用动作来解释，因为只有这样才不影响他们交流的进行。3 岁以后，这种不分化的现象就会越来越少。

幼儿语句功能的逐步分化还表现在词性和句子结构的逐步分化上。幼儿早期的词语不分词性，他们往往把名词和动词混用，还把名词词组当做一个词来使用，如“嘭嘭嘭”，既可表示名词“枪”，也可表示动词“开枪”。他们最初使用没有主谓之分的单词句，以后才发展到层次分明的复合句。幼儿这种句子功能混沌不分的现象反映了其认知水平的低下。

（3）句子的理解

幼儿对句子的理解总是先于句子的产生，他们在会讲正确的句子之前，已经能够听懂这种句子的意思。

影响幼儿理解句子的因素是多方面的。朱曼殊等人的研究发现，同一句型中主语、宾语名词的性质以及组合方式都会影响幼儿对句子的理解。4～5 岁的幼儿虽已能与成人自由交谈，但对一些结构复杂的句子如被动语态和双重否定句还理解不好，比如，“玲玲被红红撞倒在地上，老师把她扶起来”，问：“谁撞倒了谁？老师扶谁？”他们往往不能正确回答。到了 6 岁时才能较好地理解常见的被动语态句型。

（三）言语表达能力的发展

1. 口语表达能力的发展

（1）从外部言语到内部言语

幼儿口语表达能力的发展体现了一个从外到内的过程，即从对话言语发展到独白言语，后又从独白言语经过渡言语产生内部言语。

3 岁前幼儿与成人的言语交际，往往仅限于回答成人提出的问题，有时也向成人提出一些问题或要求，主要是对话言语。4 岁左右，幼儿开始出现过渡言语。过渡言语进一步发展便产生了内部言语。内部言语与思维联系密切，主要执行自觉分析、综合和自我调节的机能，同人的意识的产生有着直接的联系。

随着幼儿活动的发展，幼儿的独立性大大增强，他们常常离开成人从事各种活动，从而获得自己的经验、体会、印象等。在与成人交往中，他们渴望把自己的各种体验、印象告诉成人，这样就促进了幼儿内部言语的发展。

（2）从情景性言语到连贯性言语的发展

情景性言语往往与特定的场景相关，说话者事先不会有意识地进行计划，往往想到什么就说什么。3 岁以前的幼儿说话常常是情景性的，表现为说话断断续续的，缺乏连贯性、条理性和逻辑性。到了 6～7 岁时，幼儿才能比较连贯地进行叙述，但叙述能力的发展还是不完善的。言语连贯性的发展往往是思维逻辑性的一个重要标志。幼儿口语表达的逻辑性较差，表明其抽象逻辑思维的发展水平较低。

2. 言语表达技能的发展

要想成为一名出色的沟通者，既能打动听众，又能从对方那里获得有效的信息，就必须掌握一定的语用技能。语用技能是指个人根据交谈双方的语言意图和所处的语言环境有效地使用语言工具达到沟通目的的一系列技能，主要包括听和说两方面的技能。

（1）说话技能的发展

幼儿在前言语阶段，就已经能用手势进行交流。到了 2 岁末，幼儿的沟通技能已达到了较高的水平。国外有研究表明，2 岁的幼儿对有效沟通的情境已十分敏感。在简单的情境中，他们多使用较短的言语表达，而在复杂情境中却增加了沟通活动。这一时期的幼儿对同伴的反馈易作出积极反应。4 岁的幼儿已初步学会了根据听者的情况确定言语的内容和形式。5 岁以后的幼儿已经能根据事物所处的具体情境而调节自己的言语。

（2）听话技能的发展

幼儿在幼儿期所获得的听话技能是十分有限的，他们对话语中讽刺意图的理解力，以及对诚实话和讽刺话、玩笑话和侮辱性话的辨别能力很久以后才会出现。这表现在他们常把成人的反话当做正面话理解。例如，幼儿擅自过马路时，妈妈说“你再往前走走看”，他就真的往前走，并没意识到此种情形中他是不应该再往前走的。4 岁幼儿对听者困惑的眼光或“我不懂”等形式的反馈不像 7 岁时那样敏感。尽管如此，幼儿的还是具备了一定的听话能力。有人发现，4～4.5 岁的幼儿，即使在说话者话语的字面意义提供线索很少的情况下，也能推测出说话者的意图。如在一张纸上呈现一个空心圆圈，另有红蓝两张纸，告诉幼儿不要将圆圈填成红的，4.5 岁的幼儿已能领会到是要求他们将圆圈填成蓝色的。

（3）元沟通技能的发展

元沟通技能，即幼儿对自己沟通技能的认识。元沟通技能发展得比较晚，年幼的幼儿尚不能觉知别人所传达的信息。元沟通技能会随着儿童年龄的增长而逐步得到提高。

（四）幼儿的言语与活动

幼儿的语言学习具有个别化的特点。教师与幼儿的个别交流、幼儿之间的自由交谈，对幼儿言语的发展具有特殊的意义。幼儿园语言教育的总目标指出，“要提高幼儿言语交往的积极性，发展言语能力”。

1. 活动中幼儿言语的特点

（1）自我中心言语

自我中心是指幼儿把注意力集中在自己的动作和观点上的现象。在言语方面表现为讲话时不考虑自己在和谁讲话，也不在乎对方是否在听自己讲话；他或是自言自语，或是由于和一个偶然在身边的人共同活动感到愉快而说话。自我中心言语包括三个方面。第一是重复（无意义字词的重复），幼儿体会到说话的愉快而重复一些字词和音节，他并未想要和谁说话。第二是独白。幼儿对自己说话，似乎在出声地思考，其实是他在做游戏或解决问题时的自言自语。第三是双人或集体的独白。有时，幼儿之间相互说话，但并不构成沟通思想或传递信息的功能。说话的幼儿并不要求旁人参与谈话，也不要求他人懂得这种谈话，更不注意他人的观点，他人只是充当了一个刺激物的作用。

（2）社会化言语

社会化言语与自我中心言语相反，说话的目的是为了和人交际，这是儿童社会化的语言体现。社会化言语涵盖了四个方面的内容。

其一，适应性告知。当幼儿把某些事情告诉他们的听众而不是讲给自己听时，或者当幼儿在对自己讲话的同时也在与别人合作时，或者幼儿与他们的听众进行对话时，便产生了适应性告知。适应性告知实际上是幼儿促使别人听他们讲话并且想方设法影响别人。

其二，批评和嘲笑。这一类言语是有关别人的工作和行为的话。它与特定的听众相关联，但富有强烈的情感因素，肯定自己而贬低别人，如“我的力气比你大，我长得比你高”。

其三，命令、请求（祈使）和威胁。这一类言语有明确的相互作用，如“老师，请你过来一下”“爸爸，我要回家”“别动，我要生气了”等。

其四，问题与问答。问题与问答常在社会化交往时出现。幼儿提出的问题大多要别人答复，而幼儿的回答有拒绝和接受两种。但是，这些回答不是有关事实的答复，而是有关命令和请求的答复。

2. 促进幼儿言语能力发展的方法

（1）培养幼儿言语能力的原则

言语能力是人类的一种潜遗传能力，这种能力如果在产生和发展的一定时期得不到教育和训练，就会逐渐丧失。然而，发展幼儿的言语能力绝不仅仅是教幼儿认识多少个字、背诵多少首诗词和会不会阅读几篇文章，而是要对其进行综合培养。综合培养幼儿的言语能力时，应注意遵循以下几个原则。

1）有的放矢，因材施教

不同年龄的幼儿培养内容是不同的。小班幼儿（小于 4 岁）的思维特点正从直观行动思维向具体形象思维过渡，应着重培养他们感知语言的能力，进行听力训练，从而获得良好的倾听能力。中班幼儿（4～5 岁）处于形象思维时期，其教育的重点应放在感知和理解词义的基础上，有意识地培养其积极问话、答话、对话、讲话（独白）等说话的能力。大班幼儿（5～6 岁）的形象思维更加完善，并开始萌发抽象性。教育的重点应是培养其讲述能力（如看图讲述、观察讲述、构图以及续编讲述等）及初步的阅读能力。

2）不拘一格，形式多样

促进幼儿言语能力发展的途径是多种多样的，要有效利用幼儿日常生活中一切可以利用的机会，开展多种形式的言语活动。可以让幼儿报道他们日常活动的内容，如介绍游戏的过程、家庭生活、假日生活等；引导他们看图讲话、复述儿歌、编故事；帮助他们把熟悉的故事和儿歌编成小剧目，并表演，等等。

3）随时随地进行言语教育，创设良好的语言环境

良好的语言环境能够在潜移默化中促进幼儿言语能力的提高。教育者要以身作则，时刻提供正确、规范、清楚的语言；为幼儿提供丰富的言语刺激，确保每个幼儿都有交流的机会；面对幼儿语言学习中的错误，应以温和、宽松的态度来对待，不仅允许出错，还要教导幼儿之间不要相互嘲笑，使幼儿敢于说话、乐于说话，从而在一个宽松、温馨的气氛中有效促进幼儿言语表达能力的发展。

（2）倾听能力的培养

就幼儿的语言学习和发展来说，倾听是一种必须的能力。幼儿的倾听能力是在教育过程中逐渐发展起来的，教育的重点应放在对语音、语调的感知和对语意的理解上。在这一过程中，他们应该获得以下四种倾听技能：有意识倾听、辨析性倾听、理解性倾听和欣赏性倾听。

1）有意识倾听

幼儿有意识倾听是指全神贯注听和有目的的听。培养这一倾听能力的关键在于抓住幼儿的兴趣，捕获他们的注意力。这就要求说话者的表达方式和说的内容要有很强的诱惑力，能在开始就能“牵”住幼儿好奇的耳朵。

2）辨析性倾听

辨析性倾听要求幼儿能分辨不同的内容，理解不同的语音、语调，对所听的内容作出归纳、推理和评价。对幼儿来说，这似乎是一项高难度的任务，对幼儿的理解、分析能力提出了更高的要求，但是通过恰当的活动训练，他们是可以完成这一目标的。活动设计以改错句活动为例。

改错句是一项颇具幽默感的活动。老师和平时一样组织活动，故意在与幼儿的交流中说错一句话，让幼儿听着好笑时，紧接着提出“改错”的游戏。然后和幼儿共同讨论，让幼儿学习改错的方法。例如：对于错句“春天来了，大地一片金黄”“小鸭在天上飞来飞去”“公鸡妈妈和小鸡在草地上玩”，既可以改句子的前半部分或后半部分，也可以改掉不合适、不恰当的词。

另外，老师可以鼓励幼儿参加对倾听内容的讨论，作评价性的思考。比如讲完了一个故事时，老师问幼儿：“故事里的小朋友做了什么？”“你认为他做得对吗？”“为什么会这样说？”这样的分析建立在有意识倾听的基础上，要求高于一般的“注意听讲”，幼儿对倾听的内容容易进行分析和评价。

3）理解性倾听

幼儿理解性倾听指能掌握倾听的主要内容，根据上下文作出合理的推测。幼儿的理解性倾听能力在训练中可以得到很大的提高，部分幼儿的倾听能力甚至比一些学龄期儿童要强。

培养幼儿理解性倾听的能力，可以指导幼儿理解句子的言外之意，方法如下。家长或老师把下列例句念给幼儿听。每念完一句，让幼儿回答句子的意思。

我还以为今天会下雨呢。（今天下雨没有？）

小刚总算把作业做完了。（小刚做作业很容易、轻松吗？）

这只猴子竟然比王军想的要聪明。（王军以为这只猴子很笨吗？）

4）欣赏性倾听

欣赏性倾听是一种较高水平的倾听能力，往往产生于对所倾听内容的赞美态度，并能使倾听者在听的过程中油然而生一种愉悦感。倾听的内容往往是幼儿文学作品，比如儿歌、童话、诗歌等。欣赏性倾听有两种方式：一是放磁带或CD；二是家长或老师有表情地朗读。幼儿在两种方式下都能得到早期的文学作品的熏陶，建立对文学作品的敏感性，为以后初步的阅读能力的培养奠定基础。

（3）对话能力的培养

幼儿的对话能力是幼儿运用语言与他人进行交流的能力。与人交流的重要前提是倾听。听不懂对方的话语，交流是无法进行和深入的。只有学会倾听，善于倾听，并乐于倾听，才能抓住他人话语的内容，从而开展成功的对话。

对话能力的培养是通过对话活动来完成的。对话活动一定要注意在宽松自由的气氛中进行，选择与幼儿生活贴近的、有趣的话题，鼓励他们积极说话，表达个人的想法，让他们在语言交流的过程中操练自己的语言，并产生相互影响，通过提高对语言的敏感性而发展自己的语言。

（4）讲述能力的培养

讲述可分为复述和叙述。幼儿复述时的语言表达很大程度上是模仿教育者的，如声音的高低和语调，教育者的表情等。叙述既可以是对个人经验的讲述，如幼儿讲述观察到的动植物、参观过的某个地方；也可以是依据一定的凭借物所进行的创造性的讲述。如看图讲述，图画本身所具有的鲜明、形象的特征对刺激幼儿的想象力很有效果。又如实物讲述，实物具有真实可感的特征，幼儿在感知理解实物（如玩具、教具、自然景观）的同时，还可以在指引下把握实物的特征。再比如情景表演讲述，由幼儿扮演角色来真实地做出一系列动作，然后根据对情节的理解来进行讲述的活动。这类活动融趣味性和活动性于一体，很受幼儿的喜爱。

第四节　幼儿的情绪情感发展与教育

幼儿的行为充满情绪色彩，有人甚至认为，幼儿是情绪的“俘虏”。从幼儿情绪的发生和发展来看，最初更多的是情绪表现，随着幼儿年龄的增长和整个心理活动的发展，情感越来越占主要地位。

一、幼儿情绪、情感发展的特点

（一）情绪的易冲动性

幼儿常常处于激动状态，而且来势凶猛，不能自制，往往全身心都受到不可遏制的威力所支配。年龄越小，这种冲动越明显。

随着年龄的增长、语言的发展，幼儿逐渐学会接受成人的语言指导，调节控制自己的情绪。5～6岁幼儿情绪的冲动性逐渐降低，情绪的调节控制能力逐渐加强。

（二）情绪的不稳定性

婴幼儿期的情绪是非常不稳定的，容易变化，表现为两种对立的情绪在短时间内互相转换。如当幼儿由于得不到喜爱的玩具而哭泣时，成人递给他一块糖，他就会立刻笑起来。这种“破涕为笑”的现象，在小班幼儿中尤为明显。

幼儿情绪的不稳定性与他们易受情境的影响有关，也与幼儿情绪易受感染与暗示有关。

幼儿后期，幼儿情感的稳定性会逐渐增强，但仍受家长和教师的感染，所以家长和教师在幼儿面前必须控制自己的不良情绪。

（三）情绪的外露性

婴儿期的儿童，不能意识到自己情绪的外部表现。他们的情绪完全表露在外，丝毫不加控制和掩饰。幼儿前期的幼儿情绪和情感仍然有明显的外露。幼儿后期，儿童调节自己情绪表现的能力已有一定的发展。比如，在不愉快的时候也不哭，但这种控制是在一定范围内的。幼儿在父母和他人面前，行为表现有所不同。在父母面前较少克制，而在他人面前时，则能有一定的控制力，即使有要求，也表达得较委婉。这表明幼儿已有一定的情绪调节能力。

在正确的教育下，随着幼儿对是非观念的掌握，幼儿对情绪的调节能力会很快发展起来。如 6 岁左右的幼儿，在打针时可以不哭；在自己的需要不能满足时，也能克制自己的消极情绪，很快开始愉快地游戏。

二、幼儿高级情感的发展

（一）道德感

道德感是因自己或别人的言行举止是否符合社会道德标准而引起的情绪体验。儿童在 3 岁前只有某些道德感的萌芽，如幼儿在 2 岁左右，开始评价自己乖不乖。进入幼儿园以后，特别是在集体生活环境中，幼儿逐渐掌握了各种行为规范，道德感也逐步发展起来。小班幼儿的道德感主要是指向个别行为的，如知道打人、咬人是不好的。中班幼儿不但关心自己的行为是否符合道德标准，而且开始关心别人的行为，并由此产生相应的情感。如中班幼儿的告状行为就是幼儿对别人行为方面的评价，它是基于一定的道德标准产生的。幼儿在对他人的不道德行为表示出愤怒或谴责的同时，还对弱者表现出同情，并表现出相应的安慰行为。到了大班，幼儿的道德感进一步发展和复杂化。他们对好与坏、好人与坏人，有鲜明的不同感情。

幼儿的羞愧感或内疚感也开始发展起来。特别是羞愧感，从幼儿中期开始明显发展起来，幼儿对自己出现的错误行为会感到羞愧，这对幼儿道德行为的发展具有非常重要的意义。

总之，幼儿期的道德感是不深刻的，大都是模仿成人、执行成人的口头要求，在集体活动中和在成人的道德评价的影响下逐渐发展起来的。

（二）理智感

理智感是在认识客观事物的过程中所产生的情感体验，它与人的求知欲、认识兴趣、解决问题的需要等满足与否相联系。

幼儿期是儿童理智感开始发展的时期。如3～4岁的幼儿在成人的指导下，用积木搭出一个房子时，会高兴地拍起手来。5～6岁的幼儿会长时间迷恋于一些创造性活动，如用积木搭出宇宙飞船、航空母舰，用泥沙堆成公路、山坡等。6岁幼儿理智感的发展还表现为喜欢进行各种智力游戏，如下棋、猜谜等。这些活动不仅使幼儿产生由活动带来的满足、愉快、自豪、独立感等积极情感，而且还会成为促进幼儿进一步去完成新的、更为复杂的认识活动的强化物。

幼儿的理智感有一种特殊的表现形式，即好奇好问，这一点在幼儿阶段最明显。幼儿前期的幼儿往往问“这是什么”，逐渐发展到问“为什么”“怎么样”等。如果问题得到解决，幼儿就会感到极大满足，否则就会不高兴。

幼儿理智感的另一种表现形式是与动作相联系的“破坏”行为。崭新的玩具刚买回家，转眼工夫，就被幼儿拆得四分五裂，一些家长为此感到烦恼。

日常生活中，有许多在成人看起来是十分平常的现象，在幼儿看来却感到新奇，所以他们要问、要拆，这完全是幼儿理智感发展的表现。作为家长和教师要珍惜幼儿的这种探究热情，满足他们的好奇心。

（三）美感

美感是人对事物审美的体验，它是根据一定的美的标准而产生的。幼儿对色彩鲜艳的艺术作品或物品容易产生喜爱之情。在教育的影响下，幼儿中期能从音乐、绘画作品中，从自己从事的美术活动、跳舞、朗诵中得到美的享受。幼儿后期，儿童开始不满足于颜色鲜艳，还要求颜色搭配协调。幼儿园儿童往往根据外表来评价老师，喜欢外貌、穿戴漂亮的老师。

三、幼儿情绪情感的培养

情绪情感的良好发展是幼儿健康成长的重要指标之一。良好的情绪情感对幼儿的意识发展、个性形成和同伴交往等都有激发、促进作用，因此家长和教师除了重视幼儿的身体发展和智力开发，还应把幼儿的良好情绪情感的培养作为教育的重要内容，采取有效措施，促进幼儿情绪情感的健康发展。

（一）营造良好的情绪环境

良好、和睦的环境有利于孩子较稳定情绪的形成，能给教育带来“润物细无声”的效果。营造良好的情绪环境可以从自然环境和社会环境两方面入手。

1. 创设舒适安全的生活环境

首先，要创设舒适安全的生活环境。幼儿园应为幼儿提供温湿适宜、采光照明良好、有充分的活动空间、无噪音干扰、到处充满了绿色植物和美的画面的环境。

其次，教室的环境和玩具的投放要根据幼儿的年龄特点创设。如小班的教室应有娃娃家、简单的建构区等；中大班的教室角区相应要复杂些，如较有创意的表演区、创意画廊等。

最后，幼儿可在教师设计好的角色游戏中充分表达自己的情绪情感。如在布置娃娃家时，主题墙面可以张贴孩子的家庭合影或自己房间的照片，粘贴幼儿手工作品等。创设这种家庭化的生活空间，使幼儿感受到家庭般的氛围，产生安全感、信赖感、愉悦感。

2. 创设和谐的社会环境

满足孩子的正常需要是使孩子保持良好情绪的基础。在家庭中要有意识地保持良好的情绪气氛，布置一个有利于情绪放松的环境，避免脏乱、嘈杂；成人之间要互敬互爱，家庭成员之间也要使用礼貌用语，并努力避免剧烈的冲突。

幼儿园教育环境的创设，要在整个教育活动中，时刻体现一种互动互爱的师幼关系和互学互助的伙伴关系，让幼儿沐浴在健康和谐的情感应答的精神环境中。教师要充分发挥幼儿的主动性和主体性，充分调动幼儿活动的积极性和创造性；要多观察和了解幼儿的兴趣和需要，在各种活动中培养幼儿的自信，丰富他们的成功体验，为他们情感需要的发展创造条件，使他们能在各种有趣的活动中获得成就感。同时，教师应随时引导幼儿开展积极的同伴交往，让幼儿在交往中将内心的喜、怒、哀、乐充分地表达出来，从而增加体验，积累经验。

（二）使用积极有效的教育方法

1. 建立幼儿合理的生活常规

给幼儿制订科学合理的生活作息表，内容要丰富并要考虑动静交替，使之养成良好的常规和行为习惯。注意不要轻易破坏常规。行为习惯养成不是一朝一夕的事，要持之以恒，让幼儿为人处世时“有章可循、有法可依”。当幼儿养成了良好的行为习惯，其情绪也相对能稳定的发展。

2. 培养幼儿良好的自我服务意识

让幼儿学会自己的事情自己做，学会自我服务。幼儿只有学会了关心、爱护自己，才能学会关心、爱护别人，才能懂得别人为其所付出的一切。因此要让幼儿参与一切有关并力所能及的劳动活动，从而培养幼儿良好的自我服务能力、意识以及责任感。

3. 加强幼儿的体能锻炼

幼儿的体能训练除了帮助幼儿消除体内多余的能量外，更重要的是激发幼儿广泛的兴趣，从而培养其勇敢、坚强、不怕苦的意志品质。

4. 巧用游戏法

游戏是幼儿的主导活动，是幼儿最喜爱的活动，同时也是促使幼儿情绪智力发展的最好的活动形式。幼儿在游戏中扮演各种角色，体验各种角色所经历的情绪状态；形成换位思考的品质，能经常站在他人的角度上去思考、看待问题，理解他人的情绪、情感，获得有关情绪情感的各种感性知识。

另外，幼儿的自控能力差，情绪的冲动性高，他们的情绪和情感常常被外界情境所支配，所以，幼儿的情绪有易变性的特点。而在游戏中，他们心甘情愿地接受和遵守各种游戏规则，接受游戏规则的约束，在不知不觉中提高了情绪的调控能力。

再者，幼儿在游戏的过程中，情绪情感会得到合理的宣泄。游戏为儿童提供了一条安全的途径来宣泄情感，使儿童逃避现实生活的强制和约束，宣泄在现实生活中不被接受的危险冲动，缓和心理紧张，发展自我力量以应付现实的环境。所以，教师在组织幼儿游戏时，应为幼儿提供丰富的游戏素材，启发他们的思路，创造各种游戏必需条件——包括各种游戏材料和场地，还有足够的时间等。幼儿的游戏离不开老师的正确指导，但是老师不能包办代替，也不能随意打断孩子的游戏。总之，要将孩子的主动性、创造性同教师的指导作用完美地结合起来，不能让游戏损害孩子的自尊心和自信心，进而影响幼儿情绪智力的健康发展。

5. 榜样表率法

家长、教师和幼儿朝夕相处，是幼儿直接模仿的对象，在家长、教师长期的潜移默化影响下，幼儿逐渐形成自己的行为习惯、思想品德和是非标准，并由此来检验和调整自己的行为。因此，教师的一言一行、举手投足无不进行着榜样的示范和暗示，孩子的品德、性格、举止、习惯都会在家长和教师身上找到蛛丝马迹，甚至将其延伸或扩大。所以，家长和教师要严于律己，从自己的思想、言论、作风、情绪等诸方面身体力行，做好幼儿的表率。

（三）采取积极的教育态度

1. 肯定为主，多多鼓励

幼儿表现好时要及时给予肯定和表扬；幼儿淘气、捣乱时要心平气和地了解事情的缘由，给予正确的教导和指引。如果家长和教师对幼儿的行动持肯定态度，经常鼓励幼儿，他就会充满信心，并愿意做得更好。

2. 耐心倾听幼儿说话

幼儿总是乐意把自己的见闻向亲人和自己喜欢的老师诉说，可是成人往往由于太忙，没有时间听幼儿说话；有时认为儿童说的话幼稚可笑，不屑一听。这些都会使幼儿感受到压抑和孤独，从而情绪不佳。有的孩子会因此出现逆反心理，故意做出错误行为，以引起成人的注意。

3. 正确运用暗示和强化

幼儿的情绪在很大程度上受成人的暗示。如果，家长在外人面前总是对自己孩子加以肯定，说：“他摔倒了从来不哭。”这名幼儿也真的能控制自己的情绪。如果，家长常对外人说：“这孩子就是爱哭”“就是胆小”，这种暗示则容易使孩子养成消极情绪。

第五节　幼儿的个性、社会性发展与教育

一、幼儿自我意识的发展

从总体上看，幼儿自我意识的发展顺序表现为自我认识—自我命名—自我评价。一般来说，在出生后的第一年，婴儿自我意识的发展主要集中在自我认识方面，即把自身和物体、自身和他人分开，从而产生主体我。

在 1～2 岁时，幼儿已开始学会说话，由称自己为“宝宝”，逐渐学会称自己为“我”。这是自我命名的过程，是产生客体我的重要标志。

2～3 岁时，幼儿开始能把自己与他人加以比较，从而产生简单的自我评价。由于受到认识水平的限制，这时幼儿的自我评价很大程度上依赖于成人的评价，而且还具有很强烈的主观情绪性。

时蓉华提出了确定幼儿自我意识形成的四个标准：幼儿能够区分自己的动作，并意识到动作的目的和动机；幼儿能够把自己与自己的动作分开，知道自己是动作的主体；幼儿能够使用自己的名字；幼儿能够用第一人称“我”来代表自己。

（一）幼儿自我意识发展的一般趋势

随着年龄的增长，幼儿不断地参与社会交往，发展其认知能力，获得社会生活，自我系统也不断发展变化，这主要表现在以下几个方面。

首先，自我认知的内容从反映外部的、可观察的、具体的、有明确参照系统的自我特点，到反映内部的、不能直接观察的、抽象的、参照系统模糊的自我特点。如幼儿最初认识到的是生理自我，然后才逐渐认识行为自我、社会自我。

其次，幼儿自我意识的结构从简单的、分化的到复杂的、整合的自我意识结构系统。

再次，幼儿的自我评价一方面从以他人评价为标准发展到独立的自我评价；另一方面，幼儿又不断地脱离自我中心，自我评价的客观性逐渐提高。

最后，从自我意识的功能看，其社会适应性逐渐增强，区分外部自我和内部自我的能力逐渐增强，幼儿逐渐能够比较实际地判断社会交往情景，并根据这些判断表现出复杂的社会自我。

（二）幼儿自我概念的发展

自我概念（self-concept）一般是指个体对自己的知觉。它是自我系统中的认知方面或描述性内容，它所反映的是人们关于自己身心特点的主观知识，所回答的是“我是谁”的问题。

个体的自我概念主要有三种功能，即保持个体内在的一致性、决定个体对经验的解释、决定个体的期望。近年来的研究表明，幼儿自我概念的发展状况与幼儿的心理健康、学业成就等均有密切关系。甚至有的研究发现，幼儿的自我概念与其学业成就之间存在因果决定关系。因此幼儿积极的自我概念是学校教育者追求的一个有重要价值的目标。

1. 幼儿自我概念发展的一般趋势

（1）从简单到分化

年幼幼儿的自我概念非常简单，他们简单地把自己看作“好”或“不好”“聪明”或“愚笨”“身体强壮”或“软弱”，而不能作出更为细致的区分。后来，幼儿逐渐认识到，在每一对两极的特征之间还存在着偏差。与此同时，幼儿自我概念的维度随年龄的增长而增加。幼儿时期，儿童的自我概念主要反映生理方面的内容，并开始涉及其与父母及同伴的关系；入学后，儿童与学校有关的自我概念及学业自我概念开始形成。

（2）幼儿自我概念结构的复杂性随年龄增长而不断增加

幼儿自我概念的发展不仅表现在从单一因素的结构逐渐发展为多层次整合的复杂结构，而且表现在结构中那些区别于他人的成份不断增加。一般来讲，随着年龄的增长，幼儿自我概念结构日益复杂，并逐渐变得更稳定。

（3）幼儿自我概念的发展存在性别差异

幼儿自我形象能力的发展存在性别差异，并且随年龄增长而变化。男性发展比较迟缓，女性发展比较迅速。这种现象的原因可能有两个方面：一是性成熟的影响；二是社会传统对男性和女性自我表现的要求、约束不同，从而促使女性更多地考虑自己如何给他人留下良好的印象。

2. 幼儿自我评价的发展

自我评价的能力在 3 岁儿童中还不明显，开始发生的转折年龄是 3.5～4 岁，此年龄段的发展速度较 4～5 岁时要快。5 岁儿童绝大多数已能进行自我评价。

幼儿自我评价的特点是：①从轻信成人的评价到自己独立评价；②从对外部行为的评价到对内心品质的评价；③从比较笼统的评价到比较细致的评价；④从带有极大主观情绪性的自我评价到初步客观的评价；⑤开始以道德行为的准则进行评价。

总的来说，幼儿的自我评价能力还很差，成人对幼儿的评价在幼儿个性发展中起着重要作用。因此，成人必须善于对儿童作出适当的评价，对儿童行为作过高或过低的评价对儿童都是有害的。

3. 幼儿自我情绪体验的发展

自我情绪体验在 3 岁儿童中还不明显，发生的转折年龄在 4 岁，5～6 岁儿童大多数已表现有自我情绪体验。

幼儿自我情绪体验由与生理需要相联系的情绪体验（愉快、愤怒）向社会性情感体验（委屈、自尊、羞愧感）不断深化、发展，同时又表现出易受暗示性的特点。

在幼儿自我情绪体验中最值得重视的是自尊。自尊是自我意识中具有评价意义的情感成分，是与自尊需要相联系的、对自我的态度体验，也是心理健康的重要指标之一。自尊需要得到满足，将会使人感到自信，体验到自我价值，从而产生积极的自我肯定。

儿童在 3 岁左右产生自尊的萌芽，如犯了错误感到羞愧，怕别人讥笑，不愿被人当众训斥等。随着儿童身体、智力、社会技能和自我评价能力的发展，儿童的自尊也得到发展。如在韩进之等人的研究中，不同年龄的儿童群体中体验到自尊的儿童的比例分别为：3～3.5 岁，10%；4～4.5 岁，63.33%；5～5.5 岁，83.33%；6～6.5 岁，93.33%。这一比例稳定于学龄初期。

自尊与儿童对自身能力的认识有关，同时也受到父母的育儿风格和对儿童有重要意义的他人评价的影响。高自尊的孩子，其父母一般也更温暖和支持，为他们树立了生活的典范，在有关他们的决定中听取他们的意见。

4. 幼儿自我控制与自我调节能力的发展

自我控制（self-control）和自我调节（self-regulation）两个概念虽然经常被交替使用，但两者含义却存在一些差别。自我调节是指在没有外部指导或监视的情况下，个体维持其行为以达到某一特定目的的过程。自我控制则是指在目标受阻时，个体抑制其行为或改变行为发生的能力。

婴儿基本没有自我控制和自我调节能力，几乎完全受冲动和欲望的影响，因此很难长时间进行同一种活动，也不能控制自己的欲望和情感，更不能抑制自己去等待那些令人高兴的事情。

3～4 岁以后，幼儿才逐渐发展起自我控制和自我调节能力。根据哈特的观点，个体自我控制和自我调节能力的形成必须具备两个条件：对价值的内化和技能的获得。价值的内化是指个体赞同和认可社会规范或道德准则所赞同的价值观，并认为根据社会规范或道德准则来要求自己的某些行为是有价值的。技能的获得是指个体按照已经内化的行为标准，掌握控制自己行为的技能的过程。个体完成了社会价值观的内化并不等于掌握了相应的自我控制的技能。如抽烟的人大多能够意识到“抽烟有害健康”，但是依然抽烟，可见仅内化关于抽烟的价值观是不够的，还需获得戒烟的技能，使戒烟更容易成功。

科普（C. Kopp）认为，在幼儿前期，幼儿自我控制和自我调节能力发展要经历五个重要的发展阶段。在每一个发展阶段中，幼儿的身心机能都发生着一些质的变化。这些变化又是幼儿更高水平的自我控制性行为的基础。

第一阶段为神经生理调节阶段。在这一阶段，幼儿的生理机制保护着幼儿免受过强刺激的伤害。例如，他们通过吮吸降低自我的唤醒水平、减少身体活动，达到自我安慰的目的。

第二阶段属于知觉运动调节阶段。在这一阶段，幼儿能从事一些自发的动作活动，并能根据环境的变化来调节自己的活动。例如，这一阶段的幼儿能够伸出手去抓物体或人。

第三阶段属于外部控制阶段（1 岁左右）。在这一阶段，幼儿能够使自己的行为服从控制者的命令。幼儿行为中的有意成分增加，行为开始具有目标导向性。幼儿开始能够行走，对身体机能的意识随之加强，其自我日益从周围世界中分化开来。随着记忆能力的提高，幼儿开始能够识别出（或再认出）照看者的要求，并抑制自己的行为。

第四阶段属于自我控制阶段。2 岁左右，幼儿的自我控制能力逐渐发展起来。在自我控制阶段，幼儿的心理表征能力开始发展起来，他们能够运用符号来代表物体，当物体不在眼前时能回忆并记忆物体的形象。这使幼儿能够在没有外界监控情况下服从照看者的要求，并根据要求延缓自己的行为。

第五阶段属于自我调节阶段。在这一阶段，幼儿获得了关于自我统一性和连续性的认识，开始把自己的行为与照看者的要求联系起来。

总的来说，幼儿自我意识的发展，表现在能够意识到自己的外部行为和内心活动，并且能够适当地评价和支配自己的认识活动、情感态度和动作行为，并由此逐渐形成自我满足、自尊心、自信心、自我控制等个性特征。

（三）幼儿自我意识的培养

1. 对幼儿进行正确恰当的评价

幼儿自我意识的一个很重要的特点就是依赖、轻信他人尤其是成年人的评价，往往以别人的评价为依据来评价自己。

2. 明确行为要求

获得成功感是幼儿形成自信心的基础。2～3 岁幼儿就开始强烈地要求自己做事。

3. 增加交往机会

幼儿从个人经验中获得的知识与通过交往积累的关于自己的评价两者之间的协调、结合，是形成确切的自我概念的前提。

4. 在专项活动中进行教育

如设计“我长大一岁”“我的姓名”“我的名片”“我的家庭”等活动。活动要贴近幼儿自身的经验，既有益于幼儿认识自己，又有益于幼儿认识别人。

二、幼儿性格的发展

（一）性格概述

性格是个人对客观现实的稳定的态度和习惯化了的行为方式，是个性中最重要的心理特征。性格和气质有密切联系，二者相互渗透，相互制约。不同气质类型可以形成相同的性格特征，相同气质类型也可以形成不同的性格特征。气质主要受神经系统基本特性的影响，这些特性是出生时已经具备的。性格则主要受后天环境的影响，在出生头几年逐渐形成。因此气质对性格的形成起有力的促进作用。比如，抑郁质的幼儿比胆汁质的幼儿更容易形成自制的性格特征。同时，气质使性格涂上特有的个性色彩。比如，同是勤劳的性格，多血质者总是热情洋溢，粘液质者则不动声色，从容不迫。

性格对气质的制约作用，表现在性格形成过程中会在一定程度上掩盖或改造某些气质特点。

（二）幼儿性格的萌芽

幼儿的性格是在幼儿与周围环境相互作用过程中形成的。在婴儿的环境中，最主要的客体是照顾他的成人。一般来说，母子关系在婴儿性格的萌芽过程中，起着最重要的作用。母亲的良好照顾，会使婴儿从小得到安全感，形成对母亲的信任和依恋，为以后良好性格的形成打下基础。

气质差异对婴儿性格的萌芽有所影响。比如性急的孩子饿了，会立刻大哭大闹，这使成人不得不马上放下其他事情，急忙给他喂奶；而对那些饿了只是断断续续地细声哼哼唧唧的婴儿，成人则可能把手头的事情做完，再去喂奶。日积月累，前者可能形成不能等待别人，自己的要求必须立即得到满足的性格特点；而后者则可以养成自制的性格特点。

成人的抚养方式和教育对幼儿性格的最初形成有重要意义。比如，家里的东西总是放得整整齐齐，衣服扣子总是扣好，饭前便后洗手，等等。这种耳濡目染的周围现实使婴儿在潜移默化中，形成了逐渐稳固起来的态度和行为习惯，也就是好整洁、爱劳动性格特征的萌芽。又如，婴儿看见糖就拿起来吃，甚至大把大把地抓到自己身边，这时如果不及时加以教育，反而报以赞赏的表情和语言，那么就会使“独占”的种子得以孕育。反之，如果经常引导孩子同众人分享，则可以为良好的性格特征打下基础。

2 岁左右，随着幼儿心理过程、心理状态和自我意识的发展，出现了最初性格的萌芽。

（三）幼儿性格的年龄特点

个性的独特性和典型性是辩证统一的。每个幼儿固然有独特的性格，而同年龄的幼儿有共同的性格特点。年龄越小，性格的共同性越明显。因为性格是在生活实践过程中形成的，所以，随着年龄的增加，人与人之间生活经验的差异越大，由此导致的性格差异也就越大。

幼儿期的典型性格也就是幼儿性格的年龄特点，主要表现为以下几个方面。

1. 好动

幼儿总是不停地做各种动作，不停地变换活动方式，并不会因为自己的不断活动感到疲劳，而往往会因为单调的活动而厌倦。健康的幼儿如果在活动方面得到满足，他们总是情绪愉快。好动的特点和幼儿身体发育的特点有关，活动方式多变化是幼儿生长发育的需要。

好动的性格特征，在幼儿期逐渐和其他品质相结合。好动的特征本身，使幼儿较易形成勤快、好劳动的良好性格特征。幼儿喜欢蹦蹦跳跳、走来走去，搬动东西、参加各种力所能及的劳动，他会体验到一种自豪感，形成自信心。但是如果成人对幼儿自己做事的限制和干涉过多，或经常包办代替，则幼儿可能形成懒惰的性格倾向。

2. 好奇、好问

好奇心是定向反应的一种，是一种认识兴趣。幼儿的好奇心很强，他们什么都要看看、摸摸。许多事物对幼儿来说都是新奇的，充满兴趣的。在好奇心的驱使下，幼儿渴望试试自己的力量，尝试去做大人所做的事情。一些被禁止的事情，幼儿往往要去试试看。幼儿好奇心强，和他们的知识经验贫乏有关。

好奇心导致思考和探索的倾向。幼儿的好奇心往往表现在探索行为和提出问题。幼儿的探索行为比较外露，不仅用视线来回地观察，而且用手去摆弄。好问是幼儿好奇心的一种突出表现。幼儿天真幼稚，对于提问毫无顾虑，甚至连续追问，“打破砂锅问到底”。他们总在试探着去认识世界，弄清究竟。

幼儿的好奇心和成人的榜样和强化有密切关系。据恩兹利（R. C. Endsley）的研究，母亲本身比较好奇，并且鼓励孩子的好奇，其子女的好奇心较强。母亲的发现行为、好奇定向行为、回答问题数量等与孩子对新物体的发现行为和提问数量成中等或强的正相关。母亲的权威性强，较少引导幼儿去发现，较少和幼儿交往的，孩子的好奇心也较差。

幼儿好奇、好问的特征，如果得以正确引导，很容易发展成为勤奋好学、进取心强的良好性格特征。反之，如果指责或约束过多，甚至对幼儿的提问采取冷漠或讥讽的态度，则会扼杀良好性格特征的幼芽。

3. 好模仿

模仿是幼儿突出的性格特点。幼儿最喜欢模仿别人的动作和行为。在幼儿园，如果一个幼儿说：“我哥哥给我买了一支手枪”，立即就会有幼儿跟着说，“我爸爸也给我买了一支手枪”“我爷爷给我买了一支手枪”等。

幼儿好模仿的特点和他们的能力发展有密切关系。模仿可分为动作的模仿和智力的模仿。动作的模仿在婴儿期已经发生。随着动作的发展，幼儿模仿动作也逐渐复杂化，其多种多样的模仿动作和运动能力的发展有关。智力的模仿是较高级的模仿。

皮亚杰的研究发现，幼儿在1～2岁开始出现”心理表象”时，也出现了“延迟模仿”。随着智力的发展，智力的或“心理”的模仿也较以前增加。皮亚杰认为2～7岁幼儿往往出现“自我中心现象”，这主要是一种认识上不分化的表现，即混淆了自己的看法和他人的看法、自己的活动和他人的活动，由此造成不自觉的模仿。

幼儿的模仿和他们的受暗示性有关。幼儿往往没有主见，常常受外界环境影响而改变自己的意见，受暗示性强。比如，当成人问小班幼儿，“好不好？”时，幼儿回答，“好”。接着问，“坏不坏？”他会回答：“坏”。

4. 好冲动

幼儿性格的情绪和意志特征主要表现为情绪易变化，自制力不强。和好冲动的特征相联系的是缺乏深思熟虑。比如幼儿喜爱做事，但做事时急于完成任务，常常比较马虎，粗心大意，不大计较成果的质量。又如幼儿常常从情绪出发提出问题，为提问而提问，并非经过认真思考。

幼儿的思想比较外露，喜怒形于色。这种性格特征常常被认为是天真幼稚，它的优点是对人真诚，坦率，诚实，不虚伪。在此基础上，如果得到正确诱导和培养，幼儿将会养成既善于思考和处理问题，又胸怀坦荡的性格特征。

幼儿虽然有许多共同的年龄特征，但是，独特性是个性的基本要素。幼儿的性格虽然有共同性，但每个幼儿仍有个人的性格特征。比如，同属活泼好动，有的幼儿相对好静一些；同属受暗示性强，有的又相对有主见些。

随着年龄增长，性格的典型性将发生变化。许多年长幼儿已经不带有上述特点，如变得相对沉着稳重，能自制。但是有些人直至成年，仍然具有易冲动、不善于自制的性格特征。这些已经构成了他个人特有的、稳固的性格心理特征。

（四）幼儿性格的塑造

首先，加强思想品德教育；其次，引导幼儿参加集体生活和实践活动，集体生活有助于幼儿能力的培养和良好性格的形成；再次，树立良好榜样；最后，巩固良好的性格特征，克服性格方面的缺点。

三、幼儿个性倾向性的发展

个性倾向性是决定人对事物的态度和行为的动力系统，对一个人的心理与行为起着促进和引导的作用。学前期儿童个性倾向性的发展，主要反映在需要、动机及兴趣的发展方面。

（一）幼儿需要和动机的发展

1. 需要和动机的概念

需要是人脑对生理和社会的要求的反映。它在心理上通常体现为一种不满足感，或者是有获得某种对象和现象的必要感。需要是个性积极性的源泉，分为生理需要和社会需要。动机是在需要刺激下直接推动人进行活动以达到一定目的的内部动力。动机可能是意识到的，也可能是未被意识到的。需要和动机既有联系又有区别。

2. 幼儿需要的发展

幼儿需要的发展遵循着一个规律，即年龄越小，生理需要越占主导地位。幼儿期儿童的社会性需要逐渐增强。同时，需要的发展已经显现出明显的个性特点，比如开始出现多层次、多维度的整体结构。

3. 幼儿活动动机的发展

进入幼儿期以后，随着儿童社会性需要及其目的性的发展，孩子的活动动机有了较大发展。表现在以下三个方面：从动机互不相干到形成动机之间的主从关系；从直接、近景动机占优势到间接、远景动机占优势；从外部动机占优势到内部动机占优势。

（二）幼儿兴趣的发展

兴趣是人积极地接近、认识和探究某种事物并与肯定情绪相联系的心理倾向。兴趣有三个特点：指向性、情绪性和动力性。兴趣随幼儿年龄发展而不断分化和稳定。

四、幼儿意志的发展

（一）幼儿有意运动的发展

有意运动又称随意运动，是意志的基本组成部分。有意运动是在无意运动（即不随意运动）的基础上发生的。无意运动是指由事物变化直接引起的肌肉运动。

无意运动是天生就会的，它是无条件性的反射运动。比如初生的孩子就有吸吮动作反应，成人因灼烫而缩手等。无意运动是被动的运动，是人没有意识到的运动。

有意运动是人为了达到某种目的而主动去支配自己的肌肉的运动，例如，伸手去拿杯子，用脚去踢球，等等。它是有意识的运动。有意运动具有两个特点：在完成某一有意运动时，头脑中预先产生运动的目的；有意运动是后天学会的，是条件性的动作反应。

（二）幼儿意志行动的发展

由于生理水平和整个心理活动发展水平的限制，幼儿的意志活动处于发展的低级阶段，意志内化水平仍然不高，意志过程往往表现为直接外露的意志行动。因此，当我们论及幼儿意志的发展时，常常称之为“意志行动”。我们可以从下列三个方面看幼儿意志行动的发展。

1. 行动目的和动机的发展

从心理学意义上说，目的是指自觉地预想到的结果。前面说过，行动目的和行动动机有密切联系，动机决定行动目的和行动方法。幼儿意志行动的目的和动机发展有以下几种趋势和特点。

（1）自觉的行动目的开始形成

两三岁幼儿的行动往往缺乏明确的目的，带有很大的冲动性。他们常常不加思索就开始行动，因而行动往往缺乏条理。由于行动之前不能预先提出行动目的，其行动往往是由外界的影响和当前感知到的情景所决定，随兴之所起，随兴之所止。

幼儿前期，成人外加的目的在幼儿的行动中仍然起着相当重要的作用。在这个时期，往往是由成人提出行动要求，用具体示范和语言指示，为幼儿确定行动目的，指导幼儿按照目的去行动，并且使幼儿在活动中反复实践，从而得到了强化。

幼儿中期，幼儿自觉的行动目的逐渐形成。在成人组织下，幼儿逐渐学会提出行动目的，开始尝试在某些活动中独立地预想行动的结果，确定行动任务。

到了幼儿后期，幼儿已经能够提出比较明确的行动目的。在熟悉的活动中，甚至善于确定行动任务和行动计划。

受暗示性强，是幼儿期的年龄特点。这种特点在幼儿前期尤为突出。成人一方面要照顾到幼儿心理的这些特点；另一方面，要及时引导，培养幼儿意志行动的独立性。

在培养幼儿自己确定行动目的时，还必须注意引导其意志行动，使之具有正确方向。要用机智的技巧和方法避免幼儿择出不合理的行动目的，使他从意志萌芽时就养成良好的习惯，在确定行动目的时考虑到行动结果的合理性和道德要求。换句话说，从意志行动开始发展的时候，就让幼儿把意志能力和良好意志品质结合起来，防止任性等不良意志品质产生。

（2）动机和目的关系出现间接化

幼儿行动的动机和目的往往是一致的。幼儿的主要活动是游戏。在游戏活动中，动机和目的的关系，就是直接一致的关系。幼儿进行游戏活动，其动机是为了游戏，他要达到的目的就是游戏过程本身。比如，幼儿玩“开汽车”游戏，其动机是开汽车，其目的也只在于反映这个过程。

但在幼儿的行动中，动机和目的有时也不是一致的。学习和劳动活动就属于这种情况。幼儿参加学习或劳动活动的动机，常常不是为了学习知识或获得劳动成果，而是为了得到成人的称赞，或者为了避免受人责备，有时也是想要获得学习或劳动用品。

根据动机和目的关系之不同，可以把动机分为直接动机和间接动机。幼儿行动动机和目的关系所发生的变化，是从直接动机为主向间接动机为主的方向变化。幼儿期是动机和目的关系开始出现间接化的时期。

（3）各种动机之间主从关系逐渐形成

人的行动总是受多种动机驱动，意志行动的特点是动机之间形成主从关系。婴儿的各种行动动机之间常常不发生主从关系，因此婴儿的行动极不稳定，看见别人做什么，他立刻去做什么，一会儿玩这个，一会儿又玩那个。

婴儿的行动动机不易形成主从关系，是因为行动动机主要以感知为表现形式，受当前感知的情境所左右。幼儿前期，行动动机开始以表象为主要的表现形式，即由指向于直接感知的物体或情境的动机，过渡到指向表象中的物体或情境的动机。由于这种表现形式，幼儿的动机之间可以形成主从关系。

（4）优势动机的性质逐渐变化

幼儿意志行动的发展与动机体系的形成有关，动机体系形成的程度又与动机之间主从关系的稳定性有关，而动机主从关系的稳定性则与优势动机的性质和特点有关。

幼儿优势动机变化的趋势是：从被动地受外来影响而产生，向主动地自觉形成的方向变化；从直接的、具体的、狭隘的动机，向间接的、较长远的、较广阔的动机变化。而且，随着年龄的增长，幼儿自觉形成的动机逐渐占优势，有社会意义的动机逐渐占优势。

2. 行动过程中坚持性的发展

行动过程中的坚持性，是幼儿意志发展的主要指标。从幼儿的坚持性中，可以看到行动目的和动机的发展水平及其作用，也可以看到幼儿克服困难时的能力和状况。

幼儿的坚持性随着年龄的增长而提高。观察发现，婴儿坚持摆弄某种玩具的时间可达 8～9 分钟。这证明在婴儿期，就已经出现坚持性的萌芽。

研究证明，幼儿从 2 岁到 6 岁，其坚持性随着年龄的增长而提高。4～5 岁是幼儿坚持性发展的关键期，应该抓住这个关键期，采取有效的教育措施。

3. 自制的发展

自制是意志的重要方面，因为意志主要是一种抑制行为。自制贯穿在意志行动的整个过程中。自制主要有两种表现形式。

（1）抗拒诱惑

它表现为无论在有人或没有人在场的情况下，都拒绝具有诱惑力但被禁止的愿望和行动。博顿（Buston）等人的研究，考察了 70 名 4 岁幼儿抗拒诱惑的能力。结果表明，幼儿的这种能力受到父母训练方式的影响。一种用心理训练的方式，如说理、取消抚爱、父母对痛苦的描述、隔离等；另一种则用“肉体训练”的方式，如打屁股、打耳光、推搡、责骂等。在抗拒诱惑的实验中，受“肉体训练”的幼儿更能抗拒诱惑。看来，4 岁幼儿由于年龄小，还不能理解父母的说理或父母态度上的细致变化。因此，“肉体训练”即体罚较为见效。

但是，随着年龄的增长和认识能力的发展，心理训练的教育方式效果更好。切恩（Cheyne）的实验证明了这个论点。事实也证明，不依赖体罚，也完全可以引导幼儿遵守行为规则，抗拒诱惑。许多研究结果都揭示，幼儿可以学会一些自我控制的方法。例如，要求幼儿完成长时间的单调重复的工作任务。对实验组的幼儿，事先告诉他们工作过程会有声音干扰，教他们用自言自语“我不听那声音”来抗干扰。

（2）延迟满足

延迟满足是指为了长远的利益而自愿延缓目前的享受。幼儿为了得到更好的结果或更大的满足，去选择并忍受当前的挫折或不安。这种能力的形成，是自制发展的一种表现。对幼儿园幼儿实际等待行为的观察表明，小班幼儿已经具有为等待长远目标而抑制即时满足的能力。米斯切尔（M. Miscbel）等人在实验时，告诉幼儿如果想要得到喜欢的东西，必须等待实验者回来。如果不能等待，可以随时发信号把实验者叫回来，那就立刻可以得到东西，但只是他不大喜欢的东西。结果，平均年龄为 4.5 岁的幼儿，有许多人能等待很长时间，有的甚至长达一个小时以上。在这个实验中没有一个幼儿违反规则，在实验者回来以前把自己喜欢的但必须是延迟得到的点心吃掉，这说明该年龄大多数幼儿能够等待延迟的满足。

（三）影响幼儿意志行动的因素

总的来说，幼儿意志行动的发展水平不高。他们的意志行动受各种主客观条件影响。

1. 分心因素

意志行动过程中出现的新异刺激或其他如视觉刺激等分心因素，对意志行动有严重影响。

2. 活动的特点

活动的性质和特点，对幼儿完成任务的情况有显著影响。

3. 同伴间的比较

同伴间的比较对幼儿的意志行动起干扰或促进作用。

4. 成人的强化

成人的态度对幼儿完成坚持性任务有明显影响。

5. 幼儿自身的态度

幼儿对完成意志行动的强化物所持态度及对强化物的价值观，会影响强化物的作用。

此外，幼儿对意志行动的理解，也有助于其水平的提高。对自我控制方法和其他意志行动方法的认识也有助于提高意志行动的水平，如学习如何转移注意，如何保持自己的注意力，唱歌、活动手脚、打瞌睡，或把厌恶的刺激变为愉快的东西，回忆有趣的事情，等等，这些对排除内心障碍都是有益的。

五、幼儿能力的发展

（一）能力概述

1. 能力的定义

能力是指人们成功地完成某种活动所必需的个性心理特征。它是复杂的心理结构，在不同活动中表现出来的能力，是由多种成分结合而成的。

2. 能力的结构

（1）运动能力、操作能力和智力

儿童自出生时起，就已经有运动能力；半岁左右，四肢和身体的运动能力逐渐发展，手的运动能力也开始发展成为操纵物体的能力，即操作能力。在婴幼儿能力的发展中，运动能力和操作能力居重要地位。

运动和操作能力的发展，与智力的发展是不可分割的。智力的发展需要通过运动和操作来表现；而运动和操作的发展水平越高，越依靠智力的支配。特别是2岁以前，智力发展与动作的发展难以区分。

（2）一般能力和特殊能力

一般能力是指在各种活动中都经常表现出来的能力，包括一般的运动、操作能力和智力。正常儿童都具有一般能力。

特殊能力是指从事某种专门活动所需要的能力，如音乐能力、绘画能力、数学能力、组织能力等。成功地完成某种活动，需要多种能力的结合。而多种能力的有机结合，称为才能。比如有的儿童在幼儿期已经显露出领导才能的萌芽，善于指挥和团结小朋友进行活动。

（二）幼儿能力与非智力因素的关系

1. 能力与知识的关系

能力（包括智力）和知识不可分割地彼此联系着，相辅相成。一方面，掌握知识可以促进能力的发展，能力是通过掌握知识发展起来的。这里所说的知识，包括各种经验，也包括运用某种知识经验完成一定活动的行动方式，即技能。如果儿童显露了某种绘画能力，又有机会获得相应的知识和技能，他的绘画才能可以得到发展；而缺乏进一步掌握知识技能的机会，则最初的能力会被埋没。个人对某个领域的知识技能掌握越多，他在这个领域内解决问题的能力越强；反之，缺乏必要的知识技能，将妨碍相应能力的发挥。另一方面，能力是获得知识技能的前提。能力的形成反过来促进知识技能的掌握，缺乏概括能力的儿童，无法掌握抽象的理论知识。能力高低影响学习新知识技能的速度、费力程度和对知识技能的运用。

应该认真了解每个儿童知识掌握和能力发展的具体水平和状况。达到同样知识水平的儿童，他们的能力发展不一定相同。不能回答某个问题，有的儿童可能是由于智力水平不足，有的儿童则可能是缺乏有关知识。

幼儿处于掌握知识和发展智力的最初阶段。从掌握知识的角度看，人的知识可以分为直接知识和间接知识。2～3岁是开始掌握间接知识的年龄。从智力发展的角度看，这又是思维开始发展的年龄。而思维是对事物的间接反映，是以知识经验为中介的。有了一定的知识经验，才可能对有关事物进行思维和想象。

2. 能力和性格的关系

能力和性格有密切关系。一方面，性格会影响能力的发展状况。比如，良好的意志品质、对活动的热情和勤奋的性格，不但能锻炼人的能力使之更好地发展，而且可以弥补某些能力的严重不足。另一方面，能力也会影响人的性格特征，如爱好倾向、自信心等。运动能力强的幼儿往往喜爱体育运动。

在大多数情况下，幼儿能力和性格的发展是相辅相成的，某些能力和特定的性格特征往往相互关联。例如，对我国的超常儿童的研究表明，这些儿童具有旺盛的求知欲、进取心强、坚持性强等性格特征。

智力活动中的非智力因素问题，近年来十分受到人们的关注。有人提出，智力活动或智力行为在本质上更多是性格品质，而不是认识能力。进行某种智力活动的过程，总要包括如坚持性、热情、自制力、目的性等非智力因素。而且，这些非智力因素，会在很大程度上影响智力活动的成效。

（三）幼儿智力的发展与个别差异

有关幼儿智力发展的大量研究结果表明，幼儿期是智力发展最快的时期。很多人认为，儿童从出生到 5 岁是智力发展最为迅速的时期。

儿童智力发展速度和成熟年龄，有个别差异。有些儿童具有特殊才能的早期表现。比如，一些人的音乐、绘画、写字、体育、数学、语言等才能在幼儿期已开始显露锋芒。据统计，音乐家的才能在学前期出现的，比以后年龄出现的更多。

有人提出应该区分“早熟”与“天才”。早熟，是指某些儿童智力或才能发展较早，或者说，在婴幼儿期智力或才能发展比一般儿童迅速。但是到了成熟年龄，其智力或才能并不出众。

天才，是指智力或才能出众者，我国心理学家称之为“超常”。超常的智力或才能固然需要一定的自然物质前提，但更重要的是生活环境和实践。智力超过同龄人的婴幼儿，将来能否成为超常者，不仅决定于其先天因素，还依赖于后来的生活条件和后天的教育。

（四）幼儿的创造力

1. 儿童创造力的定义

儿童的思路极其广阔，想象和思维相当活跃，心理学家梅斯基（Meysky）和纽曼（Newman）还专门对儿童的创造力下了定义：创造力是一种能力，它能使一个人以一种让别人听取和欣赏他们讲话的方式来表达自己的意见；创造力是一种素质，它能使人类发现自然的定义——别人以前未能理解的定义。当幼儿能创造出一种表达自己思维的方式和能发现新问题时，就说明幼儿有创造力。如 3 岁的南南在画高兴的树时，虽然不会画树，但他会用不同形状、不同颜色的线条来表示树干、树叶、花等，还用语言补充说："当树坐上火箭，就很高兴了。"

2. 创造力与智力的关系

创造力与智力的关系十分复杂。我国心理学家朱智贤认为，智力是人的一种偏于认知方面的心理特性或个性特点，而创造力是智力的高级表现。这里面包含两层意思：其一，肯定了创造力是一种高度发展的智力，而不是本质上与智力不同的东西；其二，指明了创造性水平的高低是衡量一个人智力发达与否的根本标准。

目前较为一致的看法是：高创造力者必有中上的智力，但不能保证高智力者就有高创造力，低智力者创造力必低。可见，智力是创造力必要的而非充分的条件。二者是辩证统一的，在一定意义上，儿童创造力水平的高低可以作为检验儿童智力开发程度的基本标准。

3. 幼儿创造力的发展

幼儿期是儿童创造力的萌芽时期。随着幼儿年龄的增长，其幻想中创造想象的成分随之增多，精细性也不断提高。幼儿创造力的发展表现在其动作、言语、感知觉、想象、思维及个性特征等各方面的发展中。我们常常会看见这样的例子：有的儿童扮演医生拿小棍给洋娃娃打针，将一块看起来很简单的木块当成小车拉，可以将"O"想象为苹果、人脸、气球、太阳、碗等，这些都是幼儿创造力的表现，是真正创造力的雏形。但必须看到的是，幼儿创造力与成人创造力在质、量、目的性、价值等方面都存在着明显的差异，幼儿创造力主要表现出以下特点：

（1）是不断发展变化的；

（2）是比较简单和初级的；

（3）自发性强，表现相当广泛；

（4）主要表现为创造想象。

在幼儿创造力形成和发展过程中，好奇心和创造想象的发展是两个最重要的表现。幼儿的创造行为和活动主要来自他们的好奇心，可以说好奇心是幼儿创造力发展的起点。创造想象是幼儿创造力发展的最主要成分。幼儿创造想象的发展，同其他心理领域的发展一样，也是随着能力的增长而逐渐发展。

六、幼儿的社会性发展

幼儿期是儿童社会性发展的关键时期，幼儿的社会认知、社会情感及社会技能在此阶段都得到了迅速发展，并逐渐显示出较为明显的个人特点，某些行为方式已经成为比较稳定的个性特征。幼儿的社会性发展包括幼儿人际关系的发展（亲子关系和同伴关系）、性别概念与性别角色知识的发展、亲社会行为的发展和攻击性行为的发展。

（一）幼儿人际关系的发展

1. 亲子关系的发展

亲子关系是人生中形成的第一种人际关系，也是家庭中最基本、最重要的一种固定化的互动关系。主要是指父母在养育子女过程中，与其相互作用而形成的相对稳定的人际交往模式。亲子关系具有极强的情感亲密性，对幼儿会产生刻骨铭心的影响，不仅直接影响着儿童的身心发展，而且会影响到儿童以后形成的各层次的人际关系。

（1）亲子互动的基本特征

亲子互动一般可以划分为“爱的基础”“成长的喜悦”“健全的教育”三个层次，这三个层次是一个相互依存、相互制约的整体。一方面“爱的基础”犹如亲子互动的地基。没有亲子之间的相互依赖、依恋关系，儿童的身心成长、发展以及今后的独立生活都会受到影响。在“爱的基础”上成长，要让子女在家庭生活、教育过程中，有所收获，有成功的体验，即经常有一种“成长的喜悦”。没有这种体验的孩子，今后就不可能接受“健全的教育”。但是，如果一开始就对孩子实施“健全的教育”，而缺乏对孩子的爱护、关怀和尊重（即“父母心”），孩子也没有“成长的喜悦”这种体验，孩子对父母的教育会产生反抗或逆反心理，结果导致亲子互动无效化或萎缩化。所以，对孩子的教育应该首先从父母的爱心开始，逐步过渡到父母的“教育心”，并在以后的“教育心”中包含父母的“爱心”，使二者关系平稳、包容地向前发展。另一个方面“爱的基础”和“成长的喜悦”是亲子互动中孩子身心发展的“养料”。在“父母心”的支持下，孩子的身心逐步变得“根繁叶茂”，但也要在以后的进程中对一些不必要的“枝叶”进行修剪（即进行道德品质、人格的教育，对不适应问题的矫正等）。所以，在“健全的教育”这个层次上，父母又要体现督导责任心。父母的爱心、抚养心、教育心和督导心的合理使用，是形成良好亲子关系的基础。

亲子互动风格是指亲子互动过程中所体现出来的相对稳定的特征。有研究者总结出十类亲子互动风格：拒绝，过度保护（或溺爱），支配，不一致，有缺陷的教育，幸福、协调、稳健，伦理的、科学的，容忍、理解，父母与孩子一起游戏活动，一贯性、严格。而日本心理学家户川行男、品川不二郎将不良亲子互动分为五大类：拒绝型、支配型、过度保护型、服从型、矛盾型。

（2）良好亲子关系的建立

良好的亲子关系具有和谐平等、沟通顺畅的特点。在建立良好亲子关系上给予以下几点建议。

1）树立正确的教育观念，尊重和顺应孩子的特点

由于受我国传统文化的影响，父母认为孩子是自己生命的延续，在孩子身上寄托自己对人生、事业的希望。这种观念导致父母在教育子女时，往往采取强制手段，认为子女不好好努力就不能实现自己未实现的理想，使亲子关系出现障碍。

有些父母认为自己拥有话语权，在孩子的事情上由自己说了算，而不管孩子的需求和兴趣，按照自己的意愿替子女做决定，引起亲子关系的障碍。另一方面，幼儿具有好玩、好动、好奇好问、自制力较差等特点，有些父母忽视孩子的特点，做过多成人化的要求，使孩子产生逆反和自卑等心理，也影响了和谐亲子关系的建立。

父母应树立正确的教育观念。子女是独立的个体，不应将自己的理想寄托在子女身上，也不应将自己的焦虑投射到孩子的成长上。尊重和顺应孩子的特点，顺其自然，而非拔苗助长。

2）采用有益于幼儿发展的教养方式

父母教养方式是父母的教养观念、教养行为及对儿童的情感表现的一种组合方式。这种组合方式是相对稳定的，不随情境的改变而变化，它反映了亲子交往的实质。父母教养方式通常分成四种：权威型、专制型、放纵型、忽视型。不同的父母教养方式对幼儿的影响是不同的。研究证明，权威型的教养方式最有益于幼儿的良好发展。

权威型的父母采用温暖的、以儿童为中心的教养方法，而控制则为中等程度；他们允许儿童承担与年龄相适宜的责任，为儿童提供的环境有利于他们成长为自主、自信的个体。这种类型的父母在孩子心目中有权威，但是建立在对孩子的尊重和理解上。他们会给孩子提出合理的要求，设立适当的目标，并对孩子的行为进行适当的限制；与此同时，他们会表现出对孩子的爱，孩子的事情与孩子协商，并认真听取孩子的想法。

专制型教养方式的特点是严格但不民主，专制型的父母要求孩子无条件地服从自己。虽然有时父母为孩子设立的目标和标准很高，甚至不近情理，但是孩子不可以反抗。

权威型父母和专制型父母都对儿童加以限制，但前者的限制是“严格而合理的”，后者的限制却是“无目的、不合理甚至惩罚性的”。

放纵型的教养方式是父母对孩子很温暖，但管教纪律很松懈。放纵型的父母对孩子表现出很多的爱和期待，但是很少对孩子提要求和对其行为进行控制。

忽视型的教养方式是父母对孩子不关心，他们不会对孩子提出要求和对其行为进行控制，同时也不会对其表现出爱和期待。对于孩子，他们一般只是提供食宿和衣物等物质，而不会在精神上提供支持。

这四种类型的教养风格是极端的表现，现实中，家长的教养风格可能是其中两种或多种的混合，也可能父亲和母亲持两种不同的教养方式。权威型教养方式是一种最好的教养方式，放纵型教养也比较常见。对孩子一生产生比较严重影响的是专制型和忽视型教养方式。惩罚的、苛刻的、专制的、消极的教养风格会导致孩子易出现抑郁，因为父母只关注孩子的失败，而不理会他们的成功。在这种环境下长大的孩子对失败和自主性的威胁十分敏感。忽视的教养风格则会使孩子对丧失关系和被抛弃十分敏感。这两种教养方式都不能使孩子培养出安全依恋。他们因为无法形成建立亲密关系所需的安全的内部认知工作模式，长大成人后，在人际交往和社会功能方面会出现适应障碍。

在实际的家庭教育中，可以采取两个原则：第一，向孩子表达爱；第二，制定合理的行为准则并严格执行，也就是在控制和温暖两个维度上把握平衡。这种“爱”与“管”相结合的教育方式有利于良好亲子关系的建立。

3）创设亲子游戏情境，增进亲子感情

亲子游戏是指父母与子女间或祖父母与孙子女间的游戏行为。它是以孩子为主体，父母为主导，家庭为单位进行的。亲子游戏不仅有益于亲子之间的感情交流，加深亲子关系，促进儿童的健康发展，而且对于儿童的实物游戏和同伴游戏也具有重要的促进作用。儿童在亲子游戏中获得的对待物体的态度、方式方法以及人际交往的态度、方法会迁移到儿童的实物游戏和伙伴游戏中去；反过来，儿童在实物游戏和伙伴游戏中获得的经验又会进一步丰富亲子游戏的内容。

4）构建和谐家庭结构，提升父亲教育影响力

和谐的家庭结构是儿童健康成长的一个重要条件，也是建立良好亲子互动关系的一个重要基础。

第一，和谐的夫妻关系。在一个健康的家庭关系中，夫妻之间的感情是最重要的，任何关系都不能凌驾于夫妻关系之上。在三世同堂的家庭结构中，夫妻若是家庭核心，拥有第一发言权，这个家庭更稳固。良好的亲子关系建立在良好的夫妻关系基础之上。夫妻之间能够在精神层面上沟通、关注对方的发展、适应彼此的差异、权利义务平等，家庭精神环境自然是安宁的、充满友爱的、和谐的。有此良好夫妻关系的父母内心更安稳，更能够充满爱意地教养孩子，建立和谐的

亲子关系。

第二，提升父亲教育的影响力。男性是力量的象征，这种力量不仅体现在为家庭提供物质保障，更体现在家庭的精神支柱上。研究发现母亲对子女的态度、交往方式不如父亲那么明显，父亲通常倾向于鼓励男孩玩一些探索性的、竞争性的、活动量大的游戏，而鼓励女孩玩一些平和的、家庭式的游戏。父亲的男性品质对开阔孩子的视野、发展孩子的认知能力与创造能力、协调母亲与孩子之间的关系，都会起到积极而又独特的作用。

而现实情况是，传统的男性中心主义和现代开放、紧张的经济生活使许多父亲为了自己的工作和娱乐而没能成为家庭的重要角色，将更多的家庭责任抛给了母亲。针对北京3～6岁幼儿的父亲的调查发现：80%的父亲认为自己很忙，没有时间与孩子交往。对天津市1 054人的调查显示：一半以上的家庭存在子女教育父亲“缺位”的情况。父亲在家庭教育中“缺位”，孤军奋战的母亲因承担过多的家庭责任而难以避免地陷入孤独和不安中，增加了成为“焦虑的母亲”的风险。而且母亲对于婚姻和丈夫的依赖减弱，易把情感寄托在孩子身上，也易将自己的焦虑传递给孩子；而本应由丈夫承担的母亲的焦虑和需要都被投射到孩子身上，孩子将无法正常健康的成长。因此，在现代家庭教育中，父亲需要回归家庭，承担起自己的家庭责任，保持家庭系统的平衡。

5）“言传”与“身教”并重，提高自身素质

实际生活中，大多数父母在教育孩子的过程中口头说教比较多，多渠道的渗透教育比较少。在家长与孩子的交流沟通中，讲道理的批评和讲道理的激励的比例应该是2∶8。孩子在多鼓励、少批评的言教中能体会到父母对自己的接纳和美好的期望，即使有批评，孩子体验到的挫折情绪也会少些，内心更有动力、更有信心去改正错误。这样的亲子沟通也能更顺畅地进行。身教：父母的一言一行，自然流露的人生观、价值取向和生活态度，潜移默化地影响孩子的成长。因此，父母注重自我发展，提高自身素养，也是和谐亲子关系构建中的重要方面。

6）避免隔代抚养，消除家庭教育的不一致

现在一些年轻的父母因忙于工作而将孩子交给长辈抚养。隔代抚养对亲子关系的建立非常不利，因为孩子这样会长时间离开父母，与父母情感沟通交流较少，甚至会对父母产生仇视心理。所以建立和谐的亲子关系，最好不要隔代抚养。

长辈和年轻父母之间在教养孩子方面难以避免的存在差异，祖辈对孙辈偏重养育，且对儿童溺爱、放纵，不利于儿童良好个性的形成；年轻的父母对子女更注重教育，更容易接受新的教育观念，使用更科学的育儿方法。除了长辈与年轻父母之间存在家庭教育理念的不一致，有些父母之间对孩子的教育理念也存在不一致。当家庭教育存在不一致时，孩子可能有三种反馈：有的莫衷一是，不知道听谁的；有的暗自高兴，由着成人去争辩，觉得没自己什么事了；有的会倒向利

于自己的一方。由此可以看出，家庭教育的不一致不仅影响孩子的成长，还会影响和谐亲子关系的建立。这样的情况下，可以通过长辈与年轻父母共同学习家庭教育科学知识、创造商量孩子教育与发展的家庭讨论机会（孩子也应参加发表意见）来克服家庭教育的不一致。

2. 同伴关系的发展

同伴关系是幼儿在交往过程中建立和发展起来的一种幼儿间特别是同龄人间的人际关系。同伴交往对儿童的社会性发展具有重要意义。

第一，同伴可以满足幼儿归属和爱的需要以及尊重的需要。幼儿与同伴交往可以获得从成人那里得不到的心理满足，特别是幼儿在同伴集体中被同伴接纳并建立友谊，同时在集体中占有一定地位时，受到同伴的赞许和尊重而产生一种心理上的满足，这有益于幼儿的发展。

第二，同伴交往为幼儿提供了学习他人反应的机会。幼儿在与同伴交往中学习如何与他人建立良好关系、保持友谊和解决冲突，怎样对待领导与被领导的关系，怎样对待敌意和专横，怎样对待竞争与合作，怎样处理个人与小团体的关系，等等。这一切都是在平等的基础上进行的。同伴对幼儿的影响主要是通过强化、模仿和同化机制实现的。同伴榜样在改变幼儿行为和态度中具有很大潜力。幼儿常模仿同伴的行为并将其同化到自己的行为结构中去。

第三，同伴是幼儿特殊的信息渠道和参照框架。幼儿常从同伴那里获得一些不便或不能从成人那里得到的知识和信息。在同伴集体中，当发生规范冲突时，幼儿考虑到同伴提供的信息和团体规范，会表现出从众行为。幼儿自我概念的形成也得益于同伴集体。同伴既可以给幼儿提供关于自我的信息，又可以作为幼儿与他人比较的对象。幼儿在将自己与同伴比较的过程中形成对自我的评价。

第四，同伴是幼儿情感支持的来源之一。

（1）同伴关系发展的特点

儿童的同伴关系是通过相互作用的过程表现出来的。在整个儿童期，同伴相互作用的基本趋势是：从最初简单的、零零散散的互动逐步发展到各种复杂的、互惠的相互作用。这是一个从简单到复杂、从低级到高级、从不熟练到熟练的过程。

在幼儿期，幼儿与同伴的接触次数增加，他们不再把成人作为唯一的依靠对象。他们开始主动寻求同伴，喜欢和同伴共同参与一些活动，与同伴的交往比以前密切、频繁和持久。从 3 岁起，幼儿偏爱同性同伴，经常与同性同伴一起游戏、活动。在 3～4 岁时，幼儿依恋同伴的强度和与同伴建立起友谊的数量有显著增长。语言的发展也使同伴间的交往更加有效。

此时儿童与同伴的主要交往形式是游戏，游戏是幼儿的主导活动，它是幼儿反映社会生活的一种特殊方式。幼儿在游戏中的交往是从 3 岁左右开始的，3 岁后，幼儿同伴交往的发展特点主要表现在如下四方面：

3 岁左右，儿童游戏中的交往主要是非社会性的，儿童以独自游戏或平行游戏为主。幼儿彼此之间没有联系，各玩各的。

4 岁左右，联系性游戏逐渐增多，并逐渐成为主要游戏形式。在游戏中，幼儿彼此之间有一定的联系，说笑、互借玩具，但这种联系是偶然的，没有组织的，彼此间的交往也不密切，这是幼儿游戏中社会性交往发展的初级阶段。

5 岁以后，合作性游戏开始发展，同伴交往的主动性和协调性逐渐发展。幼儿游戏中社会性交往水平最高的是合作性游戏，如角色游戏、规则游戏等。在游戏中，幼儿分工合作，有共同的目的、计划。幼儿必须服从一定的指挥，遵守共同的规则，互相协作、尊重、关心与帮助，大家一起为玩好游戏而努力。

幼儿期同伴交往主要是与同性别的儿童交往。这种倾向随着年龄的增长，越来越明显：女孩更明显地表现出交往的选择性，自己的偏好更加固定；女孩游戏中的交往水平高于男孩，表现在女孩的合作游戏明显多于男孩；男孩对同伴的消极反应明显多于女孩。

（2）友谊的建立

心理学家对友谊作了如下界定：友谊是两个个体之间的一种相互作用的双向关系，并非简单的喜欢和依恋关系；友谊是一种较为持久的稳定关系；友谊是以信任为基础，以亲密性支持为情感特征的关系；友谊是以共同的爱好、互惠和分享积极的情感为显著特征的一种稳定的、有情感联系的动力关系。

幼儿只是从具体的外显特征看待友谊，他们认为朋友就是与自己一块儿玩耍、共同分享东西的人。幼儿的友谊一般是脆弱、易变的，很快形成又很快破裂；多半建立在地理位置接近（邻居）、有共同的兴趣和喜爱的活动以及拥有有趣的玩具的基础上。因此，在幼儿阶段还没有发展起友谊关系。

（3）幼儿合作交往能力的培养

幼儿的合作交往能力，具体是指幼儿在游戏、学习、生活中，能主动配合、分工合作、协商解决问题、协调关系的能力，包括学会分享与共享、合作与交流、等待与轮流、关爱与抚慰等。合作交往的能力是幼儿社会性发展的一个主要方面，在幼儿合作交往能力的培养上，可以遵循以下几点建议。

1）开展分享活动，培养幼儿的分享意识

在家庭中，孩子一般只与家人交往。进入幼儿园后，幼儿的活动范围就从家庭扩大到学校，交往范围明显扩大，他们要学会与同伴交往，分享合作。老师可以定期开展分享活动，如让幼儿带上心爱的玩具或自己喜欢吃的食物到幼儿园来与同伴一起分享，培养幼儿的分享意识。

2）榜样引领，强化合作意识

合作是一种具体的社会行为，必须让幼儿在具体可感知的情境中体会、领悟并强化合作的意识。父母和老师在幼儿心目中有很高的威信，父母和老师的言行更是潜移默化地影响着幼儿。父母和老师可以分别发挥榜样作用，在家庭事务、教学工作中分工合作、互相配合。日常生活中为幼儿建构相互交往的环境，注意引导幼儿感受合作的成果，体验合作的愉快。当幼儿做出合作行为，能较好地与同伴一同合作学习或游戏时，及时地给予肯定、鼓励，让幼儿逐渐产生合作的意识，使幼儿初步萌发合作交往的内在动机。

同伴也是幼儿观察学习的榜样，对有合作行为的幼儿的积极评价和鼓励，会不断激发其他幼儿向他们学习的动机；同时，在合作游戏时，幼儿经常通过观察，模仿学习其他幼儿的合作行为。

3）创设情景，体验合作交往的情感

情感具有巩固或改变一个人行为的效能。在培养幼儿合作交往能力的过程中应遵循“知情并进”的原则。由于幼儿的年龄特征决定了他们的认知水平非常有限，他们无法充分地认识到合作交往的意义，但是他们能够充分地体验到合作交往带来的成功与快乐。而且，幼儿是交往活动的主体，只有让他们从自己的兴趣爱好或情感需求出发，以自己喜欢的方式和他人交往，才能真正提高幼儿的交往能力。因此可以创设合作情景游戏，让幼儿在情景游戏中体验合作交往的情感。

4）活动渗透，学习合作交往的方法

通过各类活动培养幼儿的合作交往能力。可以利用故事法培养幼儿的移情能力，利用角色扮演来提升移情能力。故事法并不是只让幼儿听故事，而是一种让幼儿“听”“说”“做”三者结合的方法。听，是听故事以引导幼儿认识情感；说，是续编故事让其感受情感；做，则是通过情境表演使他们进一步体验情感，产生情感共鸣。通过角色扮演，幼儿能亲身体验他人的角色，从中认识到他人有不同于自己的现实状态和内心体验，进而更好地理解他人的处境，体验他人在各种不同情境下的情感情绪，提高设身处地地为他人着想的能力。

通过组织社会性区角活动，让幼儿在活动中体验合作交往。如从最贴近幼儿生活的“娃娃家”开始，幼儿模仿家中的角色在活动中与同伴交往。随着幼儿知识经验的增多以及社会交往能力的提高，可以扩大幼儿的交往范围，开展全园性平行班之间的社会性区角游戏互动，每个幼儿可根据自己的意愿和兴趣去参加其中某一组的活动，这样活动内容逐渐增多，涉及的范围也逐渐扩大。让幼儿在活动中学会解决幼儿间的冲突，学会处理和解决问题，使孩子们在一个更自由、广阔的空间中，在一个模拟的“社会”小环境中学会自主、谦让、协作，初步学会合作交往的方法。此外，谈话活动也是幼儿学习正确的交往方法的一种很好的教学手段，如“我的好朋友”“新玩具一起玩”等活动。通过谈话，幼儿之间增进了了解，加强了友谊，掌握了交往的技巧。

节日活动也可为幼儿创设愉快的交往机会，是提高交往能力的有效时机。借用节日活动，组织幼儿和不同年龄、不同身份、不同职业的人物交流来往，培养幼儿乐于与人交往、互相合作和分享的习惯，和初步的同情心。例如，在重阳节组织孩子们到敬老院慰问老人，听老人们讲他们过去的故事，亲眼目睹老人生活的不便，从而对老人产生爱护同情之感，并主动地搀扶帮助；在护士节和白衣天使一起度过节日，体验她们工作的辛苦与繁重。

（二）幼儿性别概念与性别角色知识的发展

性别在儿童发展中具有重要意义。性别在相当程度上决定了父母或其他人对待儿童的方式，如给孩子取名、送服饰和玩具、与儿童游戏和谈话等无不传递着社会有关男女不同的标准和期望。

所有的社会都期待男女扮演不同的角色，具有不同的行为方式。儿童要成为合格的社会成员，就必须知道自己的性别和社会对不同性别的期望，并将这类信息整合到自我概念系统中，形成独特的个性特征和行为方式。

儿童获得性别认同和关于他所生活的社会认为适合于男人或女人的动机、价值、行为方式和性格特征的过程就是性别化，又称性别类型化，是儿童个性和社会性发展的一个重要方面。儿童的基本生物特征、社会经验和认知发展相互作用，共同影响着儿童的性别化。

1. 性别概念的发展

幼儿的性别概念主要包括三个成分：性别认同、性别稳定性和性别恒常性。性别认同是幼儿对自己和他人的性别的正确标定。性别稳定性是幼儿对人一生性别保持不变的认识。性别恒常性是对人的性别不因为其外表和活动的改变而改变的认识。性别认同出现得最早，然后是性别稳定性，最后则是性别恒常性。

（1）性别认同的发展

大多数研究认为，幼儿的性别认同出现的时间在1.5～2岁之间。一些2岁左右的幼儿已能分辨出照片上人的性别，然而还不能确定自己的性别。大多数2.5～3岁的幼儿能正确说出自己是男孩或是女孩；但是不能认识到性别是不变的属性。3～5岁的幼儿还不能理解性别的坚定性。5～7岁幼儿才开始理解性别的坚定性，这正是幼儿初步达到液体和数量守恒的阶段。幼儿先是理解自我的性别坚定性，继而是同性别他人的性别坚定性，最后是异性别他人的性别坚定性。理解男女生理上的差异是在学龄期间。

在进行性别认同所依据的线索方面，幼儿与成人之间存在差异。成人首先依据生殖器官，其次是身体的轮廓等线索，最后是服饰来确定性别。而幼儿往往先依据发型特别是头发的长度，其次是服饰的特点来确定被观察者的性别。

性别认同阶段中，幼儿虽然知道自己是男孩还是女孩，但并不清楚自己的性别是不会随年龄的增长而变化的。

（2）性别稳定性

一般幼儿在 3～4 岁达到性别稳定性。这一年龄的幼儿能够认识到，一个人的性别在一生中是稳定不变的，男的终究是男的，女的终究是女的。这一发展依赖于幼儿对其心理方面的特征的感知。心理、个性方面的特点变化较小，使幼儿对心理这方面的性别信息的判断相对简单，如对女性的温柔、男性的攻击性等心理特点的感知较早。

（3）性别恒常性

性别恒常性是幼儿性别认知发展中的一个重要的里程碑。幼儿一般在 6～7 岁时才能获得性别恒常性的认识。该阶段的幼儿能够认识到即使女孩穿男孩的衣服也依然是女孩，而男孩留长发或喜欢绣花等也依然是男孩。性别恒常性的发展是幼儿对其活动、外表特征的认识。这方面的特点比心理方面的特点变化大，是可见的，使幼儿对这些方面反映的性别信息的判断复杂化，所以性别恒常性的发展要晚于性别的稳定性发展。

2. 性别角色标准的获得

每位父母都有一套性别角色标准，他们从儿童出生后，就以各种方式将这套标准传递给子女。幼儿几乎在会正确使用性别标签不久，就获得了一些性别刻板印象。有一项研究给 2.5～3.5 岁的幼儿两个性别不同的娃娃，问他们这两个娃娃分别从事什么活动，如做饭、缝衣服、玩娃娃、开火车或卡车、打架、爬树等。几乎所有 2.5 岁的幼儿都有一些关于性别角色标准的知识，而 3.5 岁的幼儿知道得更多。

幼儿对于性别角色心理维度标准的认识要到学龄期以后才会获得，而且相对幼儿的性别角色标准要灵活得多。

3. 性别化行为的发展

幼儿的性别偏爱最早表现在对玩具的选择上。14～22 个月的男孩偏爱小汽车之类的玩具，而女孩则喜欢玩娃娃和毛绒玩具。进入幼儿园后，幼儿一般都喜欢从事与性别相符合的活动或中性活动，他们经常分为男、女不同的游戏小组。

在性别化过程中，男孩比女孩面临更大的社会压力。现代社会，父母往往更注意培养男孩不要有“娘娘腔”，而不太在意女孩的“假小子气”。因此，男孩的行为稍微偏离性别角色标准就会受到严厉的批评，他们很快就知道了社会对男孩期望的是什么。

4～9 岁的幼儿对性别角色标准有了更多的了解，并且遵从这些社会要求。然而，女孩比男孩对异性玩具、游戏和活动的兴趣保持得更久些。

与社会的性别角色标准一致的行为，由于在幼儿的社会实践中不断受到强化，因而有可能保留下来，成为比较稳定的个性特征；而那些与社会性别角色标准不相符的行为，则因自幼得不到强化甚至受到谴责而可能逐渐消退。

4. 幼儿性别角色发展的影响因素

分析心理学家荣格认为，男女两种心理意向分别在人格发展中起着不同的作用，其好坏优劣不能一概而论。但如果能在童年的生活经历与教育方式上消除性别的刻板印象，将有助于个性充分自由的发展，形成较完美和谐的人格。影响幼儿性别角色发展的因素分别是早期家庭教育、角色游戏、学校教育和大众传媒。在幼儿阶段进行两性化教育，可以促使男女幼儿在各种个性趋向上平衡发展。

（1）早期家庭教育对幼儿性别角色发展起着奠基作用

许多研究都表明，父母的抚养方式对幼儿性别社会化产生直接的、最初的，也是最有力的影响。父母受传统的社会观点和社会风俗习惯的影响，自觉或不自觉地就会因儿童性别不同而采取不同的教养态度和教育方式。

雅各布斯（J. E. Jacobs）等人研究证明，一方面，父母通过提出期望，使子女把这些期望同化成自己的性别角色刻板观念；另一方面，父母的态度和性别角色刻板观念会潜移默化地影响子女的性别角色观念。孩子还未出世，父母就按照社会流行的性别角色价值观，对孩子的性别抱有期望；孩子刚一降生，就因性别而受到不同的待遇，表现在护理、服饰、名字、玩具等方面。一般情况下，父亲对儿子比较粗鲁，而对女儿则比较和善。父母对男孩子的教育是期望型的，着重于获取成功和控制自身的情绪这两个方面；而对女孩子的教育是保护型的，总是对其给予更多的保护、爱抚和更多的身体接触。同时，父母会鼓励那些符合性别角色的行为，制止那些不适当的行为；当男女儿童的行为倾向出现之后，父母会继续通过各种方式予以强化。

（2）角色游戏对幼儿性别角色发展起着关键作用

幼儿的角色意识和角色规范，首先是从家长那里获得的，是从现实社会生活中感觉到的。这种过程对幼儿来说仅是感受，而角色游戏则是把这种感受变成自己参与游戏期间的“实践”活动。他们按照自己所能理解的社会需要承担角色，并把某种社会角色的最主要的品质加以形象化，在游戏中生动地再现各种不同角色行为，表现出对角色及其规范的认同，并且逐渐将这种社会角色规范由外部的强制规范转化为内在品格。角色游戏是儿童反映现实生活的一种特殊活动，通过游戏有助于巩固与加深对性别角色的认识。因此，角色游戏对儿童性别角色发展起着关键作用。

（3）学校教育对幼儿性别角色发展起着主导作用

幼儿进入幼儿园，意味着他们开始接受学校教育。由于学校教育具有特殊的权威性，随着个体受教育年限的增加，学校教育对儿童性别角色发展的主导作用逐渐显现出来。首先，教师的角色期望对幼儿的性别角色发展有重要影响。教师对待不同性别儿童时采取不同的互动方式。对男女幼儿不同的看法和态度，在极大程度上影响儿童性别角色的发展，儿童往往倾向于把自己塑造成教师所期望的角色。教师应自觉意识到自己的言语、行为和态度对学生性别角色定位的影响，在教育教学活动中应尽可能避免流露出对男女幼儿泾渭分明的主观倾向，以促进幼儿性别角色的健康发展。其次，教材对幼儿的性别角色发展也有重要影响。儿童性别角色发展是在特定的文化背景下形成的，学生在阅读和学习教科书的过程中，会潜移默化地接收其感染和暗示，并进行模仿，从而形成文化心理积淀。

（4）大众传媒对儿童性别角色发展起着导向作用

随着电视、网络等大众传媒的普及，城市儿童接触传媒的机会逐渐增多。社会学家指出，在现代社会里，除了家庭、学校和同伴群体，大众传媒已成为影响儿童社会化的第四个重要因素。在大多数情况下，大众传媒中的性别角色定型会影响儿童性别角色的发展。性别角色定型完全是一种文化上的规定，它将生理因素形成的性别差异绝对化，将其扩大到能力、个性等所有领域，以说明性别角色的不同。大众传媒反映的就是这种文化规范。儿童在理解传媒中的角色定型时，并不是被动的，他们会根据已有的性别角色知识来理解和认同媒介中的形象或主题，利用大众传媒证实和补充自己的相关知识。儿童还通过观察大众传媒的内容，对其中某些角色行为产生认同，并意识到在某些情景下模仿会产生有利的结果。当这种情景出现时，儿童就会产生模仿行为，而且这种模仿行为可通过媒介不断强化形成长期行为。进一步研究发现，幼儿的媒介接触常常表现出显著的性别差异。首先，男孩比女孩更喜欢接触参与性较强的媒介，如电子游戏机、计算机、电子出版物等；其次，男孩比女孩更喜欢接触理性和进攻性较强的媒介内容。因此，幼儿在媒介中潜移默化地接受了性别角色定型，然后又以这种定型指导自己的媒介接触行为，而这种行为的结果必然强化儿童的性别角色定型。

（三）幼儿攻击性行为和亲社会行为的发展

社会行为是指个体在人际交往中所表现出来的对人、事、物的一系列态度和行为反应。社会行为据其性质可分为：攻击性行为和亲社会行为。攻击性行为和亲社会行为最早出现于婴儿期。已有研究发现，在环境、教育的影响下，幼儿随着社会交往经验增多，心理发展水平逐渐提高，不断地去自我中心化，由此带来观点采择、移情、自我控制和社会交往能力的较大发展，因此幼儿逐渐学会控制攻击性行为，发展亲社会行为。

1. 攻击性行为

攻击性行为，是针对他人的敌视、伤害或破坏性行为。侵犯可以是身体的侵犯、言语的攻击，也可以是对别人权利的侵犯。攻击行为有两个基本特点：首先，被受害者知觉到是不友好的、消极的；其次，攻击者有意实施生理或心理的伤害。攻击性行为通常分为两类：敌意性攻击和工具性攻击。敌意性攻击是指攻击者主要以伤害或损害受害者为目的而发动的攻击性行为；相反，工具性攻击是指一方只是把伤害另一方作为一种获得非攻击性结果的手段（例如，在抢同学的糖果时把其撞倒）。有些外显的攻击行为，有可能是敌意性攻击但也包含了工具性的目的。总之，敌意性攻击和工具性攻击之间的区别并不明显。虽然如此，它仍是有意义的划分，因为发展心理学者已经发现，两种攻击性行为是在不同时期出现的，经常有不同的发展前因，而且对个体未来的个人和社会适应也有不一样的意义。

攻击性行为在很大程度上是一种社会判断，是我们对观察到或经历过的看似损伤或毁坏的行为做出的社会判断。对行为者是否有伤人意图的推断会因观察者、攻击者、受害者和情境的不同而不同。

（1）幼儿攻击性行为的具体表现

从侵犯形式上分，幼儿的攻击性行为有言语攻击、身体攻击和间接攻击。

从侵犯目的上来看，幼儿园儿童中发生频率较高的攻击性行为有报复性攻击、打抱不平的攻击、为控制他人而进行的攻击、嫉妒性攻击和挫折性攻击。攻击性行为研究者们划分出两种高攻击性儿童：主动型攻击者和反应型攻击者。主动型攻击者自信攻击会带来切实利益（比如争抢到玩具），而且他们相信，通过操控其他儿童能够提高自尊，因为这些儿童一般会在严重伤害发生前就俯首称臣。反应型攻击者表现出较强的敌意和报复性攻击，这些攻击者对人充满怀疑和警戒，常常认为别人是好斗的敌人，对他们就应该使用武力。

（2）年龄特征

一些实验研究以及观察研究共同发现：儿童一般性的脾气暴躁在幼儿期减弱，4 岁后就不再普遍；武力反抗行为的发生率在 2～3 岁达到高峰，幼儿可能打、咬、踢对方，学前期逐渐下降。但是，幼儿 3 岁后对挑衅行为的报复性反应倾向急剧增加。攻击性行为随年龄增长发生变化的方式至少有两种。这个年龄段的幼儿之间大多因玩具和所有物而争吵，常是工具性攻击；身体攻击在 4 岁时达到顶点。大一点的幼儿园幼儿以及小学低年级儿童表现出的身体攻击逐渐减少，取而代之的是嘲弄、奚落、散布谣言或是叫一些贬损性质的绰号等言语攻击。虽然大多数年长幼儿的争执含有工具性目的（如拿到玩具），但他们攻击冲突中那些敌意性质（主要意图在于伤害别人）或报复活动的比率逐渐增高。哈特普（W. W. Hartup）认为，大一些的儿童正在学习社会认知技能，这使得他们更多地去推断他人的意图，并报复自认为伤害了自己的人。5 岁以后，幼儿的攻击性行为开始减少。一是因为父母与教师不容许攻击性行为，而鼓励合作与分享等；二是儿童从自身经验中懂得，协商、谈判是达到同样目的的有效手段。

（3）攻击性行为的原因

社会学习理论提出攻击反应通过观察学习获得，儿童关注并在记忆中保存他们所见到的别人的攻击行为。儿童还可以通过直接经验习得攻击反应（或攻击习惯）。攻击行为受到强化的儿童更有可能在将来诉诸于行动。在攻击行为有助于攻击者获得利益或是满足他/她的目的时，攻击行为就容易得到保持（还可能变成习惯）。

社会信息加工理论描述了儿童在决定怎样对伤害事件或其他社会问题做出反应时经历的步骤，用来解释儿童为何喜欢用攻击或非攻击的方式解决问题。该理论指出儿童在某种模糊情境下受到伤害后的反应取决于六个认知步骤或过程。受到伤害的儿童首先会编码和解释当时的线索，解释了线索之后，儿童必须形成一个目标（去处理这一事件），产生并评价实现这一目标的可能策略，最后选择并实施一个反应。该模型认为，儿童的心理状态，即他过去的社会经验（特别是有关伤害的经验）、社会期待、对社会规则的了解以及调节情绪的能力，都能影响六步信息加工过程的每一步。

具体影响幼儿攻击性行为的因素有生物因素、家庭环境和大众传媒。

1）生物因素。个体的遗传基因、激素水平、气质类型等生物易感性和社会化经历共同影响幼儿的攻击性行为。儿童的生物易感性对养育者有间接的诱发作用，例如，父母更有可能对容易发脾气、难安抚的困难型幼儿失去耐心，这反过来促使幼儿朝着更加易怒或对别人更有敌意、充满报复的方向发展。

2）家庭环境。儿童的攻击性行为倾向部分取决于他所生活的文化或亚文化的鼓励和容忍程度。来自不利环境的儿童更具攻击性，其原因部分是教养方式存在社会阶层差异，并且他们很可能居住在集体效力低的高危社区。同一文化或亚文化中成员间的个体差异则来自儿童的家庭环境。

儿童早期接受专制型教养方式会使他们形成敌意归因偏见、反抗和攻击行为，并普遍缺乏自制力。武断、冷淡、拒绝的父母采用高压型管教（特别是体罚），而且反复无常，经常听任儿童表达侵犯性冲动，更可能培养出敌意的、攻击性的儿童。父母的冷淡、拒绝使儿童的情感需要受到挫折，并为儿童树立了一个对他人漠不关心的榜样。放纵型的父母不约束儿童的攻击性行为，实际上使得这种行为合法化，同时没有为儿童提供控制侵犯冲动的机会。当攻击性行为到了不可容忍的地步时才给予惩罚，结果可能适得其反。一是用反复无常、不一致的方式惩罚攻击性行为，这种行为很难矫正，尤其是父母两人不一致时。二是为儿童提供了一个榜样，恰恰鼓励了家长试图制止的行为。儿童知道家长不高兴时自己会挨打，那么，当同伴让他生气时，他也会以同样方式教训同伴。

家庭氛围也影响儿童的侵犯倾向。来自充满矛盾与冲突的家庭的儿童常有情绪方面的困扰和大量行为问题，包括攻击性行为。当父母打架时，幼儿往往感到极度悲伤；家庭内部持续的冲突可能使幼儿与同伴形成敌意、攻击的互动模式。当出现以下情况时，幼儿尤其容易受到影响：发生冲突的父母彼此之间相互攻击，且在冲突发生后相互回避而不是和气、满意地去解决冲突。父母间的此种争斗不仅带给幼儿心灵的创伤，而且损害父母给予子女关爱和支持的能力。那些经常目睹父母间争斗，但是自己没有被虐待的儿童常常认为，攻击会为胜利者带来好处，因此他们更可能变成主动型攻击者；而那些自己也是家庭斗争受害者的儿童，会变得对人不信任、怀疑别人，变成反应型攻击者。

攻击性行为研究专家杰拉德·帕特森（G. Patterson）等人将“家庭成员之间经常争吵，他们不愿意主动发起谈话，即使谈话，也常常话里带刺、威胁或是激怒其他家庭成员而非亲切温和的交谈”这种环境称作“强制型家庭环境”，其中大部分互动都表现为：一个家庭成员试图强行制止另一个成员对他的激惹。有研究指出，问题儿童的母亲很少采用赞赏的方法来控制孩子的行为。相反，他们非常忽视亲社会行为，把很多无关痛痒的行为说成是反社会的，在处理她们认为的不良行为时，几乎完全凭借强制手段。这些问题儿童在家里所受到的大量消极对待也许可以解释为什么他们不信任别人，为什么他们会表现出高攻击儿童常见的敌意归因偏见。具有讽刺意义的是，来自高强制型家庭环境的儿童最后逐渐对惩罚变得具有抵抗力。他们学会用反强制来对抗强制，而且经常会这样挑衅和违抗父母，反复表现出父母正试图努力压制的行为。因为这是儿童能够引起那些很少表扬或表示关爱的成人注意的一种方法。

3）大众传媒。关于大众传播媒介对攻击性行为的负面影响的许多研究发现，暴力内容给儿童提供了侵犯性榜样，减弱了儿童对攻击性行为的控制，使儿童曲解了幻想与现实，增加了儿童对攻击性行为的容忍度，甚至对发生在周围的攻击性行为视而不见，鼓励了攻击性行为。因此，在幼儿观看电视时，家长应恰当地解释和评价他们所看到的电视节目中的任何形象，比如蜘蛛侠，以减轻电视暴力的影响，培养幼儿的英雄主义情结。家庭成员在看电视时可以通过讨论剧中情节帮助幼儿将行动与后果联系起来，强化电视的正面影响，减少负面影响。

（4）消除幼儿攻击性行为的几点建议

1）教会幼儿宣泄受挫、愤怒、烦恼等侵犯性情绪。教会那些受到挫折、攻击、干扰的幼儿用言语来倾诉、宣泄内心体验到的侵犯性情感，也可以引导他们在适当的场合和时间大哭大叫一通。但不建议用踢打、拳击等方式将侵犯性情感向无生命物体（如充气娃娃）宣泄，此种宣泄方法并不能减少攻击驱力，反而可能向敏感的幼儿暗示，踢打和击打是可接受的用来表达愤怒或沮丧的方法。但总体来说，宣泄法并不是一个能减少儿童攻击性行为的有效方法。

2）营造“非攻击性”的游戏环境比宣泄法更有效。这是减少幼儿攻击性行为的简便有效的方法。例如，父母和教师可以拿走（或者拒绝买）一些具有“攻击性”的玩具，如枪、坦克以及橡胶匕首等，这些玩具会激发暴力幻想和攻击行为。提供足够的空间让他们进行激烈的游戏，有助于消除意外的碰撞、推挤和摔倒，而这些经常会升级为敌意行为。在环境创设上，增加同类玩具的数量或提供充足的玩具，这是因为幼儿在家庭中处于被别人照顾的地位，当他们跨入幼儿园，自我中心、从众心理、强占有欲加上幼儿不善用语言协商，他们常因独占或相互争夺玩具而发生身体攻击。提供充足的玩具以免他们为了有限的资源而竞争，幼儿们更可能和谐地一起玩耍。

3）消除攻击性带来的好处。父母和教师可以通过查明和消除攻击性的强化结果，鼓励儿童用其他手段实现个人目标，以此来减少主动攻击事件。

4）采取暂停法控制幼儿的强制行为。暂停技术是成人既能处理好严重的伤害行为，又不因成人的关注而“强化”这些行为的有效方法之一。暂停法是将攻击者从强化攻击性的情境中带走（例如，把他送回自己的屋子，直到他已经能够自控和表现正常）。虽然这一方法可能导致愤恨，但是成人并没有在身体上虐待儿童，没有提供攻击榜样，也不会无意强化儿童企图获得关注的不良行为。当成人同时也在强化与攻击性不相容的合作或帮助行为时，暂停技术是控制儿童敌意行为的最有效方法。

5）发现孩子身上值得表示温情和关怀的亲社会行为。虽然这对那些习惯于喝斥和强调消极方面的父母来说比较困难，但心理学家认为父母的关爱和赞同将会强化好行为，最终引发儿童表现出关爱之情。

2. 亲社会行为

亲社会行为是指任何符合社会期望且对他人、群体或社会有益的行为及趋向，如帮助、安慰、捐助或救助他人，与他人合作、分享、谦让，甚至包括赞扬他人，使他人愉快。亲社会行为又称向社会行为、利他行为。

有人将亲社会行为分为自主的利他行为和规范的利他行为。前者指亲社会行为的动机出于对他人的关心；后者指亲社会行为的动机是期待个人报偿或避免批评。有研究者认为，真正的亲社会行为特指行为者不期望得到酬赏，不为避免惩罚，而是从他人利益出发，以帮助他人为最终目的的行为。

（1）具体表现

幼儿期儿童出现了合作、分享、帮助、谦让和安慰他人等亲社会行为，其中合作行为出现的频率最高，其次是分享和帮助行为，安慰行为最少。

（2）年龄特征

关心他人是大多数文化希望其社会成员获得的价值观。从婴儿期开始，父母就开始鼓励孩子的亲社会行为。

虽然2～3岁的儿童会对伤心的同伴表现出某种同情和怜悯，但他们并不急着做出真正的自我牺牲行为。如果成人指导儿童考虑别人的需要，那么儿童就更可能表现出分享等友善行为。有时，一个孩子主动要求分享或发出某种威胁，也能诱发另一个孩子的分享行为。但总体而言，为别人做出自发的自我牺牲行为在婴儿和学前儿童中还比较少见。有研究发现2.5～3.5岁的儿童总是乐于在假装游戏中表演对别人友善的好行为。而4～6岁的儿童则更多表现出真实的助人行为，很少“假扮”利他主义者的角色。

一般认为，亲社会行为在幼儿期逐渐增加，6～12岁增长显著。对1～3岁儿童的研究均表明，儿童的亲社会行为的频率随着年龄的增长而增加。

（3）原因

精神分析、社会学习和认知发展理论认为，儿童必须通过学习才能获得与利他有关的知识。精神分析理论家认为，利他价值观通过内化成为人们超我的一部分。社会学习理论家认为，之所以能习得和保持利他的习惯，是因为儿童知道，亲社会行为在某些方面是受到强化的行为。认知发展理论家认为，利他倾向的发展依赖于儿童期发生的认知变化：自我中心性的逐渐下降；角色承担技能的发展；移情倾向和亲社会道德推理的发展。

一些2～3岁的儿童常常安慰伤心的同伴，但另一些儿童则很少这样做。早期同情心的个体差异在某种程度上可以归因于气质的差异。比如，气质上胆怯、行为抑制的2～3岁的幼儿比胆大、非抑制的幼儿更可能对别人的痛苦感到高度紧张，从而离开那个痛苦的人，而去调整自己的紧张。儿童早期同情心的个体差异，可能也受父母对儿童伤害别人的反应的影响。有研究者发现缺乏同情心的儿童，其母亲更多地使用训斥或体罚之类的强制性策略来管教孩子伤害别人的行为。反之，那些有同情心的儿童，他们的母亲经常采用情感解释法教育孩子，培养儿童的同情心（有时是懊悔）。这种策略是通过帮助儿童理解他自己的行为与该行为引起的别人的痛苦之间的关系来实现的。

产生年龄差异的原因可能与儿童社会信息加工能力的增长（如设身处地考虑对方）、社会责任感及提供亲社会行为的能力和知识的增加有关。如角色扮演能力发展良好的儿童通常会比相应技能较差的同伴表现出更多的助人行为和同情心，这主要是因为他们能更好地推断同伴对帮助和安慰的需求。

文化与亚文化、父母的价值观念与教育方式及大众传播媒介同样对儿童的亲社会行为有很大的影响。有研究表明，电视节目至少能在短期内增加儿童的亲社会行为和态度。因此，创造良好的社会氛围是促进儿童亲社会行为的重要措施之一。

（4）促进幼儿亲社会行为的手段

包括：①角色扮演训练；②行为强化训练和自我概念训练，但自我概念训练对 8 岁以下儿童效果不明显；③榜样示范，模仿有利于亲社会行为的增加。张莉对大、中、小班儿童进行了三周的干预训练，比较了榜样和移情对幼儿分享行为的影响。结果表明，移情训练在小班、中班的效果优于在大班的效果，榜样训练在各年龄班的效果差异不明显。同时，移情训练和榜样训练的效果在幼儿前期和中期无显著差别，但是在幼儿后期，榜样训练的效果在幼儿的玩具和奖品分享行为上比移情训练的效果更好。

参考文献

邓丽群. 2008. 论和谐亲子互动关系的构建. 四川理工学院学报（社会科学版），23（5）：53-55.

丁祖荫. 2006. 幼儿心理学. 第 2 版. 北京：人民教育出版社.

何武雄，罗应嘉. 2001. 没有“输家”，只有“赢家”的体育活动——动作教育在幼儿体能课程中的应用.中华技术学院学报，（3）：3.

寇彧，王磊. 2003. 儿童亲社会行为及其干预研究述评. 心理发展与教育，（4）：86-90.

李红，冯廷勇. 2006. 幼儿心理学. 北京：人民教育出版社.

林崇德. 2002. 发展心理学. 杭州：浙江教育出版社.

庞丽娟，陈琴，姜勇等. 2001. 幼儿社会行为发展特点的研究. 心理发展与教育，（1）：24-30.

王恩国，郭明印. 2008. 儿童性别角色发展及其影响因素. 心理研究，1（2）：32-35.

肖凌燕. 2004. 儿童行为问题产生的原因及家庭干预. 中国特殊教育，（1）：62-65.

谢弗 D R. 2012. 社会性与人格发展. 陈会昌译. 人民邮电出版社：6：298-354.

谢弗 D R，基普 K. 2009. 发展心理学（第 8 版）. 邹泓等译. 北京：中国轻工业出版社.

思考题

1. 幼儿的身心发展有什么特点？
2. 幼儿期儿童最突出的特点有哪些？
3. 幼儿的语言发展有哪些表现？能否设计一些提高幼儿言语沟通能力的活动。
4. 幼儿的注意力有哪些特点？如何培养幼儿的注意力？
5. 幼儿的记忆力有哪些特点，如何提高幼儿的记忆能力？
6. 为什么说游戏是幼儿的主导活动？
7. 如何促进幼儿亲社会行为的发展？

第五章　童年期儿童的心理发展与教育

童年期一般指儿童从六七岁到十一二岁这一时期，大致相当于现行的小学阶段，因此这一时期的儿童也被称为学龄儿童。童年期儿童的活动从以游戏为主导转向以学习为主导，其主要任务是通过学校教学系统掌握学习方法并发展各种能力。童年期儿童儿童的心理发展特点可以概括为以下三点：第一，心理活动的随意性和自觉性进一步提高；第二，思维从具体形象思维为主要形式逐步向以抽象逻辑思维为主要形式过渡；第三，逐渐形成集体意识和较稳定的个性。与此同时，儿童开始逐渐摆脱对父母的依赖，而转向朋友，重视伙伴关系，着重以同伴的评价为依据形成自我评价，在同伴交往中，促进社会化的发展。

第一节　童年期儿童的生理发展

个体从出生到衰老，在心理和生理方面都要经历一个漫长的发展变化过程。生理发展是心理发展的基础。儿童生理发展的重点是身体发展和神经系统的发展。

一、儿童的身体发展

（一）身高和体重

从出生到成熟，儿童的身高一直在增长，体重也不断增加。通常，女性身体发展到18岁左右停止，男性到20岁左右停止。儿童身体发育有两个高峰期。

第一个发育高峰期（0到1、2岁），即婴儿期。第一年发育速度最迅速，身高比出生时增长50%，体重达到出生时的2倍。第二年与第一年末相比，身高约增长10cm，体重增加3～3.5kg。

第二个发育高峰期的年龄是11～13岁（女）、13～15岁（男），这个阶段属于青春发育期。这个期间每年身高增长的平均值为6～7cm，体重增加的平均值为4～5kg。

小学阶段正处在这两个高峰期之间，儿童身高年增长4～5cm，体重年增加1.5～2.5kg，是相对平稳的过渡期。

（二）儿童身体发展的非匀速性

人体的生长发育不是直线上升，而是呈波浪式的，并且发展的速度不等，有时快些，有时慢些，交替着进行。儿童身体并不是随年龄增长而均速发展。如前所述，发展过程中有快速期也有平稳期。从出生到成熟的整个过程可以划分为四个阶段：0～2 岁是快速发展阶段；2～11、12 岁是平稳发展阶段；11～13 岁（女），13～15 岁（男）是急速发展阶段；15～16 岁至成熟是缓慢发展阶段。

（三）儿童生理发展遵循一定的次序和规律

儿童身体发展和神经系统等各种生理系统的发展都严格地遵循着固定的次序和一定的规律。一是身体发展遵循“头尾原则”（先头后尾）和“近远原则”（先近后远），二是各生理系统发育的不平衡现象，不同的生理系统发育有着不同的模式，遵循着不同的规律：神经系统在出生后头几年发育较快，到幼儿晚期接近成人水平，此后发展趋于平缓；淋巴系统在 10 岁以前发展速度非常迅速，发展量达到成人时期的 200%，10 岁以后发展量迅速下降到成熟期的水平；生殖系统中的生殖器官在 10 岁以前基本上没有什么发育，到 10～11 岁以后迅速发育成熟，一般女孩在 11 岁、男孩在 13 岁左右进入青春发育期，开始出现与第二性征有关的发育；一般的生理系统，如骨骼、肌肉、呼吸和消化系统的发育过程有两个快速发展期和一个缓慢期——4 岁以前是第一个快速发展期，5～10 岁发展相对缓慢，从 10～11 岁开始到成熟阶段又进入快速发展期。

生理发展是心理发展的基础，它制约着儿童的心理发展。儿童的生理发展尤其是以大脑为核心的神经系统的发展为其顺利地完成在各个年级的学习、生活奠定了生理基础。

二、大脑结构和机能的发展

心理是脑的活动的产物，个体的心理发展直接受到个体脑的发展影响。儿童脑的发展主要是脑的结构和机能的发展。

（一）大脑结构的发展

1. 脑重量继续增加

刚出生的新生儿脑的重量为 350～400g，是成人脑重的 25%，出生后脑重一直增加直到成熟为止，增加的速度先快后慢。到 12 岁即儿童期时脑重约达 1 400g，与成人脑重量非常接近，20 岁时脑重停止增加。

2. 大脑结构复杂化

刚出生的新生儿，大脑皮层表面较平滑，沟回表浅、稀疏，构造简单。以后，大脑神经细胞的胞体膨大，神经细胞的突触数量和长度增加，神经纤维深入到皮层各层，将各层紧密地联系起来，神经细胞结构复杂化。小学阶段，儿童大脑的大部分都在不断地增大，其中体积增大最明显的皮层是额叶（frontal lobe）。现代生理心理学的大量研究表明，额叶与人类的记忆、意志、思维等高级心理过程有着密切的联系。国内心理学工作者对儿童发展的研究也表明额叶是脑皮层中最晚成熟的部位。小学阶段额叶的显著增大，对其高级神经活动有重大意义。

（二）大脑机能的发展

童年期所有皮层传导通路的神经纤维，在 6 岁末基本都已髓鞘化。这时的神经纤维具有较好的绝缘性，可以按一定的路径迅速传导神经兴奋，极大提高了神经传导的准确性。同时，童年期脑皮层和神经细胞体积的增大，突触数量的增多，使其大脑机能更加完善。

1. 兴奋和抑制机能的发展

兴奋过程和抑制过程是高级神经活动的基本机能，童年期的这两种机能进一步增强。年幼儿童神经的兴奋过程比抑制过程占优势。大脑兴奋机能的增强可以从儿童醒着的时间不断增多这一事实看出来，这也意味着童年期与外界交往活动增多。同时，在皮层抑制方面，约从 4 岁开始，内抑制就蓬勃发展起来。儿童在其生活条件的要求下，许多功能特别是言语不断发展，促进了内抑制的进一步发展，从而使童年期能够更细致的对外在事物做分析综合，更善于控制自己的行为。

2. 条件反射的发展

皮层抑制机能是大脑机能发展的重要标志之一。抑制性条件反射（或抑制性制约反射）（inhibitory conditional reflect）是因为条件刺激的出现而使个体反应减弱的现象，对儿童来说具有重要意义。童年期由于神经系统结构及第二信号系统的发展，特别是学校生活的要求（如上课好好听课、不能讲话等），更容易形成抑制性条件反射。抑制性条件反射加强了儿童心理的稳定性，提高了儿童对外界环境的适应能力，也使儿童能够更好地对刺激物进行精确的分析，并更好地支配自己的行为。

第二节　童年期儿童的认知发展与教育

认知就是个体认识客观世界的信息加工活动，包括感觉、知觉、注意、记忆、思维、想象等认知活动按照一定的关系组成一定的功能系统，从而实现对个体认识活动的调节作用。在个体与环境的作用过程中，个体认知的功能系统不断发展，并趋于完善。一般而言，小学阶段儿童的认知属于皮亚杰的具体运算阶段（或具体运思期）。

一、感知觉的发展

（一）感觉

1. 视觉

儿童视觉的发展主要表现在视敏度与颜色视觉的变化两方面。正常条件下，10 岁前儿童的视敏度随年龄增长而增长；10 岁儿童的视觉调节能力最好，远近物体都能看清楚；10 岁以后，随着年龄增长，视力保持一定的稳定性并有所下降。这种变化与眼睛生理机能的变化有关，同时还与儿童用眼习惯有关。

颜色视觉方面，跟幼儿相比，童年期儿童的色调差别感受性显著提高，6～7 岁时，已能分辨黑、白、红、黄、蓝、绿、棕、粉红、紫、橙等颜色并对之命名。进一步研究表明，这种对颜色的辨别能力可以通过训练提高。

2. 听觉

儿童对纯音的听敏度随年龄增长而提高，但在 4～5 岁和 7～9.5 岁间差别不大，增长缓慢，基本的变化要在 13～14 岁时才发生。童年期儿童在音乐学习和训练的影响下，辨别音调的能力有显著的提高。童年期儿童的言语听敏度也随着年龄增长而增长，其言语阈限值明显低于幼儿，言语听敏度已接近成人。通过学习活动，童年期儿童的言语听觉和言语运动觉发展也很快。

3. 运动觉

运动觉包括大肌肉运动觉和小肌肉运动觉。大肌肉运动觉在入学前就已经有相当的发展，儿童能自如地做各种基本动作，所以大家看到小学生比起学前班时有更多样化的活动。在小学阶段发展比较明显的是小肌肉运动觉。刚开始小学生的手指手腕运动还不够灵活协调，最明显的就是写字时字迹歪斜、比例不当。通过书写、绘画、制作等教学活动，童年期儿童手部肌肉、关节、力量都有了显著的发展，手动作的精确性和灵活性也日益增强。

在整个小学阶段，我们应该通过训练来发展儿童的大、小肌肉运动觉。需要注意的是，童年期儿童各方面还比较稚嫩，所以要注意训练的强度，注意发展的同时还要注意对儿童的保护。

（二）知觉

儿童入学后，学习算术、地理、自然等课程以及参加各种活动，有力促进了知觉的发展。

1. 空间知觉（space perception）

空间知觉是人脑对物体空间特性的反映。主要包括形状知觉、方位知觉和距离知觉。

（1）形状知觉（form perception）

初入学儿童常会疏忽客体的形状，而注意客体的其他特征。所以在写字时通常会出现左右、上下颠倒的错误。通过教学活动的影响，儿童的形状知觉水平逐年提高，辨别形状的正确率也逐渐提高。以后，儿童不仅能正确辨别几何图形、正确绘制各种图形，而且还能说明图形的特征。但是由于思维水平还不高，儿童对几何图形的辨别和认识还存在局限性。

（2）方位知觉（position perception）

初入学儿童方位知觉水平不高，常需以自己的身体位置作为标准来知觉方位，因此，对前后、上下容易分辨，但对左右不易分辨。据调查，刚入学儿童上操时，有 30%的儿童把左右转的口令搞混；写字时常会把相似的拼音符号或数字方向写反，如把“p”写成“b”“8”写成“∞”“9”写成“6”。儿童左右观念的发展经历三个阶段：5～7 岁儿童已能较稳定的辨别自己的左右方位；7～9 岁儿童初步掌握左右方位的相对性，但还需直观表象作支柱；9～11 岁儿童能在抽象概括水平上灵活掌握左右概念，可以完全摆脱具体表象支柱。

（3）距离知觉（distance perception）

童年期儿童可以确定空间环境中对象间较近的距离，对较远的空间距离则往往混淆不清。

2. 时间知觉（time perception）

时间知觉比空间知觉更为抽象，其抽象性也使儿童对时间的知觉更为困难。同时，也由于时间知觉抽象性，为了正确感知时间，儿童入学后逐渐掌握了概念和计时工具的运用，学会利用中介物来认识时间，因此对时间的知觉也迅速发展。小学生对时间单位的理解和知觉与他们的生活经验有直接的联系。实验结果表明，小学生对时间单位的理解最早和最正确的是一小时的时间长度，其次是“星期”“一天”。但整个小学阶段，他们对较短和较长时间的理解都还不是很充分。

二、注意的发展

（一）儿童注意发展的特点

童年期儿童注意的发展具有自己的特点：

第一，在教学影响下，儿童的有意注意开始发展，由初期的无意注意占主导地位发展为后期的有意注意占主导地位。初入学的儿童，有意注意的发展还不全面，注意力很容易分散。例如，一年级儿童上学时常常会由于匆忙而忘记了带学习用品，这时父母应该多多帮助他，提醒他。又如，低年级儿童上课时，如果教材比较乏味，而教师又不能运用一些有趣的教学方法，那么，保持注意就很困难。这就说明：低年级儿童的无意注意还起着重要的作用。教师在教学过程中不断向儿童提出努力学习的要求，要求儿童有意地集中自己的注意到必要的对象上，有意注意就逐步发展起来。

第二，在教学影响下，儿童对抽象的材料的注意正在逐步发展；而具体的、直观的事物在引起儿童的注意上，仍然起着重大的作用。童年期儿童，特别是低年级儿童，抽象思维正在开始发展，而具体形象思维还占有很重要的地位。因此，一些直观的、具体的事物，比较容易吸引儿童的注意，而一些比较抽象的概念或道理，却不大容易吸引儿童的注意。随着儿童学习活动和智力水平的发展，儿童逐渐学会把注意指向并集中到与学习任务有关的一些必要的方面去，对于为自己所能理解的一些抽象的教材也逐渐能够积极地加以注意。

第三，在整个小学时期内，儿童的注意经常带有情绪色彩。小学儿童还和学前儿童一样，容易为一些新异刺激所激动起来，而且注意的外部表现很明显。这和无意注意占主导地位有关。当然，童年期儿童在对这些情绪状态的控制上，跟学前儿童比起来，已经有很大的进步。

根据小学儿童注意的这些特点，小学教师一方面要在教学上利用可以引起儿童兴趣的因素，另一方面也要锻炼儿童控制自己情绪的能力，从而使儿童以自觉的态度来对待自己的学习。

（二）注意品质的发展

注意品质包括注意的广度、注意的稳定性、注意的分配和注意的转移。

1. 注意的广度

童年期儿童注意的范围比较狭小，但随着年龄的增长及知识经验的增加会有所提高。

2. 注意的稳定性

童年期儿童注意的稳定性随着年龄增长而提高，其发展速度超过幼儿期与青少年期，这与儿童心理活动有意性的迅速发展有关。7～10 岁儿童可连续集中注意约 20 分钟，10～12 岁约为 25 分钟，12 岁以上儿童约 30 分钟。如果教师在教学活动中能使儿童有节奏地交替使用有意注意和无意注意，则注意的持续时间会更久。注意的稳定性既跟个体的年龄有关，也跟个体的个性、兴趣、知识经验有关，同时还受注意对象的特征与个体当时状态的影响。注意的稳定性是从事学习活动所必需的品质。当小学生上课或做作业时注意力不能很好集中时，就会影响学习的效果。因此，提高小学生的注意稳定性十分重要。

3. 注意的分配

童年期儿童在学习活动中的注意分配能力较幼儿有了明显的发展。但是刚入学儿童还不善于分配自己的注意，比如在写字时常常会“顾此失彼”，注意了字的笔画就忽略了间架结构，注意了写字又忘了正确的握笔和坐姿。二年级和五年级学生的注意分配能力基本上处于同一水平，小学二年级这一阶段是儿童注意分配能力发展的转折期。

4. 注意的转移

在注意有意性迅速发展的带动下，童年期儿童注意的转移能力也表现出迅速发展的趋势。小学五年级儿童注意转移速度较小学二年级有明显增长。因此，小学低年级教师应该看到学生还不善于主动转移注意的特点，在上课之初，要重视组织教学，把学生的注意力引导到课程的学习上来，并使之随着教学内容的变化不断转移注意力。

总之，童年期儿童的注意，无论是注意的有意性还是注意品质，都在迅速发展。教师要抓住这一有利机会，通过课内外各种活动，促进儿童注意的发展。

三、记忆的发展

（一）记忆容量的增加

成人的短时记忆容量为 7±2 个组块。研究表明，儿童的记忆容量随着年龄的增长而增加。小学儿童的数字记忆广度已经与成人水平相当。

（二）记忆的主要特点

1. 有意记忆超过无意记忆成为记忆的主要方式

小学生的有意记忆（intentional memory）随着年龄的增长而不断发展。随着学习动机的激发，学习兴趣的发展，学习目的的明确，有意记忆的主导地位越加显著。一般情况下，这个主导地位的显著表现是从三年级开始。有意记忆的出现标志着儿童记忆发展上的一个质变。虽然童年期儿童的有意记忆占主导地位，但是小学生还需要大量的无意记忆来累积知识。

2. 意义记忆在记忆活动中逐渐占主导地位

意义记忆是一种理解识记，是相对于机械记忆而言的。当儿童理解所要识记的材料并有了意义加工的能力，他们就能很好地进行意义记忆。随着理解力的增加、知识的增多、组织和表达能力的提高及言语和思维水平的提高，童年期儿童在学习中能越来越多地进行意义记忆。但是，在学习过程中，由于记忆材料性质的不同，学习过程各个阶段的要求不同，既需要理解的记忆，也需要机械记忆。小学生机械记忆能力很强，需要充分利用。

3. 词的抽象记忆的发展速度逐渐超过形象记忆

小学低年级学生，知识经验还不丰富，记忆和具体形象的联系容易建立，因此，低年级学生的记忆往往表现为形象记忆（imaginal memory）。随着教学的影响、知识的丰富和智力的发展，词的抽象记忆迅速发展，并逐渐占据优势地位。在实际教学中，形象记忆和抽象记忆是相辅相成的，两者都具有重要的作用。

4. 记忆效果明显受主体情绪状态和外在动机的影响

童年期儿童记忆的效果除跟客观材料的特点有关，还仍然明显受到识记时主体情绪状态和外在动机的影响，因为良好的情绪状态和外在动机能提高儿童智力活动的积极性，从而促进记忆。人们还进一步发现，随年龄增长，外在动机系统中的精神表扬对小学儿童记忆的促进作用会日益加大。

（三）记忆策略的发展

能否采用有效的记忆策略（strategies of memory）是个体记忆发展的一个重要标志。记忆策略是人们为了有效地记忆而对输入的信息采取有助于记忆的手段和方法。简言之，就是提高记忆有效性的活动。美国心理学家弗拉维尔（J. Flavell）等人提出，个体的记忆策略是不断发展的。儿童运用记忆策略经历从无到有的发展过程。这一过程分为三个阶段：其一，没有策略阶段，多为 5 岁以前的儿童；其二，过渡阶段，一般是 5～7 岁的儿童，特点是虽然自己不能主动运用策略，但是经过诱导后能运用；其三，能主动自觉地采用策略，10 岁以后记忆策略稳定发展。童年期儿童记忆水平高于学前儿童的一个原因就是小学生能运用记忆策略，虽然使用仍未臻于完善，但已明显可见于识记、保持和回忆的所有环节。

1. 识记策略

随着思维水平的提高和多种学习方法、技巧的掌握，为了达到更好的记忆效果，童年期儿童已经开始在识记时自觉或不自觉地采取各种各样的识记策略。常用的识记策略有以下两种。

（1）复述策略（rehearsal）

复述是记忆材料的一种简单而有效的方法，是不断重复记材料直至记住的过程，也是一种为了达到识记目的而主动做出的意识活动。研究表明，复述策略的使用频率随着年龄而增长，7 岁左右是儿童由不进行复述向自发地进行复述的过渡期。进一步研究表明，复述策略在一定年龄阶段可以通过训练得到提高。儿童使用复述策略的灵活性也是随着年龄的增长而不断发展的。但在整个小学阶段，这种灵活性水平还很低。

（2）组织策略（organization）

组织是把要识记的材料中所包含的项目，按其间的意义联系归类成系统以帮助记忆，也是一种非常重要的记忆策略。研究表明，大部分人只能记住 7±2 个独立的信息组块，但如果将几个相关的项目组成一个信息组块，记忆的信息量就会大大增加。组织策略一般可以分为两种：归类和系列化。采用归类的方法进行记忆可以帮助小学生记忆更多的内容，这种策略需要一定的理解能力作为基础。弗拉维尔等人的研究表明，10～11 岁儿童基本上是自发地应用对刺激物的归类来提高记忆效果，较低年龄的儿童则不能。但经过短暂的归类训练，低年龄组儿童也能达到这种自发水平。另一种改善记忆的组织是系列化。系列化是把相互关联的信息按体系关系进行整理并条理化，以帮助记忆的一种记忆方式。小学一年级儿童还不能运用系列化策略，从三年级开始，这种能力随年级增长而提高。

2. 保持策略

刚入学的儿童还不理解只有通过反复识记和练习才能长久保存信息的道理，不会主动使用这些策略。只有到了中高年级，儿童才会为了保持材料而主动进行重复和练习。

3. 回忆策略

初入学儿童不会使用系统搜索和通过努力追忆去提取信息，他们所能回忆的往往是刚识记过的材料或熟记的材料，而且对回忆的成绩既不清楚也不在乎，回忆出多少就是多少；而高年级学生在回忆时，已开始学会系统搜索以往识记过的材料，对一时想不起的材料也能努力去追忆。

总而言之，记忆策略是多种多样的。儿童使用记忆策略的能力是随着年龄增长而不断发展的，而且训练可以有效地提高儿童运用记忆策略的能力。儿童各种记忆策略的发展是不平衡的，在很大程度上依赖于儿童自身的知识经验。根据儿童记忆策略的这些特点，教师在日常教学活动的设计过程中要注意结合儿童记忆策略的发展情况，有意识地培养儿童使用记忆策略的能力。

（四）儿童记忆的促进和培养

提高儿童记忆效果要以儿童记忆发展的特点为依据，而记忆的发展又受到社会生活条件和教育的影响，因此可以从不同的方面培养儿童的记忆能力，促进记忆的发展。

1. 丰富儿童的知识经验

儿童的经验越丰富、知识越多，认知水平就会相应提高，知识之间的联系渠道也会畅通，从而促进意义记忆的发展和记忆策略的运用。

2. 提高言语和思维的发展水平

儿童记忆的发展特点与言语和思维有密切关系。类别概念和言语发展水平对记忆有重要影响，所以促进记忆的发展不能脱离言语和思维的发展来进行。

3. 利用记忆发展特点，促进记忆发展进程

不同年龄阶段有各自的记忆特点，适应并利用这些特点帮助提高儿童的记忆发展水平。如小学低年级（6～7 岁）是掌握策略的过渡阶段，容易受教育的影响，这时给予适宜的指导就能促进儿童从不能主动使用策略过渡到能主动使用策略来帮助记忆，从而缩短过渡性的中间阶段。

4. 编织记忆网

利用新旧知识间的关联，帮助儿童建立新知识同已有知识的联系网，再引导儿童通过联想建立各种知识经验间的联结。这既有助于记忆的短时再现，也有助

于记忆的巩固性和准确性。

四、思维的发展

（一）童年期儿童思维发展的阶段

童年期儿童的思维获得飞跃发展，其基本特征在于：逻辑思维迅速发展，在发展过程中完成从具体形象思维向抽象逻辑思维的过渡。童年期儿童的思维处于皮亚杰思维发展阶段的具体运算阶段。

这个阶段之所以叫具体运算阶段，是因为：首先，这种运算思维一般都离不开具体事物的支持；其次，这种运算还是零散的，还不能组成一个完整的结构、一个完整的系统。皮亚杰认为具体运算阶段的儿童具有了思维的易变性和可逆性，能解决守恒问题并具有了观点采择能力，初步掌握了逻辑思维，出现了对事物进行群集运算的能力。具体运算思维是一种逻辑思维。

（二）童年期儿童思维发展的特点

在学前期思维发展的基础及新的生活条件下，童年期儿童思维开始有了进一步的发展，具体有以下几个基本特点。

1. 思维的具体性

整个小学期内，儿童思维逐步过渡到以抽象逻辑思维为主要形式，但仍然带有很大的具体性。初入学儿童的思维仍未完全摆脱幼儿期的特点，具有明显的具体形象性；到了中高年级，随着儿童生活经验增多和教学内容的不断深化，思维中的抽象概括成分逐渐增加，最终出现了以抽象逻辑思维为主的思维形式。在整个童年期，这种过渡是一个渐进发展的过程，实际上，童年期的任一阶段都存在着具体形象成分和抽象概括成分，只是不同阶段各自所占比例不同而已。

2. 处于思维发展的转折期

儿童思维由具体形象思维向抽象逻辑思维的过渡大约在四年级（10～11 岁），此时是一个转折期和关键期，四年级前的思维多为具体形象思维，而四年级后的思维则以抽象逻辑成分居多。进一步研究发现，这个转折年龄并不是绝对不变的，而是具有一定的伸缩性，是可以变化的。只要教学方法得当，童年期儿童思维发展的关键年龄可以提前到三年级。童年期儿童思维发展存在着很大的潜力，正确的教育可以极大地促进儿童思维的发展。

3. 思维发展的不平衡性

童年期儿童的思维，在从具体形象思维向抽象逻辑思维发展的过程中，存在着不平衡性。在整个小学期内，儿童的抽象逻辑思维水平不断提高，儿童思维中的具体形象成分和抽象成分的关系也在不断发生变化，这是它发展的一般趋势。但是具体到不同的思维对象、不同学科、不同教材的时候，这个一般的发展趋势又表现出很大的不平衡性。这种不平衡性在小学各科教学中和儿童心理学的实验研究中都得到了证明。

（三）童年期儿童概念的发展

童年期儿童概括能力的发展大体经过以下三个阶段。

1. 直观形象水平

这一水平上，他们更多地注意事物的外表属性和实践意义，对事物只能概括其形象的、外部的特征或属性。小学低年级儿童的概括多属于此种水平。

2. 形象抽象水平

从形象水平向抽象水平过渡的阶段。在他们的概括中既有事物的本质属性，也有非本质属性，两者交织在一起，分不出主次。小学中年级儿童的概括多属于此种水平。

3. 本质抽象水平

在这一水平上，儿童能对事物的本质属性和内在联系进行概括。小学高年级儿童的概括水平多属于此种水平。

与三种概括水平相对应，儿童对概念的掌握和理解也表现出三个等级：一级水平是以具体实例或直观特征来解释概念，如认为“水就是海洋里的水”；二级水平是以重要属性和实际功用来解释概念，如认为“水是能喝的”；三级水平以种属关系和正确定义来解释概念，如认为“水是会流动的、无色无味的、透明的液体”。能对某一概念进行正确定义表明儿童已理解该概念的本质特征，反映此时儿童的思维已经达到较高的水平。

（四）童年期儿童判断和推理的发展

1. 判断的发展

童年期儿童判断的发展趋势是从简单判断到复杂判断，从反映事物单一联系的判断到反映事物多方面联系的判断，从反映外部联系的判断到反映内部联系的判断。但是，此时儿童的逻辑思维判断能力还较差，还不能对现实的复杂关系进行完备的反映。

2. 推理的发展

小学低年级儿童首先掌握的是那些较简单的直接推理，以及建立在直接观察所提供的直观前提之上的推理；中年级儿童开始能以抽象前提为基础进行推理，但是也需要借助直观形式或熟悉的事例把抽象的前提加以具体，才可以顺利地实现推理活动；高年级时，儿童已经能较多的离开具体、直观依据进行抽象推理，但要进行完全抽象推理仍有一定困难，而且对自己推理过程的监督和调节能力也不高。

（五）童年期儿童思维能力的培养

思维是智力的核心，在学生学习活动中占相当重要的地位。培养童年期儿童的思维能力可以从以下几方面进行。

1. 创设情境，激发思维

童年期儿童的依赖性较强，较多处于被动思维的状态。因此，教师要充分调动他们的学习积极性，巧妙的抓住时机，创设情境，把学生的情绪引进与学习内容有关的问题情境中，激发他们探求知识的愿望。思维活动总是从问题开始的。教师根据学生的知识基础和思维发展规律，巧妙设计问题情境，在教学内容和学生求知心理之间创设一种“不协调”，激发学生的思维，启动学生主动思维。

2. 注重思维发散能力

童年期儿童思维能力缺乏变通性，思维较单一。在日常教学中教师可以精选习题，鼓励学生以不同的角度和方法解决问题；注意对不同的解题方法进行比较和分析，拓宽思路，培养思维发散能力和思维的灵活性。

3. 及时评价、适时引导，调动学生主动思维的积极性

童年期儿童的学习动机还不明确，容易受到外部动机的驱使。教师可以采用奖励“小红花”“小红旗”等措施，奖励那些积极思考、发言的同学。通过这种方式让学生积极主动思考，培养他们独立思考和解决问题的能力。

五、想象的发展

（一）童年期儿童想象发展的特点

1. 想象的有意性迅速增长

初入学儿童的想象常常是在外界事物的刺激下引起的形象性联想，或是在情绪和兴趣影响下展开的，具有被动性、情绪性等特点；随着年龄的增长、知识经验的不断累积及言语与思维的发展，在教育教学的影响下，中高年级儿童的有意想象迅速发展，逐渐能围绕主题和任务有系统、有条理地展开想象。

2. 想象的创造性成分日益增多

低年级儿童和幼儿差不多，以再造想象为主，想象具有模仿性、再现性，多是过去形象的简单重现；到了中高年级他们再造想象中的创造性成分越来越多，而且创造想象的能力也大大提高，能够根据自身的知识经验，独立创造出新颖的、别出心裁的各种作品。

3. 想象更富现实性

儿童想象所表现出的形象随年龄增长越来越接近现实事物，这明显地反映在高年级儿童的绘画作品上。跟低年级儿童相比，他们的作品结构上更加完整具体，比例上更加合理和接近现实。同时，儿童想象现实性的发展还表现在，幼年时想象多建立在脱离现实的童话和神话虚构故事上，而童年末期逐渐转为建立在富有现实意义的文艺、文学作品上。

（二）童年期儿童想象力的培养

1. 创造条件，采用多种手段丰富儿童的表象和言语

表象是想象的材料，表象的数量和质量直接影响着想象的水平。教师在教学中要充分利用直观教具和形象化的材料，给学生提供想象的基础；在实际生活中，要引导学生广泛接触各种事物。教师还可以运用丰富的情感和生动形象的语言进行口头陈述，增强学生的感受，使其积累丰富和准确的表象，保证想象活动的顺利进行。

2. 结合学校的各种活动，进行想象训练

结合各科的教学活动和特点，训练学生的创造能力。例如，可以在美术课、

手工课上，让学生根据自己的想象进行创造，教师要给予积极的鼓励和引导。还可以通过形式训练，提高学生想象和联想的能力。如对抽象词做具体形象想象，对物做拟人想象等。

3. 正确引导童年期儿童的幻想

童年期儿童的幻想正处于由远离现实的幻想向现实的幻想过渡的阶段。积极的幻想、对学生的学习生活有推动作用的幻想是富于现实性的。教师要引导学生，把幻想与现实紧密结合起来。

第三节　童年期儿童学习活动的发展与教育

进入小学是儿童生活上具有重大意义的转折点。主导活动和生活环境的改变，对他们的心理发展产生很大的促进作用。

一、童年期儿童学习活动的特点

从童年期儿童入学开始，学习成为学生的主导活动，就像游戏是幼儿的主导活动，工作是成人的主导活动一样。

学习作为儿童入学后的主导活动，它不同于游戏和劳动，既具有学生学习的一般特点，又具有该阶段的特点：

第一，学习的社会性要求。学习是一种社会活动。社会对学生的要求通过学校的各项要求得以贯彻落实。在学习过程中，学生不仅要系统地掌握知识技能，还要养成社会所需要的人格品质；不仅要学习自己感兴趣的东西，而且还要学习自己不感兴趣但必须要学的东西。所以，学习不但具有社会性、目的性和系统性，还具有一定的强制性。总之，进入小学后，儿童开始进行正规、系统的学习，学习逐渐代替游戏成为他们的主导活动。因此小学阶段也成为儿童心理发展的一个重大的转折时期。

第二，从年龄发展上看，童年期儿童的学习和幼儿、青少年的学习也不一样。学前期儿童也有学习，但这种学习还不是一种独立的活动，而是在游戏或其他实际活动中进行的。只有在童年期之后，学习才成为儿童的主导活动，成为一种独立的活动。而小学时期的学习跟以后的中学学习也不同：从学习活动本身来看，童年期儿童学习的自觉性和能力较差，需要教师的监督和指导；从内容上讲，童年期儿童主要学习的是有关读、写、算的基本知识和技能及参加学校集体生活所必须遵循的基本规范。

二、童年期儿童学习活动的发展

（一）学习动机

学习活动一般是由学习动机（learning motivation）引起的。学生的学习动机是复杂的，是一个多层次的系统。其中学习兴趣是学习动机中最活跃的因素。童年期儿童学习动机的特点主要表现在主导的学习动机和学习兴趣上。

1. 主导学习动机的特点

童年期儿童的主导学习动机从刚开始直接的、被动的学习动机逐渐发展为具有社会意义的远大的学习动机。

初入学儿童由于还不能很好地理解生活和学习的意义，学习动机常常是被动的，多受外界具体因素或具体物质的影响。比如，有些儿童会说上学是因为“妈妈会给我新书包，教师会给许多新书”或者“学校里有很多好玩的小朋友”。

逐渐地，儿童的学习动机也开始和社会意义相联系，具有一定的社会性，但一般比较肤浅。比如，低年级儿童希望好好学习，拿到好分数，就可以得到老师夸奖、父母的赞赏或奖励以及同学的羡慕；到了高年级，大多数儿童的学习动机则是为了能考上重点中学，不辜负父母、老师的重望。

在老师的指导下，童年期儿童虽然有一些人会考虑到遥远将来的动机，也知道学好了本领将来才能为祖国多做贡献，但这些远大的动机及与社会意义的联系，一般只停留在口头认识上，常不能很好地转化为学习的动力。随着年龄的增长和老师的不断教育，这种具有重大社会意义的学习动机，才会逐渐和行动结合起来。

在整个小学阶段，主导的学习动机是一些与学习活动本身相联系的、具体的动机。童年期儿童还不善于把学习与社会需要联系起来，也缺乏深远的学习动机。

2. 学习兴趣的特点

学习兴趣是激发儿童积极学习的重要动力。学习兴趣是在学习活动中产生的，是学习动机中最现实和最活跃的因素，它使学习活动变得积极、主动，并富有成效。越来越多的学者认为，对儿童学习兴趣的培养甚至比知识本身的掌握更重要。古人云：“知之者不如好之者，好之者不如乐之者”，说的就是这个道理。童年期儿童的学习兴趣主要有以下特点。

（1）学习兴趣的深化

在整个小学时期，最初，童年期儿童对学习的过程和学习的外部活动更感兴趣；以后，逐渐对学习的内容或需要独立思考的学习作业更感兴趣。

（2）学习兴趣的分化

童年期儿童的学习兴趣从不分化到逐渐对各个不同学科内容产生初步分化性兴趣。童年期儿童刚开始学习时，兴趣是不分化的，对读、写、算都同样感兴趣；约从三年级开始出现对不同学科的分化性兴趣。但是这种对学科的分化性兴趣还很不稳定，受多种因素的影响，如该学科任课教师的水平和特点，学生自己的看法等。

（3）学习兴趣的抽象化

在整个小学期内，儿童对有关具体事实经验的知识较感兴趣，对有关抽象因果关系的兴趣在逐步发展着。低年级学生对阅读故事、小说之类的材料，进行体育活动等更感兴趣。从中年级开始，儿童开始对反映因果关系的抽象知识产生初步的兴趣。

（4）学习兴趣的专门化

从学习形式来看，低年级学生喜欢通过游戏来进行学习，而高年级学生通过游戏进行学习的兴趣不断降低，开始对学习这种专门的活动感兴趣。

（5）学习兴趣的广泛化

随着学校学习活动的进行，童年期儿童的学习兴趣日益丰富。例如，从儿童的阅读兴趣来看，一般从课内阅读发展到课外阅读，从童话故事、文艺作品发展到科幻读物。

学校教育要根据童年期儿童的学习动机和学习兴趣的特点设计教学方案，使教学内容贴合学生的认知发展阶段。低年级的教学内容要富有趣味性，可以结合游戏、手工活动等进行，最大限度地激发学生的学习兴趣。而且教师要对儿童的学习活动给予及时的反馈，多对他们进行口头或者物质表扬，可以奖励他们一朵小红花，或者是奖励一支铅笔，这些小小的奖励就会使儿童的学习动机受到激发。

（二）童年期儿童的学习态度的培养

心理学家认为，小学时期是学习态度初步形成的时期。

态度（attitude）是指个体对某一对象所持有的评价和行为倾向，是由认知、情感和意向三因素构成的比较稳定持久的个体内在结构，也是调节外部刺激与个体反应之间的中介因素。

学习态度与学习动机密切相关。童年期儿童尤其是低年级儿童学习动机的被动性，也导致了他们的学习态度比较被动，易受外部因素的影响。这具体体现在儿童对上课、作业、考试等活动的态度上。比如，许多儿童做作业往往只是为了完成老师布置的任务，不受老师和家长的批评；或者，完成作业后就可以玩了，所以常常敷衍作业，草草了事。有些没有养成良好学习习惯的儿童，如果没有家长和老师的监督，就不能自觉地进行学习，甚至会忘了做作业；对上课的态度也会出现类似情况，比如，容易开小差，做小动作。

（三）童年期儿童学习习惯的培养

在学习活动上，儿童仅有学习的愿望和兴趣是不够的，还需要良好的学习习惯。

培养学习习惯，首先要从学习的常规训练抓起，使儿童养成自觉遵守学校和班级学习规则、组织纪律的习惯。例如，上课铃响要进教室，上课主动举手发言，按时完成作业等，这些都是保证儿童完成学习的基本条件。其次，还要培养学习本身的良好习惯。例如，写字时正确的握笔方式，正确的坐姿，写字的笔顺，做题时认真检查等。

（四）童年期儿童学习能力的培养

童年期儿童的学习能力是在教学的影响下逐渐形成和发展起来的。学习能力包含的内容很广，其中，小学儿童学习能力的培养要注意以下几点。

第一，使学习成为儿童的独立活动。为了使儿童把学习当做一种有目的、有系统的专门活动来看待，关键要发展儿童的自觉性和有意性。因此，在教学活动中，要培养儿童独立思考和独立工作的能力，并帮助儿童逐渐学会有关的学习方法，发展有关的学习能力。

第二，促进儿童智力的发展。智力是学习能力的基础，而学习能力的发展又反过来构成智力发展的重要组成部分。因此，学习能力的培养过程在一定程度上也是儿童智力开发的过程。教师在教学过程中，一方面要重视知识的传授，同时更要注意儿童智力的开发。

第三，着重基础知识、基本技能的培养。小学教学应注重基础知识和基本技能，一切内容都要围绕学习能力的培养。数学教学要着重培养儿童的基本运算能力、空间想象能力和逻辑运算能力，语文教学要着重培养儿童的听说读写能力和技巧。

三、童年期儿童的学习障碍

学习障碍（learning disabilities）一词是由美国特殊教育专家柯克（S. Kirk）提出的。学习障碍儿童是指那些能听见又无显著的智力缺陷，然而，在行为与心理上表现出相当的偏差，以至于无法良好地适应家庭生活，且在学校中靠通常的教学方法不能有效学习的儿童。

迄今为止，关于学习障碍的定义还有很多分歧，但许多人认为学习障碍有以下基本特征：①差异性，儿童实际行为与期望行为之间存在差异；②缺陷性，学习障碍儿童在某一种或多种心理过程中出现异常；③集中性，学习障碍儿童的缺陷往往集中在语言和算术方面；④排除性，学习障碍不是由听力、视力或普通的心理发育迟缓问题引起的，也不是由情绪问题或缺乏学习机会引起的。

近年来，随着全社会对教育的重视，学习障碍成为我国教育工作者最常面临的一个问题，学术界也对此问题进行了大量的研究。学习障碍在童年期儿童中有较高的发生率，所以这些研究丰富了人们对学习障碍问题的理解和认识，有助于消除人们对学习障碍儿童的歧视与误解；也为学习障碍儿童的教育矫治提供了科学的理论依据和方法论指导，能有效地推动对学习障碍儿童的康复训练工作。

（一）学习障碍的分类

1. 美国联邦教育署特殊教育处 1977 年的分类

语言接受和表达方面的学习障碍：主要是口头表达、对听讲的理解、书写的表达等方面的障碍。

阅读和书写方面的障碍：主要是阅读的基本技巧、阅读理解等方面的障碍。

算术方面的学习障碍：主要是算术运算和数学推理等方面的障碍。

2. 柯克 1983 年的分类

发育性学习障碍：主要指儿童在生长发育过程中正常显露的许多心理和语言功能发展的偏离，包括思考力缺陷、语言缺陷，通常是和注意力、记忆以及对概念、对象和空间关系的理解等方面有困难相联系。

学业性学习障碍：指那些在学校学习获得方面出现的障碍，主要包括阅读缺陷、算术缺陷、书写缺陷和拼写缺陷等。

（二）学习障碍的症状

医学界把学习障碍看作是一组症状，表现出各种疾患：①儿童多动症（children hyperkinetic syndrome）：其特征为注意力涣散难以集中，在不适当的场合有过多活动，冲动任性，伴有学习困难，但智力正常或接近正常。②特殊能力发育迟缓（special ability development lag）：智力正常或接近正常，但是阅读能力和算术能力明显下降，凡涉及这两方面能力的学习，其成绩显著低于实际水平。③发育迟缓（development lag）：由于某种疾病引起的衰弱状态，学习易疲劳，不能专心，记忆力下降；或为发育动作型，即从学龄前期过渡到学龄期，比正常儿童慢，其活动仍以玩为主，学习成绩普遍低下，而不是某一科成绩低下。④品行障碍（conduct disorder，CD)：在家里或学校里经常说谎，有偷窃行为，经常逃学，不能和父母建立正常的感情，有强烈的逆反心理和明显的学习困难。麦金尼（Mckinney）认为，品行障碍与注意缺陷有发展上的联系，都是儿童以后学习成绩更差和适应性不良的早期高危因素。尽管学习障碍有各种各样的症状表现，但从心理学角度来说，大致表现为三个方面：①感知、思维和语言方面的障碍；②行为、情绪和社会性方面的障碍；③其他方面的障碍，如发育迟缓，品行问题等。

（三）学习障碍产生的原因

目前对学习障碍的引发原因尚无确切定论，只有以下假设：①胎儿期、出生期、出生后的轻度脑损伤或轻度脑功能障碍所致。②遗传基因所致。③生物学原因，如中枢神经系统某种神经介质不足或偏多所致。④后天不良的生长环境所致。

（四）学习障碍的预防与矫正

当一个儿童在技能学习、数学能力、阅读和写作能力中表现得比同年级儿童水平明显偏低，或者在相关智力测验中表现出低于平均水平时，该儿童就被诊断为学习障碍。

为了保证儿童的正常学习和发展，老师和家长必须积极预防儿童的学习障碍。根据影响学习障碍的因素来看，预防措施可以从以下几方面入手。第一，避免可能造成损伤的因素。胎儿期、出生时、出生后都要注意儿童的营养和大脑的健康发育，防止脑部外伤。第二，注意儿童的心理健康，培养健康人格。训练儿童坚持的意志，帮助儿童学会有效地应对挫折和困难，发展积极情绪，避免产生过多的消极情绪，保护儿童的自尊心和自信心。第三，关心儿童的学习，及早对差生提供帮助，使他们能跟上班级的学习进度。如果发现儿童已有学习障碍的症状，就应积极配合进行咨询和治疗。具体可以从以下几方面进行综合干预。

1. 提供特殊教育

对学习障碍的儿童不要歧视，也不要失去信心。对不同类型的学习障碍儿童制定有针对性的教育指导目标、内容及方法。由于学习障碍儿童表现多种多样，制定个性化的教育指导方案，采取多种形式的教育和训练，给予他们切实有效的援助，使其内在的潜能得到充分发挥显得尤为重要。

2. 进行行为矫正

行为矫正有两个途径。一是运用操作性条件反射技术直接改善学习障碍儿童的学习技能；二是运用操作性条件反射技术改善学习障碍儿童有效学习的行为方式。其基本原理是强化，即对儿童好的行为进行表扬和鼓励，对儿童不好的行为进行批评、惩罚、忽视等。

3. 加强学校教育和家庭教育的配合

提高学习障碍儿童的学习能力，不仅需要对儿童进行有针对性的、个别化的学习能力综合训练和培养，还需要解决影响学习障碍儿童学习能力提高的外在因素。引起学习障碍的因素有很多，研究表明，父母家教不当和家庭环境不良是导致儿童产生学习障碍的重要因素。由于大多数父母把学习看作是儿童的主要任务，对他们取得好成绩施以较大的压力；同时，不良环境还会引起儿童的心理卫生问题的发生，继而引发学习障碍。因此，在对学习障碍儿童进行干预训练时，也要对他们的家庭给予具体的支援与帮助，帮助父母以正确的方式对待孩子；并进行家庭指导和训练，帮助父母树立正确对待学习障碍儿童的教养态度；改善家庭学习氛围，消除孩子的不安和恐惧，父母要多给孩子鼓励和关爱，帮助学习障碍儿童建立自信心。

第四节　童年期儿童的情绪情感发展与教育

一、童年期儿童情绪情感发展的一般特点

童年期儿童在进入学校后，生活环境和生活方式都发生了巨大的变化，他们的情绪情感也有了进一步的发展。小学阶段，儿童情绪情感的发展特点主要表现在以下几个方面。

（一）内容不断丰富、不断社会化

随着思维能力的提高和知识经验的学习，童年期儿童对一些人和事逐渐有了自己的看法和见解。与此同时，参加学校和班级活动，也加快了他们情感的发展。童年期儿童情绪情感的发展由对事物外部特征引起情绪情感转化为由事物的本质特征引起情感体验。同时，情绪中社会性交往成分不断增加，引起情绪反应的社会性动因也不断增加，情绪表达不断社会化。例如，进入小学前，儿童对于自己是否高兴的表现方式基本上只有哭和笑；到了小学阶段，他们会通过沉默、言语、手势和其他肢体语言来表达。

（二）情绪情感的自控力变强、稳定性加强

童年期儿童在环境和生活方式的影响下，逐渐学会了控制自己的情绪和抑制

自己的冲动，这是由于学生自我意识的不断发展，情感往往内化，不以外部表情表露出来。情绪调节控制能力的发展，保证了儿童情绪的稳定性，使小学儿童能较好地适应学校的课堂生活并完成学习任务，保证了他们和同伴的友好相处。但是，童年期儿童的自制力还是有限的，在日常生活和学习中还需要家长和教师不断地给予引导，帮助他们调节和控制自己的情绪。

（三）情感的深刻性不断增加

童年期儿童的情感与学前儿童相比，不但在内容上丰富多彩了，而且其情感体验也更加深刻。研究发现，同样一种消极情绪，如愤怒，童年期儿童对其体验比学前儿童要现实得多。学前儿童可能会因父母有事取消了去游乐园的计划而感到愤怒，而童年期儿童可能了解到是因为父母工作忙这一实际原因而感到失望。随着小学儿童社会性需要的发展，其高级情感也在不断深化。例如，在评价他人时，已不像学前儿童那样把人分为“好人”和“坏人”，对事物的评价也不再是“非黑即白”，而是能够初步运用一定的道德标准来评价他人和事物的好坏。同时，随着年龄的增长，童年期儿童逐渐能意识到自己对他人、集体和社会的责任感。这些都表明童年期儿童情绪情感的深刻性在不断发展。

二、童年期儿童高级情感的发展

随着年龄的增长和社会生活的丰富，儿童的高级情感也得到了发展。高级情感包括道德感、理智感和美感。在教育过程中要培养学生辨别是非的能力，发展他们的道德感。通过绘画、唱歌、跳舞等文艺活动培养学生的美感。同时，在教学活动中，教师要注意激发学生的求知欲和好奇心，发展他们的理智感。

（一）道德感的发展

童年期儿童的道德感是在教育、教学活动中发展起来的。其发展是一个从狭隘、模糊到初步深刻化和比较稳定的过程。具体来说，童年期儿童对道德感的体验形式发生了转化，从直觉的情感体验到与具体的道德形象相联系的情感体验；道德感的体验内容越来越丰富，意识到了道德伦理。但总的来说，儿童的道德感是从外部的、被动的、未被意识到的情绪逐渐转化为内部的、主动的、自觉意识到的道德体验。

（二）理智感的发展

理智感是在认识客观事物的过程中产的情感体验。

童年期儿童的理智感表现在学习活动中求知欲和认识兴趣的扩展和加深。虽然求知欲在学前儿童身上已经表现出来，但童年期儿童在这方面的表现更加突出。例如，对上课、作业和学习成绩的态度，对学习的兴趣等，尤其是对各科的学习兴趣逐渐产生了分化。成就感和兴趣是推动儿童理智感发展的重要保证。

（三）美感的发展

美感是人们对审美对象进行审美后所得到的一种愉悦的体验。

一般来讲，童年期儿童的美感主要指向内容，指向具体的人物形象，较少注意作品的艺术评价；对事物更多的指向具体的事实，很少注意艺术技巧。所以童年期儿童的美感还不深刻、不细腻，有待于后天的进一步提高。

三、童年期儿童常见的情绪问题

处于身心飞速发展时期的小学生，由于学习压力、父母过高的期望和不良同伴关系等因素的影响，他们不时经历情绪、情感上的困扰，受到不良情绪的侵袭。虽然在成长过程中避免不了受消极情绪的影响，但是如果不及时调节，这些不良情绪将会变成严重的情绪障碍，从而阻碍个体身心的健康发展。因此，对教育工作者来说，了解童年期儿童常见的情绪问题是十分重要的。具体来说，童年期儿童常见的情绪问题有以下几种。

（一）焦虑

焦虑是儿童常见的一种情绪问题，其核心成分是恐惧。详细来说，焦虑是一种复杂的、综合的、较为普遍的负性情感，常表现为无原因的恐惧和不安、无所指向的烦躁和惊慌，好像是有某种危险和灾祸就要临头，但是又说不出究竟担心的是什么或害怕发生什么不幸。经常处于焦虑状态的人可能会养成一种焦虑特质，其特点是性格脆弱。

1. 焦虑对儿童的影响

从心理学角度来看，焦虑具有保护性意义，但是过度的、无端的焦虑则会对儿童的行为、智力和人格产生一定的负面影响。如行为方面，焦虑会使儿童变得退缩、过度顺从，或暴躁、恐惧等；学习和智力方面，焦虑使他们不能完成学习任务，对学习活动丧失信心；儿童人格形成方面，焦虑会使儿童过分敏感、自我评价过低、自卑、依赖感增强、做事优柔寡断、抑郁沉闷，并可能产生自我攻击行为。

2. 焦虑产生的原因

焦虑的发生和成因与先天遗传素质和后天生活环境都有关系。不良的环境因素、不恰当的教育方法，即后天因素是引发或加重儿童焦虑反应的重要原因。后天影响因素主要有以下几方面：

第一，教师或家长自身有焦虑的情绪反应倾向。儿童在日常生活和学习中不断受到其感染或对其行为进行不自觉的模仿，最终导致儿童也产生焦虑情绪。

第二，家长、教师或学校对儿童的要求过于严格，使儿童因不能达到要求而产生焦虑情绪反应。

第三，家长和教师的教育要求不一致，喜怒无常，奖惩标准不一，常会使儿童不知所措，不知如何才能处理与家长、老师的关系，因而容易引发焦虑情绪。

3. 焦虑的防治

首先要分清儿童焦虑的类型，是属于境遇型的，还是素质型的。对于境遇型的，要找出引起儿童焦虑的原因并加以调整，就会取得良好的效果。对于素质型的焦虑，则需要通过较长时间的帮助来逐步改善。

具体可以采用以下几种措施：

第一，改善环境、父母和老师的教育方式及对儿童的不合理要求。在日常生活学习中，应根据儿童不同的年龄、心理发展水平和个体特点，施加适当的压力，给予儿童适当的要求，使他们在自己的能力范围内能达到这个要求，从而树立儿童的自信心，避免使他们产生焦虑情绪。

第二，父母在日常生活中要给儿童树立好的榜样。父母要意识到自己的某些行为、个性特点可能会成为儿童学习或模仿的对象，所以要注意在儿童面前的言行举止，避免儿童学习自己不良的行为反应，造成他们的焦虑。

（二）恐惧

恐惧是儿童对某事物或特殊环境产生的惧怕、害怕的情绪反应，如对动物、黑暗、社交或某种情景感到害怕。恐惧在儿童的整个发展过程中是一种普遍具有的情绪体验，是儿童对周围环境事件的一种必要的、往往也是健康的反应。但是不同年龄的儿童其恐惧内容不一样。恐惧大多会随着年龄的增长和生活经验的丰富而消失，但是如果对某特定事物、特定环境有过度或持续较长时间的恐惧，则可能发展成为严重的心理问题。

1. 恐惧对儿童的影响

童年期儿童的恐惧多种多样，按其内容可分为三类：第一类是对身体损伤的恐惧，如怕死、怕流血等；第二类是对自然事件的恐惧，如怕黑、怕火、怕打雷闪电等；第三类是对社交的恐惧，如怕陌生人、怕上学、怕离开父母等。童年期儿童在恐惧时，判断力和理解力会降低，甚至会丧失理智和自控力，同时还可能伴随惊慌、哭闹、回避等行为反应及心跳加快、面色苍白等生理反应。一般情况下，恐惧会随着年龄的增长逐渐消失，而且不会对儿童的发展产生影响。但是如果恐惧表现持续较久，就会影响儿童的身心发展，甚至会发展成恐惧障碍。

2. 恐惧产生的原因

引起童年期儿童恐惧的原因有很多，但主要是环境因素。具体可以归为以下几点。

（1）童年期儿童的性格特征

有些儿童本身性格就比较内向，胆小怕事，害羞、孤僻，过分敏感，依赖性强。如果再遇到一些突发事件或冲击力较大的事件，就很容易引起他们的恐惧情绪反应。对这类儿童而言，其本身的性格特征就是恐惧情绪产生的重要潜在因素。

（2）幼年时受到的暗示

在幼儿期时，有些父母为了安抚儿童在夜晚的哭闹，就会吓唬他："再哭，就让大灰狼把你带走，你听听，它就在外面等着呢。"这种暗示如果使用不当会使儿童害怕黑暗，害怕一些动物。如果家长经常使用这种方法，随着儿童慢慢长大，即便他知道这是骗人的，但还是不能控制自己对黑暗的恐惧。

（3）经验

这是一种比较复杂的恐惧，主要是来源于儿童的直接经验。如"一朝被蛇咬，十年怕井绳"，就是这种情况。

3. 对恐惧的防治

对童年期儿童恐惧的防治，主要是对其进行教育。

（1）培养小学儿童乐观、开朗的性格

家长和教师应鼓励儿童多参加课外活动，利用游戏的方式让儿童逐渐去接近他们害怕的事物，让儿童意识到其实他们害怕的东西并不会对他们产生真正的威胁。同时，家长也不要过分保护儿童，要给他们自主的空间，让他们自己去面对一些情境，有意识地增强儿童的应变能力，使儿童在日常生活中体验到轻松感，从而建立自信心。

（2）采取正确的教育方式

家长在家庭教育中，要采用科学、合理的教育方式，不要采用各种恐吓方式吓唬儿童。对儿童也不要有过多严厉的批评和指责，因为这也会使儿童产生恐惧情绪。同时，家长还要给孩子做好榜样示范作用，对于儿童害怕的某些东西，家长要给他们提供足够的安全感，让孩子觉得这个东西其实并不可怕。

（3）丰富儿童的知识、扩大其视野

因为很多恐惧其实是源于无知，所以家长和教师可以结合儿童的可接受能力，给儿童做些浅显、科学的说明和解释；并让儿童多接触自然和社会，让儿童通过自己的亲身体验来明白其中的道理，逐渐消除他们的一些不必要的恐惧。

（三）抑郁

抑郁是指一种持久的、忧伤的情绪体验。几乎每个人都有过抑郁的体验，所以抑郁可以视为一种正常的情绪反应。但是对于大多数个体而言，抑郁只是偶尔的、短暂的情绪，属于正常范围；也有人会长期处于抑郁状态，并伴有严重的躯体不适和睡眠障碍，这时抑郁就可能成为一种病态情绪，即抑郁症。有研究资料表明，儿童期真正的抑郁并不多见，但是由于其他身体或精神问题而伴随出现的抑郁情绪反应较常见。

1. 抑郁对儿童的影响

抑郁的儿童会经常发脾气、哭闹、孤独，并常伴有自责感和自罪感；自我评价较低，认为自己笨拙；对周围的人和事缺乏兴趣，伴有退宿行为；还可能会有行为障碍。抑郁还会影响儿童的睡眠、食欲和正常的学习生活。

2. 儿童抑郁的原因

引起儿童抑郁的原因主要有生理上、心理上和环境的因素。

（1）有些儿童本身的健康状况不好，可能从小体弱多病，在经历意外重大事件时，容易被击垮，产生抑郁情绪。

（2）儿童的性格。有些儿童内向、不爱说话、不和其他人交流，自卑、没有自信心，喜欢把自己封闭在自己的内心世界中，容易关注事物的消极方面而缺乏乐观的态度。遭遇挫折时容易进行内部归因，认为是自己没有能力，从而更容易产生抑郁情绪。

（3）儿童的生活环境也是影响儿童抑郁的重要因素。如果儿童小时候长期经受虐待或歧视，经历过父母离异或死亡，心理受到创伤就容易产生抑郁情绪。有的家长对儿童期望过高，管教过于严厉，超出儿童所能承受的范围，就易导致抑郁情绪的产生。

3. 儿童抑郁的防治

抑郁情绪对儿童的身心发展有一定的阻碍作用，如果长期处于抑郁状态，会使儿童各方面的发展产生严重的障碍。因此，家长和教师要采用防治措施，最大限度地帮助儿童不受抑郁情绪的侵扰。具体可以从以下几方面进行：

（1）家长在儿童早期就应该注意儿童健康人格的塑造。健康人格是预防儿童抑郁情绪出现的一个重要方面。

（2）家长要给儿童营造一个和谐、健康的家庭教育氛围。家庭对小学儿童而言是非常重要的，在和睦的家庭生活中，更有利于孩子情感的稳定性，父母良好的教养方式可以培养孩子积极向上的情感，进而降低抑郁情绪产生的可能性。

（3）在学校里，要给儿童建立温暖、积极向上的班集体，在各种活动中培养儿童的积极情感。教师要经常关心、尊重、鼓励童年期儿童，让他们感受到被信任、被重视，这样能激发他们积极向上的情绪情感。

四、童年期儿童积极情绪情感的培养

（一）扩大知识面，提高认识水平

情感是以认识为基础的，是伴随认识过程而产生和发展的。没有建立在一定认识水平上的情绪情感是冲动性的。童年期儿童由于知识经验的缺乏，辨别是非能力较差，容易感情用事。因此，通过教育提高他们的认识水平，丰富他们的知识经验，培养他们辨别是非、善恶的能力，可以使他们的情绪情感得到很好的发展。

（二）创造情境，加强情绪情感体验

在日常生活和学习过程中，可以给儿童创造各种情境，让他们通过角色扮演和角色互换的方式，体会不同的情绪情感。也可以通过班级活动，给童年期儿童营造一个积极向上、轻松的班级氛围。

（三）培养情绪调控能力

在平时要注意教会儿童调节他们的情绪，使他们能学会用不同的方式缓解或抑制自己的某些不适当的情绪。鼓励儿童养成自我检查和调节的习惯，丰富儿童的情感体验。

（四）升华儿童的社会情感，培养他们的同情心、羞耻心和自尊心

培养儿童的同情心、羞耻心和自尊心，同时还要帮助儿童克服消极情感。

第五节　童年期儿童的个性、社会性发展与教育

个性结构包括个性倾向性和个性心理特征。社会性的结构包括社会认知和社会行为。

儿童的个性和社会性是在生物遗传因素、家庭因素、社会文化因素和学校教育因素的共同作用下形成和发展的。

一、童年期儿童个性的发展

（一）儿童气质的发展

气质（temperament）是表现在心理活动的强度、速度、灵活性与指向性等方面的一种稳定的心理特征，即我们平时所说的脾气、秉性。通常把气质分为胆汁质、多血质、粘液质和抑郁质四种。气质具有天赋性、稳定性和可塑性三个特点。

1. 儿童气质的可塑性

气质虽然是比较稳定的人格特征，但也可以通过后天的环境和教育塑造。对于每个儿童而言，可能会因为生活条件、社会环境和身体健康状况的强烈转变而产生气质掩盖现象。

2. 儿童气质的个别差异与教育

童年期儿童的气质类型存在差异性，教师要依据学生不同的气质类型特征采取不同的教育策略，还要尊重学生的气质差异。气质本身并无好坏之分。要根据不同气质类型的学生的心理特点因势利导，理解不同气质类型学生的特点，注意和防止一些极端类型的学生的病态倾向的发展。

（1）对胆汁质的学生要让他们学会克制自己，耐心帮助他们养成自制坚韧的品质，不要对他们有尖锐的批评。

（2）对多血质的学生不能放松对他们的要求，要使他们在多种有意义的活动中培养踏实、专一和克服困难的精神。

（3）对粘液质的学生要热情，不能操之过急，允许他们有充分的时间考虑问题，发展他们的灵活性和积极性。

（4）对抑郁质的学生不要公开批评他们，否则会使他们恐惧；要安排适当的工作鼓舞他们前进的勇气；让他们有更多的机会参加集体活动，在活动中磨练意

志的坚韧性。

（二）儿童性格的发展

性格是指一个人在个体生活过程中所形成的，对现实的稳固态度以及与之相适应的习惯化的行为方式。

1. 儿童性格发展的关键任务

根据埃里克森的心理发展理论，童年期儿童的发展任务是：获得勤奋感，克服自卑感，体验到能力的实现。这一阶段的儿童必须掌握重要的社会和学习技能。如果儿童在学习上不断取得成就，在其他活动中也经常受到成人的奖励，就会获得成就感，变得勤奋，否则容易形成自卑感。

因此，在教学活动中，教师应根据学生的能力和特点，安排适当的任务，让每位学生都能体验到成就感；多鼓励学生，不要让他们体验到挫败感，培养他们的目的性、坚韧性、主动性和勤奋、谦虚的性格特征。对出现自卑、消沉、厌学等不良性格特征的学生要多加关注，给予鼓励和引导。

2. 儿童的性格差异与教育

童年期儿童在性格特征和性格类型上存在着十分明显的差异。在分析儿童的性格时，教师不能轻易对不同儿童的性格按典型类型对号入座，而应重视分析各个中间性格之间的差异，对不同性格类型的儿童采取不同的对待方式。

例如，在性格的态度特征方面，有的儿童关心集体、认真、勤奋，有的儿童则自私、懒惰、冷漠。教师应注意纠正童年期儿童性格上的弱点，发扬其性格上的长处，达到长善救失的目的。针对不同性格类型的学生，教师也应采取不同的教育措施。例如，竞争型的儿童很看重自己的分数和教师的表扬。对这类儿童进行教育时，教师一方面要看到他们的优点，另一方面也要引导他们不要过分重视分数，以避免他们在学习上遇到挫折时产生悲观、羞愧的不良性格特征。针对依赖型的儿童，教师要培养他们独立思考和解决问题的能力，养成独立完成作业的习惯。

3. 儿童不良性格及其成因

童年期儿童常见的不良性格有：

（1）依赖性强。主要表现为：缺乏自理能力，缺乏信心，总认为自己难以独立，希望父母或老师能为自己做决定。

（2）自卑情绪。这是学生对自己的品质和能力做出过低评价或对自身智力和能力产生怀疑的一种心理感受，是一种消极的自我评价或自我意识。

（3）嫉妒心理。是一种打击别人，抬高自己的唯我独尊心理，是在他人比自己占有优势后，试图削弱或排挤对方的一种带有攻击性的消极个性心理品质。

（4）孤僻。主要表现为不合群，喜欢独来独往，不愿与其他人一起活动。

导致童年期儿童不良性格的原因主要有：

（1）个人因素。由于遗传因素、生理发展和家庭环境不同造成的容貌、身材、智力等方面的差异，再加上童年期儿童认知发展水平较低而产生“己不如人”的心理，怀疑自我价值。

（2）家庭教育不当。一方面表现为父母在言谈、行为上不尊重孩子，使孩子在家庭生活中缺乏民主和谐的交流和关心爱护的精神满足。有的父母甚至对孩子打骂、指责，缺乏平等的交流，严重伤害了孩子的自尊心和自信心，久而久之会造成孩子的自我否定意识。另一方面，父母过分溺爱孩子，对孩子期望过高也会造成不良的性格品质。

（3）失衡的学校教育。教师的教学单调乏味，太过严厉，给学生讨论机会过少等容易使学生缺乏听课兴趣，难以集中注意力，害怕回答问题，造成焦虑不安、自尊降低等现象。

（4）不良的社会环境。一些媒体机构，只注重经济效益，引进一些品味不高的漫画书、不良网站等，渗透着腐朽落后的人生观、价值观，极易影响辨析能力较差的儿童。

4. 儿童良好性格的培养

有研究表明，学生的性格特征和学习效果存在着相互影响。良好的性格特征有助于学业上的成功。如学习者的信心、良好的心境、高水平的志向和积极进取的性格特征会给学习带来好的影响。因此，培养儿童良好的性格尤其重要。具体可以从以下几方面来培养儿童的良好性格。

（1）发挥家长作用，营造良好的家庭氛围。家长多鼓励孩子自己做决定，尊重孩子，在家庭中保持民主平等的交流方式，给孩子发表自己意见的机会，让他体验到关心和重视。

（2）教师要给学生创造机会，鼓励学生大胆发言，不要过于严厉，不要进行批评指责；通过积极的评价方式使学生获得自我肯定，充分尊重和关心学生，树立学生的自信心；鼓励学生多参加集体活动，使其体验到集体的温暖，从孤僻中解放出来。

（三）儿童需要的发展

作为个性倾向性的一部分，儿童的需要也有不同的发展特点。跟幼儿相比，小学儿童的需要更加丰富多样和复杂深刻。几乎所有类型的需要在小学阶段都有所表现，认识需要逐步超过生理和安全需要成为高年级儿童的主导性需要，交往需要、自尊需要也比先前表现得明显和深刻，初步形成一个以社会性需要为主导，有着动态变化结构的需要系统。而作为自我实现需要重要表现之一的成就需要此时也已萌芽，并在童年期经历着重要的考验。个体后期成就动机水平的强弱跟早期成就需要的发展有明显的关系。

二、童年期儿童自我意识发展

（一）自我意识发展的趋势

有心理学家认为，儿童自我意识的发展经过三个时期：自我中心时期（egocentric period）（8个月～3岁），是自我意识的原始状态，也称为生理自我。客观化时期（objective period）（3岁～青春期），是获得社会自我的时期，在这一阶段，个体显著地受社会文化影响，是学习角色的重要时期。角色意识的建立标志着社会自我观念趋于形成。主观自我时期（subjective period）（青春期～成人期），自我意识趋于成熟，进入心理自我时期。童年期儿童的自我意识处于客观化时期，并且自我意识的发展趋势是随着年龄增长从低水平向高水平发展的，但发展并不是直线、匀速的。具体的发展过程可以分为以下三个阶段。

第一，小学一年级到三年级处于上升期，一年级到二年级的上升幅度最大。

第二，小学三年级到五年级处于平衡阶段，是发展的一个平稳过渡期。

第三，小学五年级到六年级处于第二个上升期，从对行动性理解转向对内部品质理解，这就促进童年期儿童的自我意识更加深刻。

（二）自我概念的发展

早期儿童对自我的认识多是针对生理上的自我，对心理自我和社会自我的认识在童年期以后才真正发展起来。童年期儿童开始能意识和反省自己心理活动的过程和行为，对自己的评价更多涉及到心理品质等内在的东西；开始注重别人对自己的评价，试图通过获得同学、家长和教师的称赞、尊重、信任来构建初步的社会性自我；自我认识所涉猎的内容不断增加，认识程度也更加深刻。对自我概念的研究通常是借助自我描述、自我评价和自我体验进行的。

1. 自我描述

童年期儿童的自我描述（self-description）有以下几个特点：

（1）童年期儿童的自我描述是从比较具体的外部特征的描述向比较抽象的心

理术语的描述发展。如回答“我是谁”这个问题，小学低年级儿童往往提到姓名、性别、年级、身体特征等方面，而到小学高年级儿童就能试图从品质、人际关系及动机活动等特点来描述自己。

（2）虽然小学高年级学生能用心理词汇来描述自己，但也是以具体形式来看待自己，把自己这些特征视为绝对的和不可变的。他们不太理解自己的人格特征在不同场合可能会有所不同。

自我概念是在经验累积的基础上发展起来的，而且随着年龄增长，童年期儿童逐渐地将自己的内心世界与外部行为、短期行为与长期行为整合起来，从而能够认识到自己身上一些稳定的特点，并逐渐形成对社会自我、学术自我、身体自我等不同层面的认识。

2. 自我评价

自我评价（self-evaluation）是自我意识发展的主要标志和主要成分，是在分析和评论自己的行为和活动的基础上产生的。自我评价是否恰当可能激发或压抑人的积极性。如不符合的、过低的自我评价会降低人的社会要求水平，产生对自己的潜力的怀疑态度，引起严重的内心冲突；而过高的自我评价又必然与别人对自己的评价产生矛盾，遭到同伴的反对，引起与同伴交往的冲突，也会导致严重的情感损伤或不良行为。

在进入小学后，伴随着技能的学习，儿童的自我评价也发展起来。儿童努力使自己的成就达到心中的目标和外部标准的要求。同时，他们还能从其他人那里了解到别人对自己表现好坏的看法。一些儿童可能被要求坐到一个桌子旁接受“特别的”帮助，而其他儿童可能被安排到楼下大厅接受辅导；一些儿童被指定为“同伴教师”去帮助其他同学。许多诸如此类的信息被视为社会评价的信息来源，它们会成为儿童自我评价的依据。此时，同伴团体得到发展并成为儿童社会比较、批评和赞扬的信息来源，因此自我评价的过程变得更加复杂。

童年期儿童自我评价的特点主要表现为：

（1）自我评价的独立性日益增长。小学低年级儿童和幼儿期儿童差不多，自我评价的独立性还很差，大多依据教师和父母对自己的评价；小学三四年级以后，儿童自我评价的自觉性和独立性才有明显发展，逐步学会将自己的行为和别人的行为加以对照，从而对自己的心理和行为进行独立评价。

（2）自我评价的批判性有一定程度的提高。批判性的提高表现在低年级儿童的自我评价能力落后于评价他人的能力，评价标准具有片面性；高年级儿童具有较为明显的批判性，并能对自己和他人一分为二地看待，从注重行为效果到注重行为动机和长期后果过渡。

（3）从比较笼统的评价发展到对自己个别方面甚至是多方面优缺点的评价，

并表现出对内心品质评价的初步倾向。小学低年级儿童的自我评价具有片面性和表面性，容易看到自己的优点，忽视缺点，容易以一点遮掩其余，以偏概全；以后随着儿童认识能力的发展，他们才逐渐学会全面地评价自己，能列举自己的优缺点，并分出主次，逐步过渡到能对自己进行比较综合和正确的评价。虽然小学儿童也表现出对自己内心品质的评价，并且抽象概括性的评价和对内心世界的评价能力也在迅速发展，但是直到小学高年级，这些评价出现的仍不多。

（4）自我评价的稳定性逐渐增强。低年级儿童由于自我评价的原则尚未掌握，标准易变，自我评价的稳定性差；高年级儿童开始理解和掌握一定的道德观点和社会行为准则，于是能够更全面和深刻地认识自己，自我评价的稳定性明显提高。

家庭教育风格常常会影响儿童的自我评价。研究表明，父母在孩子产生低自我评价的过程中扮演着核心角色。那些产生无能错觉的儿童觉得父母对自己的能力评价较低，对自己也没有积极的期望。同伴交往也会影响儿童的自我评价。库伯斯密斯（S. Coopersmith）的研究发现，高自我评价的男孩更加受人欢迎，学校成绩较好；而低自我评价的男孩往往比较孤独，有不良的行为习惯，学习成绩不好。为了学习完成任务的新策略，或者为了弄清同伴是如何完成某种操作以满足自己的好奇心，学龄期之前的儿童可能会观察和模仿他们的同伴。到了学龄期，从众的压力、竞争以及对赞扬的需求开始影响儿童的自我评价。这个年龄的儿童开始注意别人的工作情况并评价自己的能力。他们的运动技能、智慧能力和艺术天赋不仅要面临老师和父母的反应，还会受到同伴的比较和评价。

总体而言，整个小学阶段自我评价发展的总体趋势是从具体到抽象的过渡，是从对外显行为的评价到对内部心理世界评价的发展过程。

3. 自我体验

自我体验是儿童自我的情感成分，主要解决“我是否对自己满意”等问题。自我体验与自我评价具有一致性。而自尊则是自我体验中最为重要的方面。到六七岁的时候，儿童至少形成了三个方面的自尊：学习自尊、身体自尊、社会自尊。儿童由幼儿园进入小学，由小学进入初中，由初中升入高中时自尊水平都有较大的降低。其原因是，一方面儿童到新环境中会面临新的要求和挑战，会出现一段时间的适应困难期；另一方面，在新环境中儿童要面临新的社会比较对象。

（三）自我意识发展的途径

研究表明，个体自我意识的发展途径主要有：

第一，通过认识别人，把别人与自己加以对照来认识自己。人最初是通过别人来反映自己的。个体往往把对他人的认识迁移到自己身上，像认识他人那样来

“客观”地认识自己。例如，当一个儿童看到其他儿童受到老师的表扬时，就会对照反思自己的言行，从而认识到自己的做法与他人有何不同。经过多次对比，就会促进儿童自我认识的形成，并形成相应的自我概念。

第二，通过分析别人对自己的评价来认识自己。一个人对自己的认识，在很大程度上受他人评价的影响。特别是童年期儿童的自我评价还不是很稳定的时候，父母、老师及同伴的评价就会对儿童的自我意识有很大影响。儿童认识自己是把别人对自己的评价当作一面镜子，来不断认识自我，包括自己的优缺点。随着年龄的增长，儿童的活动范围也逐渐扩大，经常会从属于不同的团体，接触不同的人，每个团体、每个人对他的评价就是一面“镜子”，这样就可以通过不同的镜子来照出多个自我，从而使儿童能较全面地认识自己，促进自我意识的发展。

第三，通过考察自己言行和活动的成效来认识自己。自我意识是个体实践活动的反映。自己在实践活动中的表现和取得的成果也会成为一面镜子，通过这面镜子反映出个体的能力、情感、意志和品德等特性，从而使之成为自我认识、评价的对象。如当儿童在学习上取得了好的成绩，他会从中体验到一种自信，对自己和自己的能力就会有新的认识。

由于童年期儿童的自我意识在不断发展，其各成分的发展还很容易受到自身以外因素的影响，因此父母和教师要为儿童创设情境，使儿童能获得成功的体验；教师要对儿童做出积极评价，增强他们的自信心和自尊心。

三、童年期儿童社会认知与交往技能的发展

（一）儿童社会认知的发展趋势

儿童社会认知发展的特点主要有：①从对事物表面的认识逐渐发展到对事物内部关系的认识。②从对事物简单的认识到多角度、较复杂的认识。③从对事物呆板的认识到对事物灵活的认识。④从对自己及即时事件的关心到对他人及长远利益的关心。⑤从对事物具体的思考到对事物抽象的思考。⑥从弥散性、间断性的想法到有组织、有系统的综合性想法。

儿童不像接受成人的观点那样被迫接受其他儿童的观点，他们争论、讨价还价，为了保持友谊而最终达成一致意见。儿童参与解决同伴团体的问题和游戏的经历使他们远离幼年时的自我中心主义，最终具有成人思维的灵活性。

（二）观点采择能力的发展

观点采择，即采取他人的观点来理解他人的思想与情感的一种必需的认知技

能。塞尔曼（R. L. Selman）提出了观点采择能力发展阶段的模式：

阶段 0（3～6 岁）：自我中心或无差别的观点。儿童不能认识到自己的观点与他人不同。

阶段 1（6～8 岁）：社会信息角色采择。儿童开始意识到他人有不同的观点，但不能理解产生的原因。

阶段 2（8～10 岁）：自我反省式角色采择。儿童能认识到即使面临同样的信息，自己和他人的观点也可能会冲突。已能考虑他人的观点，但还不能同时考虑到自己和他人的观点。

阶段 3（10～12 岁）：相互性角色采择。儿童能同时考虑自己和他人的观点，能以一个旁观者的身份对事件进行解释。

阶段 4（12～15 岁以上）：社会和习俗系统角色替换。儿童能够利用社会标准和信息去衡量和判断事件。

观点采择能力也和影响儿童社会关系质量的其他社会技能相联系。这些技能包括：分析社会问题；对他人情绪状态的移情；理解不同的人具有不同的信息和信念，因而可能对同样一个情景做出不同的解读；乐于接受在人格和能力上存在差异的个体。如果儿童能明白在社会情境中可以有多种不同的观点共存，那么他们通常可以获得同伴们更积极的评价。

（三）儿童社会交往的发展特点

儿童的个性发展与社会化过程的实现都离不开人与人之间的相互作用。儿童最初几年主要是在家庭里度过的，与其相互作用的基本对象是父母。随着儿童认知的发展、活动范围的扩大，他们与同伴相互作用的数量越来越多，同伴的地位也越来越重要。童年期儿童人际关系的对象主要是父母、同学或同伴和教师。

1. 亲子关系的发展特点

虽然童年期儿童的人际交往逐渐丰富起来，与同伴的交往也明显增多，但他们与父母仍保持着亲密关系，对父母仍怀有深厚的情感，父母、家庭仍是他们的“避风港”。但是小学儿童与父母的关系与幼儿期相比有了一些变化，具体表现在：

（1）父母与儿童的交往时间和内容发生了变化。由于儿童入学，他们在家里待的时间减少，与父母交往的时间也相对减少；父母与儿童交往的内容也由最初对儿童饮食、健康的关注转为对儿童学习、同伴交往方面的关注。

（2）父母在儿童教养方面所处理的日常问题的类型发生了变化。在入学前，父母可能更多的处理幼年儿童饮食起居和健康方面的问题，而到了童年期则更多的处理儿童的学习问题、在学校中与同伴的关系问题。

（3）儿童与父母间的冲突减少。由于儿童认识技能和经验的增长，他们能理解父母的一些做法，并能与父母进行有效的沟通，因此减少了与父母之间的冲突。

（4）父母控制模式发生了变化。麦克白（Macbeth）提出了亲子关系发展的三阶段模式。第一阶段是父母控制（6 岁以前），大部分重要决定由父母做出。第二阶段是共同控制（6～12 岁），父母有三个主要的职责：在一定距离里监督和引导儿童的行为；有效地利用与儿童直接交流的时间；加强儿童的自我监督行为，也教儿童知道何时寻求父母的指导。第三阶段是儿童控制（12 岁以上），儿童自己做出更多重要的决定。小学儿童与父母的关系处在共同控制阶段。

关于儿童与父母的关系，许多研究结果都表明可以用“接受-拒绝”和“限制-允许”两个维度来说明父母的行为。如父母是既接受又限制的，其行为是保护的和溺爱的；父母是拒绝的，又是限制的，其行为是有要求和对抗的；父母是拒绝又允许的，其行为可以被看成是冷淡的；父母是接受又允许的，其行为可被看成是民主的。一般来说，温暖的接受型父母可以较有成效地把自己的价值观和目标传递给儿童；而极端拒绝型父母的态度，更容易引起儿童的问题行为。

鲍姆林德（D. Baumrind）采用多种方法从四个方面来评定父母的行为：①行为控制，即努力影响儿童指向目标的活动，减少依赖性、侵犯性等不良行为，以促使儿童对父母标准进行内化；②成熟的要求，即迫使儿童在智力、社会性或情绪上以高水平来行动；③父母与儿童交流的清晰性，如用说理的方式使儿童顺从，询问儿童的意见和感受；④父母的培育，既是温暖的，又是关心的。据此，他将父母分为三种类型：

第一种是权威型父母，在上述四个方面得分较高。他们对儿童来说是温暖慈祥的，支持并肯定儿童，与儿童的交流良好，同时对儿童也有一定的控制。

第二种是专制型父母，他们在利用理性控制方面得分较低，主要靠权力和强制性的训练，给孩子的温暖、慈祥和同情较少；他们高度控制儿童，不鼓励儿童对父母的决定有异议。

第三种是放纵型父母，他们对儿童不加控制，没有要求，但有温暖。在家务方面组织不好或效果不佳，比较随便使用奖惩，没有统一的规则，很少注意儿童独立性和自我信赖的训练。这类父母的孩子的自我信赖、探索性及自我控制力较差。

并不是所有的父母都可以归为这三类，有些父母的教育属于另两种类型：一种是和谐的父母，他们似乎有控制能力，很少支持，儿童仅仅做他们所希望做的事情，不需要明显的压力。第二种是不尊奉规则的父母，他们对儿童的容许是以有原则的让儿童自由发展为基础的。

可见，父母对儿童的态度不同，教育方式不同，对儿童发展造成的影响也不同。早期家庭生活经历影响着儿童的社交能力，父母的教养方式、对孩子讲话的态度、养育观念都与儿童的社交能力和受欢迎程度有关。家庭环境至少会通过三种途径来影响儿童的社交能力。首先，儿童可以直接模仿父母积极的或攻击性的行为。如果父母经常询问孩子，了解他们的想法，那么孩子就更可能对别人的思想和意见感兴趣。其次，父母的教养方式可能影响孩子在社交中的行为。如果孩子经常受到父母粗暴的对待，看到父母间的暴力冲突，他们就会倾向于用暴力方式解决与同伴间的矛盾冲突。最后，非常严厉的、控制欲很强的父母会限制他们的年幼孩子与同伴的社会交往，这会使孩子升入中学后缺乏与同伴交往的经验。

2. 同伴的关系的发展特点

童年期儿童同伴交往主要表现在友谊和同伴群体两个领域。

（1）童年期儿童的友谊

在整个幼儿阶段，儿童通过游戏开展同伴之间的交往，同时也在游戏中逐渐发展他们的友谊。友谊是和亲近的同伴、同学等建立起来的特殊亲密关系，对儿童的发展有重要影响。儿童正式进入小学后，他们的主要活动是学习，同伴交往成为他们日常交往的主要内容，甚至会超过亲子之间的联系。互相帮助成为这个时期友谊关系的主要特点，童年期儿童逐渐认识到友谊、守时的重要性。

对友谊和朋友的认识与儿童的社会认知水平相联系。对学前儿童来说，“和我邻居”“跟我一起玩”的人就可以成为自己的朋友，幼儿根据地理上的接近性和与自己相似的同伴建立短时的友谊。随着儿童社会认知的发展，并且在先前“友谊”的基础上，儿童开始认识到同伴有与自己不同的动机和情感，这时他们认为朋友就是对自己好、不伤害自己的人。到 8～10 岁，儿童开始理解友谊是一种相互的关系，双方相互尊重友好、充满情谊。

儿童对友谊的认识是逐渐发展的。塞尔曼将儿童的友谊发展分为五个阶段：

第一阶段（3～7 岁），未形成友谊的概念，友谊关系还很不稳定。儿童认为朋友只是一个玩伴，在一起玩就是友谊。

第二阶段（4～9 岁），单向帮助阶段。顺从自己的同伴就是朋友，否则就不是朋友。

第三阶段（6～12 岁），双向帮助阶段。儿童对友谊的互动性有了一定的了解，但有明显的功利性，还不是患难与共的合作。

第四阶段（9～15 岁），亲密共享阶段。随时间推移，儿童逐渐懂得忠诚、理解、共同兴趣是友谊的基础。和同伴互相倾诉秘密，解决问题。此时友谊具有强烈的排他性。

第五阶段（15 岁以后），友谊发展的最高阶段。择友严密，建立的友谊能保持很长时间。

友谊维持个体生存的作用可能不如依恋那样重要，但它们也能为个体的发展提供有利条件。根据社会生物学的理论，儿童所加入的团体能为个体提供保护。团体合作给很多物种在优胜劣汰的竞争中提供了有利条件，特别是在通过狩猎获取食物的过程中。因此，一般来说，合作和交往技能会促进物种和个体的发展。从个人发展角度来看，积极的同伴关系促进了儿童智力和社交能力的发展。

（2）童年期儿童的同伴群体

儿童在同伴群体（同伴团体）中与同伴交往的需要是逐渐建立的，儿童与同伴的交往随年龄的增长而增加。小学时期是开始建立同伴团体的时期，因而也被称为帮团时期（帮派时期）。同伴团体的影响是通过同伴交往实现的。儿童从与同伴的社会交往中至少学到了三方面的知识。首先，理解团体中其他同伴提出的观点。当孩子们在一起玩耍的时候，他们会发现同一种游戏可以有不同的规则，同一个节日可以有不同的风俗。在通过友好地交换意见来了解他人的过程中，儿童也更了解自己。其次，体会社会规范和团体压力。最后，学会与同性同伴保持亲密。

社会心理学家认为同伴团体有四个特点：①在一定规则基础上进行相互交往；②限制其成员的归属感；③具有明确或暗含的行为标准；④发展了使成员完成共同目标而一起工作的组织。儿童的同伴团体的形式是多种多样的，可能是结构松散的，也可能是有组织、结构严谨的。一般分为两大类，即有组织的集体和自发的团体。

有组织的集体一般是在学校或其他组织的帮助下形成的。小学生的集体就是班集体。集体有四个特点：第一，集体有明确的共同目标以及由此产生的共同行为；第二，集体具有统一的领导；第三，集体有共同的纪律，每个成员都要使自己的意愿服从集体的意志；第四，集体有共同的舆论，舆论是集体形成的标志，监督着每个集体成员是否按集体的预定目标行动。

童年期儿童班集体的形成有四个阶段。第一阶段是松散阶段，刚入学儿童还没有形成真正的集体关系和集体生活，班集体还是松散的集合。第二阶段是凝聚阶段，在教师的正确引导下，到一年级下学期，儿童初步形成集体意识和集体关系。第三阶段是形成阶段，二年级的小学生已能明确意识到自己是班集体的一员，能逐步把集体的要求转变为自己的要求，服从集体的要求，完成集体交给的任务。在这个时期，班集体内部成员也逐渐分化，形成真正的班集体。第四阶段是优化阶段，随着中高年级小学生的集体活动范围日益扩大，他们的集体意识日益提高，初步懂得集体利益与个人利益的关系，并能自觉服从集体，维护集体利益。

自发团体的组织结构通常是松散的，形式是多种多样的。自发团体随时随地都可能存在，由于其倾向性不同，自发团体可能是有组织的集体的补充，也可能是集体的对立面。按其社会倾向性不同，自发团体可以分为：①亲社会团体，这类团体在社会上是予以肯定的，如各种学习小组、社会公益组织，这类团体有益于培养儿童良好的道德品质。②非社会团体，这类团体置身于基本的社会问题之外，建立在共同的娱乐活动基础上，如各种兴趣小组。③反社会团体，这类团体在社会上是予以否定的，其活动以危害社会为目的，如恐怖组织、流氓团伙。

儿童早期就对同伴发生兴趣。在婴幼儿期，家庭关系是他们主要的社会关系，同伴关系只是第二重要的社会关系。进入小学后，他们接触的同伴在数量上和广泛性上都有了很大的拓展，同伴之间的互动也随之增加。一般来说，同伴团体的形成是有一个过程的。有研究发现，在儿童中期（10～11 岁），大部分儿童的同伴交往就已经在同伴团体中进行了。日本心理学家广田君美（Hirota Kimiyoshi）研究了童年期儿童的团体形成和发展过程，并把整个发展过程分为五个时期：孤立期（一年级上半学期），儿童之间还没有形成团体，各自在探索和谁交朋友；水平分化期（一至二年级），由于空间关系等自然因素，儿童建立了一定的联系；垂直分化期（二至三年级），凭借儿童的学习水平和身体能力的高低分化为属于统治地位和被统治地位的儿童；部分团体形成期（三至五年级），儿童之间分化并形成了若干个小集团，并出现了领袖人物和团体的规范；集体合并期，各个小集团之间出现了联合，形成了大的团体，并出现了统率这个大团体的领袖人物，团体意识加强，并出现了制约团体成员的行为规范。

无论是有组织的集体还是自发团体都对儿童的人格品质产生重要影响，这种影响主要通过集体的舆论实现。如果儿童能遵守团体的规则，其行为符合团体的标准，则往往得到同伴的好评和尊重；相反，则受到团体的谴责与批评。因此，儿童为了获得团体中的地位就必须遵守一定的准则。与此同时，自己在团体中的地位，团体成员对自己的评价等对其自我概念的形成也起着很大的作用。

3. 师生关系的发展特点

师生关系是指小学儿童与教师的关系，也是其人际关系中的一种重要关系。与幼儿园老师相比，小学教师更为严格，既引导学生的学习，帮助他们掌握各种科学知识和社会技能，又监督和评价学生的学业、品行。与中学教师相比，小学教师的关心帮助更加具体而细致，也更具有权威性。由于小学师生关系的特殊性，小学教师对儿童的影响是重大而深远的。人际交往是双向的，师生交往也是如此。教师的教学水平、人格影响着学生，而学生的学业成绩、活动表现、外貌等对教师做出的评价也起着重要作用。师生关系作为一种双向互动的人际关系，其发展有以下几个特点：

（1）童年期儿童对教师的态度

几乎每个学生在刚踏入校门时都对老师充满了崇拜和敬畏，老师的要求甚至比家长的话还有权威。在初入学的小学儿童心目中，教师的地位是至高无上的，他们对教师往往是崇拜加绝对服从。低年级儿童往往对教师绝对服从，这种绝对服从心理上有助于他们很快学习和掌握学校生活的基本要求。随着年龄的增长，儿童的独立性和评价能力也随之增长起来，从三年级开始，儿童道德判断进入可逆阶段，学生不再无条件服从、信任教师了，而是开始辩证地对待教师的言行，师生间的亲密程度也开始下降。一般来说，在小学阶段，女生与教师的关系要比男生与教师的关系更为亲密。调查发现，小学生最喜欢的教师往往是讲课有趣、喜欢体育运动、严格、耐心、公正、知识丰富、能为同学着想的教师。对老师的评价影响着小学生对教师的反应，他们对自己喜欢的教师报以积极反应，极其重视所喜欢教师对自己的评价；而对自己不喜欢的教师往往予以消极的反应，对其做出的评价也可能做出相反的反应。

（2）教师期望对学生的影响

在古希腊神话故事中，有这样一个故事：有一位叫皮格马利翁（Pygmalion）的国王，在雕塑一座少女的雕像时喜欢上了这个少女，从此这个国王便日夜思恋这个雕像，最后，竟使这座少女雕像变成了活生生的人而与他结为伴侣。

著名心理学家罗森塔尔（R. Rosenthal）曾进行过一个著名的实验：罗森塔尔及其同事要求教师对他们所教的小学生进行智力测验，之后告诉教师们说，班上有些学生属于大器晚成者，并把这些学生的名字念给老师听。罗森塔尔认为，这些学生的学习成绩可望得到改善。事实上所有大器晚成者的名单，是从一个班级的学生中随机挑选出来的，他们与班上其他学生并没有显著不同。可是当学期末时，再次对这些学生进行智力测验，他们的成绩明显优于第一次测得的结果。罗森塔尔认为，实验结果可能是因为老师们认为这些大器晚成的学生开始崭露头角，予以特别照顾和关怀，以致他们的成绩得以改善，这就是著名的“罗森塔尔效应”。

许多研究结果都证实，教师期望至少会影响一年级和二年级学生的学习。小学低年级学生比高年级学生的改善更为明显，有两个可能的原因：第一，低年级学生关于学业的自我表象较为肤浅，对教师的不同对待方式更为敏感；第二，低年级学生没有累积的背景信息，因而教师更相信测验的结果。

教师期望具有广泛影响，如学习能力很差的学生，教师以积极的态度来教他们，可以改善他们的学习情况。当教师对学生有较高期望时，他们就表现出更和谐、更愉快的态度，更经常表现友好的行动，微笑、点头、注视学生，与学生有更多的谈话，提问更多，并提供较多的学习材料和学习线索，对学生给予密切关注，等待学生回答的时间也更长，更经常赞扬学生。教师对待有高期望的学生和认为能力差的学生的方式有所不同，通过上述方式，教师实际上传递这样一种思想，即期望高能力的学生的失败是由于没有好好努力，而期望低能力的学生的失败是由于缺乏能力。

教师期望和他们与学生的关系受许多因素的影响：教师的态度、人格，儿童的外表、性别、种族、家庭的社会经济地位、能力和兴趣、学业等。此外，对学生的控制程度也影响教师期望。如果学生的表现是可以预见的，如能回答老师的问题、按时交作业、参加考试等，会给教师留下好的印象，并提高教师期望。

教师期望是一种巨大的教育力量。因此，在教育过程中，教师应善于向学生表达自己良好的期望，尤其对待后进学生更应充满热情，更多地采用积极鼓励的方式激励学生努力学习。

（四）儿童社交能力的培养

1. 教给学生人际交往的规则

童年期儿童的人际关系以垂直关系为主，学前期关系最为密切的是父母。进入小学后对教师，特别是班主任的信任会超过父母。进入学校开始学习成为小学生人际交往的主要途径。教师要根据儿童的特点，适时适地、因人而异地教给他们正确的人际交往规则，并通过示范让儿童深刻理解正确的人际交往规则。

2. 通过教师的榜样示范促进小学生的人际交往

教师在课堂上要充分发挥自己的人格魅力和榜样作用，创造严肃而又和谐的课堂氛围；与学生建立良好的师生关系，关心、帮助每位学生，公平公正、认真地对待和尊重每位学生；多与学生沟通，排解学生的不良情绪。课堂教学中教师要利用形式多样的教学内容和灵活多变的教学方法来促进人际关系的发展。

3. 充分利用游戏促进小学儿童的人际交往

游戏是小学生喜爱的活动，其情节性强，内容丰富。在游戏中能发展儿童的创造性和聪明才智，儿童体验拼搏和奋斗后获胜的乐趣，感受到与同伴的团结互助，受到同伴的认同，进而增进身心健康和促进社会适应能力。

4. 在合作中促进学生的人际交往

低年级儿童交友方式简单，友情观淡薄，只愿意和自己的同桌及邻桌同学玩。针对这一情况，教师可以让学生在互助中发展友谊，结成和睦友好的伙伴关系。教师可以选择一些需要同学之间互相配合、协作的学习内容。

5. 及时纠正小学生间不和谐的人际交往

学生会有很多人际交往问题。特别是低年级儿童经常出现“告状”现象，无论什么问题都要向老师汇报。这种现象会影响同学之间的关系，可能会造成矛盾冲突。针对这种情况，教师要对经常“告状”的学生进行委婉的指导，让他学会自己处理一些问题。当出现矛盾时，教师应冷静处理，与学生谈心，做其思想工作，督促其认识自身的错误。

四、童年期儿童道德的发展

道德发展是指如下过程：儿童采纳各种原则，这些原则引导他们对特定行为作出是非判断并据此指导自己的行动。

（一）童年期儿童道德发展的基本特点

童年期儿童道德发展的一个基本特点就是协调性。童年期儿童逐步形成自觉地运用道德认识来评价和调节道德行为的能力；童年期儿童的道德言行从比较协调到逐步分化；自觉纪律的形成和发展在童年期儿童道德发展中占有相当重要的地位；道德发展存在“关键年龄”，这个关键年龄大致在三年级下学期前后。

（二）童年期儿童道德动机的发展

童年期儿童道德动机发展的基本特点是：第一，由服从向独立发展；第二，由具体、近景向抽象、远景发展；第三，逐步产生道德动机斗争，但激烈的冲突比较少。童年期儿童在为什么遵守纪律的问题上，有如下几种想法：①服从教师的要求；②为了获得表扬，成为“三好学生”，不落人后；③为履行学校班集体和少先队组织的义务、各种制度要求，或为集体、组织争光；④体会到这是社会公德的要求，应自觉遵守纪律。

（三）童年期儿童道德心理特征的发展

1. 小学儿童道德认知的发展

（1）皮亚杰的研究

皮亚杰对儿童道德发展阶段的研究主要采用对偶故事法。他把儿童道德发展分为三个阶段：

前道德阶段（约 2 岁前）。这一阶段儿童没有真正的道德概念，也不能把自己从他人分化出来，道德认知不守恒、分不清公正、义务和服从。

道德实在论阶段（约 2～10 岁），又称他律阶段。这一阶段的儿童服从外部规则，接受权威指定的规范。具体而言，道德发展表现出以下特征：①认为道德规则是由权威确定的，并且是绝对的，不能改变，权威通常是父母、教师等；

②判断行为的好坏只依据行为的客观后果，不考虑行为的主观动机；③内在的公正，认为惩罚是天意，违反规则就理所当然该受到惩罚；④单方面遵守权威，有一种遵守成人和服从成人规则的义务感。根据皮亚杰的观点，两个因素限制了这个阶段儿童的道德判断，一是成人的权力，这种权力认为儿童应该顺应；二是儿童认知的不成熟，尤其是自我中心主义，因为儿童认为所有的人都以相同的方式看待规则，他们的道德判断是以现实主义为特点的。

道德相对论阶段（约 10 岁以后），又称自律阶段。与道德实在论阶段相反，这一阶段儿童道德判断的特点是能够认识到规则不是绝对的，可以怀疑和改变，违反规则并非总是错误的，也不一定非要受到惩罚。判断行为时不仅考虑后果，还要考虑动机和意图，能够把自己置于别人的地位，判断不再绝对化，对权威的遵从既非必要，也非总是正确的，如果实施惩罚，应该考虑惩罚与犯错误者的意向和错误性质之间的补偿性，即儿童开始使用一种互惠性的公平标准。

（2）科尔伯格（L. Kohlberg）的研究

科尔伯格对儿童道德发展的研究主要采用道德两难故事法。他将儿童道德认知的发展分为三种水平六个阶段，三种水平即前习俗水平、习俗水平和后习俗水平，六个阶段是指每个水平可划分为两个不同的阶段。

前习俗水平：儿童的道德观念是外在的，儿童是为了免受惩罚或获得奖励而顺从权威人物规定的行为准则的。这一水平包括两个阶段，第一阶段，以惩罚与服从为准则，这个阶段的儿童对行为好坏的判断并没有固定的准则概念，而是看是否会受到惩罚和是否服从父母或权威人物的命令；第二阶段，以行为的功用和相互满足需要为准则。如果行为者最终能取得成功，获得奖赏，满足相互间的需要，就是好的，它带有浓重的互利交换的实用主义色彩。也可以说，儿童的道德判断，往往是从自身利益出发的。

习俗水平：儿童为了得到奖赏、表扬或维护社会秩序而服从各种准则，也可以说是为了力图满足社会的需求和希望，它可分为两个阶段。第三阶段，以人际和谐为准则，又称为“好孩子”取向。在这一阶段，儿童心目中的道德行为就是取悦于人，有助于人或获得别人的赞赏，所以，他们判断道德行为好坏的主要依据是看是否被人们赞许；第四阶段，以权威和维持社会现有秩序为准则，这时儿童所作判断的根据是相信准则和法律维护着社会秩序，因此应当遵循权威和有关规范去行动。

后习俗水平：达到这一水平的人，其行为准则已经超出了某个权威人物的规定，有了更普遍的认识。它表现为个人的义务感、责任感，它也可分为两个阶段。第五阶段，以社会契约和法律为准则，这个阶段的道德判断特别看重相互之间的契约关系，即相互承担义务和享有权利，同时，看重法律的效力，认为法律可帮助人们维持公正，认为契约和法律的规定并不是绝对的，是可以改变的，个人应尽的义务和责任显得更为重要。第六阶段，以普遍的道德原则和良心为准则，这是进行道德判断的最高阶段，它完全诉诸个人的良心和人类普遍的道德原则和规范，在这个阶段，他们认为人类普遍的道义高于一切。

2. 童年期儿童道德情感的发展

（1）道德情感发展的五种水平

第一，自然的、直接的情感（以直接感受到的痛苦和快乐为依据）。

第二，由对直接的个人得失的预测引起的情感（对直接赏罚的预测）。

第三，不是按照个人意愿，而是按照社会反应而行动的情感（社会奖赏的作用，借助于行为理想）。

第四，不管自愿与否，由必须遵守道德行为准则的外部作用力引起的情感（不论愿意与否都必须服从的外部作用力）。

第五，以已被内化并结合成为自我的抽象道德观念为依据形成的道德情感，不仅是自觉的，而且已经成为一种激励的力量（具有高度概括性的、理论型的道德情感）。

（2）童年期儿童道德情感发展的特点

第一，道德情感的发展不是等速的。

第二，道德情感发展具有不平衡性。

第三，从狭隘和模糊的态度逐渐发展到初步深刻和比较稳定的态度。

第四，从具体的道德情感逐步过渡到抽象的道德情感。

3. 童年期儿童道德行为的发展

（1）道德行为的发展与认识水平的提高相适应

童年期儿童的道德行为是随着道德认识的发展而得到相应发展的。低年级儿童由于认识水平的限制，其道德行为常常是由一些具体的、肤浅的动机所引起的。到了高年级，儿童的道德行为开始以社会需要作为动机的基础。

（2）道德行为由外部调节向内部调节过渡

小学低年级甚至中年级的儿童，他们的道德行为一般是在教师和父母的要求或效仿他人的情况下实现的。到了高年级，儿童调节行为的力量开始由外部控制向内心自觉的方向过渡，逐渐把教师或父母的要求转化为自己内在的道德需要，道德行为的自觉性日益得到发展。

（3）道德行为习惯逐步养成

小学低年级儿童在教师的要求下，通过行为规范的训练，掌握了一些具体的道德规范，但还没有形成道德行为习惯，大约四年级以后他们才逐步养成初步的道德行为习惯。童年期儿童道德行为习惯的发展水平出现一个小学低年级和高年级高，而中年级低的“马鞍形”趋势线。

（四）童年期儿童道德的培养

第一，加强儿童对道德行为准则的理解，形成正确的道德观念，创设教育情境，陶冶儿童的道德情感。

第二，帮助儿童获得道德行为的经验，确立牢固的道德信念，调节与消除儿童的消极道德情感。

第三，引导儿童进行道德评价活动，促进他们道德评价能力的发展；重视教师对儿童道德情感的培养，对儿童的道德行为进行及时反馈和评价。

第四，给儿童提供良好的榜样，训练儿童的道德行为，通过奖励或惩罚强化儿童的道德行为。

参考文献

芭芭拉·M 纽曼，菲利普·R 纽曼. 2005. 发展心理学（第 8 版）. 白学军等译. 西安：陕西师范大学出版社.

林崇德. 2002. 发展心理学. 杭州：浙江教育出版社.

林崇德. 2009. 发展心理学. 第 2 版. 北京：人民教育出版社.

刘金花. 1997. 儿童发展心理学. 上海：华东师范大学出版社.

缪周芬. 2008. 儿童同伴关系研究. 牡丹江大学学报，17（11）.

张文新. 1999. 儿童社会性发展. 北京：北京师范大学出版社.

周丽华. 2007. 儿童记忆策略发展研究综述. 昭通师范高等专科学校学报，29（1）：71-76.

朱莉亚·贝里曼等. 2000. 发展心理学与你. 陈萍，王茜译. 北京：北京大学出版社.

思　考　题

1. 童年期儿童的生理发展特点及遵循的规律？
2. 童年期儿童的感知觉发展主要表现在哪些方面？
3. 童年期儿童的注意和记忆发展有哪些特点，与幼儿有何不同？
4. 童年期儿童的思维特点？
5. 童年期儿童学习的特点？
6. 童年期儿童常见的情绪情感障碍及其原因？
7. 童年期儿童道德发展阶段及其特点？
8. 如何培养童年期儿童良好的学习习惯和思维习惯？

第六章　青少年的心理发展与教育

第一节　青春期及青春期生理发展特点

一、青少年和青春期

对青少年期的定义和青少年年龄阶段划分的了解是研究青少年心理与教育问题的出发点。“青少年期”（adolescence）这个词，源于拉丁文“adolesceze”，原意是指“生长”或“达到成熟”。这个时期的开始阶段我们一般称为“青春期（puberty）”，也源于拉丁文“pubertas”，表示“成熟年龄”或“具有生殖”之意。

在发展心理学中，青少年起止年龄的界定一直是一个存在分歧的问题，采用的界定标准不同，所确定的青少年期的起止年龄也就不完全一致。我国发展心理学界一般把青少年期界定为十一二岁至十七八岁这一发展阶段，主要是指中学教育阶段。与中国学术界稍有不同，西方大多数发展心理学家对青少年期的界定更为宽泛一些，认为青少年期是指从青春期开始直到完成大学学业这一发展阶段，即十一二岁至二十一二岁，这大致相当于人生整个发展历程中的第二个十年。

青少年阶段的十一二岁至十四五岁这一阶段称为少年期，又称青春期。由于受遗传、环境、营养、体育运动等方面的影响，不论男女，提早或延迟 2～3 年进入青春期，都属于正常现象。青春期是青少年身体发育飞速发展的第二个阶段，根据青少年在青春期发育的阶段性特点，大多数人倾向于将青春期分为早、中、晚三期。青少年教育有必要让青少年了解自身不同发育时期的特点，以为其做好充分的生理和心理准备。例如：青春早期，身高、体重等形体指标生长迅速，此阶段应重点加强营养和体育锻炼；青春中期，面对第二性征的发育，应注重性心理健康知识教育，促进心理健康的发展。

二、青少年生理发展

生理发展是指有机体或是它的器官在体积和重量上的增长，在构造上更精密，在机能上更强。青少年的生理发展开始于青春期，主要在初级中学阶段，一般女孩早于男孩。医学研究表明，随着当前营养条件的改善，新一代青少年青春发育期出现的年龄，有逐步提前的趋势。青少年的生理发展不仅表现在身体的外部特征上，而且也表现在身体的内部机能上，现将从四个方面对青少年的生理发展特征进行介绍。

（一）身体形态发育

青少年的身体形态迅速发育。进入青春期后，个体形态发育表现出急剧变化的现象，主要表现在身高、体重、坐高、脑围等身体指标上的敏感性变化。人体的身高和体重在第一个发育高峰以后（2岁后），表现为一个渐进的过程；进入青少年期，个体的身高和体重都有明显的增加，表现出突增的现象。青少年身体发展在性别上存在着差异，女生的发育一般早于男生；但男生开始发育后，其增长速度要快于女生。一般来说，女孩青春期生长发育的高峰期出现在11～12岁，而男孩出现在13～14岁。在生长发育高峰期，男孩的身高平均每年可增长7～9cm，最多可达10～12cm；女孩平均每年可增长5～7cm，最多可达9～10cm。青春期身体各部分生长的顺序也相当有规则：身体末端（头、手和足）首先开始加速增长，然后是胳臂和腿生长加速，最后是躯干的生长加速。在身高快速增长的同时，青少年的体重也以同样的速度在增加。青春期体重的生长突增高峰虽然不如身高明显，但增长的时间比身高长，变化幅度也较大，并且在性成熟后仍继续增长。一般来说，男女生在9岁以前体重相差无几，女孩的体重在9岁以后进入快速增长期，12～13岁达到高峰，14岁后增长速度下降。男孩在12～13岁时体重开始迅速增长，到13岁左右，男孩的体重便开始超过女孩。身高、体重的增加除与骨骼的增长有关外，还与脂肪、肌肉的增长有很大的关系。女孩的脂肪发育可以一直持续到发胖的程度；而男孩在身高体重突增后，脂肪就逐渐减少，且身体肌肉发育要好于女孩。因此，青少年期的女孩显得体态丰满、亭亭玉立，男孩显得结实健美、风度翩翩。人的体型从青少年期开始，逐渐表现出明显的两性差异。

（二）神经系统的发育特点

青少年时期是智能高度发展的年龄阶段，而智能的发展又是以大脑和神经系统的发展为基础。大脑和神经系统的高度发展是青春期最重要的特征之一，此时大脑的发展已经达到成人水平。人在12～14岁时，脑重为1 400g左右，脑的容积在这时期接近成人水平，所以，脑的形态发育基本在青春期即告完成。从脑电活动变化看，在4～20岁之间，有两个显著的加速期，一个是5～6岁之间，一个是13～14岁之间，这两个显著加速的时期使儿童脑发育在一定程度上呈现一种“断续”或“飞跃”。儿童时期脑的生理功能虽有很大的发展，但是由于神经纤维的髓鞘尚未完全形成，大脑兴奋和抑制的过程很不平衡，表现为兴奋性较强、抑制性较弱的特点。直到青春期发育后，脑的皮质兴奋和抑制过程逐步走向平衡。同时，第二信号系统的作用很快上升，在青少年 14 岁以后便居于主要地位，发挥着重要调节作用。这就使青少年的抽象思维能力和逻辑思维能力得到发展，并表现出记忆力强、理解力快、想象力丰富等一系列新的特征。脑科学研究认为，青少年的神经系统机能最充沛、生长力最强，充满了智慧活力；而过了青春期后，神经细胞内部的微细结构便会发生衰老变化。脑和神经系统的发展也遵循着“用进废退”的生物规律，所以，在青春发育期，要多用脑、勤学习，努力发展脑的功能，增长智慧。

（三）内分泌系统的发育

人体的内分泌系统包括内分泌腺和内分泌激素两部分。人体的主要内分泌腺有脑垂体、甲状腺、肾上腺和性腺等。在青春期，内分泌腺体进一步发育，功能逐渐完善，尤其是性腺发育迅速，促进生殖器官的发育和性成熟。脑垂体是人体最重要的内分泌腺，受下丘脑控制，分泌多种促激素，支配着甲状腺、肾上腺和性腺的活动。垂体还分泌多种激素，如垂体前叶分泌生长激素，促进机体的生长发育；分泌的促甲状腺素，可促进甲状腺素的合成，调节新陈代谢，兴奋神经，促进骨的生长发育；分泌的促肾上腺激素，调节糖和蛋白质的代谢，调节器官的发育与第二性征的发育；分泌的促性腺激素影响着生殖器官的成熟和第二性征发育。总之，人体内分泌腺分泌活动在下丘脑—垂体—性腺系统控制轴心的严格控制下行使职能，促进人体生长发育，尤其是青春期机能显著活跃。

（四）性、生殖系统的发育

青少年期以性发育、生殖系统成熟为突出表现。此时女性卵巢逐渐增大，男性前列腺与精囊开始发育。一般以女孩的月经初潮和男孩的首次遗精作为发育的前奏，事实上，这两种现象出现的时间有很大的个体差异，不能笼统地一概而论。随着人们社会生活环境、膳食结构、全球气候变暖等条件的变化，青少年发育的开始年龄呈现逐步提前的趋势，女孩发育的正常年龄范围是 10～16 岁，平均年龄大致是 12 岁；男孩发育的正常年龄范围是 12～16 岁，平均年龄大致为 14 岁，这就是所谓“发育加速现象”。女孩性成熟的发展顺序是：乳房发育——长出直的阴毛——身体最大成长率——卷曲阴毛的出现——月经初潮——出现腋毛——骨盆明显扩大，出现上窄下宽的体形——月经规律，建立排卵功能；男孩性成熟的发展顺序是：阴囊成长——长出直的阴毛——初期声音的变化——遗精——出现卷曲阴毛——身体最大成长率——长出腋毛——声音明显变化——长胡须。

青春期是一个人生理发育的关键时期，在这个时期里，不论男孩还是女孩，身体内外都会发生许多奇妙的变化。面对这些前所未有的变化，青少年的内心会产生惊讶、害羞、欣喜、好奇、恐惧等情绪。同时，异性之间也会相互吸引，对对方的心思感到好奇。而伴随着性心理、生理发育的逐渐成熟，青少年的性冲动也相应产生。由于传统教育在性教育方面的忽视，有些青少年因不了解性冲动的实质进而对自身的道德品质产生了怀疑。对性的种种困惑和自我怀疑会使青少年背负巨大的心理压力，因此指导和帮助孩子顺利度过酸酸甜甜青春期十分重要。

第二节　青少年的认知发展与教育

一、青少年认知发展的特点

在个体认知客观世界的信息加工活动中，感觉、知觉、记忆、想象、思维等认知的心理成分按照一定的关系结合成一个有机整体——认知结构。认知结构一旦形成，便具有能动性，发挥着一定的功能，从而实现对个体认知活动的调节作用。随着生理和脑发育的第二个加速期的到来，青少年的认知水平也发生了质的飞跃，最突出的表现是思维水平的提高。

（一）注意的发展

1. 有意注意逐渐占主导地位

年龄越小，无意注意所占的比例越大。在青春期（初中阶段），学生的有意注意开始占主导地位，因此他们在活动中的目的性、自觉性和计划性比小学阶段的学生有了很大的提高；他们的有意注意已经比较稳定，能够根据预先提出的目的、任务，随意地、较长时间地控制自己。但此阶段学生的无意注意仍起较大作用，个体的直接兴趣和客观对象的鲜明特点仍是强烈吸引他们的主要条件。在高中阶段，学生的注意力往更高水平发展，他们逐渐做到不完全受直接兴趣的影响，对有间接兴趣的事物也能产生较稳定的注意。

2. 注意品质的提高

注意品质包括注意的稳定性、注意的广度、注意的分配和注意的转移四个方面。在注意稳定性上，随着自制力的发展，初中生已经能够较长时间稳定地集中注意某项活动或某个内容，保持45分钟并无困难。随着年龄增长，注意稳定性的增长速度逐渐变得缓慢。到高中阶段，学生的注意稳定性趋于成熟。注意广度方面，中学生比小学生有了长足进步，小学生在 1/10 秒内只能看到 2～3 个客体，初中生就能看到 4～5 个客体。初中生的注意广度已经接近于成年人水平，但受本身知识经验和直觉对象的特点的影响仍然比较大。高中生则基本达到成人水平，1/10 秒内能看到 4～6 个客体。在注意分配上，初中低年级学生还会出现顾此失彼的现象，如注意了抄写就忽略了听讲。初中高年级学生由于各种技能技巧的稳定性有所提高，注意分配能力逐渐向较高水平发展。高中阶段学生的注意分配能力日趋成熟，例如，高中生在听讲的同时又能进行抄写，既能注意到教师讲解的主要问题，又能注意到问题的前后联系。在注意转移方面，初中低年级学生还存在一定的困难。而高中生随着经验积累的日益丰厚，智力得到良好的训练和发展，心理活动的有意性逐渐增强，因此注意转移能力得到较快发展，大多数学生能自觉地根据活动任务把注意从一个对象转移到另一个对象上。总之，随着年龄的增长，青少年在注意品质的四个方面都有了不同程度的提高，并趋于成熟。

（二）感知觉的发展

1. 感觉能力的发展

在中学阶段，个体的感觉能力有了较大的发展。有研究发现，个体在 15 岁前后，其视觉和听觉等感觉能力甚至超过成人。初中生对颜色、音高的分辨能力比小学生高很多，在青少年中很多人表现出特殊艺术才能。青少年的其他感觉也有很大发展，特别是关节、肌肉的感觉能力得到很大的提高，这为青少年从事写字、绘画、体育活动等提供了必要的条件。

2. 知觉特性的发展

随着年龄的增长，个体的知觉特性也随之得到了发展。知觉的整体性方面，初中生已经具备了知觉整体性的特点，在教学活动或日常生活中他们能对存在一定欠缺的事物进行修补。但是由于知识和生活经验所限，初中生常忽视弱刺激部分而过分注重强刺激，从而常做出不完整甚至是错误的反应。知觉的理解性方面，初中生已经能够根据经验，对事物加以组合、补充、删简或替代，从而形成比较完整的理解。但初中生对这几种加工方式的运用还很幼稚，很大程度上还得依靠自己的主观想象，表现出更多的随意性。这样有时对知识的理解就显得牵强附会，如果没有正确的指导和更合理的解释，他们还会把这种理解顽固地坚持下去。知觉的选择性方面，一切影响青少年注意发展的因素都影响着他们对知觉对象的选择，比如刺激物的直观性、新异性，学生自身的兴趣、需要、动机等。在知觉恒常性方面，由于受逻辑思维发展水平的限制，初中生还与高中生有所差距。初中生很容易受到局部、片面的刺激的困扰，不能稳定不变地反映客观事物；而高中生更能抓住事物的整体特征。

（三）记忆的发展

青少年记忆发展的总体趋势是，记忆力随年龄增大不断提高，到 16 岁趋于成熟。青少年正处于记忆力发展的“全盛时期”，主要表现出以下几个特点。

1. 有意记忆逐渐占主导地位

小学阶段是由无意记忆为主导向有意记忆为主导过渡阶段。随着年龄的增长，青少年的有意记忆和无意记忆的效果都不断提高。初中阶段基本确立了有意记忆的主导地位，有意记忆的优势更加明显，个体能逐渐根据不同的教材内容，主动制定适当长远的记忆任务，选择记忆方法。但是初中生的识记目的和任务还主要是由成人提出来的。高中阶段，个体已能自觉地、独立地提出较为长远的识记目的和任务，选择适合自己的识记方法，自觉地检查识记的效果，对识记过程进行自我监控。由于青少年记忆目的性的提高，其记忆效果也得到了大大的提高。此外，青少年个体还善于利用有意记忆的规律来提高记忆效果，这也是有意记忆发展的一个重标志。

2. 理解记忆逐渐成为主要的记忆方法

小学阶段的儿童，虽然其理解记忆有了很大发展，但机械记忆仍占主导地位。机械记忆在 10 岁左右得到快速发展后，一直保持了几年的高水平，直到高中阶段，才随着年龄的增长而有所下降。初中阶段，机械记忆逐渐向理解记忆过渡。其中，初二是一个转折期。到了高中阶段，理解记忆已成为学生记忆的主要方法。在理解记忆发展的同时，机械记忆仍然保持相当的水平，是青少年学习必不可少的识记手段。

3. 抽象记忆逐渐占优势

抽象记忆与个体的经验和思维水平密切相关。儿童时期，学生的具体形象记忆优于抽象记忆，他们善于记忆事物的具体形象，不善于记忆公式、定理、法则等抽象材料。在初中阶段，个体抽象记忆的发展水平逐渐超过形象记忆。在高中阶段，个体的抽象记忆已占绝对优势。同时，具体形象记忆仍然具有重要作用，它为理解抽象材料提供必要的感性支持，是抽象记忆发展的基础。

4. 记忆广度不断增大

青少年短时记忆广度随年级增长而不断增大。一般人短时记忆的容量在 7 个“组块”左右。组块是指记忆的单位，其大小能随经验积累和训练水平的提高而不断提高。青少年的短时记忆广度不断增大，且短时记忆的发展不单体现在组块数量的增加上，更重要的是体现在组块内容的丰富上。

5. 记忆策略不断发展

记忆策略是指个体调节控制自己的记忆活动，增强记忆效果的方法。个体记忆策略的发展，受自身经验、思维发展水平和学习动机等因素的制约，其中思维发展水平是最重要的因素。个体思维发展水平的年龄特征决定了记忆策略发展的阶段性。中学生记忆策略的发展处于成熟阶段，个体可以在无人指导的情况下，主动地运用记忆策略，并根据记忆的任务来调整记忆策略。

（四）思维的发展

整个青少年期，中学生的思维能力得到迅速的发展。抽象思维处于优势地位。但处于少年期的初中生和处于青年初期的高中生的思维特点是不同的。初中生思维发展的主要特点是抽象思维开始占主导地位，但在很大程度上，还属于经验思维，即他们在思考时需要感性经验的直接支持。到了高中阶段，学生的抽象逻辑思维能够指导学生自己去分析、解决各种问题。青少年期思维发展的具体特点如下。

1. 思维的整体结构基本形成并趋于稳定

青少年的抽象逻辑思维和辩证逻辑思维得以迅速发展，在高中阶段达到基本成熟水平。高中阶段，学生经常要了解事物发展的规律和重要的科学理论，其抽象逻辑思维迅速发展起来。在这种思维过程中，不仅包括从特殊到一般的归纳过程，也包括一般到特殊的演绎过程，即从具体上升到理论，再用理论去指导实践，这是辩证思维发展的重要表现。在学习中，青少年学生也逐步认识到一般和特殊、归纳和演绎、理论和实践的对立关系，并逐步发展出用全面的、运动变化的、统一的观点认识、分析和解决问题的能力，这是辩证思维发展的标志。辩证逻辑思维的成熟标志着青少年思维的整体结构的形成。同时，青少年的动作思维和形象思维仍在发展，并与抽象逻辑思维和辩证逻辑思维相融合。动作思维的发展促进了青少年技术能力的发展，形象思维的发展促进了艺术能力的发展。

由于抽象逻辑思维和辩证逻辑思维的发展，青少年对自己、周围环境的看法发生了很大的改变，他们的行为也相应地发生了种种变化，突出表现在：喜欢争论、自我关注、理想主义和计划性增强等方面。

2. 思维的深刻性日益提高

随着抽象逻辑思维水平的提高和知识经验的不断丰富，初中生能较好地利用各方面的知识来加强对抽象材料的理解。这表明初中生的思维已具有一定的深刻性。但一般认为，初中生的思维同时也存在着一定的表面性和片面性。例如，初中生分析问题时经常被事物的外部特征所干扰，不能深入到事物的本质。高中生的思维基本上接近于成人，处于成熟水平。高中生能摆脱具体事物的限制，较好地运用理论假设进行思维活动。另外，他们的思维也表现出较高的预见性和自觉性，其深刻性要高于初中生；但有时也存在着一定的片面性。

3. 思维的独立性和批判性显著增强

从初中阶段开始，学生的思维已表现出明显的批判性，他们不轻易接受他人观点，对别人的意见往往要进行一番审查，有时甚至持过分怀疑和批评态度。他们不仅批判地对待别人的和书本上的观点，而且开始比较自觉地对待自己的思维活动，有意识地调节、支配、检查和论证自己的思维过程。但是，青少年的思维独立性和批判性还不成熟，其主要缺点是容易产生片面性和表面性。青少年的这些表现与他们的知识经验不足和辩证思维的不成熟有关。他们还缺乏全面、发展、辩证地去思考问题的能力。

4. 思维的自我控制能力显著增强

初中生思维的自我监控能力已开始发展，思维具有预见性，他们能够根据思维活动的结果，对简单的思维活动进行一定的调节。到了高中阶段，随着高中生对思维方法和相应逻辑规则的掌握日益熟练，高中生思维的自我监控能力有了明显的提高。在解决问题之前，高中生已经能够根据需要确定解决问题的思路，形成较为合理的计划、方案及策略等，对自身思维活动的自我意识和监控能力更强，能有效调控自己的思维过程，使解决问题的思路更加清晰，判断更加准确，确保思维活动的正确性和高效率。

5. 思维的创造性日益增强

随着青少年自我意识的增强，他们开始显现出强烈的求知欲和探索精神，喜欢别出心裁和标新立异，其思维的创造性也日益增强。首先，青少年创造性思维能力的结构日趋完整。有研究表明，初一、初二学生的求同思维优于求异思维，从初三开始，求异思维的发展速度明显加快，并超过求同思维的发展速度。高中生的创造性思维进入了以求异思维为主，求同思维、求异思维协同发展的阶段。

其次，青少年的创造性思维品质也日趋提高。青少年思维的流畅性、变通性有很大的发展，他们能从不同角度思考问题，运用不同的方法、规则、公式、原理去解决问题，能举一反三，触类旁通。他们能独立地分析问题、解决问题。他们小制作、小发明的数量明显增多，质量也明显提高。但是，总体而言，青少年的创造性思维还不够成熟，具体表现为鉴别力不强，易受错误思维的影响，在遇到困难时容易动摇。

二、青少年认知发展与教学

任何知识的获得都必须通过学生主动的同化才能有可能实现，而主动的同化则须以适当运算结构的存在为前提。首先，中学教学应根据青少年认知发展抽象水平占优势的特点进行。其次，教学要促进青少年的认知发展。教学虽然要适应青少年认知发展的水平，但不能一味地被动适应，要主动地促进青少年认知的发展，促使他们向更高的阶段发展。根据青少年注意、记忆、思维等的发展特点合理地组织教学就能够提高教学的效果。所以，青少年认知发展对教学活动的有效实施具有重要意义。

（一）认知发展是确定教学目标的依据

教学目标包括通常所说的教学的目标与任务，也就是教学活动中所要构建的能力与品德的心理结构。教学目标包括知识与技能、认知目标，过程与方法目标，情感、态度与价值观目标，也就是通常所说的三维目标。为从认知发展的角度实现教学目标的选择，需要注意以下两点。首先，教学目标的选择要符合并促进青少年自身的身心发展，尤其是认知水平发展。要符合学生的“最近发展区”，即“跳一跳摘得到”。维果斯基认为教育不仅仅要改善已出现的结构，更应该指向“最近发展区”。他强调教学不能只适应发展的现有水平走在发展的后面，而应适应“最近发展区”，走在发展的前面并最终跨越“最近发展区”从而达到新的发展水平。此时，教师适时适当的指导也很重要。其次，因个体的认知发展具有阶段性和连续性相统一的特点，故在选择教学目标时不能跨越认知发展的年龄阶段或者忽视认知发展的顺序性与系统性。最后，要能根据青少年认知发展的年龄特点选择适时促进相应认知能力发展的目标。

（二）认知发展是组织教学内容的依据

教育内容是学与教相互作用过程中有意传递的主要信息，一般包括课程标准、教材和课程等。影响教育内容的因素有生产力和科技发展水平、社会政治经济需要、文化教育传统、学习者的身心发展规律、未来社会发展趋势与人才需求动向。其中学习者的认知发展对教学内容的选择有重要的影响。例如：高中生的抽象思维占有绝对的优势有利于学习各种理论，因此可以学习较多抽象的理论知识，并以此作指导来分析各种事实材料从而扩大自己的认识领域。由于青少年的想象更富于现实性，所以将科学知识与生活中具体的事例相结合显示出抽象知识的现实实用性，更能激发青少年的学习动机和兴趣。在创新性培养方面，不仅要注重学科知识的真理性，帮助学生掌握基本的学科知识；也要让学生去"发现"、去思考留有一些悬念的问题，不能只在习题的"摆布"下游曳于教材所限定的各知识点之间。所学的科学知识如果只是一堆需要死记硬背的"僵死"的现成结论，学生就很难体会到学习的乐趣、求知的乐趣，更不用说创新意识和创新精神的培养了。所以在教学内容上可以从现代科学技术的发展史实和事例中精心选择一些贴近生活、贴近社会的素材。比如在介绍水的性质时除了介绍一般条件下的水以外，还可以介绍在高压下（包括地表下）、太空中水的形态和它的特殊性，以及已发现的问题和用途。不仅内容本身多了趣味性，还能激发学生对科学的浓厚兴趣。

（三）认知发展是选择教学方法的依据

教学方法是为了达到教学目的、实现教学内容、运用教学手段而进行的，由教学原则指导的一整套方式组成的师生相互作用的活动。中学教师常用的教育方法主要有三种形式，首先是以语言形式获得间接经验的方法，例如：讲授法、谈话法、讨论法、读书指导法；其次是以直观形式获得直接经验的方法，例如：演示法、参观法；最后，还有以实际训练形式形成技能、技巧的教学方法，例如：练习法、实验法、实习作业法。青少年感知觉的随意性较强，观察的持续性也有了很大发展，他们有较高的自觉性，能主动制订观察计划，有意识地进行集中持久的观察并能对观察活动进行自我监控。根据这些认知发展的特点，在对青少年的教学中可以大量使用言语符号、视觉符号等方式来传递知识。想象、动作思维等方面的发展又能帮助青少年完成相应的实验，如初、高中的化学和物理等学科的实验。实验教学将抽象的理论知识演化为实物操作。

第三节　青少年学习活动的发展与教育

一、青少年学习活动的特征

进入青少年阶段后，虽然学生学习活动仍以基础学科知识学习为主，学习安排仍以课堂教学为主，但学生学习活动的目的、方法、性质、内容和途径等多方面都发生了很大的变化，具有此阶段的独特性。

（一）学习动机

与小学阶段相比，青少年的学习动机趋于复杂多变。学习动机的研究结果表明，青少年学习动机主要表现为四类：

第一，学习动机不明确。部分学生的学习活动是为了应付家长、老师的“差事”，是为了“混日子”“混到毕业找工作”，等等。

第二，学习只是为了履行社会义务。例如，学习是为了班集体或团组织的荣誉，或不受别人指责、批评，等等。

第三，学习是为了个人前途。学习是为了考上大学，为了以后的职业准备，成名成家，等等。

第四，学习是为了国家和民族的利益。学习是为了更好地掌握知识，为现代化建设多做贡献，是为了提高整个中华民族的文化水平，等等。

四类学习动机中，各类学习动机都存在着一定的人数比例，其中以第四类学习动机人数最多，所占比例最高。各类学校、各年级、男女生的学习动机发展的总趋势基本一致。此外，远大的、与社会意义相联系的动机逐步发展起来，而与学习活动本身相联系的学习动机仍起着很大的作用。与少年儿童相比，青少年学习动机有了更大的自觉性，但仍然不稳定。

（二）学习方法

青少年学习具有一定的自觉性，初步掌握了多种学习方法，学习方法使用的灵活性也增加。小学阶段习惯于按老师的要求听、记、抄、背的中学生，在中学阶段初期可能仍不习惯自己制订学习计划、独立思考、自觉复习、记课堂笔记、做好课前预习等中学的学习方法。而善于独立学习、喜欢发言、学习方法较灵活的学生就能够很好地适应教师对学习的各种要求。因此，相当一部分学生在听课、作业、考试周而复始的学习活动中出现了“心理疲劳现象”。可见，青少年阶段的学习更多地要依靠学生自己主动地学习。如学生要形成自我检查、评定、管理、调节的能力，自己安排学习时间和学习内容，创造性地运用学习方法。

（三）学习兴趣

青少年阶段，学生个人的兴趣体系逐渐形成。学生的兴趣应当是比较广泛的，不应只限于学习，在学习兴趣中也不应限于某个或某几个学科上，在生活兴趣中也不应限于对某些物质利益或享乐的追求上。青少年阶段学生的主要任务是学习，学习兴趣处于兴趣体系的核心地位，但不同的学生会拥有个人特色，有的同学会对物理、化学等理科知识感兴趣，有的同学会对历史、地理等文科知识感兴趣，他们的兴趣存在着差异。兴趣是他们学习上取得进步的主要动力，也改变着他们对某学科学习的精神面貌。从外部表现来看，男生多喜欢理科，女生多喜欢文科。对有些学科的学习兴趣是自发产生的，但可受同学、老师的影响而对某学科学习产生兴趣，特别是对某个学科老师的喜欢。可见，学习兴趣在青少年心目中有着重要的位置。但学生的兴趣可能表现出短暂性的一面。原因之一就是有些学生的兴趣仅仅停留在“有趣”的低级水平；原因之二就是由于需要掌握的知识较多，而学习方法不当，学生感受不到掌握知识的乐趣，而只是徒增学习负担和心理疲劳。因此，学习兴趣非常容易受到各种外界因素的刺激或影响而发生变化与转移。

（四）学习心理

随着年龄的增长、年级的升高，一部分学生能较好地适应中学阶段的各方面学习要求，但也有相当一部分学生没有做好过渡的准备，很难适应中学生活，造成学习成绩下降、波动，同伴关系不良等问题。学生在学习活动中遇到挫折，学习目标达不到或需要得不到满足，无法克服困难时，他们就会出会学习障碍，如焦虑心理、依赖心理、文饰心理、闭锁心理等。焦虑心理表现为动机强度过高，争于取得理想的学业成绩，形成主观愿望与客观实际的矛盾冲突，常处于忧虑紧张、烦躁不安的情绪状态。这种心理在成绩较好的学生中更易出现。对于习惯于教师安排学习，学习缺少独立性和主动性的学生，他们表现出较强依赖性，习惯求助别人，一旦离开教师的辅导或别人的帮助，会产生无所适从的消极情绪和行为倾向。文饰心理在学生的学习过程中有多种表现形式。如学习成绩不好的学生，对失败归因总是找一些外界原因，对自身缺点认识不够，进而严重妨碍了他们的学习进步。闭锁心理表现为对外界评价过于敏感，回避失败的意识较强，封闭内心世界、压抑情绪体验，孤独感强，行为胆怯、退缩。这些不良学习心理障碍阻碍了学生学习活动的进行、学习目标的达成，严重情况下可导致不健康的心理表现和行为倾向。

二、青少年学习问题及辅导

青少年处于学习的重要阶段，承受着沉重的学习、升学压力；同时开放的社会环境也带来了各种刺激和诱惑，青少年感到茫然，甚至不知所措。现在社会竞争越来越激烈，这种竞争也反映在学校当中，学生的学习压力随之加大。学校课业任务繁重，竞争激烈，父母的期望值过高，使得学生精神压力越来越大。这种压力有时给学生带来了很多的问题。在这个时期，很多青少年在学习的过程中会出现种种心理问题，比如上课走神、作业拖拉、考试马虎、害怕考试、偏科、厌学等，这些心理问题严重地影响了学习效果。青少年学习问题的教育及辅导具体包括学习动机的辅导、学习兴趣的辅导及学习方法的辅导。

（一）学习动机辅导

学习动力对学习具有发动、维持、导向等功能，缺乏学习动力，是主要的学习障碍。青少年学习动机缺乏的主要表现有：学习目标和学习计划不明确、学习松懈、无成就感等。对于学习动机的辅导要注重内外学习动机的转化，从而激起他们的学习需要和努力学好每门功课的信心。必要的外界条件有利于激发学生学习兴趣，如奖励、表扬。另外，还需要内在心理因素的转化。诸如需要、愿望、兴趣、理想、信念、情感等，在一定条件下，都可以成为推动学生积极进行学习活动的内部力量。这些心理因素转化来的动机，即为内部动机，其驱力较强，维持时间也较长。

具体在教学活动中，教师应注重问题情境的创设，丰富其教学内容和方法。为了能激发学生的学习动机，老师应注意在教学中形成一种使学生似懂非懂、一知半解、不确定的问题情景，由此产生的矛盾、疑惑、惊讶最能引起学生的求知欲和学习兴趣，从而产生学习的愿望和意向。丰富有趣、逻辑性与系统性很强的内容以及生动的教学方法可以吸引学生，使学生通过学习得到精神上的满足，也可以进一步激起学习兴趣。另外，老师及时提供反馈，让学生多了解学习结果并体验成功，对他们的学习动机也可起到一定的强化作用。一些研究结果表明，成功体验对动机的激发作用要大于失败的体验。特别是对于学习成绩较差的学生，进一步的失败会导致“习得性无助感”，而一次或多次的成功则会成为学习动机的“激活剂”。因此，老师在设计提问、布置作业、设定学习目标时，要因人而异地提出切合不同学生的不同要求，使每个学生都有成功的希望，从而获得成功的体验，提高学习兴趣和动机。

（二）学习方法辅导

不少学生会反应这样一种情况：我学习比别人刻苦、认真，可是成绩总是不尽人意，而有些人不费力就可以学习得很好。面对此种情况，青少年学习自信心开始动摇——我可能就不是学习的料，学习好坏是天生的。从来就没有天生的优等生，影响学习成绩的因素除了个人努力之外，还与学习方法和学习习惯有关。因此只要培养青少年良好的学习方法与习惯，帮助他们走出这种心理误区。

学者们提出的学习理论众多，学习方法也是层出不穷。显然要想使学生掌握各种学习方法是不可能的。一般来说，青少年的学科知识学习一般由四个环节组成，即预习——听课——复习——作业，这四个环节的学习方法是最基本的学习方法。学习需要有计划性，凡事预则立，不预则废，学习好和学习差的同学在有无学习计划上差异明显。学生要在课前养成预习的好习惯，为课堂学习做好准备。上课时要养成专心听课的好习惯，进一步弄清课程的难点，特别是预习后不能解决的问题。课后要完成适量的作业，进一步巩固并达到熟练程度。另外，要经常组织及时、系统的复习，更高层次地理解并较好地掌握知识。学生如能正确掌握这种学习方法，不仅能闻一知十、触类旁通地掌握好其他适合自己个性的学习方法，而且实践也表明，这种学习方法确实有助于提高学习效果。教师在学生的学习中应加强四个环节的学习方法指导，只有让学生真正找到适合自己的学习方式，才能真正做到“事半功倍”。

（三）学习兴趣辅导

学生对某门学科产生学习兴趣时，理智感的满足会进一步推动他力求掌握该学科知识的动力，集中自己的注意力，采取积极主动的意志行动，使心理活动处于积极状态，从而提高自己的学习效率。每门学科都有自己的知识特点，学生对某一学科的兴趣往往是由该学科的特殊性引起的。因此，老师要注意充分发掘学科知识中那些学生感兴趣的东西。课堂教学中，教学内容过深，学生望而却步；教学内容过浅，学生又觉唾手可得。这都不利于学生学习兴趣的激发。据此，在学科教学中，老师应贯彻维果斯基的“最近发展区”的思想，注意深浅得当。其要求是：教学内容必须是学生经过努力所能掌握的，同时，还应当善于在学生已有知识经验的基础上，去讲授某些新的知识，并把新知识纳入到学生已有的知识体系中。由于青少年学习兴趣不稳定，教师要在全面而客观地分析学生的兴趣倾向及个性心理特征的基础上，对其学习心理加以正解的分析与引导，不断提高学生的兴趣水平，使他们在“有趣”心态的基础上，把兴趣提高到“乐趣”以至“志趣”的水平，使短暂兴趣变为持久兴趣。只有这样，才能调动起学生的学习兴趣。

另外，在新课改的视野下，应注重学生潜能的培养，所以课堂教学需要教师积极地转变教学方式，充分调动学生学习的主体能动性。教学活动中教师应倾注感情，用智者和朋友的身份参与课堂学习活动，尊重学生的意见，从以前的知识传授者和教学活动的权威者，转变成学生学习活动的引导者、帮助者和活动参与者，让学生体验到轻松、愉悦、平等和亲切。即使学生的观点与权威产生偏差，教师也应该通过讨论、比较和循循善诱的方式方法，求得观点和认识的统一，给学生充分展示自我、张扬个性的时机，这样学生的学习兴趣将被大大激发，他们就会主动积极地动脑思考，勇于发言质疑。

学习活动是青少年在校期间最主要的活动。学习活动不仅影响着青少年的心理过程和个性心理特征的发展，影响着他们对学科知识、技巧技能的获得，也影响着他们科学世界观和道德品质的形成。而青少年的心理素质和心理发展水平也对他们学习活动过程和学习效果有着重要的作用。学习是一种十分复杂的心理过程，这一过程既需要全部智力因素的积极参与，又需要各种非智力因素的积极参与。学生科学学习方法的掌握，良好学习习惯和兴趣的养成，以及学习不适心理得到及时调控，对他们学习成绩的提高具有极为重要的意义。

第四节　青少年情绪情感的发展与教育

一、青少年情绪情感发展的基本特点

情绪和情感是生活和事业的“催化剂”和“调节剂”，是个体健康成长不可缺少的重要心理因素。青少年情绪情感是一种非常复杂的心理现象，具有深刻、丰富、不稳定、心境化的趋向，自我认识和社会性因素引起的情绪情感反应占据主导地位。情绪情感的产生既受环境事件、生理状态的影响，也受认知过程的影响，青少年时期情绪情感发展的以下特点比较明显。

（一）情绪情感的表现由易感、易变性向内隐、文饰性转变

由于身心两方面的原因，青少年初期的情绪体验表现出明显的易感与易变特点。青少年的情绪、情感状态与他们的需要、评价和预期密切相关，而这三者此时正处于变化和不稳定状态，从而导致情绪的易感与易变。首先，青少年的各种需要迅速发展，需要不能满足往往会引起青少年强烈的情绪反应。其次，这时期影响青少年情绪的各种因素大量出现，如，学习成绩、人际交往、升学就业等。最后，青少年自我意识的增强使他们内心世界日益丰富，对外界事物的感受性也日益增强。由于青少年的经验不足，认知结构不完备，对事物的评价和预期往往与客观现实不一致，从而导致较强烈的情绪反应。青少年情绪体验的一个显著特征就是起伏波动较多，表现为情绪变化迅速，反应快，平息也快，情绪维持时间较短和喜怒无常。

随着学习和生活阅历的增加和丰富，青少年已意识到情绪的任意表露和冲动对自己要求和需要的满足没有帮助，反而会影响同他人的关系。这一阶段，他们

的情绪自控能力和调节能力得到增强，社会化进一步发展，他们已意识到自己在特定的社会情境中适当表达情绪情感的重要性，善于用意志力控制自己的情绪情感，使其符合社会期望。

（二）情绪情感体验的内容更加丰富多彩

青少年由于其自然活动领域的扩展、生理的成熟、社会环境的复杂以及这些因素之间的相互交织，为情绪体验提供了十分丰富的来源；加之知识结构的完善、社会经验的丰富以及想象能力的发展，青少年的情绪体验日益深刻，体验的内容日益广泛。道德感、理智感、美感等社会性情绪情感逐渐上升到主导地位，社会性情绪的水平也不断提高。此外，随着抽象逻辑思维能力的提高，青少年的智力品质，特别是思维的深刻性得到发展，他们的情绪体验则表现得更具有深刻性。与儿童相比，青少年对精神需要表现出更深刻的情绪体验。随着认知能力的发展，青少年对具有社会性的、抽象性的内容更加关注，从而极大地丰富了情绪体验的内容。不仅如此，青少年的情感也变得更加细腻、敏感和微妙。此外，由于知识经验的增多，青少年的想象力更加丰富，青少年经常对未来事物充满憧憬，这使得青少年的精神生活变得丰富多彩，内心情感体验更为丰富复杂。所以人们常常说，青少年是一个多“梦”的时期。

（三）情绪持续时间逐渐增长，出现心境化趋势

无论是外显的情绪反应，还是内心的情绪情感体验，青少年与儿童在持续时间上都表现出很大的不同。总体来说，青少年表现出情绪持续时间延长的特点。儿童时期，其情绪表现虽强烈，但往往持续时间短暂，是爆发性的，情绪反应的频率也比较高。但随着年龄的增长，特别是到了青春期后，情绪的爆发次数减少，持续时间也延长，往往变为一种心境。青少年的情绪既具有易激动、易兴奋的特点，又具有心境化的特点，这似乎是矛盾的，但这正是其情绪由不成熟向成熟发展的表现。到了青少年后期，心境体验逐渐趋于稳定和持久。

总之，在整个青少年期，青少年的情绪情感一直向稳定化、丰富化和深刻化发展，也就是说，青少年并不是一开始就具有情绪情感的这些特点，而是逐步实现的。同时，我们也应看到，尽管青少年在这些方面相对优于年幼儿童，但其自身的情绪情感发展并不成熟。一直到成年期，情绪情感发展的使命才基本完成。

二、不良情绪表现及克服

由于青少年情绪情感发展还不成熟，情绪情感变化比较剧烈，所以，青少年

想控制自己的情绪表现，但有时又容易发泄出来。他们认识到有很多负面情绪在不恰当的时间、地点表现出来，不仅损害自己在别人心目中的形象，也会影响与他们的人际关系。一般认为，适度的、情境性的负性情绪反应，如考试中的紧张和焦虑，失恋后的悲伤等情绪都是正常的。但当青少年陷于某些不良情绪体验不能自拔，或者情绪体验的强度和持续时间超过一般人时，将严重妨碍他们的学习和生活，甚至产生各种情绪和心理障碍，导致学习能力和社交能力的下降。此时的情绪反应被认为是有障碍的。青少年的情绪问题有很多，以下介绍对青少年影响较大、较普遍的几种。

（一）自卑

1. 青少年自卑的表现

从内在心理过程来看，自卑是由青少年自我意识发展出现偏差和不当的自我评价所导致的。由于青少年的自我同一性混乱和自我评价的不良，他们的理想自我与现实自我的一致性程度较低，青少年对现实中自我的评价往往不能与所期望的理想自我的标准相匹配，此时他们易表现得自卑。青少年时期，青少年身心发展的不平衡、学业压力的增加等会导致自我评价降低。由于自我意识的发展，青少年更加关注自己的外表、能力、自我价值、个性品质以及别人对自己的评价，当他人的评价不符合自己的理想和愿望时，可能会使他们产生自卑的情绪体验。如果对自己的主客观条件认识与评价不当，就会形成自卑感，如学业成绩落后、身体上的小缺陷均可能成为青少年产生自卑感的重要原因。

2. 青少年自卑的克服

教师在青少年自卑心理转化时要注意方式方法，要在学校创造条件，帮助青少年克服自卑心理。第一，教师需要尽量去满足学生自尊的心理需要。教师应该以平等、尊重、信任、友好、关怀的态度来对待学生，使他们的自尊心需要得到满足。第二，教师应当注重学生的自信心培养。从培养学生的自信心入手，关注他们的优点，让他们知道自己的长处和优势。对于缺点和不足，教师也要寄予厚望，帮助他们加以克服。第三，教师要注意学生的意志锻炼。注重培养学生的坚强意志，培养他们吃苦耐劳的品质，遇到困难勇于进取。

学生自身需通过多方面努力和成长去消除自卑心理，最终实现自信心的树立。首先，要正确认识自己，扬长避短，树立自信。其次，放弃过高的奢望，缩小理想自我和现实自我之间的差距，减轻完美主义倾向，克服自卑感。最后，通过“代偿法”，即要能够发现自己的优点，以优点来弥补缺点。

（二）焦虑

1. 青少年焦虑的表现

（1）适应性焦虑

由于青少年生理和心理发展的不平衡造成他们对新环境难以适应，从而因适应不良产生焦虑。这种焦虑情绪突出地表现在那些超前或滞后发育的青少年中，尤其是早熟的女生和晚熟的男生身上。早熟的女生面临着同伴尚未经历过的变化，所以她们找不到合适的有共同经历的同伴诉说和分担自己的不安和焦虑。而晚熟的男生则因为他们外表显得比较幼小，力量也较弱，他们在同伴交往中，尤其在与女生的交往中处于不利地位，同样也面临着适应不良带来的压抑和焦虑。

（2）考虑焦虑

考试焦虑是青少年中常发的一种焦虑。中学阶段由于中考和高考的压力，学生的精神负担大大增加，考试时，甚至在考试之前的数天，都会出现明显的焦虑情绪。

（3）社交焦虑

青少年时期，同伴关系开始成为他们最为重要的人际关系，他们特别注重同伴对自己的评价。当受到同伴的嘲笑、抵制、指责和冷落时会产生不愉快情绪，但同伴关系带来的烦恼却又是不可避免的，加之教师对于优秀学生的关注，使得一部分学生长期受到冷落甚至指责和贬低，严重挫伤了他们的自尊心，对同伴交往、交流产生不良情绪体验。

2. 青少年焦虑的克服

（1）调整自己的期望值，给自己正确定位

不合适自己的目标定位，会使现实结果与之相差甚远，由此心理就容易失去平衡，背上包袱，使自己处于焦虑之中。因此，期望只有立足于现实，心情才能趋于正常，才会轻松。

（2）学会转移注意力，缓解紧张情绪

在面对压力时，采取转移注意力的方法把烦恼、愤怒释放或发泄出来。如参加文体活动，改变生活或学习环境，寻找知心者叙述等。

（3）以平常心对待一切，不自寻烦恼

做事应从自己的实际考虑，不要和别人盲目攀比。尽自己最大努力，注重过程，坦然面对结果。

（4）排除各种干扰，保持心理稳定

遇到干扰时应有自己的主见，马上排除干扰，按照既定的目标走下去。

（三）抑郁

1. 青少年抑郁的表现

抑郁情绪是青少年群体中一种比较普遍的不良情绪表现。在许多情况下，青少年的抑郁情绪都可以找到较为明显的原因，主要有学习成绩落后、失恋，以及其他有关的负性生活事件。例如，有些学生因为无法面对学业中的竞争和学习压力，或者是对学业成绩不满而陷入负性情绪状态，可能表现为对生活、学习失去兴趣，无法体验到快乐，继而会有行为活动水平下降，回避与人交往，失眠等症状。抑郁也可以被看作是青少年在面临一些重要因素（如自尊、名誉、地位、亲人、友谊等）丧失时而产生的负性情绪体验。此外，处于青春期发育的青少年，由于心理和生理发展的不平衡，也可能带来一系列的危机烦恼，给他们带来较多抑郁情绪体验。

2. 青少年抑郁的克服

青少年抑郁的克服可以从两方面着手。一方面，减轻青少年的心理压力源，从家庭压力、人际压力和学业压力方面入手，如塑造和谐家庭、建立健康的同伴关系、淡化学习成绩、提升他们的兴趣、培养他们的爱好，形成有利于他们健康成长的环境。另一方面从青少年自身心理素质的提高入手。在教育中除了知识文化的学习，还要关注他们的生理、心理发展，全面提高青少年的心理素质。如正确的青春期性生理、性心理方面的教育会帮助他们免除一些不必要的情绪困扰；通过情绪管理策略的传授，会使他们在面对抑郁情绪时，能利用获得的最有效的应对方案加以处置。

（四）孤独

1. 青少年孤独感产生的原因

孤独感，在各个年龄阶段都会产生，而青少年时期的孤独具有此年龄阶段的独特性。青少年时期，随着生理的变化和心理的逐渐成熟，青少年的自我意识增强，开始发现自我与其他同龄人之间的差异，意识到自己与众不同的特点，产生了与人交往、了解别人内心世界、并在别人的理解中确认自我的需要，然而这种渴求往往是一厢情愿的。当沟通需要无法满足时，他们便感到自己不被别人所理解，进而产生孤独感。青少年孤独感的产生与青少年的家庭支持、同伴支持和学校支持等社会支持密切相关。缺乏家庭温暖，亲子关系疏离，得不到父母的疼爱与支持，处于留守地位的青少年容易产生孤独感；同伴关系不良，同学关系、朋友关系疏远，潜在的孤独感也会增长；孤独感还与师生关系、环境变化等学校因素密切相关。另外，孤独感也与早期的依恋关系、生活与学习习惯等有关。

2. 青少年孤独感的克服

每个人在一生中都或多或少地体验过孤独感。有孤独感并不可怕，但是当这种心理得不到恰当的疏导或解脱而发展成为习惯，人就会变得性情孤僻古怪，严重的甚至可能会产生孤独症。从社会心理因素视角来看，青少年孤独感的克服需要从家庭亲密关系、家庭支持，同伴关系、同伴支持，师生关系、学校支持等方面入手，更多地关注青少年的人际交往问题，帮助他们消除在与他人交往过程中的孤独感。当然，青少年是否孤独并不取决于这种人际支持和沟通，孤独感的克服关键是他们内心孤独感的克服。有些孤独的青少年可能告诫自己并不需要朋友，学业比社会交往更重要，他们可能更多的选择独处。所以，促进青少年自身的心理健康、内心丰富在青少年教育实践中非常有必要。一个内心丰富多彩的人，不管他身边有没有人，都很少体验到孤独。

三、青少年的情绪与情感素质的培养

青少年正处于情绪情感发展的重要时期，教育者应根据青少年学生情绪情感发展的特点和规律，进行教育引导，促进他们情绪情感的发展。美国教育心理学家布卢姆（B. S. Bloom）指出教育目的应包括情感目的。他认为："情感目的包括那些描述兴趣、态度和价值变化的目的，以及发展评价（欣赏）和适应调节的目的。"学校教育教学应根据青少年学生情感情绪发展的特点、规律，有意识地确立学生情感培养目标，融学科知识教学和情感教育于一体，促进学生情感情绪的发展。

（一）教学应激起学生的探究兴趣和求知欲

理智感是学生在智力活动过程中认识、探求或维护真理的需要是否得到满足而产生的情感体验，是一种高级的社会性情感。理智感中最主要的体验是兴趣和求知欲的满足。教学过程应注重问题情景创设，挖掘各学科知识内在的情感成分，丰富学生理智感，主要从以下三个方面去实现：第一，教师在教学时要善于设置问题情景，发现矛盾，引出问题，循循善诱地引导学生自己去发现问题、分析问题和解决问题，体验主体自我解决问题时所带来的快感和满足感，从小培养学生形成一种自我探究、猜测、发现问题的心理倾向和学习习惯；第二，发挥教学内容中人物榜样的作用，引导学生仿效榜样自觉努力、勤奋好学、勤于探索、勇于创造的精神；第三，重视课堂心理气氛的优化，通过暗示、鼓励、设置悬念来调动课堂心理气氛，进而激发全班学生对待学习的兴趣、动力和努力程度。

（二）教学应引导学生感受学科美

学科美是一种科学美，它不同于自然美和艺术美。如数学，其学科美主要表现在它的对称性、简洁性、统一性、和谐性、奇异性和严谨性等方面。各门学科有其自身的学科特点和规律，也体现出其独特的学科魅力和意境，教师不仅要传授书本知识，而且还要善于引导学生体会知识美。

（三）教学应采取积极对策，避免学生产生学习的冷漠厌恶感

学生对学习有反感可源于多种因素，失败或成功体验直接影响学生的情感情绪。因此，教师要有针对性地进行学习策略的教学和训练，指导学生掌握科学的学习方法，帮助学生克服学习障碍，促进学习成功，提高学生的自信心。

青少年处于人生发展的特殊时期，有其特有的情绪情感表现，情绪情感复杂多变，易于出现情绪情感问题。因此，教师需要根据青少年情绪情感发展的特点，积极引导青少年调适不良情绪情感，维护和促进其身心健康发展。

第五节　青少年的个性与社会性发展

一、青少年的个性发展

随着青少年生理和智力发生一系列特殊的变化，他们在个性发展上也出现了许多新特点，表现在自我意识、道德意识和道德行为、性格和世界观等诸多方面。总体来讲，青少年的个性特点有二：其一是不平衡性；其二是极端性或偏执性。

（一）自我意识的发展

正确地认识自己是建立良好自我意识的前提，学生只有对自身的状况有充分的了解，对自己评价客观时，才能产生良好的自我体验。

在个体进入青春期以前，曾出现过一次自我意识发展的飞跃期，年龄在1～3

岁，以儿童可以用代词“我”来标志自己为重要特点。在接下来的若干年里，儿童的自我意识虽然还在继续发展，但发展的速度相对平稳。进入青春期后，自我意识发展进入第二个飞跃期。进入中学阶段，学生对自己的评价虽具备了一定的自我分析能力，但与别人的评价并不是截然分开的，他们仍会把别人对自己的态度、评价作为自我评价时的重要参照因素，有选择地接受和运用。随着自我认识需要的增长、知识经验的积累和世界观的初步形成，青少年的自我评价能力有很大增长，变得比较主动、全面和深刻。青少年进行自我评价，不再依赖于外力的推动，而是为了要实现自己的理想和愿望，学会全面地、辩证地进行自我分析，既看到自己的优点，又看到不足。

随着自我意识的发展和分化，特别是在高中阶段，自我意识基本分化成“理想的自我”和“现实的自我”两部分，学生可能通过内省的方式认识自己的内心世界。一般来说，初中生还不能充分地把握这种方式，而高中生已逐步学会用这种方式来认识自己了。相应地，学生的自我调控能力也得到了很大的发展，学会了适当地监督自己的内外部行为，并控制其向合理方向发展。到了青少年中晚期，个体在自我观察、自我评价、自我体验、自我监督、自我控制等自我意识的诸成分上都获得了高度的发展，并趋于成熟。

（二）道德意识和道德行为的发展

根据科尔伯格的道德发展三水平六阶段理论，青年初期的道德判断发展主要在第二阶段和第三阶段，即天真的利己主义和“好孩子”定向阶段，并随着年龄发展向更高阶段水平发展。青少年时期，他们掌握的道德准则数量增加、质量提高，道德意识在道德行为中的作用日益加强。在青年初期道德意识的发展中，道德观念的形成占有显著地位，道德理想也进一步发展。他们的理想多数是通过概括的形象体现的，而且与现实生活相联系，尤其是对未来生活道路的选择，对他们的理想产生深刻的影响。

青年初期道德情感的发展特点表现为：直觉的情绪体验明显减少，伦理道德的情绪体验开始占优势，对自己的激情也明显表现出有意识的控制。道德感的社会性水平随年级增高而提高。由于青年初期的道德理想更富有现实性，所以道德意识和道德行为脱节的情况不再突出。而一些个体出现脱节的原因，主要是道德品质本身的缺点造成的。

（三）性格养成

学生性格的形成不是在真空中进行的，而是要受多种客观环境的影响。青少年对自身性格的认识存在局限性，对自己性格的自我意识和自我评估存在误区，如机械地将自己的性格与他人的性格进行对比，常为自己的性格而苦恼或自傲。

由于家庭或环境的不良影响，此阶段学生性格的发展也容易出现问题。如有的同学在老师在场的时候，表现得非常好，而老师不在场时却表现得极差；有的同学在学校一贯热爱劳动、团结同学，回到家里却以自我为中心，自私自利；还有的同学当面一套，背后又一套。青春叛逆期，极度的自我中心往往会表现出性格的偏执性一面。一般地说，中学阶段学生的反社会型性格尚处于形成之中，尚未定型，只是表现出了某种反社会的倾向，纠正起来比较容易。

（四）世界观的初步形成

随着知识经验的积累、抽象逻辑思维的形成以及道德意识和道德情感的发展，青年初期开始逐步形成对世界、对人生的比较稳定、系统的看法。

世界观萌芽于少年期，形成于青年初期。世界观从萌芽到形成，是与学生对世界全面而深刻的认识相联系的。世界观不单指理论认识，更重要的是指人的思想情感、生活态度。青年初期学生的世界观处于从萌芽到初步形成阶段，还很不成熟，不够稳定，可塑性很大。因此，加强政治思想教育，培养青少年善于辨别是非、敢于向各种不良的思想和行为作斗争的能力，在青年初期世界观的形成上具有重大意义。

二、青少年社会认知的发展

社会认知（social cognition）是能促进同种个体间行为应答的信息加工过程，是一种有益于复杂多变的社会行为的高级认知过程。随着年龄的增长，在社会互动的作用下，青少年的社会认知能力有了新的发展，具体体现在以下方面。

（一）青少年的自我中心主义

经历了儿童阶段的自我中心和去自我中心以后，青少年个体在人际认知中又会表现出一种新形式主义的自我中心主义。青少年的自我中心主义（adolescent egocentrism）指的是青少年高涨的自我意识。阿尔金德（Elkind，1967）将青少年的自我中心主义分为两种社会思维类型——假想观众（imaginary audience）和个人童话（personal fable）。

假想观众涉及获取注意的行为——希望被他人注意、觉察，希望自己“在舞台上”，认为周围许多人都在注意他的思想、感觉和行为。例如，一个青春期的男孩可能会认为其他人和自己一样，也会注意到他的一缕头发乱了；一个青春期的女孩认为自己走进教室时，所有的眼睛都在注意她的面色。青少年，尤其是在青春期的早期阶段，感觉自己就像站在舞台上一样，并相信他们自己是舞台上的主角，其他人都是观众。

在阿尔金德看来，个人童话是指青少年认为个人是独特的和不可战胜的这一自我中心主义特点。青少年的个人独特感使得他们感到没有人能够理解他们真正的感受。例如，一个青春期的女孩认为母亲不可能感受到她因与男友分手所受的伤害。为了保持个人独特感，青少年可能会设计一个关于自己的、充满幻想的故事，沉浸在一个远离现实的世界里。个人寓言在青少年的日记里频繁地出现。青少年也会经常表现出一种不可战胜感，他们会认为虽然其他人容易遭遇悲剧，如一次严重的车祸，但这些事是不会发生在自己身上的。一些发展学家认为，自我中心主义所产生的独特感和不可战胜感是青少年做出一些看似轻率的行为（这些行为包括赛车、毒品使用、自杀以及在性交时不使用安全套）的原因。例如，一项研究发现，具有高自我中心主义倾向的十一年级和十二年级女生，更有可能认为在没有使用避孕套的情况下发生性关系也不会怀孕，而那些自我中心主义倾向较低的青少年则不大可能这样认为（Arnett，1990）。

（二）青少年的观点采择能力

观点采择是个体“区分自己与他人的观点以及发现这些不同的观点之间的关系的能力”（Selman，1980）。观点采择在个体整个社会认知发展中处于核心地位，其实质是个体在认识到自我-他人关系上能够脱离自我中心，站在别人的角度上看待事物。个体首先要区分自己与他人的观点，然后对他人的观点做出准确的推测，这才是真正采择了他人的观点。

10 岁左右的儿童能以第二人的观点进行角色选择，但是不明白不同个体的观点是如何产生联系的；到了青少年早期阶段，个体进入了相互的观点采择阶段，他们能够以第三方身份看待问题，同时能够明白一个人的观点和行为是如何影响另一个人的，即能看到人际间的互动以及互动对彼此的影响。个体的社会认知达到这一水平，其人际关系的应对方式自然也不同于过去。例如，与父母意见发生分歧后，他很可能会考虑到父母、社会在这一问题上的看法，从而减少冲突与反抗。在青少年中晚期，观点采择进入一个更高的阶段，即社会和习俗系统的观点采择阶段。在此阶段，青少年开始能够理解个体在某一问题上的看法或观点是受多种因素影响的，其中社会群体中主要的观点对个体的看法或观点有重要影响。

（三）青少年内隐人格理论的发展

“心理理论”（theory of mind）是理解自己和他人的愿望、信念、意图等心理状态并据此推测他人行为的能力，其中对于他们心理能力的理解即内隐人格。儿童早期的心理理论是以信念或个体愿望为特征的。进入青少年阶段，个体对心理的认识更加丰富，突出的表现为青少年内隐人格理论的发展。内隐人格理论是指个体对人的基本特性持有的基本认知图式或朴素理论。该领域研究的焦点是个体何时将某一特质理解为一种有组织的、持久的、具有某种心理状态（如乐于助人）的倾向，以及这种理解在个体身上的发展。

儿童中期的个体已经能够运用特质词来描述他人，但不能将不同的特性进行整合。而青少年则能够将特性看作是某种关于他人的有组织的综合写照。研究表明，青少年的内隐人格理论主要有三个方面与儿童不同。第一，青少年更倾向于把当前信息和以前的信息结合起来进行考虑；但儿童往往仅凭借当前资料做出判断。第二，青少年更易看到个性的情境性和可变性，而儿童通常把个性看作一成不变的。第三，在描绘他人的个性时，青少年不像儿童那样仅注意个体的表面特征，相反他们更有可能探索个性中更深一层的、复杂的、甚至隐蔽的原因。青少年对他人个性中出现的似乎相互矛盾的特质和不同程度的特征敏感。利用有关外表与事实的心理理论知识，青少年能够认识到某人“显行”（外显的行为）可能为这样，但实际“深层的”是那样。

（四）青少年对权威和社会规则的认知

权威（authority）是使人信从的力量或威望，或在某种范围里最有地位的人或事。权威对社会控制具有重要的意义。规则（rules）是规定出来的、供大家共同遵守的制度或章程。社会规则对人的行为具有指导和调节作用。对权威和社会规则的认知状况对个体的行为与社会适应具有重要作用。

达蒙（M. Damon）采用道德两难故事法研究了权威认知的发展。儿童对权威认知的发展经历了从无条件的盲目服从到基于交换或互惠原则的服从，然后到服从与具体情境相应的“相对”权威这样几个阶段。但由于社会文化条件对不同群体影响的不同，研究结果可能受“群组效应”的干扰，因而权威认知随年龄发展的趋势未必具有跨文化的普遍性。

在社会规则的认知方面，随着个体观念的变化，青少年对道德和社会习俗的观念也发生了变化。在童年期，儿童认为道德是绝对的，道德规则来自于父母和教师的权威，是非判断的依据是具体的规则。然而在青少年阶段，道德的强制性受到了质疑，因为青少年开始明白道德规则是主观的、是可以改变的。到青少年晚期，个体的道德推理建立在公正、平等的基础上，即道德规则超越了具体的情景，可用于大量的两难情境中。个体对社会习俗的认知也遵循了同样的顺序。

三、青少年人际交往

人是具有社会性的，需要与别人交往建立友谊关系，彼此得到依靠。与人交往是社会化的必由之路，个体的发展是一个借助于社会交往而不断进行社会化的过程。中学阶段学生正处于个体发展的初期，正需要通过与人交往来使自己逐渐地进入社会，了解社会。近年来对中学生的调查发现，很多中学生都感觉到人际交往是件非常棘手的事，青少年人际关系处理不好将使他们陷入困惑之中。青少年人际交往较儿童期有很大的发展，主要体现在以下几方面的人际关系。

（一）同伴关系

青少年在和同伴的关系上与儿童时期有着明显的不同，主要表现在以下几个方面。

1. 交往方式特点

随着年龄的增长，青少年学生产生了对友谊的需要。因此，需要建立起一定的同伴关系。相互之间有好感、为人诚实、热情而体贴人、性格活泼等因素容易形成同伴关系。有共同的兴趣、志向，或因某一事件而产生了共同的看法，或因某件事做得让人佩服，或通过自己努力取得了不错的成绩，这些因素都容易引起初中生的敬慕感，也容易使他们建立起同伴关系。一般来说，青少年交友的范围随年龄增长而逐渐缩小。朋友之间关系亲密，相互关心、帮助，表现出一种相互平等的关系。初中生结交朋友时，一般都是选择在空间距离上较接近、年龄相近、性别相同的。随着年级的升高，青少年学生对朋友的选择更重视兴趣、喜好与自己相投，性格上与自己合得来的。到高中阶段，青少年的友谊观逐渐成熟，他们选择朋友时，更看重朋友的心理品质，对朋友的外在因素如朋友的家庭条件、长相等考虑的比较少，所建立起的友谊相对稳定和持久。

2. 异性朋友关系

进入青春期以后，男女生之间的关系有了新的特点，双方都开始意识到了性别问题，并彼此对对方逐渐发生了兴趣。但是，在最初阶段他们对于异性的兴趣是以一种相反的方式予以表达，在异性面前表露出一种漠不关心的态度，或者在言行中表现出对异性的轻视，或者以一种不友好的方式攻击对方。总之，从表面上看，他们并不相互接近，而是相互排斥。逐渐地，男女生之间开始融洽相处。而且，在一些男生和女生心中，会有一位自己所喜爱的异性朋友。调查表明，女生一般对那些举止自然、友好、不粗鲁、有活力的男生更容易产生好感，男生一般对那些仪表好、文雅、活泼的女生易产生好感。但男女生一般都不将这种情感公开出来，在许多情况下这是一个永久的秘密。因为，随着时间的流逝，随着他们各方面的发展与成熟，随着价值观念的不断变化和调整，产生于青春期的这种情感很可能就渐渐地淡化下去了，甚至完全消失。

青春期的男女同学之间的爱慕之情是很稚嫩的，缺乏牢固的基础，很少能够保持下来并最终发展为爱情和婚姻。但是，只要处理得当，控制在相当有限的程度内，这种感情也有一定的意义。当一个青春期的少年喜欢上一个异性的同学时，他（她）自然也希望对方能接受自己，于是更加自觉地按照一个好少年的标准尽可能地去完善自己，从而促进各方面的发展。然而，如果这种关系无限度地发展，就会妨碍青少年的正常进步。

3. 同伴关系的意义

青少年对交朋友的意义也有了新的认识。他们认为：朋友之间应该能够同甘苦、共患难，能够从对方那里得到支持和帮助。因此，他们对朋友的质量产生了特殊的要求，认为朋友应该坦率、通情达理、关心别人、保守秘密。在青少年的日常交往中，好朋友之间往往彼此公开自己认为最重要、最秘密的事情。这种交流对青少年的心理发展是有积极意义的，能够使他们通过别人更好地认识自己的内心世界，更好地了解自己。这一过程对其自我概念、观点采择和同一性的形成都有积极的作用。

青少年的同伴关系是在学习活动中建立起来的，同学之间的相互学习帮助，有利于学习成绩的提高。青少年会面临各种问题，这常使他们的情绪产生波动，如烦恼、孤立、焦虑等。同伴关系的确立，会使他们情绪稳定，情感上获得支持。另外，同伴关系的发展，可以促进青少年性格和人际交往能力的发展。青少年阶段是个人性格形成的一个关键期，良好的同伴关系能够促进他们良好性格的形成。因为在与同伴的共同活动中，可以相互影响并促进理智、意志、情绪和态度向好的方向发展。在同伴交往过程中，通过各种活动和同伴的行为反馈，了解到什么样的行为方式受同伴欢迎和认可，什么样的行为方式不受欢迎，从中学会如何与人进行交往，促进自己人际交往能力的提高，这为日后与他人建立亲密关系提供了基础。

（二）亲子关系

家庭是社会的基本细胞，父母是影响儿童早期成长的重要人物。在童年期之前的儿童的眼中，父母的形象至高无上，他们对父母既尊重又信任。进入青春期后，青少年与父母之间的关系发生了微妙的变化，主要表现出以下几个特点。

1. 情感上的脱离

青少年由于在情感上有了其他的依恋对象，他们对父母情感依赖的亲密程度下降。

2. 行为上的脱离

青少年反对父母对自己的控制和干涉，所以他们对行为独立性的要求比以前更加强烈。

3. 思想观念的脱离

青少年对于任何事件都喜欢自己进行分析和判断，不愿意接受现成的观念和规范，他们开始有了自己的思想观点。因此，他们对于以前一贯信奉的父母的许多观点都要重新审视，容易在思想观点上与父母产生分歧。

4. 父母的榜样作用削弱

随着青少年生活范围的扩大，会有其他成人形象通过各种途径进入他们的心目中，这些人物又都是些近乎理想的形象。另外，随着青少年思维水平和认识能力的提高，会逐渐发现存在于父母身上的、过去未曾觉察的某些缺点，儿时父母的伟大光环消失，父母的榜样作用在他们心中开始削弱。

在思想上，父母一般比较稳重、保守，而青少年则表现出思想开放的特点。在行为上，父母比较谨慎、冷静、恪守准则，而青少年则不拘泥传统，喜欢冒险。研究结果表明，青少年对父母一般持肯定态度，大部分学生与父母的关系是融洽的。这其中影响学生与父母关系的主要因素有：父母是否理解、信任自己；父母是否满足自己的独立自主的需要；父母是否关怀自己；父母是否与自己平等交往；父母的教育方式是否民主。

（三）师生关系

在小学阶段，大部分儿童与教师的关系都是比较友好的，一般来说，小学生们可以接受任何一种类型的教师。青春期的少年不再盲目接受任何一位教师，他们开始品评教师，对教师的要求变得较高。由于青少年具备了一定的思维能力与行为上的能动性，在教学环境中，教师已不再是主导者，而是指导者和顾问。在学习中，更强调师生之间的互动、平等的发展，共同探讨某些问题。教师应具备丰富的知识储备，对学生掌握知识起到“画龙点睛”的作用；学生在老师的指导下，举一反三，自觉、主动地获得知识。在日常生活中，师生相互尊重、平等相待、和谐发展。青少年对于他们所喜爱的教师负责的科目，会努力去学习；对于这位教师所提出的各种要求，会十分认真地去执行；对于这位教师提出的各种意见和看法，会毫不怀疑地去接受和吸取等。同样，在青春期少年的心目中也存在着不喜欢的教师，这些教师可能存在着一些不受学生欢迎的特征，如不尊重不理解学生、上课枯燥单调、不公正、责骂学生等，心理上的抵触使学生对自己所不喜欢的教师的各种意见都持拒绝态度。

良好的师生关系对青少年心理发展具有积极作用。首先，它能够促进学生良好性格的形成。研究发现，喜欢教师的学生说谎少，不喜欢教师的学生说谎多，教师的积极性格与学生的积极性格表现出较大相关性。其次，良好的师生关系有利于促进学生心理健康发展。教师在生活、学习上关心学生，会使他们心情愉快、自信心增强；教师的冷漠、忽视，会使学生产生自卑、恐惧、焦虑的心理，有时还会使学生产生心理疾病。最后，良好的师生关系使教师自身产生着一种潜移默化的榜样作用，激发学生的创造性，使他们的智慧潜能得到更好的发展。

参考文献

何先友. 2009. 青少年发展与教育心理学. 北京：高等教育出版社.

刘金明. 2003. 青少年的心理与咨询. 天津：天津教育出版社.

杨安. 2007. 内隐人格理论实体论——渐变论维度对青少年学生人际交往的影响. 教育实践与研究，13-15.

张宝歌，梁欣. 2010.青少年心理咨询与辅导.长春：吉林大学出版社.

张文新. 2002. 青少年发展心理学. 济南：山东人民出版社.

周天梅. 2007. 论自我的发展——青少年发展心理学研究. 成都：西南交通大学出版社.

Arnett J. 1990. Contraceptive use，sensation seeking and adolescent egocentrism. Journal of Youth and Adolescent，19（2）：171-180.

Damon W.1977. Measurement and Social Development. The Counseling Psychologist，6：13-15.

Elkind D.1967. Egocentrism in adolescence. Child Development，38：1025-1034.

Selman M J. Review. Buttetin of the School of Oriental and African Studies，1980，43：357.

思 考 题

1. 青春期生理变化对青少年的心理和行为会产生哪些影响？

2. 与儿童期相比，青少年阶段的注意有哪些发展？
3. 与儿童期相比，青少年阶段的记忆有哪些发展？
4. 青少年的思维特点有哪些？
5. 青少年认知发展对课堂教学具有什么意义？
6. 青少年的情绪情感有什么特点？
7. 青少年工作者应如何根据青少年的情绪情感特点对青少年进行正确的教育？
8. 青少年阶段的自我意识有什么特点？

第七章　学 习 心 理

第一节　学 习 概 述

一、什么是学习

学习领域一直是心理学研究的一个核心课题。长期以来，心理学对学习有种种界说，目前最广为接受的定义是：学习是有机体经由经验而产生的行为或行为潜能的比较持久的变化。

首先，学习是由经验引起的。此种经验不仅包括外部环境刺激、个体的练习，更重要的是包括个体与环境之间复杂的交互作用。

其次，学习表现为行为或行为潜能的变化。学习发生的变化有时直接见诸行为，有时要经过很长时间才能见诸行为。后者称之为“行为潜能的变化”。

最后，学习引起的行为或行为潜能的变化是相对持久的。学习一定是持续一段时间的变化，有些变化，如疲劳、醉酒而引起的某些行为的变化，不能称作学习，因为这只是一种暂时性的变化，一旦特定的状态消除，这些行为的变化也就随之消失。

上面所谈的学习是一个广义的概念，指有机体共有的一般的学习，狭义的学习是指人类的学习。人类学习除了具有广义学习的一般特点之外，还与动物学习存在本质的区别，主要表现有：①学习内容丰富、形式多样；②以语言为中介；③是自觉的、有目的的、积极主动的过程。

因此，人类学习是在社会生活实践中，以语言为中介，自觉地、积极主动地掌握社会和个体的经验的过程。

二、学生学习的特点

学生的学习是人类学习的特殊形式，因此，学生学习不但具有人类学习的一般特点，而且还具有其特殊性。

（一）接受学习是学习的主要形式

学生的学习是在教师的指导下，有目的、有计划、有组织、有系统地进行的，是在较短的时间内接受前人所积累的文化科学知识。因此，接受学习是学生学习的主要途径。在教师的合理指导下，学生可以尽快地在较短时间内掌握大量的知识，反之则制约甚至阻碍学生的学习。

（二）学习内容的间接性

在经验传递系统中，学生主要是接受前人的经验，而不是亲自去发现经验，所获得的经验具有间接性。因此，在教学组织和教学方法上，特别要求教师能把学校学习与实际生活和学生的原有经验相联系。

（三）学习过程是主动构建过程

学生的学习必须通过一系列的主动构建活动来接受信息，形成经验结构或心理结构，这一点越来越为众多研究者所认同。学生学习的主动构建意味着学习是主动构建意义的自主活动，而不是被动地接受刺激。因此，教师必须重视学生学习动机、学习兴趣的培养，教学生学会学习，培养学生对学习策略的掌握和运用，以促进学生自己主动构建知识。

三、学习的类型

学习是一种十分复杂的活动，因此，对学习的分类也因所持标准和角度不同而存在不同类型的划分。对学习进行分类，有利于揭示不同类型的学习规律。

（一）按学习性质分类

依据主体所得经验的来源不同，可以将学习分为接受学习和发现学习；依据学习材料与学习者原有知识的关系，可以将学习分为意义学习和机械学习。这两个维度相结合，可以将学习分为机械的接受学习、机械的发现学习、有意义的发现学习、有意义的接受学习四类。奥苏贝尔（D. P. Ausubel）是支持该分类的代表人物。

（二）按学习内容分类

我国心理学工作者一般将学习分为四类：知识的学习、技能的学习、以思维为主的能力的学习和道德品质与行为规范的学习。知识的学习，主要是掌握反映客观事物的属性、联系与关系的知识与知识体系；技能的学习，主要是掌握顺利地进行活动的动作活动方式或心智活动方式；以思维为主的能力的学习主要是掌握具有高度概括特征的认识能力；道德品质与行为规范的学习，主要是掌握一定的社会规范。这种分类与学校的教育实践活动相吻合，适合教育工作的实际需要。

（三）按学习结果分类

心理学家加涅（R. M. Gagne）根据学习所得的结果或形成的能力不同，提出了五种学习结果的划分：①言语信息，指能用语言文字表达的知识；②智慧技能，指运用符号与环境相互作用的能力；③认知策略，指内部组织起来的、用于调节控制自己的认知活动的特殊认知技能；④动作技能，指习得的、协调自身肌肉活动的能力；⑤态度，指习得的、决定个人行为选择的内部状态。

（四）按教育目标分类

布卢姆的分类法是为了用于课程设计。他以教育目标和教育任务为出发点，将教育目标分为认知、情感和动作技能三大领域，认知领域的学习又分为六类：知识、理解、运用、分析、综合和评价。布卢姆的这六类学习实际上也是由简单到复杂，由具体内容到抽象化，每一项都是建立在先前获得的技能或能力的基础上。

第二节　学 习 理 论

有人提出“学习理论是揭示发生学习机制的心理学理论”。对学习活动的研究，由于基本观点、研究对象和研究方法的不同，对学习机制的解释也有所不同，因此形成了不同学习理论派别。

一、联结主义学习理论

联结主义的主要观点有：①学习的实质在于形成刺激—反应（S-R）的联结；②刺激—反应之间的联结是直接的、不存在观念的中介过程；③学习过程中要经过多次尝试和错误才能找到正确的联结；④强化在学习中起重要作用。

（一）桑代克的联结—试误说

桑代克（E. L. Thorndike）是美国心理学家，他是动物心理实验首创者，教育心理学和联结主义心理学的创始人。

桑代克最初研究学习问题是从各种动物实验开始的，其中最著名的是饿猫开迷箱的实验。一只饿猫被关在他专门设计的一个实验迷箱里，箱子的门紧紧关闭，箱子附近放着一条鲜鱼，箱内有一个开关的旋钮，碰到这个旋钮，门便会开启。开始的时候饿猫无法走出箱子，只是在里面乱碰乱撞，偶然一次碰到旋钮打开门，便得以逃出吃到鱼，经多次尝试错误，猫学会了碰旋钮以开箱门的行为。他的博士论文《动物的智慧：动物联想过程的实验研究》对动物实验的结果进行了总结，并提出了著名的学习的联结理论。

1. 学习的实质

桑代克认为，学习的实质是经过渐进的尝试与错误在刺激与反应之间形成联结。他说："学习即联结，心即人的联结系统"。联结，指的是情境和反应之间的联结，而不是联想主义的观念的联结。联结的形成无需观念为媒介。

2. 学习的基本规律

桑代克认为，试误过程主要受练习律、效果律和准备律的支配。他把它们称为"学习的公律（主律）"。

（1）效果律。在试误学习的过程中，如果其他条件相等，学习者对刺激情境作出特定的反应并能够获得满意的结果时，其联结就会增强；而得到烦恼的结果时，其联结就会削弱。

（2）准备律。在试误学习的过程中，当刺激与反应之间的联结，事前有一种准备状态时，实现联结则感到满意，否则感到烦恼；反之，当此联结不准备实现时，实现则感到烦恼。

（3）练习律。一个学会了的反应的重复将增加刺激—反应之间的联结，也就是 S-R 联结受到的练习和使用越多，就变得越来越强；反之，变得越弱。

（二）巴甫洛夫的经典性条件反射的学习观点

巴甫洛夫，前苏联生理学家，他既是用条件反射法对动物和人的高级神经活动进行客观实验研究的创始人，也是现代唯物主义高级神经活动学说的创立者。他提出的经典性条件反射理论的主要原理如下。

1. 获得与消退

在巴甫洛夫的实验中，食物称为无条件刺激，由食物引起唾液分泌称为无条件反射。铃声是实验中引入的一种刺激，铃声和食物在时间上多次结合，原是中性刺激的铃声就变成了条件刺激，铃声和唾液分泌之间就建立了一种新的联系，就是条件反射。因此条件反射就是通过条件刺激反复与无条件刺激相结合，当条件刺激成为无条件刺激的信号时，无条件刺激能引起的反应，条件刺激也能引起该反应的过程。在条件反射的获得过程中，有两点十分重要：一是条件刺激和无条件刺激必须同时或几乎同时呈现，间隔太久则难于建立联系；二是条件刺激作为无条件刺激出现的信号，必须先于无条件刺激而呈现，否则也难以建立联系。

条件反射建立以后，如果条件刺激重复出现多次而没有无条件刺激相伴随，即不予强化，则所形成的条件反射就会逐渐减弱并最终消失，这个过程称为消退。巴甫洛夫指出，消退带有暂时的性质，在某种情况下，条件反射消失后没多久就自行恢复了，如果以后重新强化条件刺激，条件反射也会很快恢复。消退发生的速度一般为：条件反射愈巩固，消退速度就愈慢；条件反射愈不巩固，就愈易消退。根据此原理，行为矫正者可以用消退法来消除学生的不良行为。

2. 泛化与分化

条件反射一旦确立，其他类似最初条件刺激的刺激也可以引起条件反射，称为泛化。例如，我们常说的"一朝被蛇咬，十年怕井绳"，就是条件反射的泛化。如果只对条件刺激进行强化，而对近似刺激不予强化，有机体就会对前者做出反应，对后者不予反应，这就是条件反射的分化。例如，为了使狗能够区分开圆形和椭圆形光圈，只在圆形光圈出现时才给予食物强化，而在椭圆形光圈出现时不给予强化，那么狗便可以学会只对圆形光圈做出反应而不理会椭圆形光圈。在实际的教育教学过程中，也经常需要对刺激进行分化，如区分质量和重量、长方形和正方形，以便学生正确地掌握知识。

（三）斯金纳的操作性条件反射的学习观点

斯金纳，美国现代心理学家，新行为主义心理学的主要代表，他在 20 世纪 30 年代发明了一种斯金纳箱的学习装置。箱内装上一操纵杆，操纵杆与另一提供食丸的装置相联接。把饥饿的白鼠置于箱内，白鼠偶然踏上操纵杆，供丸装置就会自动落下一粒食丸。白鼠经过几次尝试，会不断按压杠杆，直到吃饱为止。这时我们可以说，白鼠学会了按压杠杆以取得食物的反应，按压杠杆变成了取得食物的手段或者工具。所以，操作性条件反射就是指有机体在某种刺激中自发做出的某种行为由于得到强化而提高了该行为在这种情境中发生的频率，又称为工具性条件反射。

斯金纳认为，行为可以分为两类：应答性行为和操作性行为。应答性行为是由已知刺激引起的，如巴甫洛夫的经典性条件反射的行为。操作性行为不是由已知刺激引起，而是由有机体自身发出的，如吹口哨、站起来、出击、丢掉一个玩具又拿起另一个玩具等。相应地，斯金纳把条件反射也分为两类：应答性条件反射（经典条件反射）和反应性条件反射（操作性条件反射）。经典条件反射是刺激（S）与反应（R）之间的联结，反应是由刺激引起的；而操作性条件反射是操作（R）强化（S）的过程，重要的是跟随操作后的强化。

斯金纳的操作性条件反射理论的基本观点详见第二章。

（四）班杜拉的社会学习理论

20世纪40年代以来，行为主义心理学家对儿童如何获得社会行为很感兴趣。这些社会行为主要通过观察和模仿别人的行为而习得，强化理论已经不能解释所有的模仿形式。美国当代教育心理学家班杜拉主要关注人的学习，尤其是社会行为的学习，他在大量实验研究的基础上，提出了以观察学习为基础的社会学习理论。

班杜拉的社会学习理论的基本观点详见第二章。

二、认知理论的学习观

认知理论的学习观主张，学习是通过理解，主动地在头脑内部构造认知结构的过程；学习不是受习惯支配而是受主体的预期所引导；有机体当前的学习依赖于他原有的认知结构和当前的刺激环境；教学的目标在于帮助学习者把外界客观事物（知识及其结构）内化为其内部的认知结构。

（一）格式塔心理学的学习理论

格式塔是德文 Gestalt 的译音，是完整图形、完整结构的意思。其主要代表人物是德国心理学家韦特海默（M. Wetheimer）、苛勒（K. Kohler）、考夫卡（K. Koffka）等。

苛勒于1913～1917年用黑猩猩做了一系列实验，其中，较典型的有接竹竿实验。在黑猩猩的笼子外放有香蕉，笼子里面放有两根短竹棒，用其中的任何一根都够不着笼子外面的香蕉。然而，黑猩猩思考一会，突然将两根棒子像钓鱼竿一样接起来，够着了香蕉，把香蕉拨过来。黑猩猩一旦领悟了棒子接起来与远处香蕉的关系，就一次又一次地把一根棒子插进另一根棒子的末端，以便够得着远处的香蕉。对于黑猩猩的这些行为，苛勒的解释是，在遇到问题时，动物可能会审视相关的条件，考虑行动成功的可能性，当突然看出两根棒子接起来与远处香蕉的关系时，它便产生了顿悟，从而解决了问题。

根据这类研究所观察的事实，格式塔心理学家提出了他们对有机体学习的主要观点：

第一，学习是对问题情境的整体知觉和理解，是对完整结构（完形）的组织，而不是形成刺激—反应的联结。

第二，学习的过程是顿悟而不是试误。苛勒认为学习不是对个别刺激做出个别反应，而是在对问题情境的整体的知觉和理解的前提下作有组织的反应。这种理解和有组织的反应常常是突然发生的，故称为顿悟学习。

（二）布鲁纳的认知—发现学习理论

布鲁纳（J. S. Bruner）是美国著名的认知心理学家和教育心理学家。他把研究的重心放在知识获得的内部认知过程，以及学习理论和教学理论在教学中的应用。其理论观点包括以下几点。

1. 认知结构观

学习的实质是主动形成认知结构。认知结构是指头脑里的知识结构。布鲁纳认为，学习的本质不是被动地形成刺激—反应的联结，而是主动地形成认知结构；学习者不是被动地接受知识，而是主动地获取知识，并通过把获得的新知识和已有的认知结构联系起来，积极地建构其知识体系。

2. 新知识学习过程的环节

布鲁纳分析了学习知识的具体环节，认为学习包含着三个几乎同时发生的过程，即新知识的获得、知识的转化和知识的评价。学习活动首先是新知识的获得，即个体运用已有的认知经验，使新输入的信息与已有的知识建立各种联系。获得了新知识后，还要对它进行转化，运用各种方法，获得超出给定信息的更多信息，以适应新的任务，从而获得更多的知识。评价是对知识转化的一种检查，通过评价可以检查我们对新知识的分类是否正确，运用推导出的信息解决问题是否合适，以及新形成的认知结构是否合理。因此评价常常是对新知识合理性的判断。

布鲁纳认为，每次新知识的学习都会经历获得、转化和评价的环节，如果这三个环节能够合理进行，对新知识的学习就可以举一反三，进行迁移，同时学习者的认知结构将会得到合理的建构并不断完善。

3. 发现学习法

布鲁纳认为，学习知识的最佳方式是发现学习。发现学习是指学生在学习情境中，经过自己探索寻找，从而获得问题答案的一种学习方式。布鲁纳所说的发现不只限于寻求人类尚未知晓的事物的行为，也包括用自己的头脑亲自获取知识的一切形式。

布鲁纳认为发现学习有以下优点：①学生自行发现和自行组织的知识，有助于长期记忆；②学生主动思维式的学习活动，有助于提高智慧潜能；③学生从主动发现过程中获得成就感，有助于培养其内在动机；④学生养成自动自发的学习习惯后，有助于以后的独立求知与研究。发现学习虽然有这些优点，但是在应用上也有局限性，比如费时太多，不能保证学习的进度；学生必须具有相当的先备知识（prior knowledge）与技能，否则无从主动从事发现学习；自行探索回答问题的方式对思维较为缓慢者也容易构成精神压力。

（三）奥苏贝尔的接受—同化学习理论

奥苏贝尔是美国当代著名教育心理学家，他根据学习进行的方式把学习分为接受学习和发现学习，又根据学习材料与学习者原有认知结构的关系把学习分为机械学习和意义学习，并认为学生的学习主要是有意义的接受学习。

1. 意义学习

（1）什么是意义学习。意义学习的实质是符号代表的新知识与学习者认知结构中已有的适当观念建立实质性和非人为性的联系的过程。实质性联系是指新的符号或符号代表的观念与学习者认知结构中已有的表象、已经有意义的符号、概念或命题的联系。非人为性的联系，指新知识与学习者认知结构中的有关观念建立合理的或合乎逻辑的联系。

（2）意义学习的条件。奥苏贝尔认为，意义学习必须具备三个条件：①学习材料必须具有逻辑意义，即学习材料本身与人类学习能力范围内的有关观念可以建立非人为性和实质性的联系；②学习者必须具有意义学习的心向，即学习者能积极主动地在新知识与已有适当观念之间建立联系的倾向性；③学习者认知结构中必须具有同化新知识的适当观念。奥苏贝尔很重视认知结构在意义学习中的重要作用，认为它是影响学生知识学习的最重要因素。认知结构对意义学习的影响主要取决于原有知识的可利用性、新旧知识间的可辨别性以及原有知识的稳定性和清晰性。

2. 同化论

奥苏贝尔用同化论解释意义学习的过程。同化论的核心是相互作用观。它强调学习者的积极主动精神，即意义学习的心向；强调有潜在意义的新知识必须与学习者认知结构中已有的适当观念建立实质性和非人为性的联系。新旧知识发生相互作用，其结果是新知识获得意义，原有认知结构发生变化。这种变化既有质变也有量变。

3. 接受学习

奥苏贝尔认为，学习应该是通过接受而发生，而不是通过发现。接受学习是把学习内容或多或少地以定论的形式呈现给学习者，使学习者接受这些已有的知识，掌握它们的意义。接受学习绝非被动学习，学习者仍然是主动的。在学习一种新知识时，学生在教师提供的前导组织引导下，尝试运用其既有的先备知识，从不同角度去吸收新知识，最后纳入他的认知结构中，成为他自己的知识。不过，学生经由接受学习而产生意义学习的历程，也并非全是主动的，要靠教师的教学技巧予以促成。

奥苏贝尔的接受学习和布鲁纳的发现学习具有相同之处，二者都重视学生学习的主动性，都强调新知识的学习对已有知识的依赖性，都强调认知结构对学习新知识的重要性，以及强调认知结构的可变性。但在教学组织模式上二者有很大的差异。布鲁纳反对教师在教学中的系统讲解，主张学生自行发现其中的道理。而奥苏贝尔认为，讲授式教学应该是教学的主要模式。在教师的合理指导下，学习者可以尽快地在较短时间内掌握大量的间接知识，所获得的知识是系统的、完整的、精确的，而且便于存储和巩固。因此，奥苏贝尔所提倡的接受学习是有其合理性的。

（四）加涅的信息加工学习理论

加涅是20世纪最有影响的著名教育心理学家之一，被认为是联结主义与认知心理学派的折衷主义者。

1. 学习的信息加工模式

1974年，加涅根据现代信息加工理论提出了学习过程的基本模式。这一模式是：感受器从环境中接受刺激，将刺激的物理信息转化为神经信息，信息进入了感觉登记，这是非常短暂的记忆储存；被感觉登记的信息很快进入了短时记忆，短时记忆的容量很有限，一般只能储存 7 个左右的信息项目，信息在这里可以持续二三十秒；信息通过编码进入长时记忆，编码，是指将一种信息形式转换成另一种信息形式，涉及信息特征的重组，比如按语义类别进行归类。一般认为，长时记忆是个永久性的信息存储库，当需要使用信息时，需经过检索提取信息。被提取出来的信息可以直接通向反应发生器，从而产生反应；也可以再回到短时记忆，对该信息表达的合适性作进一步的考虑，结果可能是进一步寻找信息，也可能是通过反应发生器做出反应。

在信息加工模式中，学生的期望与执行控制在这一过程中起着极为重要的作用。期望是指学生期望达到的目标，即学习的动机。执行控制即学生在信息加工过程中的认知策略，执行控制过程决定哪些信息从感觉登记进入短时记忆，如何进行编码，采用何种提取策略等。加涅之所以没有把这两者与学习模式中其他结构联系起来，主要是由于这两者可能影响信息加工过程中的所有阶段，并且它们之间相互联结的关系目前还不是很清楚。

2. 学习阶段

依据学习的信息加工模式，加涅把学生的学习过程划分为八个阶段：

（1）动机阶段。要使学习有效地发生，首先要激发学生的学习动机，形成学习期望。

（2）领会阶段，学生对学习材料的注意和觉察过程。通过这一过程，刺激才会被进行知觉编码，储存在短时记忆中。

（3）习得阶段，学生对感知到的材料在短时记忆系统中进行编码的过程。因此，教师要帮助学习者采用较好的编码策略，以利于信息的获得。

（4）保持阶段。已编码的信息进入长时记忆储存，这种储存可能是永久的。

（5）回忆阶段，学生把在长时记忆系统中保持住的信息给予重现的过程。

（6）概括阶段，学生把已经获得的知识推广到更广泛的领域中去的过程，也就是学习迁移。教师必须让学生在不同情境中进行学习，并提供在不同情境中运用提取过程的机会；同时，还要引导学生概括和掌握其中的原理和原则。

（7）作业阶段。通过作业才能反映学生是否习得所学内容。教师要提供各种形式的作业，使学习者有机会表现他们的操作。

（8）反馈阶段，对操作的效果进行评价的过程。教学过程中教师应及时给予反馈，让学生知道自己的作业是否正确，从而强化其学习动机。

加涅的学习理论融合了联结派和认知派的观点。其提出的学习过程的基本模式和过程，对于理解教学和教学过程、进行教学设计提供了具有可操作性的思路。

三、人本主义心理学的学习观

人本主义心理学是 20 世纪 50～60 年代在美国兴起的一种心理学思潮，主要代表人物有罗杰斯（C. R. Rogers）和马斯洛（A. H. Maslow）等。这一学派重在研究人的本性、潜能和价值，认为人的本质是自主、能动的，人具有高于一般动物的心理潜能，这些潜能是人所特有的极其宝贵的内在资源，充分发挥潜能是人的高级心理需要，是人生追求的最高目标，实现这一目标就是“自我实现”。

人本主义心理学的学习观认为，学习就是学习者发挥潜能和自我实现的过程，即学习者获得知识、技能，发展智力，探究自己的情感，学会与教师和同学进行交往，阐明自己的价值观和态度，发挥自己的潜能，达到最佳的境界。下面介绍罗杰斯的自由学习观。

（一）教育目标观

罗杰斯的教育理想是要培养“躯体、心智、情感、心力融会一体”的人。这种知情融为一体的人，他称之为“完人（whole person）”或“功能完善者（fully functioning person）”。要最终实现这一教育理想，罗杰斯认为教育目标应是促进变化和学习，培养能够适应变化和知道如何学习的人，而不是再像过去那样只注重学生的知识学习，这也是中国古人所言“授人以鱼，不如授人以渔”的道理。

（二）以学生为中心的教学观

罗杰斯在心理治疗中主张当事人中心疗法，在教育上仍然坚持这一理念，将学生视为教育的中心，学校为学生而设，教师为学生而教。在罗杰斯的治疗理论中，他认为当事人具有健康成长的潜在条件，只需设置一个良好的心理环境，就能不医而愈；罗杰斯同样认为，学生皆有向上的潜能，关键是要给他们设置一个良好的学习环境使他们的潜能得以充分地发展。罗杰斯将他的“非指导性”治疗移植到教学过程中，提出了“非指导性”教学的理论与策略。他所提出的以自由为基础的自由学习原则的观点如下：①人皆有其天赋的学习潜力，为教师者，必须首先认定这一点；②有意义且符合学生目的的教材才会产生学习；③在较少威胁的教育情境下学生才会有效学习，也就是说教师要使每个学生皆有展现其优点的机会，从而减少学校教育中的威胁气氛，以利学生学习；④主动、自发、全身心投入的学习才会产生良好效果；⑤学生自评学习结果，有利于养成独立思维和创造力；⑥重视生活能力的学习，以应对变动的社会。

如同在心理治疗中把重点放在医患关系上一样，罗杰斯十分重视教学过程中的师生关系，认为促进学习的关键不在于教师的教学技能、课程设计等，而在于教师和学生关系的某些态度品质。为了促进学生人格的充分发展，他认为教师必须具备四种态度品质：①充分信任学生能够发挥自己的潜能；②表里如一，以真诚的态度对待学生；③尊重学生的个人经验，重视他们的情感和意见；④深入理解学生的内心世界，设身处地为学生着想。

四、建构主义的学习观

认知主义和联结主义基本上都是客观主义的，主张分析人类行为的关键是对外部事件的考察，认为世界是由客观实体、其特征以及客观事物之间的关系所构成。教学的目标在于帮助学习者习得这些事物及其特征，使外部客观事物内化为学习者内在的认知结构。而建构主义是非客观主义的，因为它认为学习是通过信息加工活动建构对客体的解释，个体是根据自己的经验建构知识的。

自 20 世纪 70 年代以来，以布鲁纳为首的美国教育心理学家将苏联教育心理学家维果斯基的思想介绍到美国后，对建构主义思想的发展起了极大的推动作用。维果斯基在心理发展上强调社会文化历史的作用，特别是强调活动和社会交往在人的高级心理机能发展中的突出作用。他认为，高级的心理机能来源于外部动作的内化，这种内化不仅通过教学，也通过日常生活、游戏和劳动等来实现。

当今的建构主义更关注如何以原有的经验、心理结构和信念为基础来建构知识。他们强调学习的主动性、社会性和情境性，对学习和教学提出了许多新的见解。

（一）新知识观

传统的知识观是建立在客观主义的基础上的，客观主义认为知识是客观的、无可怀疑的和固定的。建构主义却认为，知识不是对现实世界的绝对正确表征，相反，它只是一种关于各种现象的较为可靠的解释或假设，它们处在不断的发展中，会随着人类的进步而不断地被“革命”掉，并随之出现新的假设。另外，建构主义认为，知识不可能以实体的形式存在于具体个体之外，尽管我们通过语言符号赋予了知识一定的外在形式，甚至这些命题还得到了较普遍的认可，但这并不意味着学习者会对这些命题有同样的理解，因为这些理解只能由个体基于自己的经验背景而建构起来。

建构主义的这种知识观虽然有些过于激进，但它向传统的教学和课程理论提出了巨大挑战。按照这种观点，课本知识只是一种关于各种现象的较为可靠的假设，而不是解释现实的“模板”。而且，更重要的是，这些知识在被个体接受之前，它对个体来说是毫无权威可言的，不能把知识作为预先决定了的东西教给学生，不能用科学家、教师、课本的权威来压服学生。学生对知识的“接受”只能靠他自己的建构来完成，以他自己的经验、信念为背景来分析知识的合理性。学生的学习不仅是对新知识的理解，而且是对新知识的分析、检验和批判。另外，知识在各种情况下的应用并不是简单套用，具体情境中总有自己的特异性。所以，学习不能满足于教条式的掌握，而是需要不断深化，把握它在具体情境中的复杂变化。

（二）新学生观

建构主义者强调，学生并不是空着脑袋走进教室的，在以往的生活和学习中他们已经形成了丰富的经验。在学生建构自己的知识的过程中，现有的知识经验和信念起着重要的作用。而且，有些问题即使他们还没有接触过，没有现成的经验，但当问题呈现在面前时，他们往往也可以基于相关的经验，依靠他们的认知能力，形成对问题的某种解释。所以，教学要把儿童现在的知识经验作为新知识的生长点，引导儿童从原有的知识经验中生长出新的知识经验。

（三）新教学观

建构主义对传统的教学提出了尖锐批评，对学习和教学做出了新的解释，并提出了一系列改革教学的思想。

建构主义认为，有效的学习，只能由学习者基于自己的经验背景而建构起来，意义是学习者通过新旧知识经验反复的双向的相互作用过程而建构成的。因此，学习是个体建构自己的知识过程，这意味着学习是主动的，学生不是被动的刺激接受者。学习过程包括两个方面的建构：一方面，学习者都在以自己原有的经验系统为基础对新的信息进行编码，建构自己的理解；另一方面，原有知识又因为新经验的进入而发生调整和改变。从建构主义的观点来看，教师的讲授表面上好像是在传授知识，但实际上只是在促进学生自己建构知识。

建构主义提出了许多改革教学的构想，但一条基本的、核心的思想是：让学生通过解决问题来学习。让学生产生对知识的好奇，想知道“事情为什么会这样的”，然后再去探索，去寻找答案，解除自己认知上的冲突，通过这些活动来使学生建构对知识的理解。按照建构主义者的构想，在课程和教学的开始，应该给学生一些问题、两难选择或提问，以激发学生的好奇心，引发他们的理解活动。教师的任务是建立一个学生团体，从而能让学生在这个团体中共同提出问题，共同解决问题。教师的一个重要职责是为学生团体设置任务，即要探索的问题。问题的设计一方面要反映某学科的关键内容，一方面要考虑学生现有的知识经验，从而使学生看到新旧知识的联系。通过问题解决活动，可以培养学生的求知欲和探究欲。由于学生把各种概念、原理放在某种完整的任务中去理解，所以有利于他们对知识结构形成深刻的理解，培养具有广泛迁移价值的问题解决策略，并形成对这一学科的积极态度。

建构主义批评传统教学使学习去情境化的做法，提倡情境性学习。情境性学习以情境性认知理论为基础，主张学习应着眼于解决生活中的实际问题，因此，教学应该使学习在与现实情景相类似的情境中发生。在情境性学习中，教师不是将已经准备好的内容教给学生，而是提供解决问题的原型，并指导学生探索。情境性教学有利于激发学生的学习积极性和探索精神，也有利于培养学生解决问题的能力。

建构主义者重视教学中教师与学生以及学生与学生之间的社会性相互作用。合作学习、交互学习在建构主义的教学中广为采用。建构主义认为，每个人都以自己的经验为背景建构对事物的理解，因而不同的人只能理解到事物的不同方面，不存在对事物唯一正确的理解。合作学习和交互学习可以使学生超越自己的认识，看到那些与自己不同的理解，看到事物的不同侧面，从而形成更加丰富和全面的理解。因此，教学要增进学生之间的合作，使他们看到那些不同的观点。

第三节 学习动机

大量研究证明非智力因素对儿童的学习有十分重要的作用，而动机在各种非智力因素中又处于核心地位。对学习动机的探索和研究不仅具有重要的理论价值，而且具有重要的实践价值。教师只有对学习动机理论有比较透彻的理解和掌握，才能有效地组织教学，促使学生积极主动地、有效地学习。

一、学习动机的含义和分类

动机是引起和维持个体活动，并使活动趋向一定的目标，以满足某种需要的一种内部心理过程。人的一切活动都是由一定的动机所引起的。构成动机的基本因素是内驱力和诱因。内驱力是推动有机体的能量，包括生理的内驱力和社会的内驱力；诱因是指吸引有机体的行为目标，即能满足有机体需要的目的物。当有机体的行为被内驱力激起并指向一定的诱因时，就会产生行为的动机，直接推动一个人进行某种活动。

学习动机是激发个体进行学习活动、维持已引起的学习活动，并使学习行为朝向一定目标的一种内在过程或内部心理过程。学生的学习活动离不开学习动机在其中的激发、调节、维持和停止作用。

二、学习动机与学习

学习动机的作用表现在两个方面，一是对学习过程的影响，二是对学习结果的影响。

（一）学习动机对学习过程的影响

1. 对学习行为的启动作用

学习动机对学习行为的启动作用首先是在桑代克的动物实验中得到证实的。在桑代克的实验中，要想让猫解决如何从问题箱中逃脱的问题，就必须使它处于饥饿状态，这样，它就会表现出焦躁不安的内心紧张状态。为克服这种紧张状态，就会唤起觅食行为。而且，饥饿程度越高，寻找食物的内驱力就越强，即启动作用就越大。同样，对学生的学习来说，当学生有了学习需要，获得了学习动机后，就会在学习前做好准备，集中精力在某些学习上，从而较易启动其学习行为。

2. 对学习行为的维持作用

由某种学习动机激起的学习行为出现后，学习动机就像指南针一样指引着学生的学习行为，使已被激起的行为始终朝着既定的学习目标进行。研究发现，如果毫无内容地要求一个 5～6 岁的儿童保持某种姿势站立一段时间是比较困难的，然而，如果让他在游戏中扮演某个感兴趣的角色，使他对这一活动有较强的动机，那么，他就会较长时间地保持某种站立姿势，且保持同一站立姿势的时间差不多是前一种情况的 3～4 倍。

3. 对学习过程的监控作用

在实际教学情境中，学生的学习动机和由之而激起的学习行为可能经常要受到来自学生自身和外部各种因素的影响，如学习目标的改变、学习兴趣的转移、外界要求的变化等。如果学生具有正确的、水平合适的学习动机，那么，由之引起的学习行为的各个环节就会受到它有意或无意的调节和监控，就能排除来自内外因素的干扰，朝着既定的学习目标做出不懈的努力，直到目标的实现。

（二）学习动机对学习效果的影响

关于学习动机与学习效果的关系，耶基斯（R. M. Yerkes）与多德森（J. D. Dodson）于 1908 年提出了耶基斯—多德森定律。其要旨是，学习效率先随学习动机水平的升高而升高，到达峰值后学习效率又随学习动机水平的升高而降低。这说明学习效率在适度的动机水平（也叫最佳动机水平）时最高。动机水平过低对学习活动的推动力不强，不能激发学习的积极主动性；反之，动机水平过高，则会导致紧张和焦虑过度、注意与知觉范围缩小、思维受到一定的抑制等，从而给学习带来不良的影响。但适中的学习动机水平又随学习的复杂程度而变化，对于简单的学习，达到最高学习效率的学习动机水平应适度偏高；对于高度复杂学习，达到最高学习效率的学习动机水平应适度偏低。

学习动机与学习的关系是相互依存的辩证关系，动机推动学习行为，而学习行为的结果又影响学习动机。正如奥苏贝尔所说，动机与学习之间的关系是典型的相辅相成的关系，绝非一种单向性的关系。动机可以增强行为方式，促进学习，学习获得的知识又可以增强学习的动机。

三、学习动机理论

不同的心理学流派对于学习动机，特别是引起学习动机的原因有不同的看法，即使是同一流派内不同的学者对学习动机也有不同的看法，从而形成了学习动机理论的多样性和复杂性。

（一）强化理论

行为主义心理学家用强化来说明动机对行为的推动作用。强化可以使人在学习过程中增加某种反应发生的概率，使刺激与反应之间的联结得到加强和巩固。如果学生的学习得到强化（如得到好成绩、教师或家长的赞扬等），他们就会有较强的学习动机；如果学生的学习没有得到强化（如没得到好分数或赞扬），就缺乏学习动机；如果学生的学习受到了惩罚（如遭到老师或同学的嘲笑），则会产生避免学习的动机。

强化理论在学校教育实践中得到了广泛应用。用奖励手段维持学生的学习动机，也确实能收到立竿见影的效果。但强化理论只注重外在的学习动机而忽视内在学习动机，忽视了人的学习的自觉性、主动性，因而这一学习动机理论有较大的局限性。

（二）需要层次论

人本主义心理学家马斯洛认为，人类行为的内部推动力量是需要。在这里，他把动机和需要等同起来。他认为，人类的众多需要，按其性质由低到高可分为七个层次：①生理需要——维持生存和延续种族的需要；②受保护与免遭威胁、获得安全感的需要；③归属与爱的需要——被人接纳、爱护、关注、鼓励和支持的需要；④尊重需要——包括自尊和他尊的需要；⑤认知需要——探索、试验、操弄、阅读等，个体对不理解的东西希望理解的需要；⑥审美需要——欣赏、享受美好事物的需要；⑦自我实现需要——实现个人理想的需要。七层需要分为两类，前四层需要称为基本需要，都是由于生理或心理上缺失而导致的，又称缺失性需要，这类需要是人们生存所必需的；较高的三层需要称为成长需要，它并非生存所必需，也非人人都具有，但对于人们适应社会有十分重要的意义。在七种需要中，马斯洛认为，自我实现的需要是最重要的，自我实现才是人生存在的目的。就人性而言，自我实现的需要是人人皆有的，但由于现实生活中的多种原因，只有极少数人能在实际生活中达到自我实现的地步。

需要层次理论将外部动机与内部动机结合起来考虑动机对学习行为的推动作用，具有一定的科学意义。

（三）自我效能论

自我效能论是社会学习理论的创始人班杜拉于 1977 年提出来的。该理论在 20 世纪 80 年代得到了进一步的丰富和发展。

班杜拉认为，人类的行为不仅受行为结果的影响，而且受通过人的认知因素形成的对结果的期望的先行因素的影响。因此，他认为行为出现的概率是强化的函数这一传统观点是不确切的，行为的出现不是由于随后的强化，而是由于人认知了行为与强化之间的依随关系后对下一步强化的期望。传统的期望概念只是结果期望，此外，还存在着一种期望，即人对自己能够进行某一行为的实施能力的推测或判断，这就是效能期望。当人们确信自己有能力进行某一活动，他就会产生高度的自我效能感，并会去进行那一活动。自我效能具有四种功能：①决定个体对活动的选择和坚持；②影响个体面对困难的态度；③影响新行为的获得和习得行为的表现；④影响活动时的情绪。

自我效能论克服了传统心理学重行轻欲、重知轻情的倾向，把人的需要、认知、情感结合起来研究人的行为动机，有重大理论和实践价值。

（四）成就动机论

成就动机的提出可追溯到20世纪30年代末，默里（H. A. Murry）最早提出成就需要的概念，并把它定义为：克服障碍、施展才能，力求尽快尽好地解决某一难题的需要。麦克利兰（D. C. Mcclelland）和阿特金森（J. W. Atkinson）对默里的观点加以修改并发展成一种动机理论。成就动机就是在人的成就需要的基础上产生的，激励着个体去从事自己认为重要的或有价值的工作，并力求获得成功的一种内驱力。例如，学生想获得优良的学业成绩，体育运动员想在国际体育赛事上为祖国夺金牌。

阿特金森认为成就动机由追求成功的倾向和回避失败的倾向构成。人面临难度不同的任务，他们必然会评估自己成功的可能性。力求成功的人旨在获取成就，并选择有所成就的任务。这种情况最有可能发生在他们预计自己成功的可能性有50%的几率时。因为这种情况给他们提供了最大的挑战。如果他们认为成功完全不可能，或胜券在握，动机水准反而下降。反之，避免失败的需要强于力求成功愿望的人，在预计自己成功的机会大约有50%的希望时，则会回避有所成就的任务。他们往往选择更易获得成功的任务，以使自己免遭失败；或者选择极其困难的任务，这样即使失败，也可以为自己找到合适的借口。

（五）归因理论

成就动机论是从原因来谈行为的引发，归因理论则是从结果来阐述行为的激起。“归因”是指人们对他人或自己行为结果的产生原因的知觉或推断。

美国心理学家韦纳（B. Weiner）从内外源性、稳定性和可控性三个维度划分归因为：内归因和外归因、稳定性归因和不稳定性归因，可控制归因和不可控制归因，又把人们活动成败的原因主要归结为四个因素，即能力高低、努力程度、任务难易、运气好坏。这就是归因的三维模式，见表7.1。

表7.1　归因的三维模式

三维度	内部的		外部的	
	稳定的	不稳定的	稳定的	不稳定的
	不可控的	可控的	不可控的	不可控的
四因素	能力高低	努力程度	任务难易	运气好坏

人们的归因可以区分为四种情况。①内部稳定的不可控的因素，如能力高低。

如果一个学生把自己学习的好坏归因于此，认为学习好是由于能力高，那他就会信心充足，甚至趾高气扬；或认为学习差是由于能力低，那他就会丧失信心，只好听任失败。②内部不稳定的可控的因素，如努力程度。如果一个学生认为学习成功是由于努力的结果，那他就会鼓励自己继续努力，并预期今后再次获胜；或认为学习失败是不努力造成的，那他就会相信只要自己努力，一定可以获得学习成功。③外部稳定的不可控的因素，如任务难易。如果一个学生把学习不好归因于任务困难，那他就会埋怨客观条件，并把今后学习好的希望寄托在减轻任务的难度上；或认为自己学习好是由于任务容易，那他就会提醒自己，今后要认真学习，以应付困难任务的挑战。④外部不稳定的不可控的因素，如运气好坏。如果一个学生把得失归因于运气好坏，那么学习成功，他就会产生侥幸心理，并祈求今后仍能碰上好运；倘若学习失败，那他只好自认倒霉，但愿今后福星高照，好运来临。

四、学习动机的培养与激发

（一）创设问题情境以激发求知欲

创设问题情境是指提供的学习材料、条件、实践能使学生产生疑问，渴望从事活动，探究问题的答案，经过一定的努力能成功地解决问题。有效的教学在于形成一种使学生似懂非懂、一知半解、不确定的问题情境，由此产生的矛盾、疑惑、惊讶最能引起求知欲和学习兴趣，产生学习的愿望和意向。例如，有个物理教师在教“压强”这个概念时，要学生设想把一块砖放在沙地上怎样才能陷得最深这样一个生动有趣的问题，在横着放、竖着放、斜着放、砖的一角触地等热烈提议中引出“压强”概念。这样的教学由于激发了学生的好奇心、求知欲，因此，教学效果往往是良好的。

（二）提供清楚、具体、及时的关于学习结果的反馈信息

反馈在这里指提供给学生的关于学习结果的信息。反馈在学习中的作用表现在两个方面。一是激励作用。学生了解了自己学习的进步，可以增强自信；知道自己学习成绩不够理想，可鞭策自己发奋努力。二是提供信息。反馈使学生的正确认识得到证实，错误之处得到纠正，混淆的概念得到澄清，以便学生把精力集中在学习的薄弱部分，提高学习效率。

提供反馈时，要注意的是反馈必须清楚具体，特别是对于年幼的学生更是如此。教师如果给学生提供一个抽象的、不具体的反馈，而不作任何解释，学生就

难以从反馈中知道他下一步应做什么，也不会做出最具有动机效应的努力归因。及时的反馈也很重要，必须使反馈紧随个体的学习结果。如果反馈与作业结果相隔的时间太长，反馈就会失去其动机和信息价值。

（三）正确运用表扬与批评

表扬与批评主要是对学生的学习活动予以肯定或否定的强化，从而巩固和发展正确的学习动机。一般来说，表扬、鼓励比批评、指责能更有效地激励学生积极的学习动机，对年龄小的学生和学业成绩不良的学生更是如此。

美国心理学家赫洛克（E. B. Hurlock）做了一个有名的关于表扬与批评效果的实验。他让 106 名四五年级的学生练习难度相同的加法共 5 天，每天 15 分钟，但受到的反馈却不同。对第一组控制组学生的成绩不给予任何信息，实验者既不表扬也不批评；其他三组为实验组，分别接受表扬（每次练习后实验者逐个点名表扬）、批评（实验者对他们练习中的错误大加指责）、忽视（每次练习后不表扬也不批评，但使他们看到其他两组学生受表扬或挨批评）。实验结果表明，受表扬的学生每次都有进步，受批评学生的成绩不如受表扬的学生，成绩最差的学生是控制组的学生，受忽视的学生的成绩比控制组学生的成绩稍好一些，因为他们本身虽然不被强化，但还是间接地得到了一些信息，但成绩不如受表扬组和受批评组好。

表扬也不是无限制起作用的，教师在运用表扬与批评时，要根据学生的年龄特征与个别差异，做到客观、公正、全面、恰到好处，既要赏罚分明，又要以理服人。

（四）合理开展学习竞赛活动

许多研究证明，竞赛确实有提高学习效果的作用。如查普曼（J. C. Chapman）等人对五年级两个组的学生进行为期 10 天的加法练习，每天练习 10 分钟。竞赛组学生的成绩每天都公布在墙上，有进步者和优胜者都添上红星；无竞赛组只做同样的练习。结果竞赛组的成绩优于无竞赛组。

竞赛组织不好，也有其消极作用。第一，竞赛不可多用、滥用，频频运用竞赛会增加学生的心理紧张度，加重学习负担。第二，竞赛使那些没有成功希望的学生丧失信心；对于不需努力就可获胜的学生，竞赛也无激发学习动机的作用，反而会使他们形成骄傲心理。第三，竞赛造成的学习动机水平过高，往往对复杂课题的学习起干扰作用。为了开展好竞赛，以下几点是教师应该注意的：第一，在组织个人竞赛的同时，可以适当地开展一些团体竞赛，以培养学生的团队合作精神；第二，可以按能力的高、中、低分组竞赛，这样获胜的学生学习动机会加强，失败的学生也不会灰心，因为差距不大，只要加倍努力下次还有获胜机会；第三，提倡个人自身的竞赛，这种竞赛不必和别人比较，只求自己有所进步，可以减轻学生过重的心理负担。

（五）引导学生对学习结果进行积极归因

根据动机的归因理论及相关研究，学生对学习成败的原因主要归为：能力、努力、任务难度、运气等，不同的归因方式对其以后学习行为产生不同的动机作用。归因的控制源维度与个体的自尊有关，把成功归于内部因素产生自豪感，强化动机；反之，把失败归于内部因素则减少自尊。稳定性维度与对未来的期待有关，把成败归于稳定的因素会预期同样的结果，归于不稳定的因素则会引起期待的改变。可控性与个体的体验有关，将成功归于可控因素可产生满意，归于不可控因素则产生幸运或感激；将失败归于可控因素产生羞辱和负罪感，归于不可控因素则产生愤怒。在各种因素中，能力和努力是两个最为主要的因素，将成功归于能力，有助于增强个体的自我效能，进而有利于以后的学习和归因；如果将失败归于能力，学生就容易放弃努力，久而久之，就会丧失信心，“破罐子破摔”。

由此可见，在教学中引导学生进行积极归因是十分必要的。积极归因包含两层含义，第一层是“努力归因”，无论成功或失败都归因于努力与否的结果。因为学生将自己的成败归因于努力与否会提高学生学习的积极性。第二层含义是“现实归因”，针对一些具体问题引导学生进行现实归因，以帮助学生分析除努力这个因素外，影响学习的其他具体因素，比如智力、学习方法、家庭环境、教师等因素，并指出解决这些问题的方法，以提高学生克服困难的勇气，增强自信心。

第四节　认 知 学 习

掌握知识是学生学习的主要任务之一，因此，知识的学习是教育心理学研究的一个中心问题。

一、知识含义与分类

传统心理学的知识观受哲学思想的影响，认为知识是人们在改造世界的实践中所获得的认识和经验的总和。20 世纪 80 年代以后，现代心理学受信息论、计算机等学科的影响，对知识有了全新的认识，形成了新的知识观。但关于知识的定义，却一直存在争论。如加涅认为，知识是用言语符号来标志某种事物或表达某些事实。霍华德（Howard）将知识定义为由信息构成的，储存长时记忆的表征。我国心理学家则认为，知识是个体通过与其环境相互作用后获得的信息及其组织。尽管心理学家对知识的解释不完全相同，但他们都认为知识是人类所拥有的信息，知识能通过书籍、计算机或其他媒介储存。

根据不同的分类标准，可以将知识分成不同的类型，主要有以下几类。第一，根据知识所在学科领域的不同，常将知识分为语文知识、数学知识、物理知识等。我国教育心理学家潘菽在论述知识学习时将知识分为感性知识的学习和理性知识的学习。第二，奥苏贝尔将知识的学习分为由简单到复杂的表征学习（词汇学习）、概念学习、命题学习、规则学习和问题解决的学习（也称高级规则的学习），知识也可以相应地从简单到复杂表现为：词汇、概念、命题、规则、高级规则等。第三，加涅从学习的结果这一角度将知识分为：①智慧技能，使用符号对外办事的能力；②认知策略，通过概括化过程而发展起来的更为特殊的习得的智慧技能，用来指导自己的学习、记忆，这是一类对自己内部认知过程进行调节和控制的能力；③言语信息，陈述观念的能力；④动作技能；⑤态度。这里，用言语信息指代狭义的知识，将技能分为智慧技能、认知策略和动作技能。第四，当代著名认知心理学家安德森从信息加工的观点出发，根据知识的性质将其分为有关“是什么”的知识——陈述性知识与有关“怎么做”的知识——程序性知识两大类，并认为动作技能、智慧技能和认知策略等均属程序性知识，如图 7.1。

- 知识（广义的知识）
  - 陈述性知识（狭义的知识）
  - 程序性知识
    - 智慧技能
    - 认知策略
    - 动作技能

图 7.1　安德森的知识分类

二、知识学习的过程

我国传统教育心理学将知识学习的心理过程分为三个阶段：知识的理解、知识的巩固和知识的运用。

（一）知识的理解

1. 什么是知识的理解

理解指在已有经验的基础上，通过思维加工，达到对事物抽象概括的认识，是揭露事物的本质和规律的过程。知识的理解过程一方面使新知识纳入已掌握的知识系统，另一方面由于已有经验和新知识的融合，已有知识经验将获得扩大和更新。例如，当学生学习负数时，不但将负整数纳入已有的整数知识系统中，而且还由于它们的联系，使已有知识中的整数概念发生变化和更新。知识的理解是掌握知识的首要环节，没有理解的知识难以巩固和应用。

2. 知识理解的水平

在学习过程中，学生对知识的理解是逐渐深化，由低级到高级的发展过程，一般经历着四种不同水平的发展阶段：

（1）字面的理解：这种水平只能对字、词、句或某个观点、某个原理作表面理解，只要有关于句法的基本知识和识别句子语法成分的阅读技能，以及简单的机械记忆策略，几乎不需要多少精加工就可以达到。

（2）解释水平的理解：这比字面的理解较为深入，一般能对有关知识进行概括，找出知识间的内在联系。

（3）批判性理解：能对学习材料进行评价，提出有关性质、意义和真实性等方面的个人判断。

（4）创造性理解：能摆脱有关材料的束缚，有独立见解，探索新的解答方案，这是高水平的理解。

3. 影响知识理解的主要因素

（1）客观方面

学习材料本身属性的具体或抽象程度。通常，具体的实物概念易掌握，如有关动物、植物的概念学习易理解，但对空间、数概念理解时就难些，对社会性事物的概念掌握难度更大，比如对公正、诚实等的理解常表现出片面性。

此外，教师所采用的教学方法是否合理，是否具有启发性，是否从学生已有的思维发展水平和知识经验出发，都影响学生对知识的理解。

（2）主观方面

学生的年龄及思维发展水平影响和制约着其理解能力。比如小学生的具体思维与抽象思维的发展差异，使得他们在学习一些抽象性材料时，思想有些跟不上，表现出不理解。例如，在刚接触用字母表示数时，学习计算长方形周长，长为 a，宽为 b，虽算出了周长＝2（a+b），但这时有些学生还不知周长是多少，认为自己没算出来。

其次，已掌握知识的正确程度影响着对新学习内容的理解。高级概念或新知识的学习，往往要借助于已有的较为基本的概念。学生对基本概念掌握得愈准确，对新知识的理解就愈顺利、愈容易；反之，则会产生理解困难。

（二）知识的巩固

知识的巩固是将所理解的知识保持在长时记忆中。从记忆的过程来看，知识的巩固主要是通过识记和保持这两个环节来实现的。从认知心理学的角度来看，知识的巩固是知识储存以及在储存过程中进一步得到精加工，与更多知识形成联系的过程。知识在保持的过程中，如果不加以复习和运用，就会发生遗忘；如果经常得到复习和运用，则会加深对知识的理解程度，使已有的认知结构不断优化，同时也会增加运用知识的准确性和灵活性。

知识的巩固对知识学习来说是必不可少的，它是知识积累的前提，已理解的知识如果不能被积累和保持下来，边学边忘，则将学无所成。知识的巩固与知识的理解相互依赖，缺乏理解的知识是难以巩固的，没有巩固的知识难以得到概括，会妨碍对知识的理解。

（三）知识的运用

知识的运用是指运用已有的知识去解决有关问题。它是在知识的理解和巩固的基础上进行的，它可以检验知识的理解与巩固水平，同时还可以促进理解与巩固水平的提高。

知识的运用主要经历了审题、联想、解析和类化四个基本环节。审题就是明确问题的目的和要求，了解已知和未知条件，在头脑中建立起问题的最初表征。联想就是以已形成的问题表征为提取线索，激活头脑中有关的知识结构，为理解和找出解决问题的方法做准备。解析就是分析已知条件和未知条件，确定问题的主要矛盾，寻找解决矛盾的条件和方法。类化就是概括当前问题与原有知识的共同本质特征，将所要解决的问题纳入到原有的同类知识结构中去，对问题加以解决。

三、陈述性知识的学习

（一）陈述性知识的表征

陈述性知识是关于事物及其关系的知识，或者说是关于“是什么”的知识，包括事实、规则、事件、态度等，比如“大多数鸟儿都会飞”“小明不爱吃苹果”等。陈述性知识主要以命题和命题网络来表征。在心理学中，命题一般由论题和关系构成。论题是命题的话题，通常用名词或代词来表示；关系制约话题，通常用动词、形容词、副词和关联词等来表示。如“小张在教室里看书”，可以分解为以下两个更简单的句子：①小张在教室里；②小张看书。这两个句子各表达一个命题，句子①中的话题是“小张”和“教室”，关系是“在……里”；句子②中的话题是“小张”和“书”，关系是“看”。

如果若干个命题中具有共同成分，通过这些共同成分，可以彼此联系组成命题网络。如上面两个命题中有共同成分“小张”，通过它可以把两个命题联系起来。命题由句子表达，但命题不等于句子。命题涉及的是句子表达的意义。实际上，人们在长时记忆中保持的不是句子，而是句子表达的意义。

大多数心理学家认为图式是人们对客体和事件有关属性组合的知识储存方式。图式按其表征对象的不同，主要分为三类：第一类为客体分类的图式，如有关动物、植物、种族、性别、职业等的分类；第二类为时空知识的图式，如有关季节、学期、年龄、成长等时间历程和空间位移的知识；第三类为事件或做事的图式，如看电影、参加舞会、到餐馆进餐等。例如，一个房子的部分图示如下：

上位集合：建筑物
组成部分：房间
材料：木头、砖头、石头
功能：供人的居住
形状：方形和三角形
大小：40～150 平方米

从上述图示中，我们看到房子的有些特征，如房子供人居住的特征基本上是属于命题性的，而另一些特征，如房子的形状及面积则基本上是属于知觉性的。所以，图式是一种组织化的认知结构，是对同类事物的命题或知觉共性的编码方式。图式不仅用于表征陈述性的知识，也用于表征程序性知识。

（二）陈述性知识的学习机制

1. 陈述性知识的获得和储存

陈述性知识的获得是指新命题形成并与已有命题网络中的有关命题联系起来进行储存的过程。也是奥苏贝尔所说的新概念与认知结构中的有关观念相互作用，将新观念纳入到认知结构中去的过程。

这一过程的实现依赖于工作记忆对陈述性信息的处理方式。认知心理学的研究认为：储存在人脑中的命题的活动水平是不同的，在某一特定的时刻，绝大多数命题处于静止状态，这就是未能被我们意识到的长时记忆中的信息；只有被选择性注意到的外界信息和从长时记忆中提取出来的少量信息进入工作记忆，处于被激活的状态，这就是那些正在被我们思考的观念。

一个命题被激活进入工作记忆后，可以激活命题网络中与它相关联的邻近命题进入工作记忆，这叫做激活的扩展。原则上讲，具有相同论题或关系的任何两个命题都可以相互激活，但不同命题之间的联系程度是不一样的，一个命题可能容易激活与之有联系的某些命题进入工作记忆，而不容易激活另一些与之关联的命题进入工作记忆。当然，一个特殊的命题易于激活哪些命题，不易于激活哪些命题也是因人、因事而异的。

另外，由于工作记忆的容量十分有限，每项命题能保留在工作记忆中的时间很短，因而处于激活状态的命题通过激活的扩展只能使少量相关命题与它同时处于工作记忆之中。两个具有共同论题或关系的命题只有同时处于工作记忆中时，才能相互联系，通过其共同成分构成命题网络。

新的要学习的陈述性知识以句子等形式被学习者感知，作为外部刺激进入工作记忆，同时激活长时记忆中与新命题关联的有关命题也进入工作记忆，通过共同的论题或关系与之形成命题网络，获得对新命题的理解。新学会的命题保留在命题网络中的适当位置储存起来，这就是陈述性知识获得的基本过程。

2. 陈述性知识的巩固

陈述性知识获得并储存在长时记忆中的命题网络之后，如果长时间不再被激活和运用，则有可能被遗忘。克服遗忘的基本途径是主动复习。当知识获得时的外部刺激再次被选择性注意到时，它能够激活该知识的命题表征，甚至与此有关的其他相关命题，并使它们之间的联系更为牢固。另外，在对其他知识进行精加工时激活陈述性知识，也能起到复习和巩固作用。

3. 陈述性知识的提取和建构

陈述性知识的提取和建构都是通过激活的扩展来实现的。当我们需要搜索相应的陈述性知识来回答某一问题或完成某一任务时，问题或任务首先转化为命题表征，进入工作记忆，将与该命题的节点有关的命题激活，并通过激活的扩展在长时记忆中找寻能够直接回答问题或完成任务的命题。如果该命题已经存在并被找到，则直接提取该命题出来回答问题即可，这就是陈述性知识的提取过程。如果经过搜索发现原有命题网络中没有能直接回答问题的命题，则根据现有的知识建构一个合理的新命题来作为答案，这就是陈述性知识的建构。陈述性知识的提取是从检索的线索向已有命题的激活和扩展，陈述性知识的建构是从检索的线索向相关命题激活和扩展之后的命题再加工。

（三）促进陈述性知识学习的一般条件

1. 对新知识的积极关注

新知识在学习之初总是作为一个外部刺激出现在学习者面前的，这一外部刺激如果不能得到学习者的选择性注意，就不可能进入工作记忆。同样，被注意到的呈现新知识的刺激，如果不能被学习者积极地进行表征转化，并主动复述，它也不可能久留在工作记忆中。这实际就是有意义学习的心向问题。学生对新知识的积极关注常常来源于对知识本身的兴趣、良好的学习习惯和教师的有效提示。

2. 对相关旧命题（知识）主动地、有效地提取

学生在学习新知识前应该对相关旧知识做好清晰、准确地提取的准备。新命题如果激活了不适当的旧命题，或者所需要的适当的旧命题被延期激活以至于不能与新命题同时处于工作记忆中，则新知识显然不可能与旧命题互相作用、发生联系并通过精加工与旧有的命题网络之间形成广泛的新的共同联系。有些学生在围绕新知识对旧命题进行联想和加工时常常出现两种无效学习活动。一种是不知道应该往哪些旧知识上联想，从而没有目的地乱联想，进行错误的“精加工”，如学习词语时望文生义。另一种是需要激活的旧命题都被激活了，可是没有达到精加工所需要的时间上的迅速反应，即学生脑子里想的都是老师讲到的相关知识，但精加工不能或根本没有进行和完成，结果是听课时感觉大致都懂，实际上并没有理解其中的道理，学得似懂非懂。这种情况可以通过教师的合理复习和指导性的精细讲解而得到部分的弥补。

3. 合理使用工作记忆的有限容量

联结、精加工、组织等的发生，均要求被加工处理的命题同时处于被激活状态，因此，必须充分合理地利用工作记忆有限的容量。激活的速度过慢，能同时取用的信息量会太少，必然限制了同时加工的命题的数量和质量；同一时间内激活的命题多而杂，仿佛胡思乱想时头脑中出现相去甚远的千头万绪一样，也不利于信息加工的顺利进行。

4. 充分的精加工

除了少数机械性较大的知识外，绝大多数有意义的陈述性知识都需要进行充分的精加工处理才能获得好的理解和掌握。如果学生能用多种表征方式来储存同一知识，他对知识的掌握和运用会更加完整和灵活，因此，平时能够积累大量的

感性经验会有利于知识的精加工。精加工不仅限于课堂上老师讲解新知识的过程中，复习、练习和学习其他相关知识时都可能会再次进行精加工。一般而言，中小学学生的精加工常常是在课堂上由教师精讲指引来进行，随着学习自觉性的提高和学习策略的成熟，中学高年级学生和成人学习时，教师精讲的可能性会变小，主要靠学生自己掌握。

5. 必要的复习

新知识编入命题网络后，在保持的阶段并不是原封不动的，命题网络中的新旧命题之间会继续发生相互作用，导致认知结构和知识的改变与重构。在改变和重构的过程中，新知识会发生遗忘和改变。因此，对于陈述性知识而言，因久不温习而变得模糊、错误、混淆甚至忘记的现象屡见不鲜。

6. 及时组织和系统化

建构合理、结构清晰、组织优化的命题网络不仅是学习新知识的良好工具，也是知识能够顺利高效地提取和运用的有力保障。大量研究证明：有效的组织能促进学习。及时组织所学的知识，可以有效地防止知识间发生混淆，增加知识的可辨别性、清晰性和稳定性。系统化是组织的高级阶段，经过系统化的某一领域的知识不仅结构稳定清晰，易于检索和巩固，而且完成系统化的工作需要对该领域内所有的知识和命题进行大量的分析、对比、归类、综合等整合工作，这本身也是一次重要的精加工和全面完整的复习，有利于知识的融会贯通。

四、程序性知识的学习

（一）程序性知识的表征

程序性知识是关于完成某项任务的行为或操作步骤的知识，或者说是关于“如何做”的知识。它包括一系列具体操作程序，如书写汉字的笔画顺序，计算四边形面积的方法步骤，口述文章主要内容的方法等。程序性知识与陈述性知识相比，其主要区别有以下几点。①陈述性知识是关于“是什么”的知识，而程序性知识是关于“怎样做”的知识。②陈述性知识是相对静态的知识，其运用形式常常是输入信息的再现；而程序性知识是体现在动态的操作过程中的知识，其运用常要对信息进行变形和运算，结果往往得出不同于输入刺激的信息。③陈述性知识的提取和建构是一个有意地、主动地激活有关命题的过程，速度较慢；而程序性知识一旦熟练，可以自动执行，速度较快。

程序性知识在头脑中是以产生式和产生式系统来表征的。产生式的一般形式是“如果……那么……”。“如果”是条件项，表征执行某动作步骤的前提条件；“那么”是动作项，表征符合条件项下所应执行的相应操作步骤。例 1 是用于判断一个图形是否为圆形的程序性知识的产生式。

例 1：

如果　图形是二维的
　　　且图形是封闭的
　　　且图形上各点距中心的长度相等
那么　判断该图形为圆，并说出“这是圆”

正如命题与命题可以通过共同成分构成命题网络，并能通过该共同成分互相激活一样，产生式通过控制流互相联系。当产生式 1 的动作为产生式 2 的发生提供了条件时，控制流从产生式 1 流向产生式 2，互相联系的产生式构成产生式系统。下面的例 2 是产生式系统中的一个局部，表征的是分数加法的前三步。

例 2：

第一步　如果　目标是分数求和
　　　　　　　且已知两个分数
　　　　那么　先求两个分数的公分母
第二步　如果　目标是分数求和
　　　　　　　且已知两个分数
　　　　　　　且已知公分母
　　　　那么　用公分母去除以第一个分数的分母得商 1
第三步　如果　目标是分数求和
　　　　　　　且已知两个分数
　　　　　　　且已知公分母且已知商 1
　　　　那么　用商 1 乘以第一个分数的分子得积 1

对于形成产生式系统的各产生式而言，只要符合了第一个产生式的条件项，则后面的产生式会自动依次执行其动作项，直到所有的动作步骤完成并得出最后结果。即条件与动作间的联系熟练化之后，动作步骤无需意识过多的监察，不用占据工作记忆空间而快速运行。这就是为什么对于我们已经熟练的运算和操作，我们常常并不需要有意识地思索每一步该做些什么，就能够顺理成章、流畅自如地完成整个任务。

（二）程序性知识的学习

程序性知识的学习往往是从接受对程序性知识的陈述性描述开始的，因此程序性知识学习的第一阶段是陈述性阶段，通过对程序性知识的陈述性表征的学习和理解获得该知识的有关命题，此时的程序性知识尚未在实际操作中转化为动作和运算行为。第二阶段是程序化阶段，即从陈述性知识转化为可以表现于实际操作中的技能，并经过大量练习，在准确性和速度上均得到不断提高，直到成为高度灵活、纯熟的技能、技巧和技艺。程序性知识的学习可以分为两类：一类是模式识别的学习，一类是动作步骤的学习。

1. 模式识别的学习

模式是由若干元素按照一定关系组成的一种结构，在实际生活中，各种物体、字母、图形、声音等都可以是模式。模式识别学习是指学会对特定的内部或外部刺激模式进行辨认和判断。通过模式识别，我们才能对事物加以分类和判断，回答“如何确定某物是什么/不是什么”的问题。模式识别与陈述性知识的运用不同，对于“什么是圆”的问题，我们可以用“圆是到定点距离等于定长的点的集合”这一陈述性知识来回答；而对于“这是不是一个圆”“下列图形中哪一个是圆”这类的问题，则需要运用模式识别的程序性知识来解决。

模式识别学习的主要任务是学会把握产生式的条件项，其心理机制是概括和分化。

概括是指学习者对同类刺激模式中的不同个体作出相应的反应。如学生根据哺乳动物的两个关键的共同特征，即胎生和哺乳，判断猫、狗、猪、羊等动物为哺乳动物。概括实质上是在同类刺激模式中抽取出共同的特征。经由概括而形成的模式识别的产生式中，所有的条件项均不可缺少。

分化是指对不同类的刺激具有不同的反应。如教师教“鱼”的概念时，要求学生判断一组图片是否都是“鱼”。学生通常只注意“鱼生活在水中，有鳞和鳍”这些条件，但当教师指向鲸鱼图片时，许多学生才意识到判断“鱼”必须加上“用鳃呼吸”这一必要条件。鲸鱼虽然也生活在水中，由于其主要特征是胎生和哺乳，因而鲸鱼应归为哺乳动物。由此可见，分化的主要作用是增加产生式条件项，使产生式的适用范围缩小，有利于提高模式识别中辨别和区分的准确度，避免将“不是”判断为“是”。

2. 动作步骤的学习

动作步骤的学习是指学习者学会顺利执行和完成一项活动的一系列操作步骤。如学生学习两位数的乘法时，必须理解并记住两位数的乘法规则，根据其规则进行练习直到运算熟练，达到自动化程度。动作步骤的学习实际上是从陈述性的规则和步骤开始，动作步骤的执行则从模式识别开始，即只有对需要执行某一动作步骤的情境条件的模式作出准确判别，动作步骤的执行才能有效地解决问题。

动作步骤的学习通过程序化和程序合成来完成。

程序化是指动作序列从陈述性知识的表征转换为程序性知识的表征，不再依赖陈述性知识而独立完成动作步骤的过程。这个过程包括两步，一是建立规则和步骤的命题表征。如学习分数加法时，学生通过阅读、教师讲解步骤，逐渐理解分数加法的陈述性知识规则并将它们正确地表征为命题，作为自己演算时的指导和提示。二是将动作步骤的陈述性知识转化为程序性知识的产生式表征，在执行动作步骤的过程中逐渐脱离陈述性命题的检索、提取和监控。如教师在分数加法的例题示范中，带领学生对照演算步骤逐一进行演算，学生模仿教师的演算，经过反复练习后，不再依赖教师或自己的逐步演示，顺利地依次自动执行每个操作步骤，熟练地完成分数加法。

程序合成是指把若干个产生式合成一个产生式，把简单的产生式合成复杂的产生式。程序合成要求两个有关联的产生式同时进入工作记忆，并且一个产生式的行为项是另一个产生式的条件项。此时保留前一产生式的条件项，将两个条件项的动作项按顺序合并成为一个负责的动作项，并通过大量练习使之成为一个巩固的技能组块。产生式的合成一方面因减少了产生式的数量而缩短了激活时间，另一方面也能减少工作记忆的负担，使复杂的动作步骤更为流畅。但是这并不是说我们应该把所有能组合的产生式都合并在一起，因为产生式组合可能导致操作定势，使人固守一套解决问题的模式，缺少灵活性。因此，在学校教育中，对于那些最基础的、变化较少的、以后会大量成块使用的动作步骤才可以考虑其达到组合的程度，如基本的读、写、算技能等，以便于以后学习复杂的知识。而对于只在解决特殊问题时才需要组合在一起的动作步骤，可以使它们保持一定的独立性，这更有利于灵活地拆分和组合，增加运用这些技能的变通性。

（三）促进程序性知识学习的一般条件

程序性知识学习的第一阶段是对陈述性规则的学习，因此，促进陈述性知识学习的一般条件在此阶段也都适用，除此之外，程序性知识的学习还需要另外一些条件。

1. 例证

正例和反例的提供是学习模式识别的必要条件，没有大量合适的正、反例，概括和分化的过程就无法完成，也就很难达到对同类和不同类刺激模式的准确辨别和区分。模式识别无法完成，动作步骤也就不可能被正确运用到该用的问题情境中来。

2. 练习和反馈

练习在程序性知识的学习中是必不可少的，没有练习，程序性知识只能以陈述性规则的命题及命题网络表征和储存在人脑中，既无法实现程序化，也无法达到自动化地熟练运用。同时，对练习结果必须给予反馈，练习的效果很大程度上取决于反馈的提供。

第五节　动作技能学习

一、动作技能的概念

动作技能是指在练习基础上形成的按照某种操作程序顺利完成某种身体协调任务的能力，如书写、游泳、打字等都是动作技能。它可以从下面三个方面进行理解。

第一，动作技能是习得的。动作技能是通过练习而获得的。那些不经过学习的不随意的动作不能称之为动作技能，例如呼吸道进入异物造成打喷嚏的反应，就不能称之为动作技能。

第二，动作技能是有一定操作程序要求的。在动作技能练习的过程中，操作程序总是起着指导作用，即每次训练都应力图满足操作程序的要求，按特定的操作程序进行。

第三，动作技能是一种能力。动作技能是在若干次练习过程中形成的，是对完成实际动作的心理过程的概括化。这种概括化过程直接影响着当前任务的完成，并借助于迁移间接地影响其他与实际动作有关的任务。

二、动作技能形成的阶段

动作技能的形成是指通过练习而逐渐掌握某种外部动作方式并使之系统化的过程。费茨（T. M. Fitts）和波斯纳（M. I. Posner）提出了动作技能形成的一般过程，包括以下三个阶段。

（一）认知阶段

在这认知阶段，学习者先对所学的动作技能及其结构进行初步认识，形成一个完整的知觉表象；然后在头脑中以表象的形式进行训练，为所学的动作本身和结果定向。

在这阶段中，动作速度较慢，不协调、不稳定、注意范围较小；动作须有意地进行控制，有多余动作；仅仅利用非常明显的反应线索等。

（二）联系阶段

在联系阶段，学习者经过练习使各个个别动作联系起来，形成动作连续体，并在协同过程中不断排除相互干扰，初步建立起内在的动觉的反应线索。动作趋向协调，对单个动作的注意力减少。

在这一阶段，动作表象进一步得到充实，学习者开始在不知不觉中运用来自效应器的反馈信息调节行动。

（三）自主阶段

在自主阶段中各动作已联合成统一整体，并已巩固下来，达到常规化和高度协调化。学习者发展了内部的指导程序，形成了内在动力定型，动作技能提高到了较高水平。

在这一阶段，学习者的紧张状态减弱，多余动作消失，动作几乎不需要意识控制，因而视觉控制明显减弱，动觉自控作用增强，动作技能的行为获得充分稳定性。

三、动作技能的培养

（一）强烈的学习动机

强烈的学习动机是掌握技能的重要条件。它影响着学习者的学习态度、学习行为及面对困难时的意志力。因此，如何采用各种有效方法，激发学生积极的学习动机是首先要重视的方面。

（二）知识经验的正确性和巩固性

知识和技能互为条件、互相促进。它们可以在相互作用的方式中习得，而理论知识又是自觉掌握技能的基础和条件。通常一个人关于技能的专门知识越多，其掌握和改进技能的可能性越大，技能的水平也越高。尤其在复杂技能的学习中，对操作性知识原理、原则的掌握表现得更为重要和突出。此外，个人积极的经验在技能练习过程中能起正迁移的作用。

（三）练习

1. 练习与练习曲线

练习是动作技能形成的基本条件。它是指以掌握一定的技能为目标而进行反复操作的过程，或是刺激与反应的重复操作过程。练习的结果可以用练习曲线来表示，练习曲线是描述动作技能随练习时间或次数的变化而变化的图形。借助练习曲线，我们可以分析、考察动作技能随练习量的增加而改进的一般趋势。

2. 练习的一般趋势

各种动作技能形成的进程不尽相同，但它们之间又具有某些共同特点和规律，具有一般的发展趋势。

（1）总的趋势是练习成绩逐步提高

这一趋势表现在速度加快和准确性提高上。速度加快的标志是单位时间内所完成的工作量增加，或是每次练习所需时间减少；准确性的提高具体表现为每次练习的错误减少。练习成绩随练习进程而逐步提高的趋势具体表现为以下三种形式：第一，练习进步先快后慢，如跳高、射箭、跳远等，在多数情况下，技能在练习初期的成绩提高较快，以后逐渐变慢；第二，练习的进步先慢后快，如投铅球、投标枪、游泳等，在少数情况下，练习初期的进步比较缓慢，以后逐渐加快；第三，练习进步先后比较平均，在极少的情况下，练习的进步既没有明显的先快后慢现象，也没有明显的先慢后快现象，练习进步的速度比较均匀，在练习曲线图上表现为接近于直线。

（2）高原现象

这是指在结构比较复杂的动作技能形成过程中，练习到一定时期会出现练习成绩暂时停顿的现象。高原现象一般在练习中期出现，这一现象在练习曲线上表现为出现一段接近水平的线段，此时曲线不但不上升，甚至还可能会出现少许下降。但在高原期后，曲线又继续上升。高原现象产生的原因主要有：感觉机能和中枢机能对动作的控制和调节作用减弱；提高练习成绩的新活动结构和方法尚未形成；练习方法不当；形成消极的思维定势；产生心理上和生理上的疲劳；动机强度减弱、兴趣降低；意志品质差等。

（3）练习成绩的起伏现象

在练习成绩随着练习而提高的总的发展趋势下，练习成绩也会出现时而上升、时而下降，进步时快时慢的起伏现象。造成练习成绩起伏的原因主要有：第一，客观环境的变化，如练习条件、工具、训练方法的改变等；第二，学习者主观状态的变化，如条件欠佳，苦闷消极的情绪体验，注意力涣散，缺乏兴趣和动机等。

（4）练习成绩相对稳定的现象

在动作技能发展的最后阶段，出现练习成绩相对稳定不再继续提高的现象，通常称为动作技能发展的极限。从人的生理素质和机能来看，每个人掌握某种技能都有一定的发展限度。因为动作是身体的机能，是通过骨骼、肌肉的运动来实现的，身体有其固定的物质结构，动作的准确性、速度、灵活性不能超越身体的物质结构许可的限度。但在实际生活中，真正达到生理限度的情况是极少的，动作技能发展的极限是相对的，因此，提高动作技能的潜力很大。

（5）练习曲线的个别差异

虽然各种动作技能的发展都遵循技能发展的总规律，但由于各种技能的复杂程度不同，学习者的知识经验、人格特征、练习态度、练习方法、主观努力、能力等存在差异，因此练习的进程也各不相同。这就要求教师在指导学习者进行练习时，既要考虑练习的一般规律，又要考虑学习者的个别差异。

3. 合理地组织练习

影响练习效率的因素很多，要使学习者顺利获得动作技能，必须合理地组织练习。

（1）明确练习目的和要求

知道为什么要练习，以及练习要符合什么条件、达到什么标准，这是顺利完成练习的内部动因，它能使学习者的活动处于积极状态。

（2）掌握正确的练习方法

在练习时间上，通常采用集中练习、分散练习或两者的结合。集中练习是指在一定学习时间内一次又一次地反复练习，直到练会为止。分散练习是指把练习分为若干段，在各阶段插入一定的休息时间。有研究表明，在某些技能的练习中，分散练习优于集中练习，但也有一些研究表明，在另一些技能的练习中，集中练习优于分散练习。有的研究者综合安排这两种形式的练习，发现练习成绩比单纯用其中一种形式好。故练习在时间上采用什么样的安排，需要考虑包括所练习技能的性质以及练习者个人特征等多种因素。

在练习方法上，应依据动作技能的种类和难度选用部分练习和整体练习。部分练习是把复杂技能的各个动作分开为若干个局部动作，先分别掌握局部动作，到一定阶段再将局部动作联合起来练习。整体练习是指一次就将全部内容学完的方法。部分练习和整体练习各有优点，如何选用，要依据技能的种类、复杂程度以及学习者的能力、年龄等因素来定。一般认为，当动作技能各部分的独立性较大或动作技能较为复杂时，采取部分练习的效果较好；当动作技能较为简单或动作技能的结构严谨、完整，需要细心整合时，则采用整体练习效果较佳。

（3）及时反馈。反馈是指学习者了解自己练习的结果。学习者只有及时从自己的动作或动作结果中得到反馈信息，才能了解自己动作的正确与错误。通过练习巩固正确的动作，舍弃错误动作，以提高练习的效果，从而促进动作技能的学习。学习者一般通过视觉、听觉、触觉、动觉和平衡觉来获得练习结果的反馈信息。通常情况下，在练习初期主要通过外部反馈获取练习效果的信息，即学习者大多是通过视觉通道或听觉通道来获取反馈信息，在练习后期则主要通过运动感觉来获取反馈信息。

第六节 品德形成

一、品德的界定

品德即道德品质，是个人依据一定的道德行为准则行动时所形成和表现出来的某些稳固的特征。

品德与道德既有联系又有区别。品德是个体现象，是社会道德在个人身上的具体表现，而道德是一种社会现象，泛指在社会生活中，人们应当遵循的原则和规范；品德的发展有赖于个体的存亡，道德的发生发展有赖于社会的发展；品德的存在形式及其形成规律有许多全人类所共有的规律性，像其他心理现象一样，它会涉及道德的具体内容和评价意义，但是它不研究道德的具体内容和评价本身。

二、品德的心理结构

品德的心理结构是指品德这种个体心理现象的组成部分，是指个体心理现象的形式和内容。品德是在多种要素相互制约的影响下形成的一个较复杂的心理结构。一般认为，它是由道德认识、道德情感、道德意志和道德行为有机构成，简称为知、情、意、行的有机结合。

道德认识简称为知，是指人们根据一定的道德规范对社会现象的是非、善恶、美丑的认识、评价与判断。它是品德的基础，对道德行为具有定向的意义，是行为的调节机构，也是道德情感、道德意志产生的依据。

道德情感简称情，是指人们根据自己所掌握的道德规范对社会现象的真假、美丑、善恶表现出的喜怒、哀乐、爱憎、好恶的情感体验。它是个人道德行为的内部动力之一。当一定的道德认识与相应的道德情感在道德实践活动的基础上相结合时，便会构成人的高水平的道德动机，即道德信念。道德信念指对道德准则和规范确信并愿意为之行动的认识，它是推动个人产生自觉的道德行为的内部动力。

道德意志简称意，是指人们自觉地执行道德义务过程中克服困难和障碍时所表现出来的意志品质。它是人们利用自己的意识通过理智的作用去解决道德生活中的内心矛盾与支配行为的力量，这种力量体现在实现道德目标的行为活动中。道德意志在道德认识转化为道德行为中起着十分重要的作用，一个人有了道德认识后，能否引起行为，往往取决于道德意志力。

道德行为简称行，是指人们在一定道德意志支配下表现出来的有道德意义的活动。它是道德认识的外在体现，是实现道德动机的手段。

品德结构中的这四种心理成分不是彼此孤立的，它们密切联系、相互渗透、相互配合，构成了一个有机整体。它们作为整体同外部道德环境发生密切联系，在人的实践活动中发挥能动作用。在品德教育中，只有当这些基本的心理成分都得到相应协调的发展，真正做到认识与行为的统一、动机与效果的统一时，才能认定某种道德品质已经形成。

三、品德不良的矫正

品德不良是指经常违反道德准则或犯有较严重的道德过错，有的甚至处在犯罪的边缘或已经有轻微的犯罪行为。二战以后，青少年品德不良和违法犯罪已成为国际性的社会问题，国内外一些统计数据表明，13～15 岁是出现品德不良或劣迹行为的高峰年龄。及早发现品德不良青少年，重视对品德不良的矫正工作，不仅关系到这些孩子自身的成长和前途，而且对整个社会风气有不可忽视的影响。

（一）品德不良产生的原因

1. 客观原因

（1）不良社会风气的影响

虽然总体上看，我们社会风气的主导方面是好的，但也存在着某些不正之风如“黄赌毒”，一些腐朽的思想意识也在浸染着道德判断标准本来就不高的青少年，使他们难辨是非，不明美丑。例如，社会上请客送礼、大吃大喝的风气使一些青少年也模仿着去过生日，也请客送礼，形成大手大脚的坏习惯；在社会上拉帮结伙搞关系。

（2）家庭教育不当

父母溺爱迁就，常常使孩子养成任性、自我中心、自私、专横、懒惰、依赖成性等恶习。一些父母期望过高，不从孩子的实际出发来培养和教育，互相攀比，总希望自己的孩子超过别人，一旦期望成泡影，不能接受，对孩子横加指责。有的孩子为避免家长的指责，就欺骗家长，有的干脆离家出走。父母教育方式的失误，如专制、暴力会使孩子秉承父母的待人风格，动辄拳头相见。另外家长在教育上的不一致，会使孩子无所适从。家庭结构的剧变，也会使孩子心灵受到创伤，有可能导致品德不良。

（3）学校教育的失误

学校教育工作者在教育观点上的偏颇或方法上的不当，也会在一定程度上间接地造成或助长青少年的不良品德，如过分追求升学率，只教书不育人；对学生不一视同仁、处理问题不公正；对学生的要求忽高忽低，教育方法不恰当，使学生产生厌恶反感情绪，造成师生之间的对立，教育效果甚微，等等。

2. 主观原因

（1）不正确的道德认识

青少年的某些不良品德的形成常常是由于“道德上的无知或错误”所造成的。这些人往往具有强烈的个人欲望，但缺乏正确的道德观念或道德观念薄弱，因而很容易被诱因引起的欲望所驱使，发生不良的道德行为。

（2）道德意志薄弱，自制力不强

有些品德不良的青少年在道德认识方面并非无知，他们对是非、善恶的判断是清楚的，甚至也想做好事，但他们道德意志薄弱，正确的道德认识不能战胜不合理的个人需要，个人欲求在外界某种诱因的影响下占了优势，结果做出了违背社会道德规范和侵犯他人或组织利益的行为。

（3）不良行为习惯的支配

青少年已形成的不良习惯，常常能使其在不知不觉中采取类似的行动，并且由此而引起的情绪体验又会加强类似的不良行为习惯，长此下去，任其发展，势必导致品德不良。

（二）品德不良的矫正与教育

品德不良的青少年虽然犯有过错，但还是可以教育好的，因为他们的思想还不定型，可塑性大，只要我们采取符合其心理活动特点和规律的教育措施，讲究教育方法和艺术，他们的品德不良是可以得到矫正或改善的。

1. 消除疑惧心理，建立信任与尊重的师生关系

品德不良的青少年因常受到成人、教师的斥责、惩罚和同学的耻笑和歧视，常常比较心虚、敏感，对教师的帮助教育容易抱有抵触情绪，或怀疑不信任等。处于这种心理状态，教育是很难奏效的。因此，必须先解除疑虑，摆脱消极的态

度定势。为此，教师要真心实意地尊重、关心和爱护这些学生，以教师的爱去交换学生的爱，建立师生间的相互信任，从而解除其顾虑、转变态度，只有这样，接受教育的机会才会到来。

2. 善于发现和利用积极因素

在教育活动中，善于发现和利用青少年的“闪光点”（积极因素），来帮助其消除消极因素，以促使其逐步增长起克服缺点、错误的信心，发展良好品质，是一种常见的最有效的措施。每个人都有长处，品德不良的青少年也不例外，这是启发他们觉悟的内在心理依据，如果教育者能及时发现和抓住这些，就会重新点燃其自尊心的火种，使他们获得克服缺点、错误的勇气和信心，并可以此作为突破口，达到长善救失的目的。与此同时，生活在一定集体中的青少年学生，集体的爱、集体的温暖、集体的荣誉、集体对个人严格要求、个人对集体应负的责任等，都可以作为转变品德不良青少年的切入口，且都是促使其转化的重要条件。

3. 提高道德认识，消除意义障碍

青少年受认识水平所限，往往会按似是而非的理解来领会道德要求，但不一定立刻接受它们，甚至于拒绝这些道德要求。这就造成了认知意义的心理障碍。消除青少年的意义障碍，可以通过启发、讨论使他们学会分辨是非、好坏、美丑，重新激起他们的上进心。教师应使教育内容适合他们的实际，以正反两方面的事实对比来帮助学生消除歧义，利用行为的消极后果使他们认清不良行为的危害。可向他们进行说理教育，坚持正确的舆论导向，严格要求，开展批评与自我批评；坚持正面教育、启发讨论、以奖励表扬为主、奖罚分明，这些都是提高是非观念、提高道德认识的行之有效的办法。

4. 锻炼与诱因作斗争的意志力

品德不良青少年的一个重要特征是其错误行为已成了习惯，加之道德意志力薄弱，当外部诱因出现时，很容易诱发其不良行为。因此，为了矫正青少年的不良品德，既应注意控制诱因的影响，培养其与诱因作斗争的能力，又要积极促使其破除旧习惯，建立新习惯，促进良好行为习惯的形成与巩固。可以在他们对此有一定认识和愿望时，提供些情境考验，在适当的引导和监督下，帮助他们实现意志力的锻炼。而且在帮助他们去掉不良行为习惯时，不能只是采取禁止与惩罚的方法，应该多予以指导，帮助他们在合理需求与正当的行为方式之间建立起联系，使他们能通过正当的方式实现其需求；再则，在形成新的行为习惯时要允许其有反复，当行为反复发生时一定要冷静处理，作具体分析，针对性地采取对策。

上述仅介绍了一般的矫正与教育品德不良青少年的方法，但品德不良有不同的表现形式、不同的程度，品德不良青少年的年龄、性别、个性也不同，因此在矫正时要充分考虑这些因素，教育方法必须细致灵活，教育必须多角度、多途径协同进行，如果与社会、家庭不能协调配合，教育也难收到成效。

参考文献

李伯黍，燕国材. 1993. 教育心理学. 上海：华东师范大学出版社.

莫雷. 2002. 教育心理学. 广州：广东高等教育出版社.

燕良轼. 1998. 教育心理学. 长沙：中南工业大学出版社.

中国心理学会教育心理专业委员会. 2004. 教育心理学进展. 乌鲁木齐：新疆人民出版社.

Miltenberger R G. 2004. 行为矫正. 石林译. 北京：中国轻工业出版社.

思 考 题

1. 如何理解学习的含义、学习的特点和学习的类型？
2. 不同的学习理论是如何解释学习的性质的？各种学习理论对教学的启迪是什么？
3. 什么是学习动机？学习动机是如何影响学习的？
4. 不同学习动机理论是如何解释学习行为的产生的？如何培养学生的学习动机？
5. 知识是什么？有哪些类型？知识学习的心理过程有哪些阶段？
6. 技能是什么？与程序性知识有何关系？技能学习的基本规律有那些？
7. 品德是什么？与道德的关系是什么？品德的心理结构是如何表述的？
8. 对品德不良的青少年应如何教育？

第八章　教 学 心 理

作为一名接受师范教育的学生，不仅要掌握学生学习的心理学规律，更要掌握教师教学的心理学规律。只有这样，才能更好地从事教育教学工作。教学心理学作为一门正式的心理学分支学科，在历史上出现较晚。1969 年，美国心理学家加涅和罗沃（W. F. Rohwer）在美国《心理学年鉴》上发表《教学心理学》一文，首次提出“教学心理学”这个术语。1978 年，美国教育心理学家格拉泽（R. Glaser）主编的《教学心理学进展》丛书第一卷出版，标志着教学心理学的诞生。从此，教学心理学得到迅速发展。

第一节　教学设计的心理学基础

教学是一个非常复杂的动态过程。一个完整的教学活动过程包括了明确教学目标、分析任务、确定学生原有水平、设计课程、实施教学和评定教学六个环节（见图 8.1）。心理学可以为整个教学过程的科学化提供依据。

第一，确定教学目标。这包括确定每一节课、每一单元、每一学期（学年）、每一学科的教学目标。运用心理学有关原理与方法，尽量用可观察和可测量的行为术语陈述预期学生要获得的学习结果。

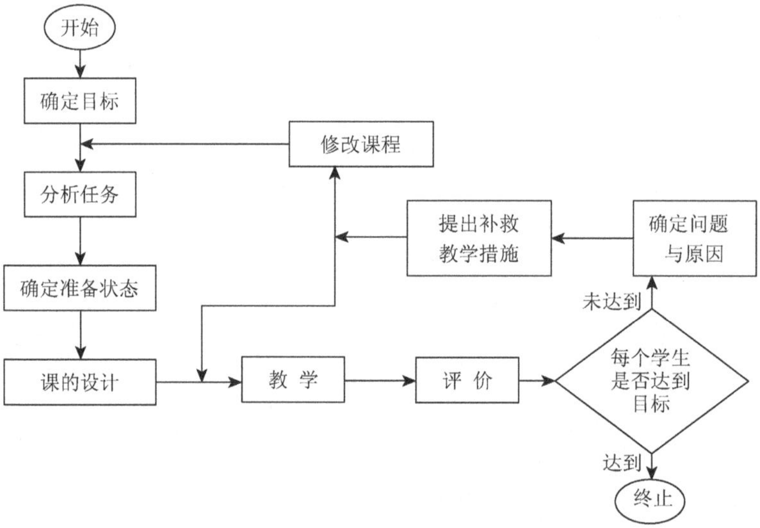

图 8.1　广义教学过程与主要环节

第二，分析任务。分析从学生的原有水平到教学目标所需要的从属的知识和技能，并确定它们之间的层次关系。

第三，确定学生原有水平。运用提问、作业、测验等测量手段，评定教学前学生的知识、技能、策略和非智力因素等的水平或状况，确定达到教学目标所需要的起点条件。

第四，设计课程。根据在任务分析中所确定的知识与技能，选择适当的教材、教学方法和手段。

第五，实施教学。指课堂上教师和学生之间的信息传播和反馈过程，其一般模式是：呈现教材—学生反应—强化和校正性反馈。这一步是第四步的具体实施或执行。

第六，评定教学。按照教学目标，运用各种测量工具，确定每个学生是否达到规定的教学目标。如果教学目标达到，则一次完整的教学过程已经完成。这一新的学习结果就成为下一轮教学的起点。如果未达到教学目标，就要找出原因，提出补救教学措施或修改课程，重新进行任务分析。这里可能出现两种情况：一种情况是原先的任务分析是正确的，问题出现在课堂上师生相互作用过程中，如学生未积极参与教学活动等；另一种情况是任务分析有错误，如教师分析任务时忽略了在达到教学目标之前的必要的知识或技能，这需要补上必要的先决知识或技能，然后再进入正式的教学流程。

通过以上分析，我们可以发现，心理学的理论与方法对于教学活动各个环节均具有重要的指导作用。运用心理学理论与方法，不仅可以使教学活动的各个环节的设计科学化，而且可以协调各个环节之间的关系，从而对教学系统进行整体优化，提高教学效果。

一、教学设计的性质和模式

（一）教学设计的性质

1. 教学设计的涵义和类型

教学设计是指在实施教学之前，对教学活动过程和各个环节，预先规划和安排，以期达到教学目标的系统性设计。换句话说，教学设计就是为了达到一定的教学目标，对教什么（课程内容）和怎么教（教学组织、模式和方法以及媒体的选择）进行设计。

教学设计是一项多层次、多因素的复杂的系统工程。从教学设计的主体来看，有专业设计人员或专家进行的教学设计和教学第一线的教师进行的教学设计。前者主要是教学软件开发，包括目标设置、教材开发、测量评价工具开发和教学策略开发等。后者主要是指教师进行的课堂教学设计。在这过程中，课程教学目标已确定，而且教材已由学校或上级教育部门选定，教师的任务是根据所教班级学生的特点，确定课时或单元教学目标，选择适当的教学策略和方法以及教学媒体，补充适当的练习材料，编写适当的测验题，检验教学目标是否达到等。

从教学设计的范围来看，有宏观设计和微观设计。教学的宏观设计在于解决教学的总体规划，制定教学体系的远景蓝图，以及解决教学的宏观方法学问题。教学宏观设计主要包括四个方面的内容：制定教学计划；制定各门课程的教学大纲；编选教材；制定教学成效考核的办法。教学的微观设计是指确定教学活动的计划以解决教学的短近规划问题。这种设计是针对一个课题或单元进行的。

2. 教学设计的特征

现代教学设计应有以下五项特征。

（1）教学设计目的在于帮助个体学习。虽然学校的教学一般是以班级或其他团体方式进行的，但是学习是发生在每个学生个体身上，而且在教学过程中遇到学习困难问题需要诊治时，也是以个别学生为对象的。因此，教学设计应考虑每个学生的需要，适合每个学生学习的特点。

（2）教学设计应包括短期和长期两种设计。短期的教学设计主要由任课教师个人负责，主要是在教学之前所做的各项准备工作。长期的教学设计比较复杂，包括一个学期或一门学科的教学设计，可以由任课教师个人进行，也可以由教师、课程专家等合作进行。

（3）教学设计必须具备帮助学生心智成长的正面价值。有教育学者主张，只有在不加任何限制的教学情境之下，才会产生最佳学习，而教学设计就是试图对学生的学习活动加以限制，因此反对教学设计。但是从教学心理学家的立场来看，教学设计并不是限制学生的学习，而是引导学生学习。学生在学习新事物时，如果不加引导或指导，他可能会出现迷失、困惑或偏离，这对学生在校学习生活和将来发展是不利的。

（4）教学设计应该以系统的方法进行。教学设计是一个复杂的系统，它包括多个前后彼此连接的步骤，从开始的教学目标的确定，到最后对目标是否达成的评定，每个步骤的设计都要有科学依据，而且每一步骤的完成，应有助于下一步骤的开始。

（5）教学设计必须基于有关人类学习心理和发展心理的研究。加涅认为：“在考虑个人的能力是如何发展的问题时，仅说明能力是什么是不够的，我们还必须深入考察能力是如何习得的问题。教材不仅要反映编者知道的东西，也要能反映人们希望学生如何学习这些知识。教学设计必须相应地充分考虑学习的条件。”

（二）教学设计的模式

一个完整的教学设计应该包括哪些过程和环节？这些过程和环节如何安排才会对教师的教学发挥引导作用？我们在这里介绍心理学家狄克（W. Dick）和凯里（L. Carey）的教学设计系统模式（Systems approach model for design instruction）（见图 8.2）。

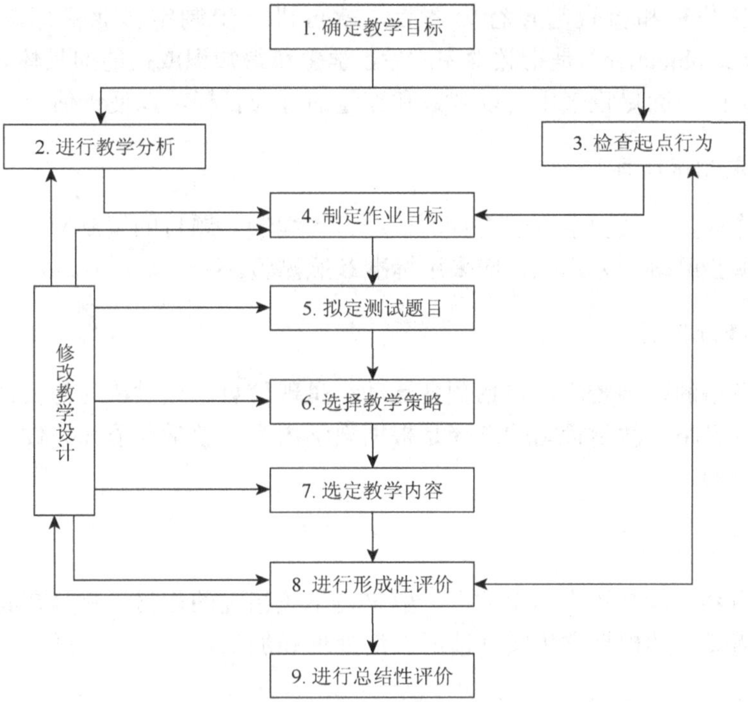

图 8.2　教学设计系统模式

1. 确定教学目标

教学目标由教学完成之后学生学会什么来界定。教学目标设置的依据是社会需要和学生个人发展的需要。具体来说，必须根据课程的需要或要求，学生的能力与个别差异和教师的教学经验来确定教学目标。

2. 进行教学分析

这一步与第三步“检查起点行为”是并列的，不分先后，可同时进行。这里先说明教学分析。教学分析是指在教学目标之下，对学生完成教学目标所需知识与技能的分析，常用的是任务分析（task analysis）。

3. 检查起点行为

起点行为（entry behavior）是指学生在学习新经验之前已具备的知识与技能。这是学习新经验的基础和前提。教师只有对学生的起点行为进行了解，才能更有效地进行教学。检查的方法可以是口头提问方式，也可采用纸笔测验的方式。

4. 制定作业目标

在教学分析和检查起点行为之后，就可进一步制定作业目标。作业目标（Performance objective）是指教学完成后，学生获得知识或技能的具体表现。在制定作业目标时，应尽量采用可以观察和测量的行为目标，以便评估。

5. 拟定测试题目

根据作业目标及教学内容进行测试题目的编制。题目的编制应以作业目标为依据。在测验的编制方式上，应采用标准参照测验。

6. 选择教学策略

教学策略的范围较广，包括预备活动、呈现信息、提供练习与反馈、测验及课后活动等策略。教学策略的选择是根据教学内容、教学环境和条件以及学生的特点来决定的。

7. 选定教学内容

教学内容一般是较为固定的，一般来自学校指定的教材。只是在具体的教学过程中，需要教师根据学生实际情况灵活处理和加工。

8. 进行形成性评价

这是指在学科教学进行过程中间，为了了解学生掌握知识与技能的状况而进行的评价，比如我国中小学校中普遍采用的单元测验或中段考等。这种评价是为改进教学提供数据。因此，在教学之前，应考虑形成性评价的时机及进行方式，以便将来及时发现学生的学习困难，随时予以补救。

9. 进行总结性评价

这是指在教学结束之后，为了了解学生学习结果是否达到预定的教学目标及作业目标而进行的评价。总结性评价通常以期末考试的方式进行。严格来讲，这一步并不是教学设计的一个环节，因为总结性评价是在教学结束之后进行的，它的评价结果已无法为教学过程中及时改进教学发挥作用。我们之所以将其划为第九阶段，只是为了符合学科教学结束后都有总结性评价的习惯。

教师日常的课堂教学设计主要包括以下四个环节：①教学目标的设置与陈述；②教学任务分析；③教学策略和方法的选择；④教学测量与评价的编制。

二、教学目标陈述和教学任务分析

（一）教学目标的分类与陈述

1. 教学目标的分类

教学目标是学生学习的预期结果或者是预期的学习活动所要达到的标准。教学活动是以教学目标为定向的，在教学活动开始之前，教师必须明确学生学习结果的类型，即对教学目标进行分类。心理学家对教学目标的分类问题进行了诸多研究，其中影响最大的是以美国教育心理学家布卢姆为首的关于认知、情感和动作技能三个领域的教学目标分类。

（1）认知领域的目标分类

这一领域的目标分为六级，它们是：

1）知识。这实质上就是记忆，是指在教学之后学生凭记忆能够记住学过的一些知识，包括具体事实、方法、过程、理论等知识，这是最低水平的认知学习结果。

2）领会。这是指学生学习后对材料意义的认知，他能懂得教师口头讲解及教材文字所表达的意义。领会可按程度分为三个层次：一是转换，即能用不同的说法表达同一概念；二是解释，即能按自己的理解对事物的变化予以说明；三是推断，即能对事物间的关系做逻辑推理。

3）运用。指学生能将学得的知识应用于新的具体情境，包括概念、规则、方法、规律和理论的应用，它代表了较高水平的理解。

4）分析。指能将整体材料分解成它的构成成分并理解组织结构，包括部分的鉴别、分析部分之间的关系和认识其中的组织原理。分析代表了比运用更高的智能水平，因为它既要理解材料的内容，又要理解其结构。

5）综合。指学生能将学习到的部分知识综合起来，构成自己的完整知识体系。它需要产生新的模式或结构，组成新的整体。

6）评价。指学生能对所学到的知识或方法，依据个人观点作价值判断，包括依据内在标准（指知识或方法本身内在的特征）和外在标准（学生以该科内容与其他科目相比）所进行的价值判断。这是最高水平的认知学习结果，因为它要求超越原先的学习内容，并需要基于明确标准的价值判断。

（2）情感领域的目标分类

这一领域的目标分为五级，它们是：

1）接受（注意）。指学生对其所从事的学习活动，自愿接受并给予注意的心态。它包括从意识到事物存在的简单注意到选择性注意。它是低级的价值内化水平。

2）反应。指学生主动参与学习活动，并从参与的活动或工作中得到满足。学生不仅注意某种现象或活动，而且以某种方式对它做出反应，并得到满足。这类目标与我们通常说的"兴趣"相似，强调对特殊活动的选择与满足。

3）价值化。指学生将特殊的对象、现象或行为与一定的价值标准相联系。它包括接受、偏爱和为某种价值标准作奉献。这一学习结果所涉及的行为的一致性和稳定性使得这种价值标准清晰可辨。价值化与通常所说的"态度"和"欣赏"相似。

4）组织。指将许多不同的价值标准组合在一起，克服它们之间的矛盾、冲突，并开始建立内在一致的价值观。学习结果可能涉及价值的概念化或某一价值系统的组织。与人生哲学有关的教学目标属于这一级水平。

5）品格。指综合个人所学，经由接受、反应、价值化、组织等过程之后，所获得的知识或观念形成个人品格的一部分，是长时间控制自己的行为以致发展了性格化"生活方式"的价值体系。其行为是普遍的、一致的和可以预期的。学习结果包括范围广泛的活动，但强调学生行为的典型性和性格化。

（3）动作技能领域的目标分类

这一领域的目标分为七级，它们是：

1）知觉。指运用感官获得信息以指导动作。

2）定向。指在某种动作技能学习之前的准备，包括生理准备和心理准备。

3）有指导的反应。指在复杂动作技能学习的早期阶段，在示范者引导下跟随着做出的反应，包括模仿和尝试错误。

4）机械反应。指学习者的反应已成为习惯，能以某种熟练和自信水平完成动作。这一学习结果涉及各种形式的操作技能，但动作模式并不复杂。

5）复杂反应。指包含复杂动作模式的熟练动作操作。操作的熟练性以迅速、连贯、精确和轻松为指标。

6）适应。指学生能修正自己的动作模式以适应特殊的装置或满足具体情境的需要。这是技能的高度发展水平。

7）创新。指创造新的动作模式以适合具体情境。强调以高度发展的技能为基础的创造能力。

2. 教学目标的陈述

教学目标要实现其自身的功能，除了要进行适当的分类以外，还要进行适当的陈述。

传统教学目标一般是用描述内部心理状态的词语来陈述，而且多是陈述教师的行为，如“培养学生的爱国主义情感”“帮助学生深刻理解……”等等，这些目标中提到的“爱国主义情感”和“深刻理解”都是人的内部心理，如果仅仅如此，我们是很难判断学生是否已经形成“爱国主义情感”和是否已经“深刻理解”了，所以这种目标陈述是含糊的，无法观察到的。这不仅不能指导教学活动的开展，而且不能有效指导教学测量与评价。这种目标陈述存在的第二个缺陷是陈述了教师的行为，而不是学生的行为，把教学要求代替了教学目标。教学目标是学生学习的预期结果，因此，教学目标的陈述应描述通过教学后，学生的心理与行为的变化，而不应该陈述教师的行为。为了克服传统教学目标陈述的缺陷，心理学家提出了许多新的理论与技术。

（1）行为目标。行为目标是用预期学生学习之后将产生的行为变化来陈述的目标，也就是用可观察和可测量的行为来陈述的目标。心理学家马杰（R. F. Mager）提出，为了克服传统教学目标的含糊性，必须取消用描述内部心理状态的术语来陈述目标的方法，代之以用描述行为的术语来陈述目标。马杰认为，一个陈述得好的行为目标应符合三个条件：一是要说明通过教学后，学生能做什么；二是要规定学生的行为产生的条件；三是要规定符合要求的作业标准。例如，语文课中的一个教学目标为“培养学生的分析能力”，是一个含糊的目标，改用行为目标可表述为：“提供一篇文章，学生能将文章中陈述事实的句子与发表议论的句子进行分类，至少 85%的句子分类正确。”又如“帮助学生深刻理解‘学习’这一概念”，改为行为目标可表述为：“提供 5 个学习的例子（包括正例和反例），学生能正确判断至少 4 个。”行为目标的优点就是它的明确性和具体性，而且可以观察和测量。它描述的虽然不是学生的内部心理变化，而是外在的行为变化，但是学生只有“理解”了概念，才能正确判断有关概念的例子。

（2）内部心理和外显行为相结合的目标。许多心理学家认为，尽管行为目标有助于教学目标明确化，但行为目标有使教学局限于某些具体的行为训练而忽视学生学习的内在心理变化的危险。另外，在教学过程中，有一些心理活动无法用行为目标来表述。因此，格伦兰（N. E. Gronlund）提出一个折衷方法，即采用描述内在心理状态和外显行为表现相结合的方法来陈述教学目标。先陈述内部心理过程和变化，然后列出表明这种内部心理变化的可观察的行为样例，使目标具体化，如“深刻理解‘学习’这一概念（内部心理描述），提供若干有关学习的正反例，学生能正确识别（行为样例）”等。这样陈述的教学目标首先强调的是“理解”，而不仅仅是某种外在的行为变化，然后又用一些具体的、可操作的行为样例表明怎样才算是理解。这种教学目标陈述方法，既克服了严格的行为目标只顾具体行为变化而忽视了内在心理变化的缺点，也同时克服了传统教学目标陈述的含糊性，因此，该方法得到普遍的认可和采纳。

（3）表现性目标。在教学过程中，许多教学目标并不是通过一两次教学或学习活动就能达到的，教师也很难预期一定的教学活动后学生的内在心理将会发生什么变化，如认知策略的学习、某种情感的形成等。遇到这样的教学任务时，教师只需要明确学生必须参加的活动，而不必精确规定每个学生应从这些活动中习得什么。这样陈述的目标被称为表现性目标。例如，爱国主义教育方面的一个表现性目标可以陈述为：“学生能认真观看学校组织的反映爱国主义的影片，并在小组会上谈自己的观后感。”当然，表现性目标只能作为具体的教学目标的补充，必须慎用，切不可依赖这种教学目标，否则，教学目标的陈述又会回到传统的老路上去。

总之，教学目标的陈述必须符合三个基本要求：第一，教学目标应陈述通过一定教学活动后，学生内在心理的变化，如能力的提高、态度的改变等，而不应陈述教师的行为；第二，教学目标应反映学习的类型，如知识、技能、认知策略等，即使在同一学习类型中，也还应反映学生掌握的水平，如记忆、理解、运用等；第三，教学目标的陈述应力求明确、具体，并可以观察和测量，尽量避免用含糊的和不切实际的语言陈述教学目标。

（二）教学任务分析

任务分析也称作业分析，指在开始教学活动之前，预先对教学目标中规定的且需要学生形成的能力或品格的构成成分及其层次关系进行深入细致的分析，并据以确定促使这些能力或品格习得的有效教学条件。

教学目标的陈述只规定完成一定的教学活动之后，学生应习得的终点能力或品格及其类型，并没有说明这些能力或品格是怎样习得的。任务分析则要进一步揭示终点目标得以实现的各种条件。

1. 确定学生的起点能力或品格

起点能力或品格，是指学生在接受新的学习任务之前，他原有的知识、技能、情感、态度、习惯、方法等的准备，也就是我们通常所说的学生原有基础。这是新的学习的内部前提条件，在很大程度上决定着新的学习成败。因此，教师在确定终点教学目标后，必须认真分析并确定学生的起点状态。

确定学生起点能力的方法很多，教师可以通过作业、课堂提问或诊断性的单元测验等方式来确定学生原有基础。按照布卢姆的掌握学习的要求，学生必须达到某一单元规定的教学目标的85%以后，才能进行下一单元的学习，其目的就是确保学生在接受新知识前已具备适当的起点能力和水平。

2. 分析“使能”目标和其他支持性条件

在终点能力和起点能力都确定以后，教学任务分析的另一项任务就是鉴定从起点到终点所必须掌握的先决条件。先决条件包括必要条件和支持性条件两类。必要条件，就是决定下一步学习必不可少的条件，也就是介于起点和终点之间需要学习和掌握的知识和技能。这些知识和技能是达到终点目标的前提条件，而把这些知识和技能的掌握作为教学目标，就称为使能目标。使能目标实际上就是起点和终点之间的中间目标。从起点到终点所需要学习和掌握的知识、技能越多，则使能目标也就越多。

在实际教学过程中，对使能目标的分析一般采用逆推法，即从终点目标开始，一步一步揭示其使能目标，如反复提出这样的问题：“学生要达到这一目标，他预先必须具备哪些知识和技能？”一直追问到学生的起点状况为止，然后把学生需要掌握的学习目标分层次一一排列出来。一旦起点状态、使能目标和终点目标之间的层次关系分析清楚了，教学的方法和步骤的确定就有科学的依据。图 8.3 是皮连生对小学圆锥体体积的教学所作的任务分析。

起点能力		使能目标之一		使能目标之二		终点能力
1、能应用$V=sh$公式计算不同圆柱体的体积； 2、圆的半径、直径、周长和面积相互转化的计算已熟练； 3、分数计算已熟练	→	能识别圆锥体的图形和物体（概念学习）	→	能在圆锥体图形中识别或做出圆锥体的高（概念学习）	→	已知任一圆锥体的高、底面半径或周长或底面积，能计算它的体积（规则学习）

图 8.3　圆锥体体积教学的任务分析

任务分析除了对必要条件进行分析之外，还要对支持性条件进行分析。支持性条件与必要条件的区别在于：必要条件是构成高一级能力或倾向的组成部分，缺乏它，学习活动无法进行；而支持性条件则像化学中的“催化剂”，有助于加速或减缓新的学习的进行。例如，对于某一原理的学习，这一原理所包含的基本概念是它的必要条件，而学习动机和态度、学习策略和方法等则是其支持性条件。支持性条件会影响学生对新知识和技能的学习和掌握，影响终点目标的实现。因此，在教学任务分析时，教师也应该对这些支持性条件做出分析。

三、教学策略和方法的选择

（一）教学策略的选择

教学策略不是指某种具体的教学方法，而是指为达到某种教学目标所采取的教学取向。教学策略是以学习理论为基础的，不同的教学策略有其不同的理论基础和背景，反映了它们对学习和教学的不同理解。因此，任何教学策略都有其优缺点，都有其适用条件。我们在选择教学策略时，不仅要考虑教学目标，还要考虑学生的能力和年龄以及学科性质等等。教学策略有很多，这里只介绍两种：教师主导取向的教学策略和学生自学取向的教学策略。

1. 教师主导取向的教学策略

教师主导取向的教学策略，也称指导教学，是以行为主义、信息加工和奥苏贝尔的意义学习三种学习理论为基础。在实际教学过程中，指导教学分为五个步骤：

（1）从旧经验中引导新学习。一般来说，任何新的知识学习总是在已有的旧知识的基础上进行的，因此，在进行新的知识学习之前，教师常常会通过各种方法复习旧知识，激活学生认知结构或长时记忆中与新的知识相关的旧知识，为导入新课打下了良好的基础。

（2）明确地讲解教材内容。教师对新知识的讲解是整个教学过程中最重要的一步。张春兴（1998）认为，在讲解教材时，教师应做到以下六点：①向学生呈现知识性的刺激时，要明确肯定，以便学生感知；②所呈现的知识性刺激，应系统，以免学生注意力分散；③教师讲解时，应分段进行，每两段落之间稍有停顿，以便学生有足够的时间进行短时记忆加工；④遇到生字新词时，教师应写在黑板上，并讲解说明，以便学生通过多种感觉通道进行记忆；⑤讲解新概念时，应随时提出几个简要问题，指定学生回答，以便肯定学生确已理解，并保存在长时记忆中；⑥为加强学习新知识的意义，教师应随时举例说明，但必须考虑儿童的认知发展水平。

（3）辅导学生及时做练习。根据遗忘规律，要想克服对新知识学习的遗忘，就必须及时复习。因此，每当教师讲授了一个知识点或内容之后，都会及时布置一定量的相关的练习。学习新知识之后，如果不及时做适量的练习，是很难掌握知识和技能的。

（4）从反馈中得到激励和纠正错误。做练习或作业的价值，除了加强记忆外，学生还可以从练习或作业的结果中获得反馈信息。反馈有两个作用：一是纠正错误，二是激励。

（5）让学生独立完成作业。中小学的教学，学生们都需要在课后自己独立完成教师指定的作业。如果学生能独立完成课后的作业，说明他们的学习已达到教师预期的结果。根据教育心理学家的建议，学生课后的作业，在难度上以不低于自己完成 90%为原则，即学生对教师所指定的题目，其中有 90%都能自己解答。

2. 学生自学取向的教学策略

学生自学取向的教学策略是以布鲁纳的认知发现学习理论和人本主义学习理论为基础，它有三个突出的特点。

（1）在教师引导下发现学习。发现学习有以下几个特点。第一，学习内容是以未有定论的材料为主，不是现成的结论。学生需要根据有关材料或事实去独立发现事物的意义和规律，掌握概念和原理。因此，发现学习也是一种解决问题的过程和方法。第二，学习过程较为复杂。学生首先要将有关材料或信息进行重新组织和转换，使之与已有的认知结构统一，并发现其中的隐蔽关系，然后再将它们整合，纳入认知结构之中。从整个过程来看，必须先独立发现，而后才整合内化。第三，在发现学习过程中，教师不会把正确答案直接告诉学生，而是扮演着引导者、辅导者的角色。第四，发现学习还具有强调学习过程，强调直觉思维，强调学习内在动机和强调信息的提取等特点。

（2）在合作学习中追求新知。合作学习是以小组讨论的方式进行的。合作学习不限于学生，教师也是参与者之一。但是教师参与讨论时，不能做小组的主导，而且在讨论进行中不应表示意见，只是在学生们遇到困难无法继续讨论时，教师可以给予提示。最后的答案或结论必须由学生们自己得出。这种合作学习，不仅使学生之间取长补短，而且有助于形成积极的课堂气氛，特别是有利于新的复杂问题的解决。

（3）寓求知于生活的教学活动。教师应将学校的教学活动与学生的现实生活进行结合，从而使学生学到的知识更有意义。因此，在语文课上不主张背诵范文，而主张让学生大量阅读文学作品。在作文训练方面，主张让学生像作家创作一样，自选题目，自行撰写，自行编辑，最后将作品印发出来，让大家公开批评。在数学学习方面，除演算技能外，重视数学原理的理解，认为数学学习的目的不是得到习题的答案，而是在解数学题的过程中培养和发展学生的思维能力。

（二）教学方法的选择

教学方法很多。对应上述两种教学策略，我们只介绍两种方法，即讲授法和发现法。

1. 讲授法

讲授法是一种历史悠久的传统教学方法，是教师向学生传授知识的重要手段。讲授法是指通过教师的讲解、演示等方式将教学内容呈现给学生的方法。在这种方法中，教师最常用的技术是演讲，也运用讨论、提问等形式。最经常的知识来源是教科书和其他参考资料、视听材料以及教师个人经验。在使用讲授法时，教师的职能是详细指定将要学什么，向学生提供学习材料，并力图使这些材料在速度和内容上适合每一个学生。同时，教师还要负责诊断学习者的困难，为他们提供适当的补救。

在使用讲授法时，常常需要运用以下技巧：

（1）提供先行组织者。先行组织者是先于学习任务本身呈现的一种引导性材料，它要比学习任务本身有更高的抽象、概括和包容水平，并且能清晰地与认知结构中原有的观念和新的学习任务关联。组织者有两类，一类是陈述性组织者，它与新的学习产生一种上位关系，目的在于为新的学习提供最适当的类属者。它可以是一个概念、一条定律或一段概括性的说明文字。它适用于学习者原有认知结构中缺乏适当的上位概念来同化新知识时。另一类是比较性组织者，目的在于比较新材料与认知结构中相类似的材料，从而增强新旧知识之间的可辨别性。它适用于学生原有认知结构已具备了同化新知识的某些概念，但原有概念不清晰或不巩固，学生难以应用，或者他们对新旧知识的关系辨别不清时。

（2）提供信息加工时间。学生对教师传授的知识信息进行加工是需要时间的，而人的短时记忆容量十分有限。因此，教师在讲授时，必须考虑到学生的年龄、能力和经验，速度、节奏不能太快，容量不能太多，重要的部分还要重复等，必须提供足够的时间让学生去进行加工，以达到长时记忆之目的。

（3）提供总结。在讲新课之前，提供先行组织者可以有效地促进学生有效的学习，同时在讲授结束时，向学生提供总结，也会使学生的学习更加有效。

讲授法的最大优点就是经济实用。而它最大的缺陷就是在讲授过程中，随着时间推移，学生的注意力会逐渐下降，特别是低年级学生。这需要教师在讲授过程中多采用一些手段（如提问等）来克服。以往有人指责讲授法会导致学生机械、被动、“填鸭式”的学习等。这是一种误解，实际上学习是有意义的，还是机械的，并不取决于教学或学习方式，而取决于是否满足意义学习的心理过程和条件，最重要的一点就是学习者头脑中是否已具备了同化或理解新知识的适当观念。

2. 发现法

发现式教学是由布鲁纳倡导的一种教学方法。发现式教学是指给学生提供有关的学习材料，让学生通过探索、操作和思考，自行发现知识，理解、掌握概念和原理的教学方法。这一教学法的一般步骤如下。第一，提出和明确使学生感兴趣的问题。学生在面临新的问题、情境时，在思维中产生某种不确定性，就会出现试图探究的动机。第二，围绕问题，向学生提供有助于问题解决的材料或事实。第三，协助和引导学生对有关材料或事实进行分析，让学生通过积极思维，主动的探索，提出解决问题的各种假设和途径。第四，协助和引导学生比较各种假设，最后使问题得以解决。在这一过程中，教师不会直接告知学生答案，而是让学生自己去探索和发现。当然，教师可以在关键的地方给予提示、启发。

发现式教学从学生感兴趣的问题出发，突出学生学习的主体性和主动性，注重学习的过程而不仅仅是学习的结果，重视获得知识的方法而不仅仅是知识本身。学生在发现过程中，体验到发现的快乐，能有效地激发学生的内在学习动机和积极主动的探索精神。发现式教学的最大缺点就是耗时太多，会减缓教学进度。此外，它不易被教师真正掌握，一些学科也不一定适合。

应该说，各种教学方法都有其独特的地位和作用，它们是相互补充，相互配合的。在实际教学过程中，我们应根据教学内容、学生的特点等来灵活运用。

四、教学测量与评价

教学测量与评价是教学过程中的重要环节。教学目标是否达到，必须由教学测量与评价来判断。

（一）教学测量与评价及其作用

教学测量是指根据一定的标准，借助一定的测验，用一定的数量来表示学生学习成效的一种考核方法。教学测量的目的在于考核学生学习成效或教学成效，因此，它必须以教学目标为依据。同时，它是借助于教学测验（也称学绩测验）来完成的，可以说测验是测量的工具和手段，测量是对测验所得结果的客观描述。

教学评价是依据教学目标，对教学测量的结果进行分析和解释，并做出价值判断的过程。教学测量和评价之间有着密切的关系。测量是对测验所得结果的客观描述，也就是将结果予以数量化，并不考虑结果的实际意义。而评价则是对测量结果做出主观判断，以了解结果的实际意义的过程。测量是评价的前提和基础，评价必须以测量所得的客观描述为依据，而测量也离不开评价，没有评价的测量是没有实际意义的。当然，测量不是评价的唯一依据，评价也可以通过一些非测量的方法如观察等收集资料，做出价值判断。

教学测量与评价在教学过程中发挥着重要作用。第一，教学测量和评价为教师检验与改进教学提供依据；第二，教学测量与评价可以为学生提供学习上的反馈信息，有助于激励或改进学习；第三，教学测量与评价可以为家长了解子女在校学习情况提供参考。

（二）教学测验的类型及其应用

教学测量与评价是借助于一定的教学测验来完成的，因此，教学测验这一工具就显得尤为重要。教学测验有很多，下面介绍几类常见的教学测验。

1. 准备性测验、形成性测验和总结性测验

教学测量与评价并不总是在教学结束之后才进行的，而是贯穿整个教学活动，教师必须根据教学过程的不同阶段，灵活采用不同的测验。根据实施教学测验的时机不同，可将教学测验分为准备性测验、形成性测验和总结性测验。

准备性测验一般是在教学活动开始之前进行，目的在于了解学生对新知识学习的准备状态，即是否具备完成新的学习所必需的基本知识和技能等。如果学生在知识和技能等方面具备条件，就可以对学生进行新知识的教学；如果学生在知识和技能等方面准备不足，有所欠缺，则必须先进行补救性教学，然后再进行新知识的教学。

形成性测验一般在教学过程中进行，目的在于了解学生在教学过程中的学习情况，达到教学目标的程度，存在哪些问题，以便及时调整教学，提高教学的自觉性和主动性。形成性测验可以根据情况多次进行，一般以单元测验、期中测验等形式进行。测验的编制必须考虑单元教学或阶段教学中所有重要的目标。通过形成性测验，教师可以及时了解学生掌握知识和技能的状况。如果发现多数学生没有达到目标，则需要调整教学计划，改进教学方法，如果只是个别学生没有达到目标，那么教师需要对这些学生进行针对性的个别辅导。通过形成性测验，学生也可以了解自己学习的状况，借以肯定或改善自己的学习。

总结性测验一般是在教学活动结束之后进行，目的在于考察最终教学目标达到何种程度，判明是否有必要修订教学目标，重新进行补救性教学，同时检查教学活动的组织是否得当，教材的编排是否合理，并确定学生最终的学习成绩。总结性测验通常以期末考试的方式进行。总结性测验与形成性测验不同，形成性测验进行比较频繁，一般在学习一些新知识和技能时，都可以进行形成性测验；而总结性测验涉及的范围较广，它着眼于在较大范围内测查学生掌握知识和技能的情况，因此，总结性测验题目的取样必须具有代表性。

2. 常模参照测验和标准参照测验

根据对教学测验资料的处理方式不同，可将教学测验分为常模参照测验和标

准参照测验。

常模参照测验是以学生团体测验的平均成绩即常模作为参照标准，从而分析比较某一学生的学业成绩在团体中的相对位置或优劣。这种测验对学生学习成绩的解释采用了相对的观点，也就是不看某学生在试卷上的分数多少，而看他在团体中与常模比较后所处的位置。这种测验重视学生个人间的比较，鼓励竞争，对学生的学习能起到考核和监督的作用，但缺少诊断的效用，且易引起学生过度的紧张和焦虑。这种测验主要用于选拔（如升学考试）或编组、编班。

标准参照测验则是以事先预定的标准（通常根据教学目标所确定的作业标准）为依据，以学生在试卷上答对题目的多少来评定其学业成就。标准参照测验对学生学业成就的解释采用的是绝对标准，即学生是否达到了教学目标所规定的学习标准，以及达标的程度如何，而不是学生个人间的比较。具体实施时，以考试分数为标准，100 分代表着学生的学习已完全符合教学目标的要求，而 60 分代表着及格，是对学习的最低要求。不管他人学习成绩如何，只要达到 60 分就及格。由于常模参照测验只表明学生学业成绩在团体中的相对位置，不能确切知道学生对其所学究竟到什么程度，因此，除了升学考试等不得不用之外，一般的教学测验，都采用标准参照测验。但是标准参照测验也有不足：一是家长接到学生成绩单后，不能由此了解其子女的学业成就在团体中的相对位置；二是标准参照测验只适用于认知学习的测量，不适用于情感学习的测量。

3. 标准化学绩测验和教师自编测验

根据测验编制过程不同，可将测验分为标准化学绩测验和教师自编测验。

标准化学绩测验就是按照标准化程序编制的测验。标准化程序，包括选取有代表性的材料编成测验题；选取有代表性的被试，从而得到有代表性的一组分数；根据测得分数的统计分析，求出常模；按照规定程序建立效度与信度；明确规定施测步骤和记分方法等等。简言之，标准化学绩测验就是已经具备常模、效度、信度、施测程序和计分方法等基本条件的测验。如托福考试（TOEFL）、汉语水平考试（HSK）等都属于标准化学绩测验。这种测验具有客观性和可比性等优点，主要用于评价经某种教学或训练后学生的实际表现。

教师自编测验指教师根据教学需要自行设计和编制，用以考查学生学习情况的测验。教师自编测验操作过程简单，教师可以根据学科特点和教学需要随时编制，灵活运用，因此在实际教学中，这种测验应用最多。虽然教师自编测验未经标准化，但其编制也要遵循一定的方法和原则。例如，测验应反映教学目标，题目取样应有代表性，题目格式应多样化，文句表达应简明扼要，题目之间应彼此独立等等。教师只要明确教学目标，熟悉各种题型的特点和性能，遵循一定的编制程序，完全可以编制出良好的学绩测验。

第二节　课堂的有效管理

教师的教学和学生的学习主要是在课堂中进行的，因此只有好的课堂环境，才能顺利完成各项教学目标和任务，取得良好的教学效果；相反，如果没有好的课堂环境和秩序，即使教师受过良好的教育和训练，精心准备讲义，课堂教学也难奏效。因此，每一位教师都必须高度重视课堂管理。

一、课堂管理概述

课堂管理（classroom management）又称教室管理、教室经营，是指在师生互动的课堂教学活动中，教师对学生学习行为的一切处理方式，包括消极地避免学生违规行为的发生与积极地培养学生遵守团体规范的习惯，藉此以形成良好的教学环境（张春兴，1998）。

课堂管理的目标就是为学生创造良好的学习环境。具体来说，有以下几个目标。

（一）争取更多的时间用于学习

作为一名教师，评价自己的课堂管理方法是否有效的一个重要指标是学生究竟有多少时间真正用来学习。一个管理良好的课堂意味着更多的有效学习时间，而更多的有效学习时间则意味着学生能学到更多的东西。教师可以通过以下方法来增加学生真正用于学习的时间。首先，精心备课。一堂富有启发性的、引起学生感兴趣的课可以有效地帮助学生集中注意于课堂当中，把更多的精力和时间投入到学习当中。当学生知道教师对他们的期望是什么，并且能理解教师所提供的材料时，他们就会花更多的时间在课程学习上。其次，要注意教学的紧凑性、流畅性和过渡性。教师要保持课堂教学的紧凑性，不能当学生正全神贯注地听讲时，突然中断讲课，花许多时间去处理一件本可以忽略的小事，这对教学与学习干扰极大。教师还要注意教学意义的流畅性，应避免毫无过渡地从一个主题跳到另一个主题上。学生上课时许多不良行为与教师的这种跳跃性有关。因此，教师的教学从一个环节到另一个环节，从一个活动向另一个活动变化时，要处理好过渡性。最后，还要对那些较长时间专注于学习的学生给予表扬和奖励，对那些课堂捣乱分子要做到高效地处理，以便增加学生真正用于学习的时间。

（二）争取更多的学生投入学习

课堂管理不仅要争取更多的时间投入学习，而且还要争取更多的学生投入学习。应该说，要维持全班学生始终投入学习、参与学习，是一件非常困难的事情。如何争取更多的学生投入学习中呢？首先，让学生明白教学目标、任务，明白如何参与每一个具体的活动。其次，提高课堂提问艺术。提问是引导和维持学生注意力的重要手段。教师不应在学生不听讲时提问，不应只提问成绩好的学生。要求学生回答时，应停顿几秒钟，让学生听清楚后再随机指定某一学生回答。不能按某种顺序提问，以免让学生产生预测。如果指定的学生不能回答或回答错误，不宜立即提供答案或另外指定别人问答。教师应改变对问题的陈述方式，再让该生回答。如果全班都不能回答，教师应说明答案，并指出大家之所以答错或无法解答的原因，使学生有机会从错误经验中获得正确的学习。学生回答正确时，除给予肯定鼓励外，宜重复一遍他的答案，以引起大家对他的重视等等。

（三）鼓励学生自我管理

学会自我控制和管理，是一个人成熟的重要标志。如何帮助学生对自己的课堂行为进行自我管理呢？首先，如果能力允许，让学生参与课堂规则的制定；其次，要求学生反思制定某些规则的原因以及他们不良行为的原因；再次，给学生机会考虑他们将怎样计划、监督和调节自己的行为；最后，要求学生经常对照规则，反省自己的行为并不断地完善已有规则。

二、良好课堂秩序的建立

课堂秩序是一种团体秩序，这种秩序的建立与维持有赖于团体成员对团体规范的共识。但是由于中小学生特别是小学生，尚缺乏自行设计的能力，因此，这种团体规范和秩序的建立与维持主要靠教师。

（一）对课堂管理相关问题的认识

教师在制定课堂规范之前，必须先了解学生的心理特征和家庭背景以及有关教育行政法规等。

学生的心理特征主要包括认知能力和人格特征两个方面。处于不同发展阶段的学生，其认知能力和人格特征不同，对问题的理解就不同。例如，对于小学低年级学生来说，由于形象思维占主导，他们就很难理解一些抽象的概念。从埃里克森人格发展理论来看，他们处于勤奋感对自卑感阶段。他们追求学习等活动完成时所获得的成就感及由此所带来的成人的认可和赞许。如果儿童在学校生活中，不断取得成就并受到成人的鼓励，或者失败了能得到成人理解和支持，他们就容易形成乐观、进取、勤奋的人格。反之，如果教育不当，屡受挫折或其成就受到漠视，就会形成自卑感。这就要求我们在制订规范时必须充分考虑到学生的心理特征和内心需求，因为规范是为学生而设的。同时考虑到学生的发展阶段，规范的制订应富有弹性，不同的年级应有不同的内容。

在一个人的成长过程中，家庭背景和家庭教育起着极其重要的作用。不同的家庭，由于父母的教养方式不同，家庭结构、氛围和社会经济地位不同，对儿童的成长就会起着不同的作用。张春兴从家庭背景的观点把学生分为三类：第一类是“顺”教育的学生，即上学前受到良好的学前教育，入学后能适应学校的管理；第二类是“缺”教育的学生，即缺少学前教育，入学后在适应学校管理方面有困难；第三类是“反”教育的学生，即入学前不但没有受到良好的学前教育，而且已经形成许多不良的反教育的态度和习惯，如多动、破坏、不合群等。因此，教师在制订规范时，必须充分考虑到学生的家庭背景。

有关规范的制定，还应了解国家、地方的有关教育行政法规，以免制定的规范违反有关教育行政法规等。此外，还应考虑学校的环境，无论是物理环境还是人文环境，制定的规则应与学校的大环境协调一致，这样才能取得好的效果。

（二）在日常教学中建立团体规范

课堂的团体规范，是维持课堂秩序的准则，也是实施课堂管理的依据。因此，从儿童入小学开始，就应在日常教学活动中先行建立团体规范。制定规范时应考虑两个原则：第一是必须使全班学生彻底理解每一条规范的意义，以形成共识；第二是必须考虑到所有学生在实践过程中均没有困难。这样不仅可以让学生从小形成好的行为习惯，而且可以对学生违规行为起到预防作用，一旦违规了，处理起来，学生也会心服口服。

张春兴给出了对小学生有用的九条规范：

1. 对人要有礼貌，学会在适当的时机使用“请”“谢谢”“对不起”等语词。
2. 发言之前先举手，等老师同意后，才开始发言。
3. 当别人正在讲话时不插嘴，且注意聆听。
4. 借了别人的东西，用完后一定归还。
5. 爱护公共设施并尊重别人的财物。
6. 在上课时如有必要离座或外出，必先得到老师的许可。
7. 不侵犯别人或伤害别人。
8. 上课铃声停止之后，必须备妥书本文具安静地坐在自己的位子上准备上课。
9. 按时完成并缴交老师指定的作业。

埃默（E. Emmer）和他的合作者给出了对管理中学生有用的六条规范：

1. 把所有需要的材料都带到课堂上。
2. 坐在你的座位上，铃声一响就开始上课。
3. 尊重他人，对人有礼貌。
4. 不损害他人的财产。
5. 当别人在说话时认真听并保持坐姿。
6. 遵守学校的各项规章。

（三）课堂秩序要靠教师维持

教师是课堂的组织者和领导者，因此，课堂秩序主要靠教师来维持。那么，一个有效的课堂管理者应具备哪些基本素质呢？美国心理学家康尼（J. Kounin）经过二十多年的研究，提出了以下六个方面。

1. 全面关注

全面关注指的是教师对课堂上发生的每件事都仔细观察、留心思考。要让学生感觉到你清楚教室里发生的一切，要经常与学生进行视线的交流，叫学生的名字让他们知道你对他们的言行很了解。另外，关注学生的课外活动和兴趣，与他们讨论更多的共同话题，让学生知道你对他们生活中的变化十分了解。

2. 同时处理好几件事情

在课堂里，经常会同时出现不同的事情，作为教师，必须有同时兼顾处理不同事情的能力。例如，教室中这边有人举手发问，而同时另一边有两个学生发生冲突。教师不能慢条斯理地先回答学生的问题，而后再去处理学生的冲突。教师必须使用语言或手势，兼顾处理两边学生的问题，让学生感到他们随时都受到教师的注意。如果集中处理一边的问题，拖延时间太久，就会使全班学生精神涣散以致影响学习。

3. 建立并维持教学活动的自然顺畅

一般情况下，教学是由许多环节或活动构成的，如先讲授，再分组讨论，最后小组报告；先讲授，后做练习；先讲授，后做实验等等。有经验的教师总是有条不紊地安排好不同环节之间过渡的流畅、自然。当发生一些事情需要教师去处理时，他会给其他学生安排一些事情去做，尽量减少不必要的干扰。

4. 让每一位学生都参与到学习中来

有经验的教师总是让所有的学生都感到学习的责任，鼓励学生参与到学习中来。他们在帮助一位学生或者回答一个提问的同时，对其他学生的需求仍然保持注意。他们在提问时总是随机点名，让每一位学生感觉到自己随时会被叫到的可能，以保持注意。

5. 激发起学生的热情并且使课堂生动有趣

如果教师的课堂教学生动有趣，有效地激发学生学习的兴趣和热情，那么就能有效地维持课堂秩序。这要求教师要做到：①讲解生动，引人入胜；②所讲内容符合学生的能力与经验；③作业难度适中，让学生有成就感；④赞许学生的主动参与，让学生有满足感。

6. 建设性地批评学生

当学生出现不良行为时，教师如何进行批评是非常重要的。康尼给出了六条建议：

（1）教师批评学生时，必须明确指出他的行为错在哪里。

（2）除了指出学生的错误行为之外，应向学生说明怎样做才是正确的行为。

（3）要学生立即停止错误行为，并向他说明必须停止的理由。

（4）批评学生时，教师的态度应公正严肃，在言辞上要明确坚定，让学生在心理上产生敬畏感。

（5）对学生行为的批评，应采取“对事不对人”的原则，且不应在言辞上污辱他的人格。

（6）教师批评学生时，尽量避免带有愤怒的情绪反应。

三、课堂里的问题行为及处理

课堂管理中最根本的办法就是让学生从小形成良好的行为习惯，以及预防违规行为的发生。但是在实际课堂教学过程中难免有课堂问题行为发生。因此，对课堂里的问题行为的处理，也是课堂管理的重要部分。

（一）课堂问题行为及原因

课堂问题行为是指在课堂中不能遵守公认的正常儿童行为规范和道德标准，不能正常与人交往和参与学习的行为。这种行为不仅会引起课堂纪律问题，影响教学和学习，而且会影响学生的身心健康。斯威夫特（M. Swift）等人通过系统的课堂观察发现，在典型的课堂里，25%～30%的学生有问题行为。这类行为可分为两类：一是外向性的攻击型问题行为，包括活动过度、行为粗暴、上课不专心、与同学不能和睦相处，严重的还有逃学、欺骗和偷窃行为；二是内向性的退缩型问题行为，包括过度的沉默寡言、胆怯退缩、孤僻离群，或者烦躁不安、过度焦虑等。问题行为不是后进生特有的，优秀生也会发生问题行为。课堂里问题行为发生的原因很复杂，既有学生方面的原因，也有教师方面的原因以及家庭、社会方面的原因。这里着重介绍学生和教师两方面的原因。

1. 学生方面的原因

（1）寻求注意与地位。每一个人都希望得到他人的注意和关注。一些学生学习不好，其他表现也不好，他们自认为没有任何优点足以引起他人的注意，只能在错误的时间，错误的地点，以错误的方式来引起他人的注意。这种寻求注意可能是指向教师，即故意惹教师注意；也有可能是指向同学，即存心惹同学注意。这是需要区分的，因为对于前者教师可以采用不理采的方式处理，而后者需要采用团体行为矫正的方法处理。

（2）挫折与紧张的发泄。现在的学生都承受着来自各方面的巨大的压力，而其中相当一部分学生在长期的学校生活中又经历了太多的失败和挫折，他们日复一日坐在单调乏味的教室里，既无学习的乐趣，又无学后的成就感。为了逃避现实，就会表现出一些不当行为，以宣泄内心的紧张，如无故缺课、诉说身体不适、破坏别人或自己的东西等。

2. 教师方面的原因

（1）要求不当。有些教师对学生要求过严，学生忙于应付，稍不留意就违反了要求，而教师又不加分析地严惩，结果造成师生矛盾冲突。而有些教师对学生要求过低过松，还有些教师凭感情办事，想管就管，不想管就不管，等等。这些要求不当的情况都容易引发问题行为。

（2）滥用惩罚。教育心理学家们总是建议，惩罚只能作为最后的选择，是最后不得已的手段。因此，应尽量不要使用惩罚，运用时要谨慎。但是在实际教育教学过程中，许多教师却总是迷信惩罚，动不动就使用惩罚，甚至不分青红皂白地滥用。这样不仅不能制止问题行为，反而会显示教师的无能，降低教师的威信；引发学生的负面情绪，产生更多的问题行为。

（3）教师缺乏自我批评精神。当课堂里发生问题行为时，教师不要一味地责怪学生，而要引咎自责，从自身方面找原因，主动承担自己的责任，坦诚自己的错误。这样不仅不会损害教师的形象，降低教师的威信，而且起到示范作用，会收到意想不到的教育效果。

（二）课堂问题行为的处理

对课堂问题行为的处理，不同的心理学流派有不同的主张和方法。我们在这里着重介绍行为主义和人本主义的处理方法和技术。

1. 行为矫正

行为矫正是根据条件反射原理改变不良行为的一种方法和技术。它有以下几个步骤。

（1）确定需要矫正的目标行为。确定目标行为有两个原则。一是选择学生的外显行为。这种行为不但教师能观察到，其他学生也看得很清楚。教师处理这种违规行为时，不会引起学生本人或其他学生的误会。二是选择出现较多且较严重的行为。确定目标行为之后，还要分析这种行为形成的原因。例如，学生的问题行为是存心引起教师的注意，如果不明原因而对这种行为给予批评，不但不能制止这种行为，反而起到强化作用，增加这种行为发生的可能性。

（2）制定目标行为的基线。目标行为确定之后，还要通过观察等方法，确定学生违规行为（目标行为）表现的时间或频率以及表现的方式，从而设定目标行为的基线，作为目标行为是否改进、改进的程度如何等的参照。

（3）选择适当的强化物。行为矫正的基本原则是以强化物为手段强化学生的正当行为，即当学生出现正当行为时，立即给予正强化，而忽视学生的违规行为，使违规行为出现之后得不到强化。强化的方式是多种多样的，可以选用物质强化，也可用精神强化；可以采用立即强化，也可以采取部分强化；可以连续强化，也可间隔强化，等等。不鼓励以惩罚为手段来抑制学生的违规行为。因为惩罚的使用不但会使学生产生负面情绪如恐惧、焦虑等，而且会影响其他同学的情绪，形成不利于学习的气氛。当然如果学生违规行为较严重（如打架伤人等），实施有限度的惩罚是必要的。但是在使用惩罚时应考虑以下几点建议：①不使用体罚或变相体罚；②处罚的规则或规定在行为发生之前就制订好；③惩罚应尽可能及时，而且力戒惩罚后又立即出现奖励；④惩罚之前必须让学生明白其行为的严重性，而且明确指出怎样才是正确的行为；⑤应避免在盛怒之下惩罚学生；⑥惩罚学生应对事不对人；⑦惩罚后，学生一旦出现好的表现，应减轻或停止处罚。

（4）按基线比较目标行为的改进状况。如果经过一段时间后，发现目标行为（违规行为）尚未改善，可以考虑改用其他强化物或其他处理方式。

以上所介绍的行为矫正技术是针对学生个人的行为问题。如果不当行为是团体行为或者不当行为的动机指向团体（如存心惹同学注意或通过向教师挑战来博取同学的支持等），那么就应采用团体行为矫正的方式处理。张春兴曾用以下例子说明团体行为矫正方法的运用：

教师发现，上课开始之前几分钟，学生们总是吵个不停，几次制止无效，教师就可以作以下的宣布：“从明天起，上课铃声停止后，每位同学都必须打开书本安静地坐在自己的位子上，准备上课。如果大家做到了，课外活动时间就可以自由活动。如果有任何同学做不到，课外活动时间大家就必须一起留在教室内自习。”

教师的宣布，就是采用了团体行为矫正的方法。在此情况下，约束每个学生行为的力量，主要是团体的压力，不能因为自己的违规连累了大家的利益。在实施团体行为矫正方法时不宜采用团体惩罚的方式如全班同学罚站，更不宜采用“杀一儆百”的做法惩罚少数一两个学生。这样会产生矛盾和冲突，导致师生关系、同学关系疏离和紧张等。

2. 人本主义的处理方法

人本主义心理学认为学生本身具有自我成长的能力，只要学校教育环境好，不需刻意对学生实施管教，他就会自动自发地健康成长。学生违规行为的解决，不能靠教师给予纠正，而只能靠在教师设计的和谐气氛之下，在良好的师生沟通过程中，学生因对自己行为问题的了解与受教师诚意的感动，自动自发地改过自新。人本主义心理学对学生课堂问题行为的处理有以下几个方法和策略。

（1）确定问题的不同性质

教育心理学家根据影响对象的不同把课堂问题行为分为三类：一是违规行为直接对教师本人及其教学产生不利影响，属于教师的问题；二是违规行为直接对学生产生不利的影响，属于学生的问题；三是违规行为既影响教师和教学，也不利于学生学习等，属于师生共有的问题。因此，教师在处理学生违规行为时，应明确违规行为的性质，不同的问题行为有不同的处理方式，如果把不同的问题混为一谈，是不会取得良好的处理效果的。

（2）采用积极聆听策略处理学生问题

积极聆听（active listening）是指当师生见面交谈时，教师除了耐心听学生诉说之外，还应采用一种关心与谅解的态度与口吻简要复述学生的话，用以表示完全了解学生所说的一切，并鼓励他继续诉说下去（张春兴，1998）。通过积极聆听，教师可以真正了解学生的想法、看法、感受、需求、态度以及对课堂规范的了解及误解等，可以帮助学生自由表达他的情感，增加他对教师的信任和加强师生之间的感情关系，从而促使学生积极面对自己的问题并解决问题。在此过程中，并不是教师直接去纠正学生的违规行为，而是通过积极聆听，建立良好的师生关系，让学生自己去面对问题并解决问题。

（3）采用“听我说”策略处理教师问题

“听我说（I message）”是指在学生行为妨碍教师教学需求与教学计划时，教师对学生讲话的一种方式。它有三个特征：一是教师对学生所讲的话，在语气上不带责备，不带批评，只是对学生的不当行为做客观的陈述；二是陈述学生不当行为时，要举出确实的与具体的事实，并指出该行为对教师的教学所形成的伤害；

三是对学生不当行为的后果，教师表示出自己心中的感受（张春兴，1998）。这种讲话方式能够使学生明白他的行为已对教师的教学构成伤害，他应该自行负责改变自己的不当行为。

（4）采用双赢策略处理师生共有的问题

师生共有的问题实际上所反映的是师生之间立场上的冲突。教师站在维持教学秩序的立场，认为要求学生遵守规范是对的；而学生站在个人需求的立场，自以为不遵守规范是有原因的，并不算过失。对于这种情况，心理学家格尔顿（T. Gordon）主张用双赢策略来处理。先看以下例子：

教师：汤姆，你每次迟到使我不得不为你一个人再从头讲起，这样做既浪费大家的时间，也造成我维持教学进度的困难。我为你每天迟到感到不高兴。（听我说策略）

学生：老师，这并不是我的错。我参加校篮球队，每天练球时间固定，教练不准提早离开。

教师：我了解你的困难。你迟到是因为校篮球队训练，教练不准你提早离开。（积极聆听策略）

学生：就是这样子。

教师：你可不可以向教练报告你的困难。

学生：不行，有的队员跟我的情形一样，报告了，可是教练不准。我知道迟到是不对，可是我没有办法。

教师：我了解你的困难，想想看还有没有其他的办法可以解决这个问题。

学生：老师，我看这样好了，以后老师不要为了我的迟到再从头讲起，免得浪费大家的时间。缺课部分，我请同学帮帮我，自习时间我好好用功，也请老师多给我一点指导。

教师：我想，在现在的情况之下，你的想法可以试试看。不过，将来效果如何，这要看你自己是否真的加倍用功而定。

从上述例子，我们可以看出双赢策略包含了以下几个步骤：

首先，采用听我说策略，由教师向学生说明学生的行为已形成了他教学上的困难；

其次，采用积极聆听策略，让学生体会教师已完全了解他的实际困难；

最后，采用双赢策略，让学生主动提出解决问题的建议，并自愿负起解决问题的责任。这是双赢策略的主要特点，也是最富有教育价值的一点。

第三节　教 师 心 理

教师本身就是影响学生发展的一个极其重要的因素，教师心理素质如何，直接关系到教育教学的成败。那么，教师是一个什么样的社会角色，一个有效的教师应具备哪些心理品质，如何建立和维护教师的威信等等，了解和研究这些问题，对于高师生具有非常重要意义。

一、教师的社会角色

心理学中的角色概念来源于戏剧舞台用语，它指个体在特定的社会和团体中占有的适当的位置，被该社会和团体规定了的行为模式。一个人扮演了某一种角色，就意味着某种身份和社会地位，也意味着某种社会责任。教师也是一种社会角色。从社会对教师的角色期待以及教师的社会职责来分析，教师在学校教育过程中主要扮演着学生学习指导者、行为规范的示范者、心理保健者、班集体活动的领导者、教育科研人员和家长的代理人等角色。

（一）学习的指导者

教师一直以来都被认为是知识传授者，但现代认知心理学研究表明，学生的学习更多的时候是一个积极主动的知识建构过程，教师应该充当的不仅是知识的传授者，更应该是学生学习的指导者、促进者，甚至还应该是学生学习的激发者、支持者和欣赏者。这一角色要求教师首先要指导学生去掌握基础知识和基本技能，指导学生在获得科学知识的同时学会如何发展各种能力，并形成良好的品德；其次，在教育教学过程中要培养和激发学生的学习动机，让学生好学、乐学，要善于鼓励学生，培养学生学习的主动性和积极性，从而保证学生在未来的社会生活中不断自我学习，自我探索。

（二）行为规范的示范者

教师作为社会文化价值与道德准则的传递者，极易被学生看成代表具有这些价值、准则的人，因此教师无疑就是学生模仿和学习的榜样。这要求教师在培养学生道德品质过程中，不仅要指导学生掌握社会价值观和行为规范，更要充当起行为规范的示范者这一角色。通过自己的言行举止，感染每一个学生，教育每一个学生，对学生施以潜移默化的影响。因此，教师要时刻反省自己思想品德、行为作风、处世态度等，使自己的言行成为学生的表率，为学生提供好的榜样。

（三）心理保健者

培养学生健全的心理和人格也是学校教育的重要内容和目标。然而，随着现代社会生活节奏加快，竞争日趋激烈，学生的心理压力越来越大，心理问题日趋增多。这要求教师做好学生心理健康教育工作，充当学生心理健康维护者或保健者、辅导者的角色。教师不仅要通过良好的师生互动和沟通为学生创造一个好的环境，通过各种途径和方法来发展和提高学生的各种心理能力，而且当学生面临挫折或问题时，要及时帮助学生克服其成长中的障碍。

（四）班集体活动的领导者

班级是学校里最主要的正式团体，不管教师如何宽容，师生关系如何融洽，教师毕竟是班集体的各项活动的领导者。要担当好这一角色，首先，教师要在课堂教学中建立良好的秩序，在教学过程中督促全体学生遵守课堂纪律，使学生养成自觉遵守纪律的习惯；其次，教师要建设好班集体，特别要注意选择好班干部，发挥班干部的作用，形成良好的班集体气氛和舆论，建立和谐的人际关系；最后，教师要具备民主型的领导方式，这样才有助于良好师生关系的形成。

（五）教育科研人员

随着现代科技突飞猛进，知识经济的到来，传统的教书匠式的教师已不能适应社会经济文化的发展和教育自身的发展需要，专家型、科研型教师将成为未来教师的重要角色之一。因此，教师不能满足于传统意义上的“传道、授业、解惑”，还应该掌握现代教育理论和方法，积极探索和研究教育教学实践中出现的问题。只有这样，才能促进自己教育教学能力的发展，不断提高教育教学效果。

（六）家长代理人

在儿童成长过程中，父母无疑是儿童的第一任教师，但是当儿童进入学校后，儿童心目中的权威就从父母换成了教师，特别是低年级学生，这种权威是不容怀疑的。在学生心目中，教师与父母就有了许多相似之处，他们对教师的态度很像对自己父母的态度，视教师为长辈，充满尊敬，依恋之情，希望教师像父母那样关心自己、爱护自己。家长也要求儿童要听从教师的教导。因此教师要充当好家长代理人的角色，一方面要像家长那样给学生温暖和关爱，要注意与家长的沟通，在学生出现一些不良行为时，不要动辄报告家长；另一方面，也要严格要求学生，要让学生明白和体会师生关系不同于亲子关系，这样才有利于学生社会性的发展。

二、教师的心理品质及其对学生的影响

人们从事某种行业或活动的效果如何，在很大程度上取决于自身的心理品质。从事教育教学活动的教师，其心理品质是影响教育教学效果的最直接和最基本的因素。教师的心理品质主要包括认知能力和人格特征两个方面。

（一）认知能力

综合国内外相关研究，我们认为一个有效的教师，他除了应具备正常的智力水平和丰富的知识（包括学科专业知识和教育专业知识）之外，更应具备以下几种能力素质。

1. 组织能力

教师的组织能力包括语言组织能力、教材组织能力和课堂组织能力。

课堂教学是当今学校教学的基本形式，教师主要通过语言进行教学，因此教师的语言组织和表达能力成为了影响其教学效果的重要因素。所罗门（D. Solomon）等人研究表明，学生知识学习同教师表述的清晰度有显著的相关。席勒（J. H. Hiller）等人研究也表明，教师讲解含糊不清与学生的学习成绩呈负相关。教师恰当的语言组织和清晰的表达能促进学生对知识的理解和掌握，吸引学生的注意力，激发学生的学习兴趣和学习动机。

教师良好的语言组织能力，表现为形式简单、语句不长、停顿适当、词汇丰富、简练准确、内容具体、形象生动、逻辑严密、表达清晰、富有情感和符合学生理解水平等。

教师对教材的组织能力是保证教学效果的重要能力之一。教师只有把握好教材，才能把学习活动和教学活动安排得科学、合理，才能有效地促进学生的学习。因此教师必须认真备课，仔细钻研教材，把握教材的重点和难点以及内在的逻辑关系，然后根据教学大纲和要求以及学生的基础水平，确定教学目标，合理排编教学内容，精心设计教学程序。这样才能取得良好的教学效果。

教师必须具备的另一种组织能力就是对课堂的组织管理能力。教学不仅包括教师、学生、教学内容，还包括课堂情境。如果没有好的课堂纪律和氛围，就不会有好的课堂教学效果。因此，作为教师，不仅要关注自己如何教，也要注意组织和管理课堂。教师应根据学生的特点和教学内容，灵活采取各种方法和手段努力营造积极的课堂气氛，正确处理课堂问题行为，以保证和促进课堂教学效果。

2. 教学反思能力

教学反思是指老师以自己的教学活动过程为思考对象，来对自己所做出的行为、决策以及由此所产生的结果进行审视和分析的过程。波斯纳（G. J. Posner）提出一个教师成长的公式：经验+反思=成长。他还指出，没有反思的经验是狭隘的经验，至多只能形成肤浅的知识。如果教师仅仅满足于获得经验而不对经验进行深入思考和反思，那么他的发展将大受限制。默瑞-德西墨（G. Morine-Dershimer）的实验研究也表明了教学反思对教师成长的促进作用。

有人把教学反思过程分为四个阶段。①具体经验阶段。这是一个教师意识到自己教学中存在问题并明确问题的一个阶段。②观察分析阶段。在这一阶段，老师通过自述与回忆、录音录像、他人的评价等方式广泛收集有关自己教学的信息，并进行分析，从而明确问题的根源所在。这一过程可以由教师自己独立完成，但合作的方式往往会更有效。③重新概括阶段。在观察分析的基础上，教师反思旧观念和旧方法，积极寻找新思想与新策略来解决自己的问题。此时，新信息的获得有助于更有效的概念和策略方法的产生。这些信息可能来自理论领域，也可能来自实践领域。这一过程可以单独进行，也可以以合作的方式进行。④验证阶段。在这一阶段需要检验上阶段所形成的新思想、新策略的实际效果。在这过程中，教师又会遇到新的具体经验，又开始新一轮循环。

布鲁巴克（J. W. Blubacher）等人提出了教学反思的四种方法：①写反思日记，在一天的教学工作结束后，写下自己的教学经验，并与指导教师共同分析；②观摩与分析，教师相互观摩彼此的课并描述他们所观察到的情景，并相互交换意见；③职业发展，把来自不同学校的教师聚集在一起，让他们首先提出课堂上发生的问题，然后共同讨论解决的办法，最终形成的方案为所有教师和学校共享；④行动研究，教师以及合作者对他们在课堂上所遇到的问题进行调查和实验研究，它不同于研究者由外部进行的旨在探索普遍法则的研究，而是直接着眼于教学实践的改进。

3. 教学监控能力

教学监控能力是指教师为了保证教学达到预期目的而在教学的全过程中，将教学活动本身作为意识对象，不断地对其进行积极主动的计划、检查、评价、反馈、控制和调节的能力。这种能力包括：一是教师对自己的教学活动的预先计划和安排；二是对自己实际教学活动进行有意识的监察、评价和反馈；三是对自己的教学活动进行调节、校正和有意识的自我控制。

教学监控能力在整个教学活动中具有极其重要的作用。正因为具有教学监控能力，教师在教学进行过程中才可以及时发现问题，做出相应的调整，从而减少教学活动的盲目性和错误，提高教学效率和效果。可以说，在具备了一定的学科知识以后，教学监控能力已成为影响教学效果的关键因素之一。这也是有经验的教师和新教师在能力上的重要差别之一。

根据辛涛等人研究，决定教师教学监控水平的直接因素有三个方面：①教师能否正确、全面地发现和觉察自己正在进行的教学活动的状况和存在的问题；②教师是否具备了解决教学活动中所存在问题的足够的知识经验；③已有的知识是否能和现存的问题联系起来，从而进行合理的、有效的知识重组。决定教师教学监控水平的间接因素主要有教师心理状态，如教育动机、教学效能感、自我知觉等。

申继亮等人研究发现，有三种技术可以提高教师的教学监控能力。①角色改变技术。通过听专家讲座、听观摩课、参加教育科研活动，让教师掌握正确的教育观念和方法，从而自觉地实现角色的改变。②教学反馈技术。利用各种教学反馈技术如微格教学技术等，使教师对自己教学过程的各个环节有一个全面、清晰而准确的认识，进而客观地评价自己的教学状况和效果。③现场指导技术。这种技术可以帮助教师针对不同教学情境，选用最佳的教学策略，以达到最佳的教学效果，使其最终能达到对自己课堂教学的有效调节和校正。

4. 教学效能感

教学效能感是指教师对自己影响学生学习行为和学习成绩的能力的主观判断。它可分为一般教育效能感和个人教学效能感两个方面。一般教育效能感指教师对教育在学生发展中的作用等问题的一般看法与判断，即教师是否相信教育能够克服社会、家庭及学生本身素质对学生的消极影响，有效地促进学生的发展。个人教学效能感指教师认为自己能够有效地指导学生，相信自己具有教好学生的能力。

教学效能感是通过影响教师行为，进而影响学生学习的。它对教师行为的影响主要有三个方面。①影响教师在工作中的努力程度。效能感高的教师相信自己的教学活动能使学生成长，便会投入很大的精力来努力工作。在教学中遇到困难时，也会坚持不懈，勇于向困难挑战。效能感低的教师则认为自己对学生的影响小，而家庭、社会等因素作用大，不管自己如何努力，收效也不会大，因此不愿意投入太多精力或放弃努力。②影响教师在工作中的经验总结和进一步的学习。效能感高的教师为了提高自己的教学效果，会不断地总结各方面的经验，不断地学习，以提高自己的教学能力。效能感低的教师则由于不相信自己在工作中会取得成就，便难以做到在工作中不断积累、总结和提高。③影响教师在工作中的情绪。效能感高的教师在工作中会信心十足、精神饱满、心情愉快，表现出极大的热情，往往会取得良好的教学效果。效能感低的教师则常常在工作中感到焦虑和烦恼，以至不能很好地完成教学工作。

阿什顿（Ashton）等人的研究表明，效能感高的教师对学生寄予较高的期望，认为自己对学生的成长负有责任并相信自己能教好所有的学生。在课堂教学中，效能感高的教师注意对全班学生的指导，不断探索新的教学方法；在对学生进行指导时，比较民主，更多地鼓励学生自由地探索解决问题的方法，而不是用表扬、批评等外部强化控制学生。当学生失败时，效能感高的教师表现得很有耐心，他们会通过重复问题、给予提示等方法去促进学生对知识的理解。

教师教学效能感的形成和发展主要受两方面因素的影响：一是外部环境因素，良好的社会风气、工作发展条件和人际关系等有助于提高教师教学效能感；二是教师自身因素，比如教师的价值观、自我意识、知识水平、归因方式和个人成败经验等，其中最为重要的是教师个人在教育教学过程中的成败经验。一般来说，教学过程中的成功经验会提高个人的教学效能感，而过多的失败经验会降低个人的教学效能感。因此，作为一名教师，应正确对待自己的成功和失败，只要不断地更新自己的知识、教育观念和方法，不断地总结和反思，有自信心并坚持不懈，就一定会取得良好的教学效果。

（二）人格特征

教师的人格特征是影响教育教学的重要因素，这种影响表现在两个方面。一是教师人格特征会影响教师的教学行为，进而影响学生的学习。瑞安斯（D. G. Ryans）的研究表明，成功的教师是趋向于温和、理解、友好、负责、有条不紊、富于想象力和热情奔放的。教师的这些人格特征能满足学生的需要和动机，易于同学生打成一片，建立良好的师生关系，产生与学生共同合作的学习气氛。这是学生取得良好成绩的主要因素之一。二是教师人格特征会直接影响学生人格的健康发展。中小学生正处于人格发展的重要时期，教师的人格特征将成为学生直接效法的对象。因此，作为一名教师应具备良好的积极的人格特征，如热情、公正、客观、坦率、勇敢、助人、谦虚、认真负责、乐观、情绪稳定、亲切、理解、自信、坚强、进取等。下面我们着重讨论几种重要的人格特征。

1. 责任心

在具备了一定的知识和能力水平之后，教师对教育教学工作的认真负责精神便成为一个极其重要的条件，甚至有些研究认为教师的责任心是取得良好教育效果的首要条件。教育是一项十分复杂、细致的工作，它要求教师必须具备很强的责任心，才会取得工作成效。责任心强的教师，他们会长期把自己大部分时间、精力投入到各项教育教学工作中；他们对各项工作都认真负责，不仅严格要求学生，也严格要求自己；他们工作不是为了应付上级检查，而是为了学生的健康成长；他们热爱自己的职业，热爱学生等等。

教师的责任心有赖于个人对教育工作的意义的认识。对于教师来说，教育不仅有个人意义，更有社会意义。只有明确意义，才有可能在强烈的责任心驱使下去完成自己所肩负的重任。

2. 宽容

皮连生等人认为，宽容包含三层含义：灵活、体察与无偏见。人们对外部世界的了解、对别人的看法和感情，都有赖于自身的感觉与情感的参照系。如果我们能够改变自己的参照系，以适应外界情境的需要和标准，那么我们就能够理解并适应与自己通常的参照系并非完全一致的种种变化，即能够容纳与自己不同的看法与见解、思想与情感，能够对各种不同的人表示关切。认知参照系的灵活性引发了个体对他人的体察和无偏见，这就是宽容。对教师而言，宽容能够使他摆脱固定的先入之见，接纳不同的学生，不管他们的家庭背景、性别、智力、身体、个性、知识等如何，与他们和睦相处。教师的宽容在很大程度上鼓励学生的独立性和自主性人格的发展。

3. 同感

同感（empathy）又称移情、同理心、共感、共情等。按罗杰斯的说法就是：“体会当事人的内心世界，有如自己的内心世界一般，可是却永远不能失掉‘有如’这个品质——这就是同感。”可见，教师在表达同感时，一方面要放下自己的参照标准，设身处地从学生的参照标准来看事物，以感同身受的方式体会学生的内心感受和情感；另一方面，又要保持自己的身份，并且把学生内心想法和感受准确地表达出来传达给学生。同感使教师在教育教学过程中能够站在学生的角度看问题，充分体会学生的内心感受与情感，从而有助于良好师生关系的建立，促进学生开放自我、探索自我，以积极心态面对问题、解决问题。

在教育过程中，良好的师生关系是良好教育效果的重要前提，而在良好师生关系的建立中，同感是至关重要的。如何达到正确的同感呢？可以按以下步骤去做：①放下自己的参照标准，进入学生的内心世界，设身处地从学生的角度来看事物和感受事物；②投入地倾听学生的叙述，注意学生的语言和非语言信息；③跳出学生的内心世界，把从学生那里知觉和体会到的东西做一番清理和理解，分清哪些是事实内容，哪些是情感内容，它们之间有何联系；④以语言或非语言方式把你体察到的东西准确传达给学生；⑤留意学生的反应，以调整自己的下一步行为。

4. 情绪的安全感与自信

教育是一项富有挑战性的工作，教师在工作过程中遭遇各种困难、对抗和挫折是难免的。皮连生等人认为，情绪上有安全感的教师能够在讲台上从容地面对众多学生的注视，不担心自己在学生面前的举止和表现。当学生在课堂上表现出问题行为的时候，有安全感的教师能够镇静、客观地解决冲突，并安定学生的情绪；相反，情绪不安的教师常常会和学生个体或群体发生争吵或结下宿怨，从而影响师生之间的人际关系乃至班级气氛。教师情感上稳定和安全与教师有良好的自我形象和自信有关。劳莱特（Rollett）对 102 名来自不同文化背景的优秀教师的调查研究发现，他们的一个共同特点是相信自己的能力，确信自己的工作价值，具有乐观、积极的自我形象，这使得他们能够很好地处理日常教学中的各种问题。在面对失败和挫折、处理各种矛盾和冲突时，他们能够意识到自己的责任，相信自己，有效地调节和控制自己的情绪，克服不良情绪，表现出沉稳从容的品质；而在面对成功时，也不会沾沾自喜而丧失正确判断事物的能力。自信的教师能适时地引导学生，其在情绪上的成熟感和安全感常常会感染学生，从而成为学生喜欢且乐意追随的楷模。

5. 教师期待

教师对学生的期待、期望是影响学生学业成绩和人格品质的一个重要因素。教师对学生的期待对学生发展的影响，称为教师期待效应，也称为罗森塔尔效应或皮格马利翁效应。

教师对学生的期待及其影响是在师生互动过程中产生的。首先，教师根据学生的学习行为、个性特征和在人际交往中的表现等，形成对某个学生的期待，这些期待会在教师的教学行为中表现出来。其次，学生接受了教师行为所暗含的期待，并根据期待的方向表现出相应的行为。在这种互动过程中，教师不断坚持按自己的期待去影响学生，而学生也会逐步向教师期待的方向发展。

教师的期待对学生的影响是巨大的，首先表现在学生的自信心上。受到较高期待的学生，会感到教师的关怀、信任和爱护，会更加自信；而受到低期待的学生会感到自己能力低或品行不好，产生无力感。教师期待的影响会进一步表现在学生的各种行为与学习成绩上。受到高期待的学生会更加勤奋、进取，出现学习成绩的提高；而受到低期待的学生会以消极的态度对待学习，会放弃努力，导致成绩下降。教师期待的影响还表现在师生关系上，受到低期待的学生与教师的关系会逐渐疏远。

因此，教师应了解每个学生的特点，发现他们的长处，对每个学生建立起积极的、恰如其分的期待。教师应不断反省自身的态度和行为，不要由于自己的偏见和消极的期待而导致学生不良发展。

三、教师的威信及其维护

教师威信是指教师在学生心目中的威望和信誉，是一种可以使教师对学生施加的影响产生积极效果的感召力和震撼力。它与威严不同，威信使学生亲而近之，威严则使学生敬而远之。威信实质上反映了一种师生关系，它是通过教师的人格、能力、学识及教育艺术在学生心理上引起的信服而又尊敬甚至崇拜的态度。

威信是教师成功地扮演教育者的角色，顺利完成教育使命的重要条件。首先，教师的威信是学生接受教诲的基础和前提。古人云："亲其师，信其道。"有威信的教师，学生将确信其教导的真实性和正确性，从而表现出掌握知识和执行指示的主动性。他们的要求较容易转化为学生的需要，这就增强了学生在学习等各方面的积极性。其次，有威信的教师能唤起学生积极的情感体验。他们的表扬能让学生感到愉快和自豪，产生前进的动力；他们的批评会引起学生的悔悟、自责和内疚，促使其自觉地改进缺点和错误。最后，有威信的教师会被学生视为榜样。学生会产生模仿教师的愿望，使教师的言谈举止具有更大的教育作用。

（一）教师威信的形成

教师威信的形成是一个由"自然威信"向"自觉威信"发展的过程。"自然威信"是在师生交往初期，由学生对教师自发的信任和尊敬而产生的威信，它建立在教师所具有的教育者身份所赋予的权威、权力和影响力的基础上，这是教师职业本身所带来的一种不自觉的威信。随着学生对教师各方面的了解，师生之间情感的日益加深和融洽，教师的威信就由"自然威信"发展成为"自觉威信"，这才算是真正的威信。在这过程中，受到诸多因素的影响，例如，社会对教师的态度、家长对教师的态度、学生对教师及其工作的认识、教师本身的因素等。其中，教师本身的因素对教师威信的形成起决定性作用。

1. 良好道德品质是教师获得威信的基本条件

教师的道德品质体现在其对教育工作意义的认识及由此产生的对本职工作的高度负责精神。如果教师热爱教育事业，有强烈的自豪感、光荣感和责任感，兢兢业业，不计名利，对自己要求严格，有道德修养，讲文明，生活正派，言行一致，以身作则，为人师表，出色完成教学工作任务，就会成为学生思想的榜样，并获得学生的尊敬。相反，如果教师不热爱教育工作，对教学无热情，敷衍了事，就会失去学生的尊敬。

2. 良好的认知能力和人格特征是教师获得威信所必需的心理品质

如果教师知识渊博，有较强的教学能力、教学艺术以及良好的个性品质，能够给学生以深刻启迪并激发他们对问题的深入思考，自然会获得威信。此外，一个具有自我批评精神，坦诚面对自己的错误，主动承认错误的教师更容易获得学生的尊敬和爱戴。

3. 教师的仪表、风度和行为习惯对威信的获得也有重要的影响

教师的仪表端庄、朴实、整洁、大方、自然，风度优雅，可以给学生充实、沉着、稳重、积极向上的感觉；而生活懒散、衣冠不整、不讲卫生、做怪动作等不良仪表和习惯，会有损教师形象。

4. 教师给学生良好的第一印象也有助于威信的树立

教师第一次和学生见面会给学生留下特别深刻的印象。第一印象好，学生往往对教师以后的言行向好的方面解释；相反，学生会感到失望，常向不好的方面解释教师的言行，教师威信难以建立。因此，教师应高度重视与学生的第一次见面，争取给学生留下良好的第一印象。

5. 师生良好的交往对教师威信的获得也有重要影响

教师的威信是在与学生的长期交往、互动中形成的。这要求教师在与学生交往相处时，要平等、民主，要做学生的朋友和知己，既要满怀真诚和爱心，与学生坦诚相见，热情关怀，耐心细致，循循善诱，又不能为取悦学生而无原则地迁就，或者和学生称兄道弟，讲哥们义气。

（二）教师威信的维护和提高

教师的威信形成后，具有一定的稳定性，但是这种稳定性是相对的，有条件的，并不是一成不变的。因为形成教师威信的主客观条件总是处于不断变化发展之中，只要某一方面的条件发生了较大的变化，教师的威信就会受到影响。因此，教师不仅要注意在学生中形成威信，而且还要注意维护和提高已经形成的威信。这主要包括：巩固已获得的威信；发展不全面的威信为全面的威信，发展低水平的威信为高水平的威信；防止威信的下降和丧失；提高威信的教育影响力等等。

教师威信的维护和提高，同样受诸多因素的影响，但是关键还在于教师本身要使自己的道德、心理品质和业务能力始终处于积极的发展状态，特别是要具备以下几点特征或表现。

1. 教师要有坦荡的胸怀，实事求是的态度和自我批评精神

教师要维护自己的威信，应严格要求自己，处处意识到自己的教师身份，一举一动都要注意自我形象，始终考虑自己的表率作用。但是有威信的教师并不是没有缺点和错误，重要的是如何对待自己的缺点和错误。作为一名教师，应该有坦荡的胸怀，实事求是地承认自己的错误，勇于做自我批评，并努力改正自己的缺点和错误，这样不仅不会降低自己的威信，反而会提高自己在学生心目中的威信。有些教师为了自己的“面子”，不愿意承认自己的错误，或遮掩自己的错误，必然会损害自己的威信。

2. 教师要正确认识和合理运用自己的威信

教师的威信是学生接受教诲的重要基础和前提，但是也容易使学生过分依赖教师，迷信教师，对教师的教导盲目地言听计从。因此，教师要正确认识威信的作用，一方面利用威信的力量，对学生产生积极的影响，引导学生向积极的方面发展；另一方面，也要注意培养学生的独立性、自主性和批判性。学生的独立性发展并不会损害和降低教师的威信。当然，教师不能利用自己的威信做出一些损害学生自尊心的事情，这样必然导致教师威信的下降。

3. 教师要有不断进取的敬业精神和不断提高的业务水平

教师必须根据社会和教育的发展、学生的变化，严格要求自己，不断地更新自己的教育思想观念和教学艺术，提高自己的业务知识和水平，才能不断地取得良好的教育教学效果，才能维护自己的威信。如果教师不严格要求自己，对于艰苦的教育工作的兴趣和热情逐渐淡漠，业务上不求进步，备课不认真，教学质量下降，就难以维护原有的威信。

4. 教师要始终做到言行一致，做学生的楷模

一般来说，在学生心目中，教师是知识渊博的人，是守纪律、讲文明、懂礼貌、有道德的典范。如果师生交往过程中，学生发现教师的言谈举止与自己心目中的教师形象不符，那么教师的威信就会下降，因此，教师要始终做到言行一致，做学生的楷模。言行一致和以身作则既是教师获得威信的重要品质，更是维护教师威信的重要品质。

参考文献

莫雷. 2002. 教育心理学. 广州：广东高等教育出版社.
皮连生. 1996. 智育心理学. 北京：人民教育出版社.

皮连生. 2004. 教育心理学. 上海：上海教育出版社.
全国十二所重点师范大学联合编写. 2002. 心理学基础. 北京：教育科学出版社.
邵瑞珍. 1990. 学与教的心理学. 上海：华东师范大学出版社.
伍新春. 1999. 高等教育心理学. 北京：高等教育出版社.
张春兴. 1998. 教育心理学.杭州：浙江教育出版社.

思　考　题

1. 教学设计的基本模式是什么？
2. 教学目标的分类包括哪些？
3. 理解各种教学方法的优劣。
4. 教学测验的类型有哪些？
5. 如何有效地进行课堂管理？
6. 课堂问题行为的表现、原因及如何处理？
7. 试理解教师的社会角色定位？

第九章　儿童心理健康教育

儿童正处于心理健康发展的关键时期，由于他们的心理不成熟，自我调节、控制水平较低，很容易受到周围不良环境的影响，形成不健康的心理。儿童的心理健康与否，将会对他们的认知、情感、个性和社会适应性产生重大影响。促进儿童身心和谐发展是儿童教育追求的终极目标。而要促进儿童发展，提高心理健康水平，最重要的是全面系统地开展心理健康教育。

第一节　心理健康教育概述

近几年来，心理健康教育已成为我国教育领域中的一个热点，关于心理健康教育的含义各有论述，为了澄清心理健康教育的含义，首先要对心理健康教育这一概念有个明确的界定。综观心理健康教育的内涵，在其历史发展过程中，是不断扩充变化的。为了正本清源，首先要了解当代心理健康教育的来源。

一、心理健康的含义

（一）健康的含义

世界卫生组织 1948 年成立时通过的宪章规定："健康是一种身体上、精神上和社会上的完整状态，而不只是没有疾病和虚弱。"也就是说健康不仅仅是指没有身体的缺陷和疾病，还要有完整的生理、心理状态和良好的社会适应能力。20 世纪 80 年代世界卫生组织定出了十条标准，来衡量一个人是否健康：

1. 有充沛的精力，能从容地担负起日常生活面临的事情，而且不会感到过分疲劳和紧张。
2. 处事乐观，态度积极，勇于承担责任。
3. 睡眠、饮食质量好。
4. 应变、适应能力强，能够适应变化的环境。
5. 能够抵抗各种传染疾病。
6. 体重适当，身体匀称，站立时，头、肩、臂位置协调。
7. 眼睛明亮，反应敏捷，眼睑不易发炎。

8. 牙齿清洁，无蛀牙，牙龈颜色正常，无出血现象。

9. 头发有光泽，无头屑。

10. 肌肉丰满，皮肤有弹性。

（二）心理健康的含义

心理健康是相对于生理健康而言的。心理健康也叫心理卫生，是指人的基本心理活动的过程、内容完整，协调一致，即认识、情感、意志、行为、人格的完整和协调，能适应社会，与社会保持同步。心理健康的含义主要包括两方面，一是指心理健康的状态，即没有心理疾病，心理功能良好；二是指维护心理的健康状态，亦即有目的、有意识的按照个体不同年龄阶段身心发展的规律和特点，遵循相应的原则，采取各种有效的方法和措施，营造良好的环境，通过各种形式的途径，预防心理疾病，提高心理素质，维护和促进心理活动的这种良好的功能状态。上述两个方面即构成了心理健康这一概念的基本内涵。心理健康包含有生理、心理、社会三方面的内容。

就生理层面而言，一个心理健康的人，其身体状况良好，功能正常，无遗传疾病。健康的心理必须以健康的身体作为先决条件，才能在情感、认识、行为方面正常运行。

就心理层面而言，一个心理健康的人，必须对自我持有积极肯定的态度，能够自我认识，明确自己的优缺点，悦纳自我，发展自我；其自我与环境相协调，自我发展和人际和谐兼顾；其人格发展健全，能积极面对现实，而不依赖消极的心理防御。

就社会层面而言，一个心理健康的人，既能够适应变换的社会环境，妥善处理人际关系，行为符合环境文化需求，又能够正确扮演社会角色，与环境保持良好的接触，为社会贡献力量。

二、心理健康和心理异常

（一）对心理健康的认识

心理健康是一个包含多种特征的复合概念。要判断一个人的心理是否健康，仅仅从一方面看是不够的，必须从多方面考虑。美国学者坎布斯（A. M. Combs）认为心理健康、人格健全的人应该具有以下几种特质：①意识清醒：包括大脑正常觉醒水平的维持，睡眠与梦的时间和质量，注意力稳定。②心理过程能反映环境、现实，并与环境、现实相协调：包括正常的感知能力，正常的智力，情绪反应与情境一致，能调节和控制自己的意志行为以及认知、情绪和意志三种过程的统一。③健全的人格：包括对世界和自我的认识要客观、合理、一致，处理和体验自己及他人的情绪方式有效、合理、一致，行为方式符合社会规范并具有跨时间的一致性和相同境遇的一致性。④良好的社会适应能力：包括有亲密的人际关系、较强的人际交往能力，能很快适应职业工作。

美国心理学家马斯洛和密特尔曼（W. Mittelman）认为，判断一个人的心理是否健康有十条标准，即：①是否有充分的安全感；②是否对自己有较充分的了解，并能恰当地评价自己的能力；③自己的生活理想和目标能否切合实际；④能否与周围环境保持良好的接触；⑤能否保持自身人格的完整与和谐；⑥是否具备从经验中学习的能力；⑦能否保持适当和良好的人际关系；⑧能否适度地表达和控制自己的情绪；⑨能否在集体允许的前提下，有限度地发挥自己的个性；⑩能否在社会规范的范围内，适度地满足个人的基本需求。

（二）健康与异常的标准

与心理健康相对应的概念是心理不健康，也称为心理异常。心理异常是对许多不同种类的心理、情绪和行为失常的统称。心理异常有很多种类型，它们不同程度地影响到个人的生活、学习和工作。及时判别个体心理是否健康是非常重要的。正常心理活动和异常心理活动虽是相对的，但两者之间并没有明显的界限。若想找一种绝对的划分标准几乎是不可能的。我们只能够参考“经验”标准。

1. 社会常模和社会适应的标准

这一标准是以社会常模为体（组织体系），以社会适应为用（行为准则），在社会常模的基础上来衡量行为顺应是否完善。人只有依照社会的准则，依据社会要求来适应环境、改变环境，才能够获得行为的社会意义和实现个人完善。但是由于人的适应能力随着时间、地点、文化等因素变化，使得依照这种标准的判别也会存在差异。

2. 以人格作为标准

人格健全的儿童在遇到挫折和困难时，能够表现出较高的耐受性和平衡性，不会因为挫折和困难而改变自己的目标和影响自己正常的学习和生活；能够控制好自己的情绪，以良好的心态和意志力克服前行中的困难；能够运用防御机制排除影响学习和健康的情绪困扰，消除各种焦虑、紧张、烦恼，使心理达到良好的平衡状态。

3. 以主客观是否一致作为标准

主客观是否一致，包括两方面的内容。一方面是指心理异常的人自己的主观经验。他们中有些人感到自己无法控制自己的某些行为，并时常感到忧虑，不开心，从而去寻求医生的帮助；而有些人时常否认自己不正常，这恰恰是行为异常的表现。另一方面是医生根据自己平时积累的经验来判断正常或异常，但是这种判断主观性太大。

4. 以病因和症状存在与否作为标准

有些异常心理现象或致病因素在常态人身上是不存在的，若在某些人身上发现这些致病因素或疾病的症状，则被判定为异常。这一标准比较客观，但由于不少心理障碍并没有明显可查的生物学病因，所以其应用领域并不是很广泛。

5. 统计学标准

统计学标准是指依据心理特征偏离统计常模（即平均值）的程度作为判断心理正常或异常的标准。统计学标准来源于心理测量的统计结果。事实表明，在普通人群中抽取大样本统计，对他们某些方面的心理特征进行测量的统计结果，往往呈现正态分布，即居于中间状态者为大多数，视为心理的正常范围，而偏离中间状态居于两端者为少数，视为心理异常的范围。判断一个人的行为是正常还是异常是以其心理特征值是否偏离平均值为依据。

6. 医学标准

医学标准是将心理异常或心理障碍与躯体疾病同等看待，是指以生理病理性变化为根据的心理诊断标准。医学标准认为，一个人的心理之所以出现异常，其大脑、神经系统、内分泌系统或其他系统必定存在着生理病理性变化的过程，即使目前未能发现任何生理病理性变化，也不等于这种变化过程不存在。随着现代科学和诊查技术的发展，必定能在更加精细的分子水平上发现这种变化的过程和变化的程度。

总之，在心理异常的划分上，至今还无法找出一个客观而一致的标准。心理行为从正常过渡到异常有很多细微的变化，但是到了一定阶段是会有突变的。这就必须通过质与量的辩证关系来解决。

三、心理健康教育的含义

心理健康教育又称心理素质教育，简称为心理教育或心育。它是教育者运用心理科学的方法，对教育对象心理的各层面施加积极的影响，以促进其心理发展与适应，维护其心理健康的教育实践活动。它渗透到学校、家庭、社会等多个领域。但是我们平时所讲的心理健康教育仅仅指学校范围内的、以培养学生心理健康素质和健全人格的专门教育。那么究竟什么是心理健康教育呢？我们可以从以下几方面来理解。

首先，从内容上看，心理健康教育包括两个任务。一是心理素质教育，通过培养个体良好的想象力、观察力、分析和解决问题的能力以及性格特点来帮助他们成长。二是心理健康教育，帮助个体形成健康心理来适应周围环境的变化，养成积极乐观向上的心态。

其次，从性质上看，心理健康教育分为发展性教育和补救性教育。发展性教育主要是以现代教育观、发展观为指导，以促进学生心理健康和心理素质提高为目标。而补救性教育则是针对心理方面已经出现问题的学生。前者相当于预防，后者则是治疗。

最后，从实施途径来说，主要是通过开设相关课程，进行心理咨询和心理治疗来实现。心理健康教育课程是以培养学生良好心理素质，发展健全人格，增进心理健康水平为目的的活动。它可以是发展性教学，也可以是补救性教学，针对的是健康群体。心理咨询或辅导的原意是指对人们，特别是对心理失常的人，通过心理商谈的程序和办法，使其对自己和环境有一个正确的认识，以改变其态度和行为，并对社会生活有良好的适应。学校开展心理咨询，主要对象是学生，特别是那些“问题”儿童、青少年，其次是家长和教师。心理治疗是运用心理学专业的知识对那些有严重心理疾病的人进行治疗，使其恢复到正常状态。

四、儿童心理健康教育的意义

（一）进行心理健康教育是提高学生综合素质的有效方式

心理素质是主体在心理方面比较稳定的内在特点，包括个人的精神面貌、气质、性格和情绪等心理要素，是其他素质形成和发展的基础。学生求知和成长，实质上是一种持续不断的心理活动和心理发展过程。教育提供给学生的文化知识，只有通过个体的选择、内化，才能渗透于个体的人格特质中，使其从幼稚走向成熟。这个过程，也是个体的心理素质水平不断提高的过程。学生综合素质的提高，在很大程度上要受到心理素质的影响。在复杂多变的社会环境中，保持良好的心理适应状况，是抗拒诱惑、承受挫折、实现自我调节的关键。从这点来看，学生综合素质的强弱，主要取决于他们心理素质的高低，取决于学校心理健康教育的成功与否。

（二）进行心理健康教育是驱动学生人格发展的基本动力

心理健康教育与受教育者的人格发展密切相关，并直接影响个体人格的发展水平。一方面，学生以在心理健康教育过程中接受的道德规范、行为方式、环境信息、社会期望等来逐渐完善自身的人格结构；另一方面，客观存在的价值观念作为心理生活中对自身行为的一种衡量、评价和调控准则，也影响着主体人格的发展，并且在一定条件下还可转化为人格特质，从而使人格发展上升到一个新的高度。同时，心理健康教育不是消极地附属于这种转化，而是在转化过程中能动地引导受教育者调整方向，使个体把握自我，对自身的行为进行认识评价，从而达到心理优化、人格健全的目的。

（三）进行心理健康教育是开发学生潜能的可靠途径

教育的目的之一就是要开发受教育者的潜能。良好的心理素质和潜能开发是相互促进、互为前提的，心理健康教育为二者的协调发展创造了必要条件。心理健康教育通过激发受教育者的自信心，帮助个体在更高的层次上认识自我，从而实现角色转换，发展对环境的适应能力，最终使潜能得到充分发展。

（四）心理健康教育是儿童德育教育的基础

心理健康教育与德育的关系最为密切。当我们强调思想道德素质是综合素质的“灵魂”时，学校德育显然处于极为重要的地位。心理健康教育不可能脱离德育而独立，但它更多地反映了从内部施行的、旨在形成人格特征的活动。学生思想政治水平的提高、良好行为习惯的养成，需要学校加强德育工作，但是学生的某些认识或行为习惯不仅仅表现为思想道德方面的问题，在多数情况下还反映出心理方面的问题。在教育中如果只是强调外部社会化的要求而不对学生的内心世界进行心理辅导，那么，促进其自我的发展和人格特征的形成，往往收效甚微。但如何将这社会化的要求内化为学生的素质，形成完全的人格，就需要从学生心理实际出发进行引导。综上所述，心理健康教育与德育两者是融为一体的，心理健康教育是将德育的社会化要求内化为个体内在素质的重要手段，在德育中不失时机地渗透心理健康教育，对保证德育工作的科学性与实效性具有重要意义。

（五）心理健康教育可以提高国民素质

在这个日新月异的时代，知识老化的节奏加快，尤其是在科技方面。当代社会的竞争归根结底是创造力的竞争。在这一个机会均等的社会里，每个人都会有升迁或成功的机会。机会多意味着竞争也大，一个人要想取得成功，仅仅敢于冒险是远远不够的，只有勇于开拓进取才能够更好地生存发展。与传统教育不同，现代教育看重的是一个人的独立自主和自我决策的能力。心理健康教育就是一门培养人独立自主与创新能力的课程。它不仅在于能维护单个儿童的心理健康，更在于它面向全体儿童，面向社会，可以全面提高人们的心理素质水平。心理健康教育对于提高国民素质，促进社会和谐发展具有重要意义。

第二节　儿童心理健康教育内容

心理健康是指个体心理活动在本身及其环境许可的范围内，所能达到的最佳功能状态，儿童心理健康教育的根本目标就是要促进儿童个性心理的全面发展，包括良好的智力因素和非智力因素的形成和发展、心理素质的提高。因而儿童心理健康教育的内容是多方面、全方位的，主要包括以下内容。

一、幼儿期心理健康教育

从发展心理学角度来看，幼儿期正处于心理成长发展的关键时期。在这一阶段，幼儿的心理发展还不成熟，自我意识尚处在萌芽状态，自我控制能力很弱，因此很容易受环境中不良因素的影响，形成不健康的心理。要想促进幼儿发展，提高其心理健康水平，最重要的就是全面系统地开展心理健康教育。幼儿的心理健康教育主要体现在以下几个方面。

（一）环境适应教育

随着幼儿的成长，他们逐渐走出家庭，与外面的环境接触面越来越广阔。幼儿健康心理与人格的形成，正是在与周围环境不断交互作用、不断适应的过程中展开的，而家庭环境与外面的环境有着很大的差别。因此，必须对幼儿进行环境适应教育，让幼儿从观察中接触环境，了解自己与周围环境的关系，促进幼儿多种经验的获得和情感的体验，发展幼儿的探索和认知能力。

（二）人际交往教育

幼儿生活的环境不断扩大，面临的人际关系也就越来越复杂，而人际交往是个人与社会、与他人建立联系，提高适应能力，培养健全人格的重要途径。人际交往能力的形成对幼儿的健康心理和人格的发展起着举足轻重的作用。因此，在教育过程中，首先要让幼儿学习一些语言和非语言的交往方法，学习感知他人的情感，用合理的方式给予回应；其次要为幼儿创造多元的交往环境，做好亲子关系教育、师幼关系教育、同伴关系教育；最后，应教育幼儿懂得一些基本的交往礼节和谦让合作的技能。

（三）学习能力教育

学习能力的教育，是幼儿进入幼儿园学习后面临的一大问题。在这个时期，学习占据了幼儿生活中的相当一部分时间，这对刚步入幼儿园的儿童来说是其生活经历中的一个全新的、根本性的变化，儿童在心理和行为上不可避免地存在着一个适应的过程。有些孩子可能还没形成学习的意识，有些可能没有掌握学习的方法，因此，必须有针对性的对幼儿的学习能力进行教育。

（四）情绪情感教育

幼儿的情绪情感正处于迅速发展的时候，其情绪具有易变动、易传染、易外露的特点，且对于情绪情感的控制还有一定的困难。因此在教育过程中，教师要教育幼儿正确认识和理解各种情绪情感反应，教育幼儿学会用语言和非语言的方式来表达自己的情绪和情感，培养他们控制、调节各种情绪情感的能力。

（五）独立自主教育

幼儿的独立自主教育主要体现在自理能力和自我意识上。在幼儿的成长过程中，我们既要高度重视和满足幼儿受保护、受照顾的需要，又要尊重和满足他们不断增长的独立自主要求，避免过度保护和包办代替，鼓励并指导幼儿自理、自立的尝试。这要求家长和老师在平时的教育活动中要有意识的帮助、鼓励幼儿克服困难，学会自理。因此，首先我们要为幼儿多创造一些自己动手的机会和条件，让幼儿多去锻炼和练习，能力才会提高。其次，根据幼儿模仿性强、爱游戏的特点，让孩子在游戏玩耍中学习基本的生活技能。最后我们成人还应该端正自己的思想。作为教师和家长，应当适当放开手脚，相信孩子，凡事让其大胆去尝试。其实，孩子的生活技能需要在成人的耐心帮助指导下不断学习，慢慢地巩固提高。

（六）合适的性教育

幼儿期性教育的内容主要是开始让孩子认识自己的性别，初步进入性别角色，向他们灌输初步的性道德观念，如让男孩爱护尊重女性等。同时要让孩子与同龄的同性和异性孩子一起游戏玩耍，培养孩子与同龄人相处的自然而健康的态度，建构健康的人格。这一时期性别角色的认同与发展，对幼儿的个性的形成和行为有着重大影响。

二、童年期儿童的心理健康教育

童年期儿童已经开始进入小学学习，故童年期儿童也称为小学儿童，他们的生活从以游戏为主导转为以学习为主导，学习动机、学习兴趣和学习态度开始形成和分化。这一时期也是儿童心理发展的重要转折时期，主要表现在认知能力和社会性发展方面。因此，针对童年期儿童的心理发展特点，我们可以从以下几个点来展开工作。

（一）自我意识训练

自我意识是对自己身心活动的觉察，即自己对自己的认识，具体包括认识自己的生理状况（如身高、体重等）、心理特征（如兴趣、能力、气质、性格等）以及自己与他人的关系。总之，自我意识就是自己对于所有关于自己身心状况的认识。由于个体能洞察自己的一切，因而能对自己的行为进行调节和控制。小学儿童的自我意识正处于所谓的客观化时期，是获得社会自我的时期，容易受社会文化的影响，也是角色意识建立的最重要时期。所以，针对小学儿童自我意识发展的心理素质教育，主要包括促进小学儿童认识自我、评价自我、体验自我和调整自我，以促使小学生自我意识健康发展。

（二）学习心理辅导

学习是童年期儿童的主导活动，但并不等于说，儿童从进入学校的那一天起，学习就自然而然地变成了他的基本活动。从幼儿期以游戏为主导活动转变到上小学时以学习为主导活动，这中间有一个过渡过程。因此，家长和老师应帮助儿童做好入学的心理准备。学习心理辅导包括学习动机、学习态度、学习方法、学习习惯和考试心理辅导，目的在于引导小学生通过积极主动的探讨，进而明确学习目的，端正学习态度，树立正确的学习动机，掌握科学有效的学习方法，养成良好的学习习惯，正确对待学习中的困难和挫折，帮助其获得成功，体验成功的喜悦，从而形成坚定的学习意识和进取精神。

（三）良好品行培养

小学儿童品行的形成过程包含着道德认识、道德情感、道德行为三个基本要素。由于小学儿童的思维特点以具体形象为主，抽象逻辑思维正处在萌芽状态，加上小学儿童的生活经验少，辨别是非的能力弱，对抽象的道德观念难以理解。因此，应该把品德教育渗透在小学儿童的各项活动之中，让孩子们在丰富多彩的活动中，接受教育，形成良好的品德。在教育过程中，老师和家长应特别注重品德教育，积极树立道德榜样，使学生的道德认识、道德情感和道德行为逐渐统一起来，形成良好的行为习惯。

（四）人际关系指导

小学儿童的交往对象同样还是以父母、教师和同伴为主，不过跟幼儿期相比，其交往性质、关系有显著的不同。小学儿童与父母、教师的关系从依赖开始走向自主，从对成人权威的完全信服到开始表现出批判性的怀疑和思考；同时，更加平等的同伴关系在小学儿童生活中占据重要地位，并对儿童的发展产生重大影响。因此人际关系指导主要包括指导小学儿童正确认识各类关系的本质，学会处理人际互动中各种问题的技巧与原则，特别要注重同伴交往的原则，建立起同伴友谊。

（五）情感教育

对小学儿童进行情感教育要从两方面做起，一方面培养学生的积极情感，另一方面指导学生学会调控自己的消极情感。结合小学生情感发展特点，教育重点应放在积极情感的培养上。

三、青少年心理健康教育

青少年期是个体生理发展的加速期，身心发展的不平衡性带来了一系列心理危机。目前我国青少年的心理健康问题已经引起了社会的普遍关注，加强对青少年进行心理健康教育势在必行。通常，青少年的心理健康教育包括自我意识教育、学习问题教育、青春期个性心理教育、人际交往教育、情绪情感教育、人生观价值观教育。

（一）自我意识教育

青春期是自我意识发展的第二个飞跃期，由于青少年身体的迅速发育，出现了成人的体貌特征，其自我意识更加趋向自我，也很容易形成“自我中心”。而对其自我意识的教育主要体现在对自我概念、自我评价和自我同一性的教育。良好自我意识的特征是自知（客观地认识自己）、自尊（包括自我接受和具有自我价值感）和自信（相信自己的力量，敢于接受挑战性任务）。自我意识教育的内容有自我认识、自我接受、自我协调、自我激励和自我管理五个方面。

（二）青春期性心理教育

青少年的心理发展正处于从儿童向成人的过渡时期。贯穿青春期的最大特征是性发育的开始和完成，而随着性生理成熟的到来，青少年的性意识开始觉醒和萌发。青春期性教育主要是性心理的教育，以及恋爱观、婚姻观的指导。性心理的教育又主要包括：一是对自己性征变化的认识；二是与异性相处的适应；三是性观念与社会规范要求相协调统一。

（三）人际交往教育

青少年期晚期，青少年的自我意识水平不断提高，独立意识不断增强，他们要求摆脱对成人的依赖，情感依恋的重心自然从父母转向了同龄伙伴，并且这种需要随着社会化的加深，表现出越来越强的倾向，同时异性之间的交往有了新的特点。因此，对青少年的人际交往教育主要包括教育者和家长引导青少年了解自己的个性，正确认识、评价自己在社会中的地位，学会与异性交往，培养自身的社交能力，处理人际交往中遇到的各种矛盾和问题。

（四）情绪情感教育

青少年的情绪存在着两极性，既有狂暴的一面又有细腻温和的一面。其情绪体验也远不如成人那么稳定，尚处于半成熟、半幼稚的阶段。针对其情绪发展特点，青少年的情绪情感教育主要包括以下两点。

1. 培养青少年的社会性情感

社会性情感的培养，换句话说，也就是道德感、理智感和美感的培养。通过情感教育，使学生产生爱国主义情感、民族自豪感和社会责任感；使学生学会关心，学会爱，学会尊重别人，学会用自己正确、健康的心理去体验社会，分辨真善美、假恶丑。

2. 培养学生对情绪的调控能力

培养学生调控情绪的能力，使其能对自己及别人的喜怒哀乐做出正确的情绪反应，及时疏导消极情绪，用理智控制自己的感情，同时又不乏感情，实现人格的健康、和谐发展。

（五）人生观价值观教育

青少年时期是人生观和价值观形成的关键时期，价值观教育对其树立正确的人生观、价值观意义重大。由于青少年自身个性心理发展的特点和社会文化的多元化影响，帮助和引导青少年树立正确的人生观和价值观显得尤为重要。正确的人生观、价值观教育通常包括树立积极进取的人生态度，强烈的集体主义观念，以及科学的社会价值与个体价值、道德价值与功利价值体系。

第三节　儿童心理健康教育途径与方法

对于如何实施儿童心理健康教育，目前尚无公认模式。儿童心理健康教育可通过多种途径和方式来实施。根据儿童生理和心理不同阶段的特点，有针对性地进行教育。小学可以以游戏和活动为主，培养儿童的道德认识及相应的道德行为习惯；初中以活动和体验为主，高中以体验和调适为主，帮助青少年的自我意识、人际交往等个性和社会性方面的发展。可以创设和利用环境，如学校、家庭、社会的融合，生活与教学领域的相互渗透；可以采用多方位或多层次，集中或分散的方法促进儿童心理健康教育的发展。

一、主要途径和方法

心理健康教育课程作为团体辅导的一种形式，面对的是学生成长中的共同问题；而个别咨询与辅导要解决的则是个别学生的心理问题。因此，开设心理健康教育课程与开展个别辅导作为两种主要途径，在儿童心理健康教育中是相辅相成的关系。

（一）借助心理咨询与辅导

针对儿童与青少年的心理行为问题，如人际关系方面、学习方面、自我意识方面等，开设心理咨询室进行个别辅导是学校心理健康教育的形式之一。心理咨询专职老师和学生通过一对一的沟通方式，根据不同的年龄特点和需要，对学生在学习和生活中出现的问题给予指导，增进儿童的自我认识，排解心理困扰，并对有关的心理行为问题进行诊断和矫治，以达到身心健康发展的目的。

（二）开展心理健康教育活动

1. 开设心理健康教育课程

根据儿童心理健康教育的目标和内容，安排相应的教育教学内容，精心设计有目的、有计划、有组织的教育活动。例如，培养儿童勇敢、积极向上、团结友爱、热爱集体等优良品质的团体活动，学习交往知识和交往技能的合作游戏。要尊重儿童发展的多样性、差异性、顺序性、阶段性的规律，以便对学生的心理和行为进行有效指导。

2. 开展多种形式的心理健康教育宣传活动

例如，通过心理讲座、团体心理辅导等活动，宣传心理健康知识，帮助儿童建立正确的心理健康观，增强心理健康意识，提高自我，优化心理品质，提高心理自我保健能力。

二、其他途径和方法

（一）生活环境建设

1. 物质生活环境

儿童的物质生活环境包括自然环境如人工设施，是影响儿童心理健康的一个主要方面。应注意改善空气质量、居住与活动场所的环境条件。空气质量的好坏会影响儿童的身体健康；活动空间的密集程度会影响儿童的行为，人员密度过高的空间可能使儿童的攻击行为增多，社会交往行为减少，不主动参与活动的比率增高。

2. 社会环境

净化社会大环境，消除不良文化对儿童心理发展的危害。创设良好的心理环境、宽松愉快的生活气氛和充满关爱的精神环境，能使儿童经常处于积极的情绪情感状态，易于接受教育的影响。教师与家长要有意识地为儿童的同伴交往创造机会，帮助他们培养交往技能。在这样的环境和生活中学习，儿童才能思维敏捷、活泼开朗、充满自信和创造力，有利于儿童人格的健全和发展。

（二）学校环境建设

1. 教学

创建新的教学模式，在课堂教学中引导儿童增加对学习的兴趣；根据儿童的身心特点，采用灵活的教学方式和手段，对教学过程进行改革，增加操作活动和社会活动的内容和时间，使学生更加充分、更加热情地参与整个教学过程。

2. 游戏

游戏是儿童的主导活动，也是促进儿童心理健康发展的最好形式。它能使儿童更好地表达或解释自己的想法和愿望，接受成人的教育并有效影响他人，也能控制和调节自己的行为。通过角色游戏，儿童学会如何与别人友好相处。在规则性较强的游戏中，儿童学会克服困难，促进自身意志品质的发展。结合教育目的而编制的游戏，可有计划地增长儿童的见识，提高观察、思考、记忆等能力。这对儿童的社会化和个性化的发展都有重要意义。

3. 班级管理

班级是儿童学习和活动的主要场所，班级活动的目的是要创建一个良好的班集体，营造和谐的班级气氛，使儿童在集体活动中塑造良好的个性，培养高尚的品德，养成合群性，培养独立性，提高社会适应能力。要合理地把这些活动和学生的心理健康教育内容有机地联系起来，创设有利于学生心理健康发展的班级环境。

4. 组织校园活动

拓展并丰富各类活动，例如，学校的团队活动、班级集体活动、文艺演出、广播体操比赛等都可以突出儿童心理健康教育的内容，拓宽儿童活动的领域和范围。教师与家长应为儿童提供活动和表现能力的机会，并积极成为儿童的支持者和引导者，尊重儿童在能力、经验、学习方式等方面的个体差异，因材施教。

（三）家庭环境建设

1. 家庭功能

良好的家庭环境和家庭教育功能都会影响儿童的心理健康。家庭是儿童赖以生存和发展的社会组织，和谐的家庭氛围有利于形成最佳的亲子关系。家庭是儿童生活时间最长的场所，父母的言行对儿童有重要影响，家长的成才观、言谈举止、教育态度和方式直接影响儿童的健康成长。

2. 教养方式

不同类型家庭的不同教养态度和教育方式对儿童的个性品质、心理素质的形成，具有关键的作用。家教中的种种误区，如期望过高、对孩子要求过于苛刻、溺爱、过度保护等会严重妨碍儿童的心理健康发展。民主型家庭中的父母能平等地对待、尊重孩子，能与孩子相互沟通，交流各自的看法；能给孩子以鼓励和诱导，对其缺点错误能恰如其分地批评指正，有利于孩子的身心发展。

3. 成人的榜样示范

父母应向儿童提供良好示范榜样，帮助其形成良好的生活习惯，并按照成人的要求逐步掌握社会行为规范，学会与同伴和成人相处。

家庭教育的不良因素会成为学校心理健康教育功能实现的障碍。因此，学校应主动与儿童父母沟通，优化儿童家庭环境，使儿童在自然的、社会的、规范的环境中得到健康发展。

（四）社区和媒体

在社会环境中，对儿童影响最大的是他们所生活的社区环境以及现代网络、通讯设备。积极利用并优化社区资源，让儿童观看自己喜欢的电视、影像，阅读自己喜欢的图书等，可以使儿童在轻松、欢乐的氛围中受到有益的影响。

儿童心理健康教育，作为全面推进素质教育的重要组成部分，是一个系统工程，儿童时期是实施素质教育的关键期，是人格和心理品质形成的非常重要的阶段。为保障少年儿童的健康成长必须调动各方面的力量，努力促进学校、家庭、社会三方面合作，使三者有机结合、互相渗透，为学生创造良好的心理发展环境。

参考文献

江光荣. 1995. 心理咨询与治疗. 合肥：安徽人民出版社.
林崇德. 2008. 发展心理学. 北京：人民教育出版社.
刘华山. 1998. 学校心理辅导. 合肥：安徽人民出版社.
刘文. 2013. 幼儿心理健康教育. 北京：中国轻工业出版社.
庞建萍，柳倩. 2008. 学前儿童健康教育. 上海：华东师范大学出版社.
钱铭怡. 1994. 心理咨询与心理治疗. 北京：北京大学出版社.
郑春玲. 2012. 学前儿童心理健康教育. 北京：中央广播电视大学出版社.

思考题

1. 什么是健康？什么是心理健康？
2. 如何认识心理健康的标准？
3. 幼儿期、儿童期与青少年期心理健康教育的内容各有何侧重？
4. 如何在学校有效开展心理健康教育？